Alexander Thiele

Der konstituierte Staat

Schriftenreihe Band 10786

Alexander Thiele

Der konstituierte Staat

Eine Verfassungsgeschichte der Neuzeit

bpb:
Bundeszentrale für
politische Bildung

Alexander Thiele, geboren 1979, ist Rechtswissenschaftler und arbeitet als außerplanmäßiger Professor sowie akademischer Rat auf Zeit an der Georg-August-Universität Göttingen.

In Gedenken an meinen akademischen Lehrer Werner Heun

MIX
Papier aus verantwortungsvollen Quellen
FSC® C089473
FSC www.fsc.org

Bonn 2022
Sonderausgabe für die Bundeszentrale für politische Bildung
Adenauerallee 86, 53113 Bonn

Umschlaggestaltung: Michael Rechl, Kassel
Umschlagfoto: © akg-images. Das Gemälde zeigt den Ballhausschwur während der Französischen Revolution am 20. Juni 1789 in Versailles.

Satz: publish4you, Roßleben-Wiehe

Druck und Bindung: Beltz Grafische Betriebe GmbH, Bad Langensalza
Beltz Grafische Betriebe ist ein klimaneutrales Unternehmen (ID 15985-2104-1001).

ISBN 978-3-7425-0786-0

www.bpb.de

»Daraus folgt, dass menschliches Wohlergehen eine Frage sowohl privater Autonomie als auch öffentlicher Autonomie ist, wobei letztere eine sinnvolle Beteiligung an der kollektiven Entscheidungsfindung nach sich zieht.«

(Danielle Allen)

»If men were angels, no government would be necessary.«

(James Madison)

Inhalt

Vorwort

Aufgrund der coronabedingten Einschränkungen stand ich im Sommersemester 2020 vor der Herausforderung, meine Göttinger Vorlesung »Verfassungsgeschichte der Neuzeit« einer größeren Öffentlichkeit in nützlicher Art und Weise digital zu präsentieren. Daraus entwickelte sich alsbald die Idee, die einzelnen Einheiten in Form eines Podcast zu veröffentlichen. Ein solches Vorgehen schien mir aus zwei Gründen sinnvoll: *Erstens* ließ sich das historische Thema in einem Podcast für die Studierenden gut und spannend verpacken. Sie wären dadurch in der Lage, meine Texte ohne begleitende Folien und ohne die Lektüre des Gesetzestextes, sozusagen nebenbei, gewinnbringend an- und nachzuhören. Für die Studierenden könnte das eine angenehme Abwechslung zu den zahlreichen digitalen Vorlesungen darstellen, die in diesem wahrlich besonderen Semester ohnehin auf sie warteten. *Zweitens* konnte ich auf diesem Weg ein Publikum auch außerhalb der Universität auf die Verfassungsgeschichte aufmerksam machen. Frei verfügbar könnte der Podcast dadurch zugleich einen Beitrag zu einer modernen Wissenschaftskommunikation leisten. Mittlerweile ist er denn auch bereits mehrere tausend Mal abgerufen worden.

Was mir nicht bewusst war, war der mit diesem Projekt einhergehende Aufwand. Das Finden einer geeigneten und für mich erlernbaren Software war noch das kleinste Problem, zumal mir das Hochladen der einzelnen Folgen von meinem Mitarbeiter Cederic

Meier abgenommen wurde (der auch alle weiteren technischen Probleme stets zu lösen wusste). Als aufwändig erwies sich vor allem die Vorformulierung der einzelnen Folgen: Um sicherzugehen, keine größeren Fehler zu machen und keine wesentlichen Punkte auszulassen, verfasste ich ein Manuskript im Umfang von jeweils bis zu 25 Seiten pro Folge – am Ende weit mehr als 250 Seiten.

Dass diese nunmehr die Grundlage für eine schriftliche Buchfassung darstellen, ist Jürgen Hotz vom Campus Verlag geschuldet, dem ich für diese Initiative sehr zu danken habe. Nachdem er den Podcast gehört hatte, fragte er spontan an, ob ich Interesse hätte, daraus ein Buch zu machen. Das Gesamtmanuskript bedurfte dazu zwar einer grundlegenden Überarbeitung und der Ergänzung um Fußnoten. Beides ließ sich jedoch schnell bewerkstelligen. Der Fußnotenapparat fällt dadurch allerdings knapper aus als gewöhnlich. Gegenüber dem Podcast ist die verschriftlichte Fassung gleichwohl erheblich umfangreicher und detaillierter. Der Adressatenkreis aber bleibt unverändert: Sie wendet sich an den interessierten Laien ebenso wie an Studierende der Rechts- und Geschichtswissenschaft, die nach einem ersten Einstieg in diesen ebenso spannenden wie aktuellen Themenkomplex suchen. Der Podcast ist daneben weiterhin online und kann zur Ergänzung oder Wiederholung jederzeit angehört werden.

Birte Förster und Hedwig Richter danke ich dafür, dass sie bereit waren, sich an meinem Podcast zu beteiligen. Ich habe in den beiden Folgen, in denen sie bei mir als Interviewpartnerinnen zu Gast waren, viel gelernt und konnte im Manuskript zahlreiche Ungenauigkeiten beseitigen. Zu bedanken habe ich mich ferner bei den MitarbeiterInnen des ehemaligen Instituts für Allgemeine Staatslehre und Politische Wissenschaften in Göttingen, namentlich: Victoria Kautzner, Johanna Kramer, Katharina Kriebel, Gregor Laudage, Cederic Meier, Tabea Nalik, Lara Schmidt und

Felicitas Wolf. Sie haben das Manuskript mehrfach Korrektur gelesen und mit hilfreichen Anmerkungen versehen, die ich (fast) immer übernommen habe. Für verbleibende Fehler trage ich selbstverständlich die alleinige Verantwortung. Tabea Nalik schulde ich schließlich Dank für die Gestaltung des Bucheinbands. Sie hat nicht nur das Motiv entworfen und dabei zu Recht eine der Verfassungsmütter des Grundgesetzes, Elisabeth Selbert, in den Vordergrund gerückt, sondern dieses anschließend auch eigenhändig gezeichnet.

Gewidmet ist das Werk meinem im Jahr 2017 verstorbenen akademischen Lehrer Werner Heun. Wenn er gewusst hätte, dass ich zum 150. Jubiläum der Reichseinigung eine Verfassungsgeschichte verfassen würde, hätte er gewiss schallend gelacht.

Göttingen, im Januar 2021 Alexander Thiele

1. Die Zäsur der Neuzeit

Während der Begriff »Geschichte« wenige Fragen aufwerfen dürfte – es geht um die Beschreibung und Einordnung historischer Vorgänge, die zugleich zu einem besseren Verständnis der Gegenwart beitragen können (ja, wir sollten aus der Geschichte lernen[1], auch wenn es sich dabei nicht um eine Wissenschaft, »sondern eine Kunst handelt«[2]) –, bedürfen zwei Elemente des Untertitels einer Erläuterung: Neuzeit und Verfassung. *Erstens* also: Warum Neuzeit? Weshalb erscheint es sinnvoll, eine Verfassungsgeschichte dieser Epoche zu erzählen? Historisch zu arbeiten heißt zwar immer auch zu periodisieren, einzuteilen, eben zu ordnen.[3] Dass die Erzählung einer Verfassungsgeschichte in der Vergangenheit ansetzen muss, ist selbstverständlich. Damit ist aber nicht beantwortet, wieso die Neuzeit als (willkürlicher) Ausgangspunkt gewählt wurde. Eine kurze Begründung wird man dafür verlangen können (auch wenn sie nicht jeden überzeugen dürfte).[4] Sie liegt nach der hier vertretenen Ansicht in dem in dieser Zeit (prozesshaft) entstehenden modernen Staat.[5]

Und *zweitens*: Was ist eine (moderne) Verfassung? Der Blick zurück erfolgt nicht umfassend, sondern aus der Perspektive der modernen Verfassung bzw. des Verfassungsrechts. Es bedarf einer Klärung, was darunter zu verstehen ist, schon um zu wissen, was im Rückblick betrachtet werden soll. Wir dürften heute eine Vorstellung von einer modernen Verfassung haben – wer den Begriff hört, wird an das Grundgesetz denken, vielen wird die amerikanische Verfassung in den Sinn kommen. Gleichwohl: Verfassungen existieren nicht einfach, sondern sind das Werk geistiger Schöpfung. Damit steht nicht abschließend fest, was unter einer Verfassung zu verstehen ist: »Die Vieldeutigkeit des Begriffs ›Verfassung‹ ist berüchtigt.«[6] Zu Beginn einer Verfassungsgeschichte wird man deshalb erwarten können, dass der zugrunde gelegte Verfassungsbegriff entfaltet wird – dass die entscheidenden Wegmarken einer Verfassungsgeschichte von diesem Verfassungsbegriff abhängen, versteht sich von selbst: »Verfassungsgeschichte begreift sich als Geschichte der Verfassungen und hängt damit eng am vorausgesetzten Verfassungsbegriff.«[7] Was ist es, das den (modernen) Staat mit einer (modernen) Verfassung, also den titelgebenden »konstituierten Staat«, von einem lediglich in einer Verfassung befindlichen Staat und anderen Herrschaftsordnungen unterscheidet? Wo liegt das neue, das Singuläre, das mit der modernen Verfassung in die Ordnung der (staatlichen) Herrschaft einzieht? Mit diesen Begriffsklärungen sind die Themen der ersten beiden Kapitel abgesteckt.

Der Fokus auf die moderne Verfassung, den modernen Staat und die Neuzeit wird von einigen Stimmen kritisiert. So plädieren Christian Waldhoff ebenso wie Oliver Lepsius dafür, nicht (moderne) Verfassungen, sondern Herrschaftsmodelle als zentralen Erkenntnisgegenstand zu etablieren und die Verfassungsgeschichte vom problematischen Begriff der Verfassung und des modernen Staates zu lösen:[8] »Die synchrone und diachrone Analyse von Herrschaftsmodellen erweist sich so als die zeitlose Formulierung von Verfassungsgeschichte unter weitreichender Hintanstellung zeitgebundener Begrifflichkeiten wie Staat und Verfassung.«[9] Am Begriff der Verfassungsgeschichte will Waldhoff freilich festhalten. Diese Kritik weist treffend darauf hin, dass der Begriff der Verfassung ebenso wie der des modernen Staates von (problematischen) subjektiven Prämissen und Begriffsprägungen abhängt,[10] sich also nicht als »objektiv« und zeitungebunden erweist. Auch die Prozesshaftigkeit der Verfassungs- und Herrschaftsentwicklung wird bei einer Beleuchtung von Herrschaftsstrukturen besser erfasst, denn natürlich hat auch die Verfassungsgeschichte der Neuzeit eine Vorgeschichte.

Dennoch lässt sich der hier gewählte Weg aus wenigstens drei Gründen rechtfertigen: *Erstens* gilt die subjektive Färbung nicht weniger für den Begriff der Herrschaft. Die vermeintliche Zeitlosigkeit erweist sich als Illusion, denn auch einer »Herrschaftsgeschichte« liegt ein subjektives und zeitgebundenes Begriffsverständnis zugrunde. Sie unterscheidet sich damit nicht grundsätzlich, sondern nur graduell von der hier verfolgten Vorgehensweise: Jede Geschichte ist die Geschichte ihrer Zeit. Wenn sogar weiterhin von Verfassungsgeschichte gesprochen werden soll, liegt der Unterschied allein in einem extensiven Verfassungsbegriff, der sich auf jede Form politischer Herrschaft bezieht. Deutlich wird das auch bei Hans Boldt, wenn er festhält, die Verfassungsgeschichte beschäftige sich »mit der Frage nach den Institutionen politischer Steuerung der Gesellschaft, deren Herkunft und Wirkungsweisen«.[11] Ein solcher Verfassungsbegriff geht kaum noch mit dem einher, was wir heute darunter verstehen, und erweist sich zudem als praktisch grenzenlos. Wie die neuere politische Anthropologie gezeigt hat, dürfte es herrschaftslose (und damit nach diesem Begriffsverständnis verfassungslose) Gesellschaften in der Geschichte der Menschheit nicht gegeben haben: »Kurz gesagt: es gibt keine Gesellschaft ohne politische Macht und keine Macht ohne Hierarchie und Beziehungen der Ungleichheit zwischen Individuen und den sozialen Gruppen.«[12] Verfassungsgeschichte als Herrschaftsgeschichte wird zur (politischen) Menschheitsgeschichte. Wo soll eine solche Verfassungsgeschichte zeitlich ansetzen? Und warum? Jeder gewählte Zeitpunkt hängt an einer bestimmten Vorstellung von Herrschaft und Politik und erweist sich als nicht weniger willkürlich als in dieser Einführung – das Problem wird verschoben, aber nicht gelöst. Das gilt umso mehr, als man *zweitens* eine gewisse Zäsur der Herrschaftsgeschichte durch das Auftreten der modernen Verfassung nicht wird abstreiten können: »Als Normtexte sind Verfassungen ein Signum der Moderne, ungeachtet der vor der Schwellenzeit vom Ende des 18. bis zum Beginn des 19. Jahrhunderts bereits bekannten Verfassungen und Fundamentalgesetze.«[13] Diese Zäsurgeschichte zu erzählen und zur Diskussion zu stellen, erscheint vor diesem Hintergrund gerechtfertigt, solange man diese nicht überzeichnet und die Vorgeschichten nicht ignoriert. Indem der Blick auf diese Zäsur gelegt wird, wird schließlich *drittens* herausgestellt, dass politische Systeme keine natürlichen Entwicklungen widerspiegeln. Verfassungsordnungen sind vielmehr wie alle politischen Ordnungen von der Gemeinschaft gesetzt und haben damit einen konkreten Anfang, der sie von vorherigen Ordnungen objektiv absetzt und subjektiv meist absetzen soll. Insofern wird man das Vorhaben einer umfassenden Herrschaftsgeschichte, in der Herrschaft aus Vergemeinschaftung allmählich entsteht, mit Christoph Möllers durchaus kritisch sehen können: »Zur Denaturalisierung des Sozialen im Umgang mit der Zeit gehört es, politischen Gemeinschaften einen Anfang zu geben.«[14] Und das gilt nicht weniger für eine (moderne) Verfassungsgeschichte, die damit zugleich ihre nicht existierende (natürliche) Alternativlosigkeit offen eingesteht.

Die Entdeckung des Verstandes und der Weltlichkeit der Herrschaft[15]

Zunächst also zur Neuzeit:[16] Warum erscheint sie als Ausgangspunkt einer Verfassungsgeschichte sinnvoll? Oder anders: Wo lagen die Unterschiede zum Mittelalter, das nach historisch hier nicht zu hinterfragender Einteilung in einem längeren Prozess durch die Neuzeit abgelöst wurde?[17]

Die rund eintausend Jahre des Mittelalters, die sich von etwa 450 n. Chr. bis zur Mitte des 15. Jahrhunderts erstrecken und die Spätantike ablösten, waren geprägt durch die Herrschaft des Glaubens. Der Mensch war durchdrungen vom Außerweltlichen, sah in allem das Göttliche und lebte nicht, um zu erkennen, sondern um zu glauben. Er ergab sich in diesem geistigen Zustand zugleich mehr oder weniger kampflos seinem letztlich gottgewollten Schicksal.[18]

Auch wenn diese Aussage gewiss zu pauschal ist – im täglichen (Über-)Leben dürften die Religion oder der Glaube keine so fundamentale Rolle gespielt haben –, scheint eine weitergehende Differenzierung an dieser Stelle nicht erforderlich. Denn entscheidend ist: Niemand hätte in der damaligen Zeit ernsthaft daran gezweifelt, dass die Welt mit all ihren Unterteilungen und nicht zu erklärenden Phänomenen, mit ihren komplexen Zuständen und Erscheinungen und auch mit der hierarchischen Ordnung der Herrschaft, wie in der Schöpfungsgeschichte beschrieben, ein Werk des allwissenden und unfehlbaren Gottes war. Jedem war in diesem göttlichen System sein Stand unveränderlich zugewiesen, man war, was man war, und man blieb es – sein Leben lang.

Wer versucht hätte, an diesen Begebenheiten etwas zu ändern und aus dem vorgegebenen Alltag auszubrechen, hätte sich nicht nur gegen den eigenen Herrscher, sondern gegen Gott gestellt – und das war im Zeitalter des Glaubens ein Ding der Unmöglichkeit.[19] Herrscher kämpften gegen andere Herrscher um die sich im Sieg zeigende Gunst Gottes. Aber dass das gemeine Volk eine Revolution und eine Verbesserung seiner Bedingungen oder gar eine grundsätzliche Neugestaltung des Gemeinwesens – etwa in Form einer weltlichen Verfassung – eingefordert hätte, war praktisch unvorstellbar.

Dieser keineswegs rein dunkle, geistige Zustand der Menschen des Mittelalters begann sich ungefähr ab Mitte des 14. Jahrhunderts langsam zu wandeln, wobei sich ein genauer Anfangspunkt nicht benennen lässt; er ist dementsprechend in der Geschichtswissenschaft umstritten. Das Glaubensreich jedoch wurde seitdem – vielleicht nicht zufällig nach Überwindung der Schwarzen Pest, des »namenlosen Schrecken[s]«[20] des Jahres 1348 – langsam, aber stetig durch das »Reich der Vernunft« abgelöst. Auch das Gemeinwesen und die Herrschaftsstruktur wurden mehr und mehr wieder zu dem »weltlich Ding«, als das man sie schon in der Antike unter Aristoteles angesehen hatte.[21]

Ein Zitat von Egon Friedell (dessen Kulturgeschichte der Neuzeit jedem zur Lektüre empfohlen sei) lässt einen die Wucht dieser geistigen Veränderung erahnen:

> »Der Mensch, bisher in dumpfer andächtiger Gebundenheit den Geheimnissen Gottes, der Ewigkeit und seiner eigenen Seele hingegeben, schlägt die Augen auf und blickt um sich. Er blickt nicht mehr *über* sich, verloren in die heiligen Mysterien des Himmels, nicht mehr *unter* sich, erschauernd vor den feurigen Schrecknissen der Hölle, nicht mehr *in* sich, vergrübelt in die Schicksalsfragen seiner dunklen Herrschaft und noch dunkleren Bestimmung, sondern geradeaus, die Erde umspannend und erkennend, dass sie sein Eigentum ist. Die Erde *gehört* ihm, die Erde *gefällt* ihm, zum erstenmal seit den seligen Tagen der Griechen.«[22]

Dieser Prozess dauerte natürlich Jahrzehnte, sogar Jahrhunderte,[23] verbreitete sich ausgehend von Italien, Frankreich, den Niederlanden und auch Deutschland über ganz Europa und erreichte erst mit der Aufklärung Ende des 18. und Anfang des 19. Jahrhunderts seinen Höhepunkt: »Das 18. Jahrhundert ist das Jahrhundert eines solchen ›Wandels durch Vernunft‹. Die Aufklärer wollten Licht in die Welt bringen und kämpften mit ihrer Kritik gegen Irrtümer aller Art: Gegen Unwissenheit und Unmündigkeit, Abhängigkeit und Bevormundung, Aberglaube und Vorurteile.«[24] Die Welt war also, erneut in Friedells Worten, »fortan nicht mehr ein gottgewolltes Mysterium, sondern eine menschengeschaffene Rationalität«;[25] der »schneidende Luftzug der neueren Geschichte«[26] durchdrang den Panzer des unbekümmerten Glaubens, die Herrscher fanden »Inspiration im Römischen Recht und nicht mehr in der Bibel«.[27]

Das Mystische, das Geheimnisumwitterte und Rätselhafte wurde verdrängt, das Leben spätestens mit der Reformation zunehmend »logisch, geordnet, gerecht und tüchtig«. Der Weg Europas führte, so drückt es Bernd Roeck aus, »vom Mythos zum Logos, aus den Wäldern in die Städte und über die Ozeane, schließlich aus einer geschlossenen Welt in ein unendliches Universum«.[28] Zentral ist die Erkenntnis, dass mit dieser Wiederbelebung der antiken Verstandeswelt, der später auch als »Renaissance« bezeichneten Wende, auch politische Herrschaft[29] bzw. die Form und Struktur der konkreten Herrschaft begründungsbedürftig wurden: »Denn auch der Staat ist eine menschliche Einrichtung, die erklären muss, warum und mit welcher Legitimität sie Autorität, Macht und Herrschaft beansprucht.«[30] Der schlichte Verweis auf Gottes Wille genügte nicht mehr, um den Zustand des Gemeinwesens, die Herrschaft des Königs und die bisweilen so klägliche Stellung der Untertanen zu rechtfertigen. Die neuen Vertreter des rationalistischen Naturrechts[31] unterwarfen »das hergebrachte Wissen dem methodischen Prinzip des Zweifels, der Kritik und der Autorität der Vernunft«.[32] Erst dieser geistige Sprung machte die zahlreich erscheinenden und bis in die heutige Zeit wirkmächtigen Abhandlungen zu staatstheoretischen Fragestellungen möglich:

Niccolò Machiavellis *Der Fürst* (1513), in dem er Politik vor allem als Technik zum Erwerb und zum Erhalt der Macht beschrieb; über Jean Bodins *Les six Livres de la République* (1576), das mit dem Begriff der Souveränität als »höchste Gewalt über Bürger und Untertanen« den vielleicht umstrittensten Begriff in die Staatstheorie einführte, an dem sich die Staatslehre, aber auch die Politikwissenschaft angesichts neuer Entwicklungen seitdem mehr oder weniger erfolgreich abarbeiten; Hugo Grotius' *De iure belli ac pacis* (1625), eine umfassende naturrechtlich begründete Rechtstheorie, Thomas Hobbes' *Leviathan* (1651), in dem dieser eine vertragstheoretische Begründung und Rechtfertigung des Absolutismus lieferte, und Samuel Pufendorfs *De officio hominis et civis* (1673) mit seinem »Bild einer absoluten Monarchie mit wohlfahrtsstaatlichen Zügen«;[33] bis hin zu John Lockes *Two Treatises on Government* (1689), das die britische *Glorious Revolution* und die (weitere) Emanzipation vom zeitgenössischen Absolutismus[34] nicht nur nachträglich legitimierte, sondern ideologisch vorbereitete,[35] Montesquieus *De L'Esprit des Loix* (1748), der große Entwurf der Gewaltenteilung, der in seiner Wirkung nicht nur in Europa (bis heute), sondern auch bei der Entstehung der Vereinigten Staaten von Amerika kaum zu überschätzen ist, sowie Jean-Jacques Rousseaus *Du contrat social* (1762), der die Frage nach der Legitimation der Staatsgewalt mit dem Konzept der radikalen Volkssouveränität beantwortete[36] und – gemeinsam mit den beiden zuvor genannten Werken – bereits die Saat für den heutigen demokratischen Verfassungsstaat legte. In einer reinen Welt des Glaubens wären all diese Werke nicht möglich gewesen – der moralische Verfall der katholischen Kirche ab dem späten 14. Jahrhundert trug dazu zweifellos maßgeblich bei.

Veränderungen der gesellschaftlichen und wirtschaftlichen Lage

Neben dieser Entdeckung der Vernunft und der allmählichen Ablösung der Glaubens- von der Verstandeswelt, die die geistigen Grundlagen für die Entstehung des modernen Staates legten, traten um den Beginn der Neuzeit weitere Veränderungen der gesellschaftlichen und wirtschaftlichen Bedingungen[37] in die Lebenswelt, die sogenannte »Lage« der europäischen Zeitgenossen. Sie begünstigten eine Anpassung der Herrschaftsordnungen, wenn sie sie nicht gar zwingend nach sich zogen.

An erster Stelle stand das Bevölkerungswachstum,[38] das nach Überwindung des »Schwarzen Todes«[39] – der Pest – seit der Mitte des 14. Jahrhunderts in praktisch allen Regionen Europas rasch wieder an Fahrt aufnahm[40] und seinen Ausgangspunkt bereits im späten Mittelalter genommen hatte (was wohl vor allem an einem deutlichen Rückgang der Mortalität lag).[41] Am wenigsten betraf dies noch England und Wales, die sich im europäischen Kontext allerdings ohnehin als »Bevölkerungsschlusslicht« präsentierten. Die Pest hatte hier ganz fürchterlich gewütet und die Bevölkerung von rund sechs auf 1,5 (!) Millionen reduziert. Schon Mitte des 16. Jahrhunderts lag sie aber schon wieder bei drei, um 1600 bei vier Millionen,[42] und allein in England lebten nach einer kontinuierlichen Phase des Wachstums um 1650 etwa 5,2 Millionen[43] und um 1830 schon rund 13 Millionen Menschen.

Angaben zur Bevölkerungsentwicklung fallen für Deutschland schwer, weil es ein einheitliches Deutschland zu diesem Zeitpunkt nicht gab – und noch einige Zeit auf sich warten lassen sollte. Wir werden das in dieser Einführung noch sehen. Nimmt man aber die Grenzen von 1914 zum Maßstab, bestätigt sich auch hier ein starker Rückgang der Bevölkerung aufgrund der Pest. Um 1500 lebten auf diesem Gebiet jedoch bereits wieder neun Millionen, nur siebzig Jahre später bereits knapp 15 Millionen Menschen. Im Spanien des endenden 16. Jahrhunderts lebten rund acht Millionen Menschen, eine Zahl, die bis zur Mitte des 19. Jahrhunderts auf gut zwölf Millionen anwuchs. Rekordhalter war Frankreich, das schon Mitte des 16. Jahrhunderts auf rund 20 Millionen Einwohner kam,[44] um 1800 waren es bereits knapp 30 Millionen. Die Gesamtzahl der europäischen Bevölkerung sollte sich in den 250 Jahren bis 1750 um etwa 55 Prozent auf rund 140 Millionen erhöhen.[45]

Insgesamt sind diese Zahlen noch weit von der heutigen Bevölkerungsdichte entfernt, und auch verglichen mit der Bevölkerungsentwicklung im damaligen Asien fallen sie nachgerade mickrig aus – allein in Indien lebten mehr Menschen als in ganz Europa.[46] Trotzdem brachte die damit einhergehende Verknappung des Raumes – der »Raumschwund«[47] – neue Formen sozialer und gesellschaftlicher Konflikte, die »das Bedürfnis nach Ordnung und Regelung der Lebensverhältnisse«[48] erheblich steigerten.

Schnellere Reisemöglichkeiten trugen zum Gefühl einer sich stetig verengenden Welt zusätzlich bei:[49] Die Durchschnittsgeschwindigkeit der privaten Kutschen verdoppelte sich von 1814 bis 1848 und stieg von 4,5 Kilometer pro Stunde auf 9,5 Kilometer an. In Preußen verkürzte sich die Postkutschenzeit von Berlin nach Köln im gleichen Zeitraum von 130 auf 78 Stunden.[50] Mit der Eisenbahntechnik – kaum etwas steht mehr für die Epoche der Moderne als dieses metallene Gefährt – wurden auch diese Reisezeiten bald um ein Vielfaches unterboten, Europa wurde so »ungefähr auf den Flächenraum Deutschlands«[51] reduziert, wozu auch die ab Anfang des 18. Jahrhunderts regelmäßig verkehrenden Linienschiffe beitrugen.[52]

Ohnehin gewann Zeit einen völlig neuen Stellenwert im Leben der Menschen. Mit der Räder- und der späteren Pendeluhr wurde ihr Alltag »durch quantifizierbare Zeiteinheiten« überformt, »die eine übergreifende Organisation der Gesellschaft absichern und fördern halfen«.[53] Die neue Wahrnehmung der Zeit und die dadurch ermöglichte »vorgestellte Gleichzeitigkeit« der Ereignisse, symbolisiert vor allem im (fingierten) gleichzeitigen Konsum der Tageszeitung, sollten später auch eine bedeutende Rolle bei der »Erfindung der Nation« bzw. des Nationalismus und des Nationalstaats spielen.[54] Man fing an, über die gleichen Dinge zu sprechen, und diskutierte über überregionale und das enge Familienumfeld durchbrechende »gemeinsame« und dadurch verbindende Ereignisse – und zwar in der sich herausbildenden »nationalen« Sprache. Das förderte die Gemeinschaft und die Zusammengehörigkeit und erleichterte es, sich als individuelle Nation zu erkennen.

Diese besondere Verdichtung des sozialen Lebens wurde für die Zeitgenossen im wahrsten Sinne greif- und erlebbar in der Stadt, die seit der Neuzeit zunehmend das Leben auf dem Lande verdrängte und zu diesem in keinem größeren Gegensatz hätte stehen können.[55] Der einsetzende Urbanisierungsprozess, der bis heute, wie wir wissen, nicht abgeschlossen ist,[56] brachte so die vielleicht größten sozialen und gesellschaftlichen Veränderungen der Neuzeit mit sich[57] und war von erheblicher Bedeutung für die Entstehung des modernen Staates – auch des Verfassungsstaates.

Natürlich hatte es im Mittelalter schon Städte gegeben. Erst jetzt aber wurden sie zum zentralen Lebensort für einen signifikanten Teil der Gesellschaft; sie bildeten bald in wirtschaftlicher Hinsicht die eigentlichen Zentren. Besonders deutlich wurde dies in London, wo die wirtschaftliche Macht noch durch königliche Monopole begünstigt wurde, die zuvor bestehende Handelszentren schnell fast vollständig verdrängten. Ähnliches lässt sich über Städte wie Birmingham, Glasgow, Sheffield oder auch Paris berichten.[58] Überall in der Stadt wurden Waren gehandelt, trafen Menschen aufeinander – sich aus dem Weg zu gehen, wurde immer schwieriger –, es herrschten reges Treiben, »ein völlig neues Tempo, ein unheimliches Staccato trat ins Dasein«,[59] und das alles bei einem kaum erträglichen Gestank, weil zunächst alles, was man nicht benötigte, einfach auf die miserabel (wenn überhaupt) gepflasterten Gassen geworfen wurde.

Des städtischen Umlandes bedurfte es weiterhin, nun aber vor allem zur Versorgung der Stadt mit den notwendigen Lebensmitteln, die diese selbst nicht sicherstellen konnte (wenngleich die Transportmöglichkeiten anfangs noch sehr unzureichend waren und Städte daher bevorzugt an Flüssen und Kanälen erbaut wurden).[60] Produziert wurde von den Bauern immer häufiger nicht ausschließlich für sich selbst, für das eigene Überleben, sondern für den städtischen Markt, auf dem die Waren anschließend feilgeboten wurden. Der Kleinbauer, der nur für sich und seine Familie sorgte, wurde seltener und vom »für andere produzierenden Bauern« ersetzt, der auch nicht essbare Waren anbaute (wie Flachs und Hanf).[61] Die Bewirtschaftungsmethoden professionalisierten sich – anders wären die Versorgung der Stadt und damit auch die Entstehung des modernen Staates schlicht unmöglich gewesen.[62] In einem Satz: Man arbeitete nicht mehr, um zu leben, sondern lebte, um (für die Stadt) zu arbeiten. Das alles hatte natürlich erhebliche Konsequenzen.

Es kam, wie Patricia Crone beschrieben hat, zu einer dreifachen Integration der Gesellschaft: einer ökonomischen durch Spezialisierung und Arbeitsteilung, die zu einer gegenseitigen Abhängigkeit vom Markt führte; einer kulturellen, indem die Menschen jetzt aus ihrem familiären Umfeld, ihrer dörflichen Isolation in die große Stadt überwechselten; und schließlich eben auch einer sozialen und politischen, bei der letztlich aus allen Bewohnern Bürger – später und natürlich zu spät auch Bürgerinnen wurden.[63] Damit ging eine neue Beziehung zur Geldwirtschaft einher, der plötzlich in der neuen »Marktwelt« eine eigenständige Bedeutung zukam.[64]

Während das Mittelalter Geld noch allein als Mittel zum Zweck ansah, wurden das Geld bzw. das Gold nun selbst zum Zweck[65] –

es zu besitzen, wandelte sich zum Wert an sich und wer am meisten besaß, hatte die Möglichkeit, in sozialer Sicht aufzusteigen; monetäre Einkünfte waren nicht mehr (oder immer weniger) an den Grundbesitz geknüpft:[66] Hans Georg Pott drückt dies so aus: »Der Prozess der Entstehung der Moderne ist vor allem getragen und bedingt durch die Geldwirtschaft.«[67] Die zuvor angeborene und prinzipiell unveränderliche soziale Position stand nun zur Disposition, und der Weg zu sozialem Ansehen führte einzig und allein über das Geld: Der »Adel des Talents« siegte über den »Adel der Geburt«,[68] aus der Ständegesellschaft wurde langsam aber stetig die (moderne) Klassengesellschaft.[69] Um es erneut mit Hans Georg Pott zu sagen: »Die Gesellschaftsstruktur wandelt sich von der hierarchisch gegliederten Ständegesellschaft in die funktional differenzierte mit der Folge, dass der Mensch seinen festen Platz in der Gesellschaft verliert, sich statt dessen im Außen befindet und seinen Platz in der Gesellschaft erst suchen, erarbeiten oder erkämpfen muss.«[70] Wir sehen hier bereits das Phänomen der Emanzipation, das vor allem das »lange 19. Jahrhundert prägen sollte«[71] und auf das wir sogleich eingehen werden. Beispielhaft für diesen »Kampf« seien nur die ehemals kriminellen[72] und späteren Mäzene des italienischen Florenz – die Medici – genannt, deren Aufstieg zu Beginn des 15. Jahrhunderts zunächst im Tuchhandel, dann aber vor allem im professionalisierten Bankgeschäft begründet lag. Als wohl größte Finanzmacht Europas mit guten Beziehungen zum Papst und anderen Mächten[73] waren sie schon Mitte des 15. Jahrhunderts die eigentlichen Regenten der rund 70.000 Köpfe zählenden Stadt,[74] obwohl es sich bei ihnen, in den Worten Egon Friedells, um ein »Geschlecht von bürgerlichen Parvenüs« handelte[75] – im Mittelalter ein undenkbarer Vorgang.

Das Geld- und Finanzwesen ist seit dieser Zeit aus der modernen Welt nicht mehr wegzudenken, und es sollte nicht mehr lange bis zur ersten Finanzkrise dauern: In Holland, auf das die moderne Börsenwelt zurückgeht, brach im ersten Drittel des 17. Jahrhunderts das »Tulpenfieber« aus. Tulpenzwiebeln wurden zu einem wilden Spekulationsobjekt, für das horrende Preise gezahlt wurden – bisweilen ein Mehrfaches des durchschnittlichen Jahresgehalts.[76] Jeder, der etwas auf sich hielt, musste eine Tulpenzwiebel oder wenigstens den Anspruch auf eine Tulpenzwiebel sein Eigen nennen, nachdem die wundersame Blume erstmals im Jahr 1562 aus der eigentlichen Tulpenstadt (Konstantinopel) in Antwerpen angekommen war. Als die Spekulationsblase im Jahr 1637 plötzlich[77] platzte (die Preise fielen schlagartig um mehr als 95 Prozent), war die Not groß und es bedurfte erheblicher Anstrengungen, um schlimmeres Leid auf allen Seiten zu verhindern. Die niederländische Wirtschaft sollte Jahre brauchen, um sich zu erholen. Heute erinnern nur noch die zahlreichen Tulpenfelder Hollands an diese in jeder Hinsicht bemerkenswerte Episode.

Strukturell offenbarten sich bei dieser ersten Finanzkrise im Übrigen die gleichen Merkmale wie bei der »modernen« großen Finanzkrise des Jahres 2008. Der Spekulationsgegenstand mag absurd erscheinen, aber das bestätigt nur: Spekulieren lässt sich auf alles, solange sich genügend Leute beteiligen. Die Konsequenzen, die aus dieser ersten Krise gezogen wurden, waren in jedem Fall gering. Schon bald kam es in Frankreich durch die (allerdings betrügerischen) Geschäfte des John Law zu Beginn des 18. Jahrhunderts zu einer weiteren (noch größeren) Krise,[78] und dabei blieb es bis in die heutige Zeit mit bemerkenswerter Regelmäßigkeit – mit dem einzigen Unterschied, dass die Folgen solcher Krisen angesichts der weltweiten Finanzströme gravierender ausfallen.

Die Wesensmerkmale des modernen Staates

Vor dem Hintergrund dieser kognitiven und gesellschaftlichen Veränderungen entstand in Europa in einem langen Prozess das, was wir heute als »modernen Staat europäischer Prägung« bezeichnen, aus dem alsbald auch ein Verfassungsstaat werden sollte. Aber Achtung: Die im Folgenden in aller Kürze aufgezählten Merkmale, die diesen modernen Staat prägen und damit von frühmodernen Herrschaftsformen unterscheiden, sind nicht in Stein gemeißelt oder objektiv feststellbar. Es handelt sich um eine persönliche Staats*legende*, die andere möglicherweise nicht umfänglich teilen. Das ist aber kein Makel der Erzählung, sondern bei historisch-rückblickenden Einordnungen typisch und unvermeidlich. Der Blick zurück hängt an subjektiven Prägungen und Vorstellungen, die sich in der eigenen Bewertung niederschlagen. Das zu leugnen wäre ebenso verfehlt, wie eine »objektive« Darstellung zu verlangen.[79]

Unter Beachtung dieser Einschränkungen sind es die folgenden acht Merkmale, die das Wesen des modernen Staates europäischer Prägung ausmachen und aus denen sich in einem langen Prozess der Verfassungsstaat herausbilden sollte:[80]

Erstens: Zentralisierung der Macht- und Herrschaftsverhältnisse. War die Macht im Feudalismus des Spätmittelalters noch in einem diffusen System auf zahlreiche Personen und die Kirche aufgeteilt,[81] kam es mit dem moralischen Verfall der Kirche und den folgenden Religionskriegen ab dem 14. Jahrhundert zu einer Machtkonzentration beim Monarchen. Bei diesem bündelten sich nicht zuletzt die Streitentscheidungskompetenzen. Die Stände wurden entmachtet und es folgte die Ära des Absolutismus: »L'État c'est moi!« Theoretisch unterfüttert wurden diese Entwicklungen durch Jean Bodin, der den vielleicht umstrittensten Begriff in die Staatslehre einführte: »Souveränität«. Ein umfassendes, faktisches Gewaltmonopol ging mit dieser Zentralisierung allerdings zu keiner Zeit einher – die lokalen Herrschaftsträger blieben im täglichen Leben auch in der Hochzeit des Absolutismus schon aus organisatorisch-technischen Gründen von großer Bedeutung. Und auch sonst zeigten sich bei den einzelnen Staaten beachtliche Unterschiede – man denke nicht zuletzt an England, das uns in dieser kleinen Einführung noch mehrfach begegnen wird. Die »Souveränität« der ersten modernen Staaten nachträglich zu verklären, wie dies bisweilen geschieht, erscheint vor diesem Hintergrund aber wenig überzeugend bzw. beinahe ahistorisch.[82]

Zweitens: Säkularisierung bei Konfessionalisierung. Die Entdeckung der Vernunft führte zur Trennung der geistlichen von der weltlichen Sphäre, wobei sich der weltliche Monarch langfristig den Primat, den »Suprematieanspruch«,[83] sicherte. Er hatte auf seinem Territorium das letzte Wort, und zwar auch im Hinblick auf Fragen der Religion. Religion spielte damit in der Anfangszeit noch eine große, vielleicht sogar die bedeutendste Rolle für den modernen Staat. Es kam mithin zwar zu einer Säkularisierung,[84] aber nicht zu einer Entkonfessionalisierung des Staates. Bis zum »Staat ohne Gott«, wie ihn Horst Dreier unlängst beschrieben hat und bei dem die Religion prinzipiell zur Privatsache erklärt wird,[85] sollte es noch einige Jahrhunderte dauern – vollständig durchgesetzt hat sich dieses Konzept bis zuletzt nur in wenigen modernen Staaten.[86] Gleichwohl liegt hier der Ausgangspunkt der von Max Weber so treffend bezeichneten Entzauberung der Welt.

Drittens: Territoriale Abgrenzung und Entpersonalisierung. Im Zusammenhang mit der Konfessionalisierung stand die Territorialisierung der Herrschaft, die sich fortan besonders über ihr Staatsgebiet und weniger über die konkrete Person des Herrschers definierte. Es kam zu einer Entpersonalisierung, der Staat wurde zur Körperschaft, deren Existenz vom Herrscher unabhängig war. Die entstehenden Grenzen waren aber vornehmlich räumliche Abgrenzungen der Herrschaftsgewalt und keine für Menschen physisch unüberwindlichen Barrieren. Anfangs waren es angesichts der vorherrschenden ökonomischen Theorie – dem Merkantilismus – auch weniger fremde Menschen, die auf dem eigenen Staatsgebiet unerwünscht waren, als aus dem Ausland stammende Waren. Heute scheint es im »entfesselten Kapitalismus« umgekehrt zu sein.[87] Mit dem modernen Territorialstaat ist beides vereinbar.

Viertens: Gestaltung durch Gesetzgebung. War die Ordnung des Mittelalters noch vor allem eine erkennende, wurde sie mit der Entdeckung der Vernunft zunehmend zu einer vom Menschen selbst insbesondere durch Recht gestalteten Ordnung.[88] Der moderne Staat ist Gesetzgebungsstaat: »Die systematischen Beobachtungen der Natur und die Kritik an unreflektiertem Verhalten hatten zu der Erkenntnis geführt, dass der Mensch Gegenwart und Zukunft selbst gestalten müsse.«[89] Damit übernahm der Herrscher zugleich die Verantwortung für die Ausgestaltung dieser Ordnung. Es fanden sich immer häufiger umfangreiche Regelungen zur »guten Polizey«, mit denen der Herrscher versuchte, sowohl die Gefahrenabwehr als auch die allgemeine Wohlfahrtspflege zu organisieren und nach seinen Vorstellungen zu gestalten. Die neuen Ordnungen ließen kaum einen Bereich aus und reichten von der Kleiderordnung bis hin zum schicklichen Verhalten in der Öffentlichkeit. Allerdings verlief dieser Prozess – wie so häufig – in den einzelnen Staaten unterschiedlich. In Großbritannien und den USA etwa wird man der Gesetzgebung erst Ende des 19. Jahrhunderts eine größere Rolle zusprechen können.[90]

Fünftens: Ausbildung einer zentralen Bürokratie. Die Gestaltung durch Gesetze, aber auch die Konfessionalisierung bedurften der konkreten Umsetzung innerhalb des gesamten Territoriums der einzelnen Staaten. Nach dem Vorbild der katholischen

Kirche entwickelte sich eine zentralisierte Verwaltung, die im Übrigen auch von technischen Neuerungen (wie der Postkutsche) profitierte. Verwaltung ist dabei auch heute der Aspekt von Staatlichkeit, dem die BürgerInnen am häufigsten begegnen: »Der Alltag von Herrschaft ist Verwaltung.«[91]

Sechstens: Errichtung eines stehenden Heeres. Mit der Veränderung der Kriegsführungstechniken ging eine professionellere Organisation der militärischen Verteidigung einher. Ausgehend von den Niederlanden und Schweden wurde der besoldete und unter Waffen stehende Soldat, der auch in Friedenszeiten seine Funktion als Soldat nicht aufgab, zum neuen militärischen Standard. Dazu bedurfte es eines umfassenden militärischen Verwaltungsapparates und entsprechender Infrastruktur (vor allem über das gesamte Territorium verteilte Kasernen). Das Militär wurde zu einem wirksamen Macht- und Symbolfaktor des zentral agierenden Herrschers, wie etwa in Frankreich und Preußen. In vielen Staaten kommt dem Militär dadurch bis heute eine erhebliche Integrationskraft selbst in Friedenszeiten zu – etwa in den USA, aber auch in Frankreich. In Deutschland ist das aus historischen Gründen anders.

Siebtens: Umfassende Steuerfinanzierung. Im Mittelalter kam der Herrscher im Wesentlichen selbst für die Kosten der Herrschaft auf. Die Finanzierung des modernen, gestaltenden und verwaltenden Staates war jedoch auf diesem Wege nicht mehr zu leisten. Im Laufe der Zeit trat daher die Steuer als dauerhafte Einnahmequelle an die Stelle der Selbstfinanzierung: Der moderne Staat ist Steuerstaat. Diese Entwicklung war für den Prozess der Parlamentarisierung und damit den demokratischen Verfassungsstaat bedeutend: Die Ständevertretungen, die für die Bewilligung der Steuern verantwortlich zeichneten, waren die Vorläufer der heutigen Parlamente. Das Budgetbewilligungsrecht bildet weiterhin eine der parlamentarischen Kernkompetenzen.

Achtens: Staatsvolk. Ein formales Staatsvolk, eine formale Staatsangehörigkeit kannte der moderne Staat lange Zeit nicht. Die Herrschaft war im Wesentlichen nicht personal, sondern territorial organisiert – zumindest wenn man auf die zentrale staatliche Ebene blickt.[92] Auch die Konfession ließ sich nicht als Staatsangehörigkeitsersatz interpretieren, schon weil es nur zwei (später drei) unterschiedliche Konfessionen gab[93] und diese zudem prinzipiell frei wählbar waren. Erst die mit der Französischen Revolution einsetzende Demokratiebewegung begründete das Bedürfnis, ein irgendwie geartetes Volk von anderen Völkern abzugrenzen.[94] Die Idee, die in diesem Zusammenhang geboren oder besser »erfunden«[95] wurde, war die der Nation – ein mehr als folgenreiches Konzept für den modernen Staat, auch und gerade für den Verfassungsstaat.[96]

Der moderne Staat als verfasster Staat (noch) ohne Verfassung

Dieser moderne Staat steht am Anfang auch der Verfassungsgeschichte der Neuzeit. Nach seiner Herauslösung aus göttlichen Vorgegebenheiten bedurfte er einer Ordnung, die das weltliche Geschehen auf dem jeweiligen Territorium organisierte: der Verfassung.

Vorherige Herrschaftssysteme kannten hingegen noch keine Verfassung im hier verstandenen Sinne. Anders ausgedrückt: Sie waren zwar zu jedem Zeitpunkt in einem bestimmten (faktischen) Zustand, *in* einer (politischen) Verfassung, aber sie *hatten* noch keine (normative) Verfassung. Zu Beginn galt das freilich auch für den modernen Staat, mit dem das Zeitalter des Absolutismus eingeläutet wurde, der das gesamte Europa – mit Ausnahme Englands – lange Zeit prägen sollte. Zwar wurden die naturrechtlichen, vertragstheoretischen Grundlagen für den alsbald folgenden Verfassungsstaat durch Autoren wie Thomas Hobbes, John Locke oder Jean-Jacques Rousseau bereits in dieser Zeit geschaffen.[97] Die »staatlichen Autoritäten«[98] tangierte das allerdings nicht, sie setzten diese Vorstellungen nicht um – im Gegenteil: Die absoluten Herrscher sahen sich weiterhin von Gottes Gnaden eingesetzt. Eine naturrechtlich fundierte Verfassung, eine schriftlich verfasste gar, schien unnötig: »L'État c'est moi« brauchte keine Verfassung.

Auch wenn ihre Herrschaft faktisch selbst im Frankreich Ludwigs XIV. nicht als absolut angesehen werden konnte – im täglichen Leben blieben die lokalen Herrschaftsträger von zentraler Bedeutung –, gingen die Monarchen selbstverständlich davon aus, dass ihnen keinerlei rechtliche Grenzen gesetzt waren. Und diese unbegrenzte Herrschaftsgewalt bedurfte außerhalb göttlicher Zuweisung keiner irgendwie gearteten förmlichen Übertragung durch eine weltliche Instanz (schon gar nicht durch das »Volk«).

Es sollte lange dauern, bis sich die theoretischen Vertrags- und Verfassungsideen auch in der herrschaftlichen Praxis durchsetzen konnten. Dieser langwierige, bisweilen zähe Prozess spielte sich im Kern im »langen« 19. Jahrhundert ab – einer erneut willkürlichen historischen Epoche, die mit der Amerikanischen und Französischen Revolution einsetzte und bis zum Ende des Ersten Weltkriegs 1918 andauerte.[99] Es war diese Hochphase der Moderne, die mit der Industrialisierung vielfältige neue Probleme – nicht zuletzt die soziale Frage – aufwarf und als eine Epoche der *Emanzipation* und der *Partizipation* beschrieben werden kann.[100]

Die Begriffe »Emanzipation« und »Partizipation« werden uns in den folgenden Kapiteln immer wieder begegnen. Emanzipation meint in diesem Zusammenhang die Entlassung aus gesellschaftlichen Bindungen und Selbstverständlichkeiten, aus Abhängigkeiten und Unterwürfigkeit.[101] Es geht um die den Liberalismus prägende Emanzipation aus vorgegebenen, oktroyierten und nicht autonom gewählten gesellschaftlichen Funktionen und Zwängen. Das begründete durch den Abbau der komplexen gesellschaftlichen Zwischengewalten erhebliche neue Freiheiten für den Einzelnen.

Die neue, zunehmend bürgerliche Gesellschaft[102] befreite sich im Laufe der Zeit dadurch von religiösen Zwängen, von politischen Allmachtsansprüchen des Monarchen, von wirtschaftlichen Begrenzungen – Anfang des 19. Jahrhunderts wurde das Zunftwesen durch die Gewerbefreiheit ersetzt –, aber auch von normativen Diskriminierungen: Alle Menschen wurden frei und gleich an Rechten geboren und vom Recht auch entsprechend behandelt. Die Idee der Gleichheit als solche war nicht neu. Aber es war bis dahin meist eine Gleichheit der wenigen gewesen. Nun also für alle: »Die Französische Revolution stieß diesen Stachel der Gleichheit in die Politik«,[103] schon zuvor hatte die amerikanische Unabhängigkeitserklärung die Gleichheitsidee wirkmächtig formuliert – in der Praxis wurde dieses Versprechen (»that all men are created equal«) anfangs nur begrenzt eingelöst, die bürgerliche Gesellschaft war vor allem »männlich bestimmt«.[104] Verfassungs- und Demokratiegeschichte, das hat zuletzt auch Hedwig Richter betont, dreht sich um erkämpfte Inklusionen und fortbestehende Exklusionen und damit auch um den gesellschaftlichen Umgang miteinander: »Warum begannen Menschen, dem Körper ihrer Mitmenschen Respekt entgegenzubringen und Folter und Prangerstrafen nicht mehr als Unterhaltungsspektakel, sondern als widerlich, schließlich sogar als Skandal zu empfinden?«[105]

Die Grundrechte wurden zum Ausdruck dieses fundamentalen Prinzips, das gegen Adelsprivilegien und sonstige in der persönlichen Stellung begründete Bevorzugungen gerichtet war. Natürlich war der Weg zur realen Verwirklichung der Grundrechte und der Gleichheit lang – er ist bis heute nicht vollständig abgeschritten. Ungerechtigkeiten bestehen fort oder haben sich gewandelt – die USA wurden erwähnt, aber auch in Deutschland werden die strukturellen Geschlechterungerechtigkeiten nur allzu langsam verringert, wenngleich man auch die Fortschritte nicht kleinreden sollte.[106] Mit den ersten Menschenrechtserklärungen aber war der theoretische Schritt zu einer umfassend einbeziehenden Gleichheit getan, der auch in den Bürgerlichen Gesetzbüchern normativen Niederschlag finden sollte – der französische *Code Civil* trat im Jahr 1804 in Kraft.[107] Die gesellschaftlichen Zustände sollten sich von dieser Idee mittelfristig nicht vollständig abschirmen können: Ab jetzt konnte man auf die Menschenrechtserklärungen verweisen und den ungleichen Seins-Zustand im Hinblick auf den normativen Soll-Zustand als defizitär markieren. Und das gilt bis heute: »Denn der Maßstab, sich auf die Universalität der Menschenrechte hin zu orientieren und die Ordnung der Gesellschaft an ihr auszurichten, ist die dauerhafte Herausforderung jeder offenen Gesellschaft – bis zur Gegenwart.«[108]

Mit dieser Befreiung und Mediatisierung fielen allerdings auch Problemlösungsinstanzen weg, für die es mittelfristig Ersatz brauchte. Sichtbar wurde das bei der »Bauernbefreiung« Anfang des 19. Jahrhunderts, die die Bauern gleich doppelt »befreite«: von ihrer Leibeigenschaft und anschließend von ihrem Land. Die Abhängigkeit war jetzt eine andere, aber es blieb eine Abhängigkeit.[109]

Die Lösung der gesellschaftlichen Ketten bedeutete das Ende bis dahin bestehender gesellschaftlicher Fürsorgemechanismen. Man war seines eigenen Glückes Schmied, aber damit auch auf sich gestellt – und das konnte in der aufkommenden Industrialisierung mit Ungerechtigkeiten und sozialen Härten einhergehen. Es bedurfte einer grundlegenden Neuordnung, für deren Gestaltung nur noch der einheitliche Staat in Betracht kam, der nach der Beseitigung der diffusen gesellschaftlichen Gewalten sichtbar geworden war. Nachdem er zunächst die Freiheit aller sicherte, sorgte er als Interventionsstaat dafür, dass diese Freiheit auch für alle (oder möglichst viele) erhalten blieb.

An dieser Neuordnung wollte das emanzipierte und selbstbewusster werdende Bürgertum sich unmittelbar beteiligen. Der *gesellschaftlichen Emanzipation* und der Sichtbarmachung des einheitlichen Staates folgte der Wunsch nach *politischer Partizipation* an der einheitlichen Staatsgewalt, eine wenig überraschende Entwicklung: Wie zuletzt Danielle Allen eindrucksvoll gezeigt hat, ist die Zusammenführung von privater und öffentlicher Autonomie eine notwendige Bedingung für umfassendes menschliches Wohlergehen.[110] Dieser Wunsch manifestierte sich in dem Verlangen nach neuen politischen Grundordnungen – den Verfassungen –, mit denen die Partizipation normiert und für die Zukunft verstetigt werden sollte. Das 19. Jahrhundert lässt sich als das Jahrhundert der Verfassungen bezeichnen: »Die Verfassungsbewegung ist mithin ein zentrales Phänomen der auf Emanzipation und Partizipation gerichteten Entwicklung, die das ganze 19. Jahrhundert bestimmt.«[111] Heute besteht für uns ein natürliches Junktim zwischen einem Staat und (s)einer Verfassung – wo vom Staat die Rede ist, ist die Verfassung nicht weit.[112] Dieses Junktim ist aber jünger, als wir vielleicht gedacht haben. Es sind die USA, in denen es im Jahr 1787 erstmals verwirklicht wird, Frankreich folgt und von da an sollte es sich über den ganzen Erdball verbreiten. Auch in Südamerika kommt es im Zusammenhang mit der ersten Dekolonisierungswelle Anfang des 19. Jahrhunderts zu zahlreichen Verfassungsgebungen. Anders gewendet: Der Kampf um die Verfassung wird epocheprägend.[113]

Mit der Neuzeit fängt unsere Verfassungsgeschichte insofern ein wenig zu früh an, und in der Tat wird der Schwerpunkt stärker auf der späten (»modernen«) Neuzeit ab Mitte und Ende des 18. Jahrhunderts liegen. Indem auch die Zeit davor in den Blick genommen wird, soll das Prozesshafte und der Umstand betont werden, dass der Verfassungsstaat an den in der Neuzeit entstandenen modernen Staat anknüpft und vielfach in den damaligen organisatorischen (politischen) Unzulänglichkeiten seinen Ausgangspunkt nimmt. Ohne diese Unzulänglichkeiten zu kennen, wird man seine Entstehung nicht nachvollziehen können. Dass und warum die Neuzeit als Ausgangspunkt gewählt wurde, sollte damit hinreichend begründet sein. Die Relevanz weiter zurückreichender Zusammenhänge wird durch die Wahl dieses Ausgangspunktes und entgegen der skizzierten Kritik nicht geleugnet.[114]

Doch vorab bedarf es noch der Klärung, was unter einer Verfassung verstanden werden soll. Was ist das Besondere am Verfassungsstaat und unterscheidet ihn von früheren Herrschaftsmodellen, die zwar in einer Verfassung waren, aber noch keine (normative) Verfassung hatten, wie wir sie heute kennen und für selbstverständlich erachten?

2. Zum Begriff der Verfassung

Das 19. Jahrhundert als Zeitalter der Verfassungen

Heute erscheint uns die Existenz von Verfassungen selbstverständlich. Beinahe jeder moderne Staat hat eine geschriebene Verfassung, etwas anderes gilt nur für Großbritannien, Israel und Neuseeland – die Ursachen für den britischen »Sonderweg« werden wir im fünften Kapitel näher beleuchten.

Was wir heute unter einer Verfassung verstehen, ist allerdings eine »Erfindung« des späten 18. Jahrhunderts. Wenn man von den einzelstaatlichen amerikanischen Verfassungen absieht, ist die amerikanische Verfassung aus dem Jahre 1787 bzw. 1791 die erste moderne Verfassung im hier verstandenen Sinne. Es folgten die französischen Verfassungen im Anschluss an die Französische Revolution von 1789, und fortan war die Idee des Verfassungsstaates, der das politische Leben rechtlich ordnet und einhegt, aus den politischen Debatten nicht mehr wegzudenken: »In den folgenden zwei Jahrhunderten steigt die Verfassung zum weltweit kopierten und vielfach variierten Muster auf, nach dem Gesellschaften ihre politische Ordnung als republikanisch, demokratisch, rechtsstaatlich, sozial etc. ausweisen sowie auf die Anerkennung von Grund- und Menschenrechten gründen, um Zutritt zu erhalten zum Kreis der in den Vereinten Nationen organisierten ›zivilisierten Staaten‹.«[1] Es war gleichwohl ein langer Kampf, bis sich diese Idee endgültig durchsetzen konnte. Das gilt für Europa insgesamt und damit auch für Deutschland, wo die Zeit ab dem Beginn des 19. Jahrhunderts geprägt war von einem Hin und Her zwischen Revolution und Restauration, zwischen liberalen Konzepten und den Machtansprüchen der alten Kräfte, zwischen Freiheit und Unterdrückung.

Etwas vereinfachend wird man sagen können: Beim Großteil der Revolutionen und politischen Auseinandersetzungen des langen 19. Jahrhunderts drehte es sich der Sache nach um die Begründung und Ausweitung, bisweilen auch um die Einschränkung von Verfassungen bzw. des Verfassungsstaates. Stets ging es um auf Emanzipationen folgende Partizipationsansprüche eines selbstbewusster werdenden Bürgertums, das sich mit dieser Forderung nicht überall und umgehend durchsetzen konnte und manche (auch gewalttätige) Rückschläge ertragen musste: »Ja, die europäische Geschichte seit 1789 lässt sich über hundert Jahre geradezu als Geschichte von Verfassungskämpfen schreiben.«[2]

Die vier Elemente moderner Verfassungen

Schauen wir uns vor diesem Hintergrund genauer an, was die Verfassung im modernen Sinne prägt. Dabei sei angemerkt: Die folgende Definition ist weit und will das Besondere fassen, ohne zu anspruchsvolle Anforderungen zu stellen. Eine enge Definition engt auch den Blick zurück ein und könnte verhindern, zusammenhängende Entwicklungen zu erkennen.[3] Wer etwa die demokratische Verfassung der USA aus dem Jahre 1787 bzw. 1791, also den demokratischen Verfassungsstaat, zum relevanten Maßstab erklärt, wird in Deutschland (allerdings auch im restlichen Europa) lange Zeit nicht fündig werden. Der demokratische Verfassungsstaat tritt hier erst mit der Weimarer Reichsverfassung des Jahres 1919 auf die politische Bühne, etabliert sich vollends erst mit dem Grundgesetz aus dem Jahre 1949 – ohne damit allerdings die vielfältigen demokratischen Traditionen in den deutschen Staaten leugnen zu wollen.

Die folgenden Merkmale konzentrieren sich also auf das Wesentliche, auch um eine Verfassungsgeschichte unter Einbeziehung Deutschlands sinnvoll erzählen zu können. Zwar erfüllt der spezifisch deutsche Konstitutionalismus, mit seiner noch lange währenden Perpetuierung des monarchischen Prinzips, auch die folgenden Kriterien nicht umfassend. Die Unterschiede sind aber nicht so gewaltig und lösen sich zunehmend auf, so dass der hier präsentierte Begriff eine sinnvolle Folie für diese Entwicklung sein kann.

Bevor wir uns den konkreten Merkmalen zuwenden, sei daran erinnert, dass mit den Vertragstheoretikern – also Personen wie Thomas Hobbes und John Locke, aber auch Jean-Jacques Rousseau – das theoretische Fundament für die moderne Verfassung schon länger gelegt war. Trotz unterschiedlicher Zugänge im Einzelnen kamen sie allesamt zu dem Schluss, dass sich Herrschaft nur rechtfertigen lässt, wenn bereits ihre Einsetzung auf einem Vertrag, den die gleichen Bürger miteinander abschließen, und damit auf deren Zustimmung beruht.[4] Das war nichts weniger als ein direkter Angriff auf die Idee eines Gottesgnadentums und man kann sich ausmalen, dass diese Theorien bei kaum einem Herrscher auf unmittelbare Gegenliebe stießen: »Die zentrale Frage der politischen Theorie lautete fortan: Wie legitimiert sich Herrschaft angesichts des Naturrechts aller Menschen? Wenn politische Herrschaft auf Verträgen zwischen Menschen beruht, wie können Monarchen oder Fürsten dann ihre Position rechtfertigen?«[5] Diese Vorstellungen sollten in der Praxis dennoch zunächst keine Rolle spielen. Der Absolutismus blieb wie er war, auch wenn er geistig angekratzt erschien und sich in manchen Staaten als aufgeklärt gerierte.

Zwar war kein absolutistischer Herrscher umfassend absolut. Wie wir gesehen haben, galt das selbst für Ludwig XIV., den berühmten Sonnenkönig. Manche dieser Begrenzungen ging der Monarch freiwillig ein, manche ergaben sich aus faktischen Begebenheiten. Klar aber war: Es war der Monarch, der über Begrenzungen entschied, seine Herrschaft war theoretisch umfassend und beruhte auf göttlicher Ermächtigung. Um seine Herrschaft zu begründen bzw. zu legitimieren, bedurfte es keines besonderen Vertrages, der Mitwirkung der Untertanen oder sonstiger Verfahren. Ohnehin galten diese freiwilligen Einschränkungen meistens nur für einen begrenzten Personenkreis, den Adel, den Klerus, aber nicht umfassend – von Gleichheit keine Spur.

Ihre langfristige Wirkung sollten diese Vertragstheorien gleichwohl nicht verfehlen, denn das Bedürfnis, Herrschaft weltlich zu legitimieren, wuchs stetig an. Es bedurfte einer Rechtfertigung für das Bestehende und man begann, nach einer solchen zu suchen. Es ging den Vertragstheoretikern dabei nicht sogleich um demokratische Verhältnisse. Auch absolutistische Herrschaft ließ sich weltlich rechtfertigen, wie Thomas Hobbes mit seinem *Leviathan* zeigte.[6] Mit der neuen Weltlichkeit wurde aber die Herrschaftslegitimation dem rationalen Diskurs unterworfen. Es entwickelten sich unterschiedliche Konzepte, die in einem langen Prozess mit der Wiederbelebung der antiken Gleichheitsidee auch den Absolutismus ins Wanken und schließlich zum Einsturz bringen sollten.

Mit der ersten Verfassung in den USA wurden die Vertragstheorien insoweit erstmals mit der Praxis versöhnt. Das Neue war dementsprechend nicht die Begrenzung der Herrschaft an sich – partielle Begrenzungen hatte es immer gegeben –, neu waren laut Dieter Grimm vielmehr die folgenden drei modalen Elemente:[7]

Erstens: Die Verfassung wirkte herrschaftsbegründend.[8] Außerhalb oder besser zeitlich vor der Verfassung gab es keine legitime Staatsgewalt. Die Staatsgewalt wurde entweder durch eine Verfassung staatlichen Institutionen zugewiesen oder war nicht existent. Durch die Verfassung wurde kein zuvor von Gott eingesetzter Herrscher in seinen Befugnissen eingeschränkt. Auch die Person des Herrschers erwachte erst mit der Verfassung zum Leben, zuvor war er ein Mensch wie jeder andere. Was er durfte, stand in der Verfassung. Und noch wichtiger: Was er nicht durfte, wo die Grenzen seiner Herrschaftsgewalt lagen, war ebenfalls darin normiert. Mit der Begründung neuer beendete die moderne Verfassung zugleich zuvor bestehende Herrschaft: »Sie begründet eine Diskontinuität, eine Ruptur, die ihre institutionelle Entsprechung in Frankreich in der Revolution, in den Vereinigten Staaten im Unabhängigkeitskrieg findet.«[9] Die Verfassung orientierte sich nicht mehr an vorheriger Herrschaft, grenzte sich bisweilen sogar explizit oder implizit von dieser ab – besonders deutlich beim Grundgesetz, das sich nachgerade als Gegenentwurf zur nationalsozialistischen Terrorherrschaft versteht. Moderne Verfassungen brachen mit der Vergangenheit und richteten den Blick in die Zukunft. Verfassungsordnungen haben mithin einen konkreten Anfang und machen dadurch ihre soziale Gesetztheit, ihre Unnatürlichkeit deutlich. Bisherige Herrschaftslegitimationen wurden bedeutungslos, die Verfassung legitimierte sich aus sich selbst heraus und war zugleich darauf angewiesen, dass ihr das gelang: Verfassungsgebungen waren (und sind) Transformationsprojekte ohne Anspruch auf Erfolg.[10] Konstituierte Herrschaft ist zum Zeitpunkt ihrer Begründung keine traditionelle Herrschaft. Hier zeigt sich ein zentraler Unterschied zu den deutschen »Verfassungen« des 19. Jahrhunderts, die keinen so klaren Bruch mit der Vergangenheit zelebrierten. Auf dem monarchischen System ruhend, verstanden sie sich als lediglich herrschaftsbegrenzend. Das alte monarchische Herrschaftssystem bestand fort, wurde lediglich geformt, aber nicht verworfen. Der Monarch galt wenigstens stillschweigend als der vorverfasste Souverän, die bisweilen oktroyierten Verfassungen als freiwillige Selbstbeschränkungen des ungebundenen Herrschers, »normative Geschenke« an die Untertanen. Andererseits sollte der Monarch eine gewährte Verfassung nach den Regelungen der Wiener Schlussakte aus dem Jahr 1820 eigenmächtig nicht wieder zurücknehmen können. Die erlassene Verfassung entfaltete Bindungswirkung auch für den Herrscher. Dass diese dogmatisch schwer zu begründende Selbstbindung auf monarchischen Widerstand stieß, belegt die Protestaktion der »Göttinger Sieben« aus dem Jahr 1837, die gegen eine einseitige Rücknahme der Hannoverschen Verfassung durch König Ernst August gerichtet war.

Zweitens: Die mit der Verfassung begründete Herrschaft umfasste die gesamte Herrschaftsgewalt.[11] Es ging nicht um einzelne Bereiche (etwa den Schutz vor willkürlicher Verhaftung), wie das in bestehenden Verabredungen der Fall war, die zwischen dem Herrscher und einzelnen Ständen abgeschlossen worden waren. Es ging darum, die Staatsgewalt mit der Verfassung umfassend und durchgehend zu regeln; kein Bereich staatlicher Herrschaft sollte außerhalb der Verfassung stehen. Jeder, der sich auf Herrschaftsbefugnisse berief, musste diesen Anspruch auf die Verfassung zurückführen können.[12] Die moderne Verfassung war umfassend. Konflikte zwischen den politischen Organen wurden zu Verfassungskonflikten und konnten und sollten unter Rückgriff auf die Verfassung und nicht durch das »Recht des Stärkeren« oder vorverfassungsrechtliche Souveränitäten gelöst werden. Diese neue Rolle der Verfassung zeigte sich sogar im preußischen Verfassungskonflikt des Jahres 1866. Auch hier ruhte die von Bismarck präsentierte »Lückentheorie« letztlich auf der Verfassung, begründete die Handlungsfähigkeit der Exekutive verfassungstheoretisch: Weil der Staat nicht stillstehen könne, müsse der König auch ohne parlamentarische Bewilligung des Haushalts handlungsfähig bleiben. Ob dieses Argument überzeugend war, steht auf einem anderen Blatt. Entscheidend war, dass Bismarck nicht auf eine göttliche Allmachtstellung des Königs rekurrierte und die Verfassung einfach beiseiteschob. Heute ist es in Deutschland selbstverständlich, dass Kompetenzfragen Verfassungsfragen sind – anders als in anderen Staaten ist es möglich, beinahe jede politische Frage in eine verfassungsrechtliche umzucodieren.

Drittens: Die Verfassung enthielt nicht allein Sonderrechte für privilegierte Gruppen oder Stände der Bevölkerung. Es ging nicht darum, bestimmte Personen vor der Willkür des Monarchen zu schützen. Die Verfassung galt für alle, sogar den Monarchen. Mit ihr wurden sämtliche Untertanen zu Bürgern (und viel später auch zu Bürgerinnen), die durch die Verfassung geschützt wurden und die Herrschaftsgewalt begrenzten. In einem Satz: Die moderne Verfassung galt universal.

Mit Dieter Grimm kann man vorläufig festhalten: »Die neue Verfassung schrieb systematisch und erschöpfend in einem rechtförmigen Dokument vor, wie die Staatsgewalt eingerichtet und ausgeübt sein musste, um als legitim gelten zu können. Verfassung bezog sich nicht mehr auf den rechtlich geprägten Zustand eines Staates, sondern auf die den Zustand prägende Norm und wurde damit selber zum normativen Begriff.«[13] Der Verfassungsbegriff wurde damit »in der Moderne juristisch auf die rechtliche Grundordnung eines politischen Gemeinwesens umgestellt und enggeführt«.[14]

Die drei modalen Verfassungselemente sind um ein weiteres, viertes zu ergänzen, das in der Anfangszeit des Verfassungsstaates selbstverständlich war und auch deshalb wenig Beachtung fand: Die Rede ist von der Verfassungsautonomie. Von einer modernen Verfassung kann man nur sprechen, wenn sie durch das politische Gemeinwesen selbst bestimmt wurde und die Änderungsbefugnis bei diesem politischen Gemeinwesen liegt. Die

Verfassung ist Ausdruck der Selbstbestimmung, des »Selbststandes« eines politischen Gemeinwesens.

Damit ist keine demokratische Selbstbestimmung gemeint. Wie die Verfassung erlassen wird, wer sie erlässt oder welchen Inhalt sie hat, spielt für die Verfassungsautonomie keine Rolle. Die Verfassung kann ausgehandelt oder oktroyiert, demokratisch beschlossen werden oder in anderer Form Geltung erlangen. Verfassungsautonomie genossen die USA ebenso wie die süddeutschen Staaten, die in der ersten Hälfte des 19. Jahrhunderts die ersten (allerdings noch dem monarchischen Prinzip verhafteten) »modernen« Verfassungen erließen. Unschädlich ist es für das Vorliegen der Verfassungsautonomie auch, wenn bei der Gestaltung der Verfassung gewisse normative Bindungen an höherrangiges Recht bestehen. Dass die deutschen Bundesländer heute beim Erlass und der Änderung ihrer Verfassung nicht völlig frei, vielmehr an das Homogenitätsgebot des Art. 28 Abs. 1 GG gebunden sind, ändert nichts an ihrer prinzipiellen Verfassungsautonomie. Die Landesverfassungen sind Verfassungen im hier verstandenen Sinne.

Etwas anderes – und das ist der Grund, warum dieses Merkmal hier betont wird – gilt für die Gründungsverträge der Europäischen Union, deren Geltung allein auf der Zustimmung der heute (nur noch) 27 Mitgliedstaaten beruht. Die Unionsverträge können von der Europäischen Union nicht eigenständig geändert oder erweitert werden, die Europäische Union genießt keinen politischen Selbststand. Die Kompetenzen wurden der Europäischen Union von den Mitgliedstaaten als den »Herren der Verträge« übertragen, und die Mitgliedstaaten können diese auch jederzeit wieder entziehen oder modifizieren – das in Art. 48 EUV geregelte Vertragsänderungsverfahren liegt zentral in der Hand der Mitgliedstaaten. Verfassungstheoretisch gesprochen: Der Europäischen Union fehlt es an der »Kompetenz-Kompetenz«, also der

Möglichkeit, ihre Kompetenzen eigenmächtig zu erweitern. Neben der Option des Austritts nach Art. 50 EUV ist das ein weiterer Beleg dafür, dass die Europäische Union die Schwelle zur Staatlichkeit bzw. zur *Verfassungs*staatlichkeit noch nicht überschritten hat. Sie ist kein Bundesstaat – die deutschen Bundesländer können aus dem deutschen Bundestaat nicht einseitig austreten –, sie ist also *in* einer politischen Verfassung, gründet ihre politische Handlungsmacht aber nicht *auf* eine Verfassung im hier verstandenen Sinne.

Es wäre auch nur eine solche Verfassung, die bestimmen könnte, dass dem Recht der Europäischen Union ein unbedingter Vorrang vor nationalem Recht zukommt. Dass ein unbedingter Vorrang des Unionsrechts aus der Perspektive der nationalen Verfassung, dem Grundgesetz, (noch) nicht hinnehmbar ist, hat das Bundesverfassungsgericht seit jeher betont. Auch darin zeigt sich ein bedeutender Unterschied zum vollwertigen Bundesstaat, für den Art. 31 GG ebenso lapidar wie folgenreich festhält: »Bundesrecht bricht Landesrecht.« Staatstheoretisch befindet sich die Europäische Union gewissermaßen in einem ›Zwischenland‹: Ihre Kompetenzen und Zuständigkeiten gehen über diejenigen ›normaler‹ völkerrechtlicher Staatenbünde hinaus, hinzu kommt der bedingte Vorrang des Unionsrechts vor nationalem Recht, der einen supranationalen Charakter begründet und insoweit vom Bundesverfassungsgericht anerkannt wird. Dennoch ist sie noch kein Bundesstaat im klassischen Sinne, hat keine formale Verfassung und hängt in ihrer Existenz vom Willen der Mitgliedstaaten ab. Hier liegt der Grund, warum das Bundesverfassungsgericht für diesen Zusammenschluss den Begriff des »Staaten*ver*bundes« kreiert hat. In welche Richtung die Europäische Union sich entwickeln wird, bleibt abzuwarten. Aus meiner Sicht spricht vieles dafür, davon abzusehen, diesen Zwischenstatus in die eine oder andere Richtung auflösen zu wollen. Stattdessen sollte diese besondere Form des Herrschaftsdualismus behutsam fortgeschrieben werden.[15] Mangels Verfassungsautonomie besitzt die Europäische Union jedenfalls gegenwärtig keine Verfassung.

Diese vier Elemente ergeben einen reduzierten Verfassungsbegriff, der für unsere Zwecke ausreicht und verhindert, dass der Blick zurück zu sehr verengt wird. Wir werden den Begriff im Laufe der folgenden Kapitel erweitern und modifizieren. Zusammenfassend genügt es festzuhalten: Die moderne Verfassung ist herrschaftsbegründend, umfassend und universal sowie Ausdruck der Selbstbestimmung des jeweiligen politischen Gemeinwesens (Verfassungsautonomie).

Der Weg zum Verfassungsstaat verlief in den einzelnen Staaten unterschiedlich und alles andere als geradlinig, er war auch in Deutschland steinig und von Rückschlägen, Restaurationen und formal gescheiterten Revolutionen geprägt. Es ist unter anderem dieser – vermeintlich – lange Weg zum demokratischen Verfassungsstaat (und zuvor zur Reichseinigung), der für die nur noch selten vertretene Vorstellung eines deutschen Sonderweges, eines »langen Weges nach Westen« (Heinrich August Winkler),[16] verantwortlich zeichnet. Tatsächlich zeigt sich aber auch in Deutschland eine lange demokratische Tradition, die sich nicht zuletzt in einzelnen Regionen und Städten nachweisen lässt, in der Demokratiegeschichte allerdings bisweilen vernachlässigt wird. Der lange Weg zur formalen nationalen Einheit und die vorherige »Zersplitterung« (vor allem des Heiligen Römischen Reiches deutscher Nation) werden hingegen unter Vernachlässigung der Bedeutung kommunaler Machtverhältnisse in anderen europäischen Staaten und der auch sprachlich manifestierten Vorstellung der Zeitgenossen (schon Karten der frühen Neuzeit zeigen ein einheitliches »Germania«, auf dem Binnengrenzen nicht zu erkennen sind) zur Bestätigung der Sonderwegs-These zu stark betont.[17] Selbst das Deutsche Kaiserreich litt, wie zuletzt Margaret Lavinia Anderson gezeigt hat, im Vergleich zu anderen europäischen Staaten nicht an einem prinzipiellen Demokratiedefizit. Das kaiserliche Wahlrecht war gar »das demokratischste unter den Großmächten«,[18] und eine besondere Affinität der Deutschen zu obrigkeitsstaatlichen Strukturen oder gar einer Sehnsucht nach Unterwerfung wird man mittlerweile als wissenschaftlich widerlegt ansehen müssen.[19] Weder die USA noch Großbritannien, auf die immer wieder verwiesen wird, waren im 19. Jahrhundert mithin umfassend »demokratischer« als die deutschen Staaten. So besonders, das wird man mit Hedwig Richter festhalten können,[20] war der deutsche Weg zur Demokratie also nicht – ob das Grundgesetz ohne diese demokratischen Traditionen zu einem solchen Erfolg hätte werden können, wird man bezweifeln müssen:[21] »Die deutsche Geschichte ist kein Weg in den Westen, Deutschland war stets ein Teil des Westens – als einer imagined community von Zivilität, in der Herrschaft für das Volk und irgendwie auch durch das Volk da sein sollte.«[22]

Die Annahme eines Sonderweges zum Verfassungsstaat liegt für einen anderen Staat näher, dessen besondere Organisation bis heute die Transformation zum formellen Verfassungsstaat mit geschriebener Verfassungsurkunde verhindert hat: das Vereinigte Königreich. Dieses spätere Weltreich kannte im Gegensatz zu praktisch allen Staaten des europäischen Festlandes keine absolutistische Phase (wenn man von der kurzen Zeit der Republik und der Herrschaft Oliver Cromwells einmal absieht). Vielmehr hatten die Stände dem König im Laufe der Zeit immer mehr Rechte abgetrotzt, die auch in der Folge evolutionär weiterentwickelt wurden. Frühzeitig fand sich ein Parlament, dessen Rechte alsbald anerkannt wurden. Dieser kontinuierliche evolutionäre Prozess hat verhindert, dass es in England eine umfassende und grundlegende Verfassungsdebatte jemals gegeben hat. Das bestehende System wurde punktuell angepasst, das Wahlrecht Stück für Stück ausgeweitet,[23] und noch heute beruht das politische System Großbritanniens auf Grundlagen, die teilweise Hunderte von Jahren alt und nicht in einem einzigen Schriftstück zusammengefasst sind. Eine einheitliche Verfassungsurkunde findet sich also nicht. Von *der* Verfassung Großbritanniens zu sprechen, fällt mithin schwer – immerhin kann man auf der Internetseite der britischen Regierung seit kurzem eine Liste an Dokumenten aufrufen, die nach offizieller Lesart die wesentlichen Verfassungsdokumente darstellen. Welche Schwierigkeiten ein solch komplexes Verfassungssystem in einer modernen pluralistischen Gesellschaft hervorrufen kann, ist im Zusammenhang mit dem Brexit[24] – also dem zum 1. Februar 2020 wirksam gewordenen Austritt Großbritanniens aus der Europäischen Union – deutlich geworden. Diese Entscheidung, vor allem aber der darauf folgende Umgang mit dieser durch das britische Unterhaus und die Regierung, offenbarte eine Unsicherheit der bestehenden Verfassungsorgane über ihre heutige Rolle und Funktion (nicht zuletzt der britische Supreme Court scheint diese noch zu suchen) und damit auch das Erfordernis, das bestehende Verfassungssystem zu modernisieren und den veränderten Realitäten anzupassen. Ob dies erneut allmählich erfolgen wird oder ob die Zeit für den Sprung zum formalen Verfassungsstaat mit einheitlicher Verfassungsurkunde reif ist, bleibt abzuwarten. Das wird auch davon abhängen, welche politischen, sozialen und ökonomischen Folgen der endgültige Austritt aus der Europäischen Union und nun auch die Coronakrise nach sich ziehen werden.

Ein Missverständnis sollte an dieser Stelle allerdings nicht aufkommen: Die moderne Verfassung entsteht zwar im Zusammenhang mit der ersten modernen Demokratie in den USA. Dennoch ist nicht jeder Verfassungsstaat demokratisch, denn auch autoritäre Systeme haben Verfassungen, betonen in der Regel sogar ausdrücklich ihren Status als Verfassungsstaat.[25] Günter Frankenberg spricht vom »autoritären Konstitutionalismus«.[26] Verfassungsstaat und Demokratie sind keine Synonyme; beide werden erst im *demokratischen Verfassungsstaat* miteinander versöhnt. Und der Weg zu diesem sollte sich als lang und steinig erweisen: Von einem vollwertigen demokratischen Verfassungsstaat wird man selbst in den USA anfangs schon deshalb nicht sprechen können, weil der Hälfte der Bevölkerung – den Frauen – kein Wahlrecht zukam, das Versprechen der politischen Gleichheit also nicht bzw. nur zur Hälfte eingelöst wurde. Von den Sklaven ist damit noch gar nicht gesprochen. Auch heute zeigen sich nicht nur in den USA, sondern auch in anderen demokratischen Verfassungsstaaten Defizite und Probleme, Unfreiheiten und Exklusionen. Der demokratische Verfassungsstaat ist damit ein theoretisches Modell, das in der Praxis nur selten, wenn überhaupt, umfassend verwirklicht wird – das zeigt der Blick auf den »Democracy Index« des *Economist*, der nur gut 20 vollwertige Demokratien weltweit auflistet: Der demokratische Verfassungsstaat ist ein nie abgeschlossenes Projekt. Das wiederum liegt daran, dass der demokratische Verfassungsstaat anspruchsvolle Anforderungen auch an die innere Ausgestaltung des politischen Gemeinwesens stellt: »Deshalb ist die Sehnsucht nach Demokratie eine Sehnsucht, die keine Regierung und keine Gesellschaft jemals stillen kann, zumindest nicht in absehbarer Zeit.«[27] Während sich der einfache Verfassungsstaat im Hinblick auf die innere Organisation des Gemeinwesens indifferent verhält – auch eine absolute Monarchie kann Verfassungsstaat sein –, ist der demokratische Verfassungsstaat nicht neutral, sondern macht Vorgaben für die Ausgestaltung der Verfassungsordnung. Zu diesen Vorgaben gehören der Ausgang sämtlicher Staatsgewalt vom Volk, die Aufteilung der Staatsgewalt auf unterschiedliche Gewalten (Gewaltenteilung), die Gewährleistung fundamentaler Grundrechte wie der Meinungs-, Versammlungs- und Religionsfreiheit und eines »Raumes der Dunkelheit«, der dem staatlichen Zugriff entzogen ist, sowie, zur Sicherung all dieser

Elemente, der (unbedingte) Vorrang der Verfassung. Der demokratische Verfassungsstaat erfüllt damit sämtliche Voraussetzungen unseres reduzierten Verfassungsbegriffs, geht über diesen aber hinaus. Am Beispiel der USA – des ersten modernen demokratischen Verfassungsstaates – werden wir zwölf Merkmale herausarbeiten können, die den »modernen Konstitutionalismus« in Form des demokratischen Verfassungsstaates charakterisieren.

Damit haben wir eine erste Vorstellung davon, was unter einer Verfassung sowie unter einem demokratischen Verfassungsstaat zu verstehen ist. Wir werden diesen beiden Modellen bei unserem kleinen Ritt durch die Verfassungsgeschichte der Neuzeit immer wieder begegnen. Sie werden als Folie dienen, um historische Zustände zu skizzieren, einzuordnen und in ihrer Bedeutung für die heutigen Zustände zu bewerten.

Überblick über die folgenden Kapitel

Welche Etappen der Verfassungsgeschichte wollen wir vor dem Hintergrund dieser beiden Modelle näher beleuchten? Wir werden in dieser Einführung, die sich auf die zentralen Wegmarken beschränken muss, nicht sämtliche Facetten behandeln können. Wer mehr wissen will, sei auf die »großen« Verfassungsgeschichten verwiesen. Stattdessen werden wir uns auf die Ereignisse konzentrieren, die aus meiner Sicht geeignet sind, einen Überblick zu vermitteln und zudem die Verbindungslinien zur Gegenwart zu zeichnen. Diese historischen Verbindungsstränge zum heutigen Grundgesetz sind dicker, als man vor dem Hintergrund einer vermeintlichen »Stunde Null« nach der nationalsozialistischen Terrorherrschaft vielleicht vermuten würde. Die zwölf folgenden Kapitel werden den Blick damit auf folgende Ereignisse richten:

Beginnen werden wir im *dritten Kapitel* mit einer Betrachtung der Amerikanischen Revolution, also der Vorgänge um den Abfall der amerikanischen Kolonien vom britischen Mutterland, deren Anfänge meistens in die Zeit des Siebenjährigen Krieges verlegt werden – des wohl ersten Weltkrieges.[28]

Wir werden sehen, dass die Amerikanische Revolution zwar ein Aufbegehren gegen die nach Ansicht der SiedlerInnen übergriffige britische Kolonialverwaltung war, dass es der sozio-ökonomischen Elite aber geschickt gelang, keine unbedingte Form der Volkssouveränität an deren Stelle zu setzen. Die Entwicklung einer besonderen Form des »Limited Government« mit »Checks and Balances«, einer spezifischen Art der Gewaltenteilung, niedergelegt in einer schriftlich fixierten Verfassungsurkunde, hatte partiell sogar einen anti-demokratischen Effekt, der verhindern sollte, dass es nach dem Abfall zu größeren sozio-ökonomischen Umverteilungen kommt. Verfassungsgeschichte war immer auch eine Geschichte der Einschränkung und Begrenzung einer umfassenden Demokratie. Der demokratische Verfassungsstaat ermöglicht zwar demokratische Selbstbestimmung, macht durch ihre gleichzeitige Begrenzung und Einhegung aber ein Leben in Freiheit erst möglich, indem durch Gewaltenteilung und die Gewährleistung der Grundrechte eine »Tyrannei der Mehrheit« verhindert wird.

Die Revolutionäre entwickelten viele Elemente, die den demokratischen Verfassungsstaat prägen: erstens die Idee der repräsentativen Demokratie. Heute können wir uns Demokratien kaum anders vorstellen. Bis zur amerikanischen Verfassung kannte man nur die unmittelbare Demokratie, weshalb diese Regierungsform für größere Gemeinwesen nach überwiegender Ansicht nicht in Betracht kam.[29] Die repräsentative Demokratie eröffnete erstmals die theoretische Möglichkeit demokratischer, d. h. auf gleicher (politischer) Freiheit ruhender Herrschaft auch für Staaten mit Millionen von EinwohnerInnen.

Die USA waren zweitens der erste Bundesstaat im modernen Sinne, der sich vom Staatenbund dadurch unterscheidet, dass dem Föderalstaat eigene Staatsqualität zukommt. Heute gibt es viele solcher Bundesstaaten, neben der Bundesrepublik Deutschland etwa Österreich, Indien, Australien oder Kanada. Drittens wurde die amerikanische Verfassung wenige Jahre später – 1791 – um einen expliziten Grundrechtskatalog ergänzt. Die Grundrechte waren subjektive Rechte und konnten der Legislativgewalt entgegengehalten werden. Heute gehört die Gewährleistung von Grundrechten, eines »Raumes der Dunkelheit«, zu den Grundelementen demokratischer Verfassungsstaaten. Wenig später wurde schließlich und viertens – durch eine Entscheidung des Supreme Court – auch der Vorrang der Verfassung etabliert. Die Amerikanische Revolution markiert damit den eigentlichen Beginn der modernen Verfassungsgeschichte.

Im *vierten Kapitel* richten wir den Blick erstmals nach Europa, genauer auf die Französische Revolution, die gesellschaftspolitisch andere Ursachen als in den amerikanischen Kolonien hatte. Während dort eine zwar in sozio-ökonomischer Sicht geschichtete, gleichwohl in vielerlei Hinsicht bereits bürgerliche, weil am Prinzip der Gleichheit orientierte Gesellschaft bestand, herrschte in Frankreich der absolutistische Monarch Ludwig XVI. über eine strikte Ständegesellschaft. Es bestand allenfalls die politische Gleichheit einiger, aber gewiss keine Gleichheit vieler oder gar aller. Der Dritte Stand machte den Großteil der Bevölkerung aus, war aber gesellschaftlich in Ständeregelungen gezwängt und hatte so gut wie keinen politischen Einfluss. In einer sich zuspitzenden Wirtschaftskrise begehrte er auf, forderte Emanzipation und Partizipation – man denke an das Traktat des Abbé Sieyès. Ziel war eine grundsätzliche Neuordnung der Gesellschaft, basierend auf der Idee der Volkssouveränität: »Liberté, Égalité, Fraternité« lautete fortan die Losung.

Damit entstand hier nicht nur die für die weitere Geschichte so machtvolle Idee der Nation, vielmehr wirkte sich diese veränderte Ausgangslage auch auf die spätere Verfassung und die Wirkung der prominent betonten Grundrechte aus. Während die Revolution in den amerikanischen Kolonien mit der Unabhängigkeit und dem Erlass der Verfassung abgeschlossen war, fing sie in Frankreich mit diesem Zeitpunkt erst richtig an. Die Umgestaltung der weiterhin von Ständeprivilegien und sonstigen Ungleichheiten durchzogenen Gesellschaftsordnung musste in die Tat umgesetzt werden. Diese Ungleichheiten mussten nicht nur durch Änderung der Gesetze, sondern der tatsächlichen Verhältnisse beseitigt werden – eine unvorstellbare Transformationsaufgabe nach Jahrhunderten des Absolutismus und der Ungleichheit. Das sollte in vielen Bereichen gelingen, im wirtschaftlichen Bereich (Gewerbefreiheit) war das alte System schnell Geschichte. Wie so häufig bei fundamentalen Transformationsprojekten, kamen alsbald Konflikte über den richtigen Weg auf, die in Gewalttätigkeiten, Unterdrückung und schließlich in der Diktatur Napoleons endeten – schon 1799 wurde er zum ersten Konsul ernannt, im Jahr 1804 krönte er sich selbst zum Kaiser der Franzosen. Mit »Freiheit, Gleichheit, Brüderlichkeit« hatte das auf der politischen Ebene nicht mehr viel zu tun: »Nur wenige Jahre nach dem Beginn des ›langen 19. Jahrhunderts‹ überschattete der politisch-revolutionäre Autoritarismus in Gestalt des *terreur*, alsbald gefolgt vom Bonapartismus, den Glanz der demokratischen Revolutionen.«[30] Der skizzierte Transformationsdrang führte auch dazu, dass die Revolutionsverfassung dem Parlament eine besondere Rolle zuwies. Dieses sollte die Aufgabe der Umgestaltung durch den Erlass von Gesetzen herbeiführen – der Unterschied zur Amerikanischen Revolution wird deutlich, denn nichts fürchteten die amerikanischen Eliten so sehr wie ein zu starkes Parlament. In Frankreich dagegen wurden die Grundrechte dadurch weniger als gegen die Legislative gerichtete subjektive Rechte des Einzelnen, sondern als Auftrag an den Gesetzgeber verstanden, die in ihnen zum Ausdruck kommende Gesellschaftsordnung zu errichten. Auf dem Weg dorthin waren Einschränkungen der Grundrechte einzelner insofern möglich oder sogar notwendig. Diese unterschiedlichen Rahmenbedingungen wirken sich bis heute aus. In Frankreich fehlt es – anders als in den USA – an einer starken Verfassungsgerichtbarkeit, die die Gesetze des Parlaments auf ihre Verfassungskonformität überprüfen könnte.

Das *fünfte Kapitel* beginnt mit einen Seitenblick auf den britischen Sonderfall und die Gründe, warum es dort bis heute keine geschriebene Verfassung gibt.[31] Souverän ist dort aufgrund der evolutionären Entwicklung des politischen Systems weiterhin »Queen in Parliament« – und nicht das Volk.

Im zweiten Teil des Kapitels schauen wir erstmals auf die deutsche »verfassungsrechtliche« Ausgangslage am Ende des 18. Jahrhunderts. Durch die Reformen in Frankreich und den kriegerischen Expansionsdrang Napoleons geriet dieser weiterhin durch die Ständegesellschaft geprägte und in Hunderte kleiner und mittelgroßer Staaten zergliederte Zusammenschluss – das »Heilige Römische Reich deutscher Nation« – unter Druck und brach schließlich mit der Niederlegung der Kaiserkrone durch Franz II. im Jahr 1806 zusammen. Es kam vor allem in den süddeutschen Staaten zum Erlass erster Verfassungen. Mit der Niederschlagung Napoleons war es damit allerdings bald wieder vorbei. Ab dem Jahr 1815 folgte auf den Wiener Kongress eine Phase der Restauration: Der Deutsche Bund war nicht mehr als ein loser Staatenbund, der seinen Mitgliedern große Freiheiten beließ, ihnen aber immerhin den Erlass einer »landständischen Verfassung« vorschrieb. Was das bedeutete, blieb unklar: Genügte der Erlass altständischer Verfassungen, oder mussten es moderе Repräsentativverfassungen sein? Liberale und Reaktionäre hatten da unterschiedliche Vorstellungen. Die Folge war eine Stagnation der deutschen Verfassungsentwicklung, die bis zum Vormärz andauerte.

Den Staats- und Verwaltungsreformen in den deutschen Staaten ist das *sechste Kapitel* gewidmet. Die Niederlage gegen Frankreich hatte diesen Reformbedarf deutlich offengelegt. Sie liefen in den einzelnen Staaten unterschiedlich ab, hatten aber einen gemeinsamen Kern. Es ging um die Rationalisierung der Staatsorganisation, die Errichtung einer effektiven, hierarchischen Verwaltung, die mit einer Trennung der Gerichtsbarkeit von der Verwaltung einherging, eine Reform des Bildungswesens – die schon länger bestehende Schulpflicht wurde nun auch durchgesetzt –, des Heeres und der Polizei, aber auch der Beamtenschaft. Zahlreiche der in Art. 33 Abs. 5 GG genannten »hergebrachten Grundsätze« des Berufsbeamtentums stammen aus dieser Zeit, ebenso die Idee der kommunalen Selbstverwaltung. Reformiert werden sollten aber auch die Gesellschaft und die Wirtschaft, wofür symbolisch die Einführung der Gewerbefreiheit stand. Damit ging ein verändertes Verhältnis des Bürgers zum Staat einher. Intermediäre Gewalten wurden nach und nach beseitigt, der Bürger stand »seinem« einheitlich organisierten Staat direkt gegenüber, woraus sich zwangsläufig die Forderung nach Partizipation ergab, die in modernen Repräsentativverfassungen normativ abgesichert werden sollte.

Dieser Partizipationswunsch wurde im Vormärz, mit dem sich das *siebte Kapitel* beschäftigt, immer stärker artikuliert. Die liberale Bewegung war durch die Beschlüsse des Wiener Kongresses zwar geschwächt, fand aber schnell wieder zu alter Stärke zurück, auch wenn Preußen und Österreich zu immer schärferen Repressionen griffen – erwähnt seien die Karlsbader Beschlüsse, die das politische Klima fortan prägten. Erst die französischen Juliaufstände brachten im Jahr 1830 wieder Bewegung. Vor allem die mitteldeutschen Staaten, in denen noch keine repräsentative Verfassung bestand, wurden von dieser beeinflusst – im Jahr 1833 wurde u. a. in Hannover eine solche Verfassung erlassen, schon im Jahr 1832 hatte sich die liberale Bewegung auf dem Hambacher Fest versammelt. Der *Status quo* war dennoch selbst in denjenigen Staaten nicht sicher, die eine Verfassung erhalten hatten. Das belegen die Vorgänge um die »Göttinger Sieben«, die sich im Jahr 1837 gegen die Aufhebung der Verfassung durch König Ernst August auflehnten. Die erlassenen Verfassungen hielten allerdings am monarchischen Prinzip fest. Daraus ergaben sich spezifische Besonderheiten des deutschen Konstitutionalismus des 19. Jahrhunderts.

Eine erfolgreiche Revolution hatte Deutschland bis dahin nicht erlebt, und auch die Revolution von 1848/1849, der das *achte Kapitel* gewidmet ist, sollte mit ihrem Ziel der nationalen Einigung scheitern. Gleichwohl blieb die vollständig ausgearbeitete Paulskirchenverfassung prägend für die weitere deutsche demokratische Verfassungsgeschichte – einige Formulierungen des heutigen Grundgesetzes können bis in die Paulskirche zurückverfolgt werden. Diese Verfassung war eine moderne Verfassung im oben angesprochenen Sinne, sie beruhte also nicht mehr auf dem monarchischen Prinzip und verstand sich als herrschaftsbegründend, umfassend und universal. Sie war aber gerade aus diesem Grund für den vorgesehenen deutschen Kaiser – die Nationalversammlung wählte den preußischen König Friedrich Wilhelm – nicht akzeptabel. Im Laufe der Verhandlungen in der Paulskirche hatte die Gegenrevolution wieder die Macht übernommen. Friedrich Wilhelm lehnte die ihm angetragene Kaiserkrone daher ab. Die Revolution war damit noch nicht formal, aber faktisch am Ende. Noch einmal hatte die Reaktion, hatten die alten Kräfte gesiegt. Immerhin aber war die Feudalzeit nach der Revolution auch in Deutschland endgültig Geschichte.

Auch wenn praktisch in ganz Europa die Reaktion zunächst wieder die Fäden in der Hand hielt, war die liberale Bewegung nicht geschlagen und spielte bald wieder eine Rolle auf der politischen Bühne. Gerade in Preußen, das mittlerweile zum Verfassungsstaat geworden war, war das Parlament schnell wieder von liberalen Mehrheiten gefüllt. Repressive Maßnahmen, mit denen versucht wurde, das zu verhindern, hatten sich als nicht erfolgreich erwiesen. Nicht zuletzt Otto von Bismarck musste lernen, dass ein Regieren gegen das Parlament nicht oder jedenfalls nur schwer möglich war. Die Erfahrungen, die Bismarck im preußischen Verfassungskonflikt machte, sollten sein weiteres politisches Vorgehen auf dem Weg zur deutschen Reichseinigung, der das *neunte Kapitel* gewidmet ist, denn auch prägen. Im Jahr 1871 war Bismarck schließlich – nach mehreren kriegerischen Auseinandersetzungen – am Ziel. Am 18.1.1871 wurde der preußische König im Spiegelsaal zu Versailles zum Kaiser Wilhelm I. gekrönt, nachdem bereits zehn Jahre zuvor auch Italien den Schritt zur nationalen Einigung hatte tun können. Bemerkenswert war insbesondere die Einführung des allgemeinen Männerwahlrechts, die auf ausdrücklichen Wunsch Bismarcks erfolgte – er wollte auf diesem Wege wohl auch liberale Mehrheiten verhindern. Das Deutsche Reich war als moderner Bundesstaat organisiert, litt allerdings an der starken Stellung Preußens, das mit 17 Stimmen im Bundesrat jede Verfassungsänderung zu seinen Ungunsten verhindern konnte und zudem mit der Reichsführung personell verflochten war – nicht nur der Kaiser kam aus Preußen, auch der Reichskanzler war in der Regel zugleich preußischer Ministerpräsident. Grundrechte enthielt die Verfassung keine, sie war ein reines Organisationsstatut, wobei das Verhältnis des Kaisers zum Reichskanzler bis zuletzt ungeklärt blieb. Dieses Deutsche Reich war zwar noch keine Demokratie, immerhin aber eine eingeschränkte Monarchie.[32]

Die erste Demokratie folgte mit der Weimarer Republik erst auf die Niederlage im Ersten Weltkrieg. Bevor wir uns dieser widmen, blickt das *zehnte Kapitel* zunächst auf Verfassungsstaatsgründungen in anderen Weltregionen. Das 19. Jahrhundert war weltweit ein Jahrhundert der modernen Staatsgründungen, und diese Staaten verstanden sich zugleich als Verfassungsstaaten, manche gar als demokratische Verfassungsstaaten. Das betrifft in Ost- und Südosteuropa Russland oder die durch den langsamen Zerfall des Osmanischen Reiches entstandenen Staaten wie Griechenland (das durch Otto I. anfangs durch einen deutschen Monarchen regiert wurde). In Nordamerika entstand aus zunächst französischen, dann britischen Kolonien das heutige Kanada. Südamerika wurde vor allem von Spaniern und Portugiesen kolonisiert, wobei im Gegensatz zu Nordamerika weniger die Besiedlung, als die Ausbeutung und Beherrschung das zentrale Motiv der europäischen Kolonialherren darstellten. Diese unterschiedliche Motivation wirkt sich bis heute auf die Stabilität der im Laufe der ersten Dekolonisierungswelle in Südamerika entstandenen Staaten aus. Erwähnt sei schließlich ein häufig vergessener Staat, der allerdings bereits 1804 seine Unabhängigkeit vom napoleonischen Frankreich erkämpfte: Haiti.

Das *elfte Kapitel* kehrt zurück zur Verfassungsentwicklung im Deutschen Kaiserreich, die sich in zwei Teile untergliedern lässt: die Bismarckzeit von 1871–1890 und die Zeit des Wilhelminismus bis zur kriegerischen Niederlage im Jahr 1918. Als Reichskanzler dominierte Bismarck die Anfangsjahre des jungen Kaiserreiches. Er war aufgrund seiner Erfahrungen während des preußischen Verfassungskonfliktes zwar von Anfang an bemüht, mit dem Parlament zu regieren. Das hielt ihn aber nicht davon ab, gegen parlamentarische und außerparlamentarische Opposition mit harter Hand vorzugehen. Diese harte Hand traf im Parlament zunächst das katholische Zentrum und außerhalb des Parlaments den Katholizismus insgesamt – ein Vorgehen, das unter dem Begriff des »Kulturkampfes« in die Geschichte eingehen sollte und bis etwa 1878 andauerte. Von da an fand Bismarck in der erstarkenden Sozialdemokratie seinen neuen politischen Gegner, der u. a. mit den Sozialistengesetzen bekämpft wurde. Parallel dazu wollte er die Sozialdemokratie allerdings auch durch die Einführung der Sozialgesetzgebung schwächen – indem er sich um die sozial Abgehängten kümmerte, wollte er die Sozialdemokratie überflüssig machen (es gelang ihm nicht). Bismarck war also eine ambivalente Figur, was sich auch bei einem Blick auf die Kolonialgeschichte offenbart. Zwar sah er die spätere Kolonialpolitik Wilhelms II. nach seinem Machtverlust kritisch – so wie er praktisch alles kritisch sah, was dieser junge Kaiser unternahm. Die ominöse Berliner Konferenz des Jahres 1884, bei der der Startschuss für die Aufteilung Afrikas unter den europäischen Großmächten fiel, fand gleichwohl unter seiner Leitung statt. Bismarck zum unumstrittenen Helden zu verklären erscheint vor diesem Hintergrund wenig überzeugend.

Der junge Kaiser Wilhelm II., der im Dreikaiserjahr 1888 die Macht übernahm, hatte eigene politische Ambitionen, so dass für einen starken (»eisernen«) Reichskanzler kein Platz war. Diese Ambitionen sollten – abgesehen von der Ausweitung der Kolonialpolitik – im Ersten Weltkrieg und der Niederlage Deutschlands münden. Verfassungsgeschichtlich sind die Oktoberveränderungen der Reichsverfassung des Jahres 1918 von Interesse, durch die die Abhängigkeit der Regierung vom Parlament formal eingeführt wurde. Gleichwohl war schnell klar, dass die alte politische Ordnung nicht reformfähig war. Es bedurfte einer Neugestaltung der politischen Verhältnisse, die mit der doppelten Ausrufung der Republik am 9. November 1918 ihren Ausgangspunkt nahm und mit der Verabschiedung der Weimarer Verfassung am 11. August 1919 ihren vorläufigen Schlusspunkt erreichte.

Diese Weimarer Verfassung, der wir uns im *zwölften Kapitel* widmen, war besser als der Ruf, den sie vor allem in der Anfangszeit der Bundesrepublik genoss. Sie kannte zwar einen starken Präsidenten – aber das gilt auch für die heutigen USA. Auch im Übrigen halten sich bis heute zahlreiche Irrtümer hartnäckig und lassen die Weimarer Verfassung in einem schlechteren Licht erscheinen, als sie es verdient hat. Dieser Verfassung eine zentrale Mitschuld am Untergang der ersten deutschen Demokratie zuweisen zu wollen, überzeugt nicht. Es waren der Mangel an republikanisch-demokratischen politischen und wirtschaftlichen Eliten, der sie zu Fall brachte – eine Demokratie ohne Demokraten wird keinen Bestand haben.

Mit der Machtübernahme der Nationalsozialisten am 30. Januar 1933 – oder besser der Macht*übergabe*, denn Adolf Hitler wurde von Hindenburg zum Reichskanzler ernannt, obwohl das nicht zwingend gewesen wäre – war das Ende der Weimarer Republik besiegelt. Zwar bestand die Verfassung, wie wir im *13. Kapitel* sehen werden, formal bis zum Ende des Zweiten Weltkriegs fort. In der Praxis aber war sie bereits nach wenigen Monaten kaum das Papier wert, auf das sie gedruckt war. Spätestens mit der Verschmelzung des Amtes des Reichskanzlers mit demjenigen des Reichspräsidenten nach dem Ableben Hindenburgs im August 1934 konnte man von einer modernen Verfassungsordnung nicht mehr sprechen. Und mit der Verfassungsordnung ging der Staatsrechtslehre zunehmend auch ihr Forschungsobjekt verloren. Die neue Ordnung war eine »Antiordnung«, positive Staats- oder Verfassungsprinzipien ließen sich kaum noch finden. Das »Dritte Reich« fiel damit verfassungsrechtlich in die Zeit zurück, in der sich der Begriff Verfassung auf den faktischen Zustand, nicht aber auf die politische Grundnorm einer Gemeinschaft bezog. Ernst Fraenkel sollte für dieses »NS-System« schon 1941 den Begriff des Doppelstaates prägen – des willkürlichen Maßnahmenstaates einerseits und des (rechtlich gebundenen) Normenstaates andererseits.

Mit der militärischen, politischen und vor allem moralischen Niederlage brach dieses »System« am 8. Mai 1945 endgültig zusammen. Deutschland wurde in Besatzungszonen aufgeteilt und entging einer umfassenden Zerschlagung wohl nur aufgrund des aufkommenden Ost-West-Konflikts, durch den die westlichen Besatzungszonen in ein Konzept zur Eindämmung des sowjetischen Einflusses integriert wurden. Mit den »Frankfurter Dokumenten« aus dem Jahre 1948 erteilten die westlichen Alliierten den Deutschen den Auftrag, eine neue demokratische Verfassung für die westdeutschen Besatzungszonen zu erarbeiten. Das Ergebnis war das im *14. Kapitel* thematisierte Grundgesetz, das mit Ablauf des 23. Mai 1949 in Kraft trat und seitdem die politische Grundordnung der (im Jahr 1990 wiedervereinigten) Bundesrepublik Deutschland bildet. Dass diese zweite deutsche Demokratie so erfolgreich und stabil werden sollte, war keine Selbstverständlichkeit, sondern in vielerlei Hinsicht glücklichen Umständen geschuldet. Mit diesem Grundgesetz und einem kurzen Blick auf seine weitere Entwicklung endet auch diese kleine Verfassungsgeschichte.

3. Die Amerikanische Revolution

Hintergründe und der Weg zur Unabhängigkeit

Blicken wir auf die Amerikanische Revolution, den eigentlichen Startpunkt der modernen Verfassungsgeschichte. Bekannt sein dürfte, dass die heutigen USA aus den ehemaligen britischen Kolonien hervorgingen. Im Jahr 1607 errichteten die britischen Siedler mit Jamestown die erste dauerhafte englische Siedlung, im Jahr 1732 wurde mit Georgia die letzte der 13 britischen Kolonien gegründet. Die amerikanische Flagge nimmt mit ihren 13 Querstreifen auf diese Gründungskolonien Bezug (die Sterne stehen für die mittlerweile 50 Bundesstaaten).

Die Kolonien gehörten staatsrechtlich zum britischen Mutterland und waren mit diesem durch schriftliche Rechtsakte verknüpft, in denen die Bedingungen der Besiedlung sowie die Rechte der Siedler als »freie Engländer« festgelegt wurden – es war für die SiedlerInnen selbstverständlich, dass sie auch in der neuen Welt britische BürgerInnen blieben.[1] An die Gründung eines unabhängigen Staates dachte zu diesem Zeitpunkt niemand – schon gar nicht an die Gründung einer demokratischen Republik. Die Siedlungsrechtsakte waren noch keine Verfassungen im hier verstandenen Sinne – sie galten zwar universal für alle SiedlerInnen, verstanden sich aber weder als herrschaftsbegründend noch als umfassend. Aus britischer Sicht war die Verschriftlichung der politischen Verhältnisse vor Ort dennoch außergewöhnlich, was bei der späteren Entwicklung eine Rolle gespielt haben dürfte: Die Siedler waren an eine Art Grundurkunde gewöhnt, in der die Regeln der (politischen) Gemeinschaft festgelegt waren. Die Idee der Verfassung schimmerte am Horizont.

Die Kolonien wurden in der Regel durch einen Generalgouverneur geleitet, mit gewählten Repräsentanten besetzte »Assemblies« fungierten als eine Art Interessenvertretung der SiedlerInnen. Die Details und Zuständigkeiten waren in den einzelnen Kolonien unterschiedlich ausgestaltet. In dieser Struktur knüpften die Kolonien an britische Traditionen an, und dennoch zeigte sich rasch ein für die weitere Entwicklung bedeutender Unterschied: Das Wahlrecht für die Assemblies war für damalige Verhältnisse erstaunlich allgemein, ihre Kompetenzen wuchsen stetig an, so dass zentrale Entscheidungen bald nicht mehr ohne ihre Mitwirkung getroffen werden konnten. Während in England kaum 5 Prozent der männlichen Bevölkerung wählen durften, waren es im Massachusetts des 18. Jahrhunderts bereits rund 72 Prozent.[2] Auch in anderen Kolonien war die Beteiligung der Bevölkerung an der Organisation der Herrschaft hoch.

Das lag allerdings nicht daran, dass die Anführer der Kolonien sonderlich demokratisch gewesen wären, im Gegenteil. Sie strebten häufig eher autokratische Regierungsformen an. Es waren die Umstände vor Ort, die ihnen keine andere Wahl ließen, als die Bevölkerung in das politische System zu integrieren: Es gab kein funktionsfähiges Staatswesen und vor allem keine Bürokratie, die Entscheidungen hätte durchsetzen können. Land war praktisch unbegrenzt vorhanden und wer mit der Herrschaft unzufrieden war, zog einfach weiter – das tägliche Leben änderte sich dadurch kaum, man versorgte sich ohnehin meist selbst: »It was an environment where there was nothing resembling a state where land was abundant relative to labor, and where those who sought to rule had no choice but to seek the consent of the governed.«[3] Ohne diese Zustimmung der Beherrschten war an eine Durchsetzung der Entscheidungen nicht zu denken: »The town meeting solved the problem of enforcement by evading it.«[4] Um die benötigten Arbeitskräfte zu gewinnen, köderten einige Kolonien (etwa Virginia) Auswanderer zusätzlich mit dem allgemeinen Wahlrecht. Kurzum: Schon lange vor den revolutionären Ereignissen konnten die Kolonien auf eine beachtliche demokratische Tradition verweisen. Nicht zuletzt mit repräsentativen Körperschaften hatten sie vielfältige Erfahrungen gemacht – die USA sollten im Jahr 1787 zur ersten repräsentativen Demokratie der Welt werden.

Ausgangspunkt für die revolutionären Ereignisse war schließlich (wie so häufig) eine kriegerische Auseinandersetzung: der siebenjährige Krieg (1756–1763), der auf dem nordamerikanischen Kontinent vor allem als Konflikt zwischen den Kolonialmächten Frankreich und England wirkte. Dieser »Weltkrieg« forderte nicht nur zahlreiche Opfer, er war vor allem teuer für die britische Krone, die erhebliche Mühen aufbrachte, um ihre amerikanischen Kolonien vor französischem Zugriff zu schützen. Aus Sicht des britischen Königs Georg III. – seit 1714 stammte der englische Monarch aus dem Hause Hannover, eine Personalunion, die bis zur Regentschaft Victorias im Jahr 1837 andauerte – war es selbstverständlich, die Kolonien an den Kosten dieses Krieges zu beteiligen. Das bedeutete: Einführung besonderer, also solcher Steuern, die in England keine Entsprechung fanden. Es kam zu einer parlamentarisch gewollten Ungleichbehandlung der SiedlerInnen einerseits und der sonstigen britischen BürgerInnen andererseits.

In den amerikanischen Kolonien – vor allem bei den sozio-ökonomischen Eliten – wurde das als Eingriff in ihre Rechte als freie Engländer gewertet. Das Londoner Parlament wurde zwar prinzipiell als ihre legitime Vertretung anerkannt. In dem Moment, in dem dieses Parlament begann, Sondersteuern für die Kolonien einzuführen, konnte nach Ansicht der SiedlerInnen von einer legitimen Repräsentation aber keine Rede mehr sein. Freie Engländer konnten nicht zu finanziellen Leistungen herangezogen werden, an deren Einführung sie nicht beteiligt waren: »No taxation without representation« wurde zum Wahlspruch des eskalierenden Konflikts.

Am Anfang dachte noch keiner der Siedler an die formelle Loslösung vom britischen Mutterland. Unabhängigkeit und die Errichtung eines eigenständigen Staates waren kein Thema – die prinzipielle Treue zum König stand nicht zur Debatte. Auf Seiten der SiedlerInnen bestand auch noch keine theoretische Vorstellung davon, wie ein solcher Staat als Nicht-Monarchie aussehen könnte. Von der Ausarbeitung einer schriftlichen Verfassungsurkunde war ebenfalls keine Rede.

Im Detail kann die vielschichtige Entwicklung an dieser Stelle nicht nachgezeichnet werden. Fest steht aber, dass sich dieser eher harmlose Konflikt schnell verschärfte und in eine militärische Auseinandersetzung mündete. Es kam zur »Boston Tea Party«, erste Schüsse fielen im Jahr 1775 in Lexington. Schon ein Jahr zuvor war der erste Kontinentalkongress der Kolonien zusammengekommen (der allerdings nur kurz und ohne Georgia tagte). Die Organisation des Unabhängigkeitskrieges übernahm der im Jahr 1775 einberufene zweite Kontinentalkongress, der bis zum Jahr 1781 bestand und schon im Juli eine Deklaration vorlegte, in der erläutert wurde, warum es notwendig sei, die Waffen zu ergreifen. Zum Oberbefehlshaber der Kontinentalarmee wurde George Washington bestellt, der spätere erste Präsident der Vereinigten Staaten.

Am 4. Juli 1776 verabschiedete der Zweite Kontinentalkongress die maßgeblich von Thomas Jefferson formulierte Unabhängigkeitserklärung, die im Kern eine Abrechnung mit dem englischen König darstellte. Es bestand auf Seiten der SiedlerInnen ein Bedürfnis, den Bruch mit dem König zu rechtfertigen – die Aufkündigung des Treueverhältnisses fiel ihnen nicht leicht. Zwei Tage zuvor, am 2. Juli 1776, hatte der Kongress diese Unabhängigkeit formal beschlossen. Die Unabhängigkeitserklärung war also nicht konstitutiv: »It was intended as formal justification of an act already accomplished«[5] Mit der britischen Souveränitätsvorstellung des »King in Parliament« war das so oder so unvereinbar. Konstitutionell war dieser Konflikt damit so weit eskaliert, dass er nicht mehr friedlich und durch politische Kompromisse zu lösen war. Ab dem Jahr 1776 blieb nur noch die Alternative: Unterwerfung oder Unabhängigkeit.

Heute wird der 4. Juli – das dürfte durch Filme wie *Independence Day* und andere Glorifizierungen dieses Tages bekannt sein – in den USA als Unabhängigkeitstag gefeiert. Der Weg zu diesem Nationalfeiertag war lang und es war nicht selbstverständlich, dass ausgerechnet dieser Tag diese prominente Stellung im Nationalbewusstsein der AmerikanerInnen einnehmen würde. Hier spielte auch der Zufall eine gewisse Rolle: Ausgerechnet am 50. Jahrestag der Unabhängigkeitserklärung, am 4. Juli 1826, starben mit Thomas Jefferson und John Adams zwei zentrale Akteure des Unabhängigkeitskampfes und spätere Präsidenten. Von da an kam diesem Tag im nationalen Erinnern eine besondere Rolle zu. Zum formalen Feiertag wurde er allerdings erst durch ein Bundesgesetz vom 28. Juni 1870, das freilich nur für den District of Columbia galt. Mittlerweile haben alle Einzelstaaten entsprechende Gesetze erlassen, und der Tag wird landesweit gefeiert – einschließlich gewisser Kuriositäten, wie dem seit dem Jahr 1916 stattfindenden Hot-Dog-Wettessen in New York.[6]

Bei diesen Feierlichkeiten spielt die Unabhängigkeitserklärung nur noch eine untergeordnete Rolle. Den langen (und bisweilen etwas anstrengenden) Text der formal gegen den britischen König (und nicht das Parlament) gerichteten Erklärung kennt heute kaum noch jemand. Anders verhält sich dies hingegen bei der Präambel, die zum Zeitpunkt ihres Erlasses eher beiläufig zur Kenntnis genommen wurde. Die einleitenden Worte des zweiten Absatzes sind weltberühmt und aus der Perspektive der Verfassungsgeschichte von enormer Bedeutung, weil sie das fundamentale Prinzip der politischen Gleichheit sowie die vertragliche Begründung der Herrschaft erstmals für die Praxis ausformulierten:[7]

> »We hold these truths to be self-evident, that all men are created equal, that they are endowed by their Creator with certain unalienable Rights, that among these are Life, Liberty and the pursuit of Happiness. – That to secure these rights, Governments are instituted among Men, deriving their just powers from the consent of the governed, – That whenever any Form of Government becomes destructive of these ends, it is the Right of the People to alter or to abolish it, and to institute new Government, laying its foundation on such principles and organizing its powers in such form, as to them shall seem most likely to effect their Safety and Happiness.«

Das britische Parlament wurde in der Erklärung nicht explizit erwähnt. Auch auf die Rechte freier Engländer beriefen sich die Verfasser nicht mehr, obwohl deren Interpretation den Auslöser des Disputs dargestellt hatte. Auf das Alte kam es nicht mehr an, ging es jetzt darum, die Ketten zum Vorherigen zu lösen und etwas Neues zu begründen.[8] Mit dieser beschlossenen und durch den erfolgreichen Krieg möglich gewordenen Unabhängigkeit bedurfte es folglich einer völligen Neuordnung der politischen Verhältnisse. Eine Monarchie kam nicht in Betracht. Was aber dann? Immerhin war die Monarchie damals und noch den Großteil des 19. Jahrhunderts jedenfalls in Europa die nachgerade natürliche Herrschaftsform.[9] Und wie konnte man verhindern, dass die staatlichen Instanzen ihre Macht erneut missbrauchten, wie es nach Ansicht der Revolutionäre das britische Parlament getan hatte? Dass die letztlich gefundenen Antworten in der Entwicklung grundlegender und bis heute wirkmächtiger staatstheoretischer Institute[10] liegen würde, war anfangs nicht absehbar. Wie es dazu kommen konnte, wird durch einen Blick auf die historischen Wurzeln dieses Konflikts und die soziale Ausgangslage in den amerikanischen Kolonien nachvollziehbar.

Die soziale Ausgangslage und staatstheoretische Debatten[11]

Anlass für die politische Auseinandersetzung war ein Disput über die grundlegenden Rechte »freier Engländer«. Es ging damit von Anfang an um normative Fragen und darum, wer über den Umfang der wohlerworbenen Rechte und deren Ausgestaltung entscheiden können sollte: War das britische Parlament an höherrangiges Recht gebunden oder normativ völlig frei?

Schon im Jahr 1761 hatte der amerikanische Anwalt James Otis in einem Strafprozess vorgetragen, dass die Macht des britischen Parlaments zwar absolut, aber nicht willkürlich war und sich am Prinzip der natürlichen Billigkeit des Rechts orientieren müsse. John Adams sah in diesem Vorgang sogar den eigentlichen Beginn der Revolution.[12] Die Wortführer der amerikanischen Opposition übernahmen diese Vorstellung einer Bindung des britischen Parlaments an höherrangige Prinzipien, und auch James Otis sollte die Ausführungen seines Verteidigungsplädoyers später schärfen und präzisieren. Eine durch das britische Parlament beschlossene Sonderbesteuerung der amerikanischen Kolonien ohne ihre Mitwirkung war danach nicht zu machen: »No Taxation without Representation«.[13]

Diese Argumentation war eine staatstheoretische Provokation, die nicht weniger als die Souveränität des britischen Parlaments bestritt. Plötzlich sollte es möglich sein, Gesetze des britischen Parlaments für rechtswidrig zu erklären – ein für britische Staatsrechtler beinahe unerhörter Gedanke. Zwar hatte es ähnliche, vorsichtige Ansätze in der englischen Staatswissenschaft bereits gegeben – Edward Cook etwa stufte das Common Law als über einfachem Gesetzesrecht stehendes materielles Verfassungsrecht ein. Doch hatte sich diese Ansicht nicht durchsetzen können, denn sie wurde unter anderem von William Blackstone scharf zurückgewiesen und erst recht nicht vom britischen Parlament (oder dem König) geteilt.[14] Aus britischer Sicht war die Sache eindeutig: Die amerikanischen Kolonien hatten sich britischen Gesetzen und damit auch den unbeliebten Steuergesetzen ohne Wenn und Aber zu fügen. Eine Bindung des Parlaments an höherrangiges Recht konnte es nicht geben. Wenn dieses beschloss, die Siedler zu besteuern, konnte man dem *politisch* widersprechen. *Rechtlich* aber war das nicht zu beanstanden. Im britischen *Declaration Act* aus dem Jahre 1766 machte das britische Parlament diese Ansicht noch einmal unmissverständlich klar und beanspruchte »to bind the colonies and people of America subjects to the Crown of Great Britain, in all cases whatsoever«.[15]

Die revolutionären Wortführer waren sich bewusst, dass sie mit ihrer Vorstellung einer übergesetzlichen Normebene staatstheoretisch fragwürdiges Terrain betraten. Mit der Idee der Volkssouveränität, wonach die Souveränität nicht beim Parlament, sondern beim (amerikanischen) Volk lag, stand ihnen ein anderes staatstheoretisches Konzept zur Verfügung, das sich bei den amerikanischen Mittelschichten wachsender Beliebtheit erfreute. Auch das war aus Sicht eines britischen Verfassungsrechtlers ein revolutionärer Gedanke. Er trug aber mehr politische Aktivierungskraft in sich als ein vermeintlich technischer Streit über die ungeschriebenen normativen Bindungen des britischen Parlaments – die wenig später einsetzende Französische Revolution sollte das bestätigen.

Dennoch ließen sich die amerikanischen Revolutionsführer auf diese Idee nicht ein. Anders als im jakobinischen Frankreich wurde der Gedanke der »absoluten« Volkssouveränität nicht zum Leitmotiv der verfassungspolitischen Debatten, worin man den wesentlichen Grund für den nachhaltigen Erfolg der amerikanischen Verfassung wird sehen müssen: Die USA beruhen auch heute auf der im Jahr 1787 verabschiedeten Verfassung, die lediglich durch einige »Amendments« ergänzt worden ist.[16] Das revolutionäre Frankreich verfiel hingegen schon bald dem Terror der Jakobiner und anschließend der napoleonischen Diktatur.[17]

Den Hintergrund für diese unterschiedliche Entwicklung bildete die Sozialstruktur der amerikanischen Kolonien. Anders als in den amerikanischen Heldengeschichten verbreitet, bestand schon vor Ausbruch der Auseinandersetzungen mit dem britischen Mutterland ein gesellschaftliches und soziales Spannungsverhältnis, das Horst Dippel in seiner Studie zur Amerikanischen Revolution eindrücklich beschrieben hat.[18] Besitztümer hatten sich verteilt und die sozio-ökonomischen Eliten waren sich darüber im Klaren, dass die Durchsetzung der »absoluten« Volkssouveränität diese Besitzstände gefährden könnte, ja vermutlich gefährden musste. In Anlehnung an George Orwell: Es galt zwar die Gleichheit, aber manche waren bereits »gleicher« als andere.

Schon Jahre bevor mit dem ersten Schuss in Lexington der Unabhängigkeitskrieg ausbrach, hatte diese soziale Situation zu kleineren Aufständen und zur Verbreitung der Vorstellung einer »weitgehenden Gleichheit der Menschen, von einer möglichst unmittelbaren Mitwirkung des Volkes an der Regierung mit Ablehnung aller politischen Privilegierung und sozialen Hierarchie«[19] geführt.

In New York und Philadelphia war es Anfang der 1770er Jahre zur Bildung erster basisdemokratischer Komitees gekommen, die die politische Partizipation ausweiteten und den Einfluss der Eliten erheblich beschnitten. Die spätere Verfassung Pennsylvanias aus dem Jahr 1776 setzte diese Ideen in radikaler Form sogar förmlich um.[20] Die bald beginnende Diskussion um die Ausgestaltung der amerikanischen Staatsorganisation wurde von den sozio-ökonomischen Eliten damit von Anfang an im Bewusstsein dieser (materiellen) Bedrohungen durch eine »absolute« Volkssouveränität geführt.

Für sie stand schnell fest, dass nicht ein einzelnes Organ im täglichen politischen Prozess Souveränität genießen durfte, weder das Volk und schon gar nicht das Parlament – und zwar nicht trotz, sondern wegen seiner demokratischen Zusammensetzung. Das »souveräne« britische Parlament hatte mit seiner ungerechten Steuergesetzgebung überhaupt erst den Anlass für den Unabhängigkeitskrieg geschaffen: »Die Frage der Demokratie lautete also zunächst, wie das Volk regiert, ohne dass das Volk regiert.«[21] Man muss bei der Bewertung dieser Vorgänge nicht so weit gehen wie Friedrich Berber, der den konservativen Anführern, die die Verfassung von 1787 schufen und die ihre Thesen in den *Federalist Papers* präsentierten,[22] Fremdenfeindlichkeit und die Verachtung der Massen unterstellte.[23]

Fest steht aber, dass der von Alexander Hamilton, John Jay und James Madison propagierten Idee des »limited government«, also einer durch »Checks and Balances« eingehegten und gerade nicht vollständig souveränen, sondern an höherrangiges Recht (nämlich die Verfassung) gebundenen (repräsentierten) Staatgewalt, ein gewisser anti-demokratischer, gegen reine Volksherrschaft gerichteter Impuls zugrunde lag (den im Übrigen auch die elitären Gegner der Verfassung wie Thomas Jefferson prinzipiell teilten). Es ging also darum, insbesondere durch das Institut der Repräsentation, große Teile des Volkes von der unmittelbaren Ausübung der Staatsgewalt auszuschließen.[24]

Dass es den sozio-ökonomischen Eliten gelang, »die verschiedenen, teilweise gegenläufigen Elemente der Unabhängigkeitsbewegung zu kontrollieren und zu bündeln«,[25] erscheint im Rückblick ebenso geschickt wie bemerkenswert. Die zunächst überraschende Eigenschaft des dadurch begründeten demokratischen Verfassungsstaates erweist sich aber als seine große Stärke: Indem er den politischen Prozess rechtsstaatlich einhegt und der Geltung des (demokratischen) Mehrheitsprinzips Grenzen setzt, verhindert er eine »Tyrannei der Mehrheit«, vor der später auch Alexis de Tocqueville warnte. Er schafft es dadurch, auch pluralistische Gesellschaften im Staat zu integrieren. Als Staat der »Nichtextreme«, in dem Gesetze und nicht Menschen herrschen, erreicht er dadurch ein Legitimitätsniveau, das anderen Herrschaftsformen – gerade radikalen Demokratien – abgeht. Die Voraussetzung ist freilich, dass es den Repräsentanten gelingt, die Interessen der von der unmittelbaren Staatsgewalt Ausgeschlossenen hinreichend im politischen System zu verarbeiten. Diese Mittleraufgabe ist eine dauerhafte Herausforderung im demokratischen Verfassungsstaat (und ist in den letzten Jahren wohl weniger gut gelungen).[26]

Der Weg zur neuen Verfassung blieb jedoch steinig und von Konflikten geprägt. Von Mai 1787 bis September 1787 berieten sich gerade einmal 55 Delegierte – meist angesehene Rechtsanwälte, Mitglieder der Pflanzenaristokratie, Kaufleute und weitere Angehörige der sozio-ökonomischen Elite –, um über eine Neuordnung der bisherigen Konföderationsartikel zu entscheiden, des lockeren vertraglichen Zusammenschlusses der Kolonien zum Zwecke der Loslösung vom britischen Mutterland. Teilnehmer waren unter anderem George Washington, James Madison und Alexander Hamilton. Thomas Jefferson und John Adams fehlten, da sie in Europa weilten. Demokratisch legitimiert waren diese Personen nicht. Auch demokratische Verfassungen werden aber nur selten (bzw. nie) vom ganzen Volk, sondern in der Regel von Eliten beraten. Günter Frankenberg spricht von den »autoritären Gründungsmomenten« demokratischer Verfassungen, die allzu oft hinter glorifizierten Entstehungsnarrativen versteckt werden: »Empirisch war und ist das Konstituieren überwiegend also nicht Selbstbindung des demokratischen Souveräns ›Volk‹ im Singular oder Plural, sondern Fremdbindung durch Vertreter*innen, die für das Volk sprechen und entscheiden.«[27] Schon aus praktischen Gründen wird sich das nicht vermeiden lassen, Verfassungen erzeugen Legitimation nicht durch die Umstände ihrer Entstehung, sondern durch anschließende Anerkennung auf der politischen und gesellschaftlichen Ebene. Die prekäre Entstehungssituation und die damit bisweilen einhergehenden Ausschlüsse sollten jedoch nicht verschwiegen werden.

Es ging den Teilnehmern bald nicht mehr nur um eine Revision der Konföderationsartikel, sondern um die Ausarbeitung einer gänzlich neuen, bundesstaatlichen Verfassung mit einer neuen Zentralgewalt. Vorgesehen war eine strikte Gewaltentrennung, ein Präsident als Exekutive, eine begrenzte Legislative, bestehend aus einem Repräsentantenhaus und einem Senat. Verfassungsänderungen sollten möglich sein – diese Option wurde einem automatischen Verfall der Verfassung nach 15 oder 30 Jahren vorgezogen. Eine Menschenrechtserklärung war nicht vorgesehen, Grundrechte wurden aber meist in den Gliedstaaten garantiert. Dieser Entwurf wurde dem Kongress übermittelt und schließlich den Gliedstaaten zur Zustimmung vorgelegt. Notwendig war eine Zustimmung von mindestens neun Gliedstaaten.

In dieser Ratifikationsphase kam es zu einem öffentlichen Streit zwischen den Befürwortern der neuen Verfassung, den *Federalists,* und ihren Gegnern, den *Anti-Federalists.* Letztere monierten den fehlenden Grundrechtskatalog,[28] die allzu starke Exekutivgewalt und den mangelnden »demokratischen Gehalt« der

Verfassung. In Philadelphia wurde gar der Vorwurf erhoben, es handele sich um eine oligarchische Regierungsform – wie wir gesehen haben, kein völlig fernliegender Einwand.

Unter dem Pseudonym »Publius« (dem Begründer der Römischen Republik) veröffentlichten Alexander Hamilton, James Madison und John Jay 85 Zeitungsartikel, in denen sie für die Verfassung warben und ihre Funktionsweise erklärten. Die Artikel wurden später unter dem Titel *Federalist* als Buch veröffentlicht; es ist bis heute eine der einflussreichsten verfassungstheoretischen Schriften: »The United States has produced three historic documents of major importance: the Declaration of Independence, the Constitution, and the Federalist.«[29] Die Autoren begründeten darin, warum eine starke Bundesgewalt nicht gegen die Idee der Republik verstieß, sondern vielmehr zur Abwehr ausländischer Gefahren zwingend erforderlich sei. Die Komplexität der Entscheidungsprozesse auf bundesstaatlicher Ebene, die Idee der Repräsentation[30] und die »Checks and Balances« böten einen effektiven Minderheitenschutz, wie auch das Wahlsystem verhindere, dass eine allzu radikale Gruppe die Macht ergreifen könne. Herrschaft sei mithin ein notwendiges Übel, es komme darauf an, sie angemessen zu organisieren, so dass Machtmissbrauch ausgeschlossen und effektive Regierung gleichwohl möglich seien: »If men were angels, no government would be necessary. If angels were to govern men, neither external nor internal controuls on government would be necessary. In framing a government which is to be administered by men over men, the great difficulty lies in this: You must first enable the government to controul the governed; and in the next place, oblige it to controul itself.«[31]

Bis zum 21. Juli 1788 wurde die Verfassung in neun Staaten angenommen. Nachdem schließlich auch New York und Virginia zustimmten, konnte die Verfassung in Kraft treten – auf die beiden zentralen Gründungsstaaten wollte man nicht verzichten.[32]

Rhode Island stimmte als letzter Staat am 29. Mai 1790 zu. George Washington wurde am 30. April 1789 erster Präsident der Vereinigten Staaten von Amerika.

Die Verfassung und ihre Neuerungen

Mit vergleichsweise wenigen Ergänzungen, von denen vor allem die Grundrechtsartikel aus dem Jahre 1791 (»ten amendments«) hervorzuheben sind,[33] besteht die amerikanische Verfassung bis heute. Sie ist erstaunlich übersichtlich gegliedert und hat lediglich sieben, teilweise allerdings nicht ganz leicht verständliche Artikel.[34]

Die ersten drei Artikel behandeln nacheinander die drei Gewalten, also Legislative, Exekutive und Judikative: Art. 1 den Kongress, bestehend aus dem Repräsentantenhaus und dem Senat, Art. 2 die Exekutive, die formal nur aus dem Präsidenten, »America's First Officer«,[35] besteht und Art. 3 die Gerichtsbarkeit mit dem Supreme Court an der Spitze. Art. 4 regelt die Anerkennung von Gesetzen, Urkunden und richterlichen Entscheidungen der Einzelstaaten in den weiteren Einzelstaaten, Art. 5 das Verfahren der Verfassungsänderung. Art. 6 enthält einige Übergangsregelungen und Art. 7 schließlich das Ratifikationsverfahren.

Wer mit dem Grundgesetz vertraut ist, wird von der Kürze der amerikanischen Verfassung überrascht sein: »Its full text including amendments, runs less than eight thousand words, a half hour's read for the earnest citizen.«[36] Zahlreiche Fragen des politischen Lebens wurden dort nicht geregelt. Das betraf vor allem das Verhältnis von Exekutive und Legislative – dieses Verhältnis ist weiterhin im Fluss und von den konkreten AmtsinhaberInnen abhängig. Wie weit reichen die Kompetenzen des Präsidenten zum Erlass sogenannter *Executive Orders*? Ab wann braucht er eine gesetzliche Ermächtigung durch den Kongress? Die letzten Präsidenten – Barack Obama ebenso wie Donald Trump – haben quantitativ viele und qualitativ weitreichende *Executive Orders* erlassen.[37] Ob das von der Verfassung gedeckt war, war nicht immer klar, sie sagt dazu praktisch nichts.

Ähnliche Fragen stellen sich immer wieder bei den »War Powers« des Präsidenten. Zwar ist in Art. II, Sec. 2 der Verfassung bestimmt, dass der Präsident sowohl in Kriegs- als auch in Friedenszeiten der Oberbefehlshaber der Armee, der »Commander in Chief«,[38] ist und insoweit nur wenigen Bindungen unterliegt. Das Recht zur Kriegserklärung weist die Verfassung in Art. I, Sec. 8 aber dem Kongress zu. In Zeiten des internationalen Terrorismus kommt es häufig zu Militäreinsätzen außerhalb des Kriegsfalls – selbst der Vietnamkrieg kannte keine formale Ermächtigung dieser Art durch den Kongress. Kann das sein? Oder bedarf es einer extensiven Auslegung der Zuständigkeit des Kongresses? Für die Praxis hat der Kongress versucht, dieses Problem gesetzlich zu regeln. Die Präsidenten fühlen sich daran nur bedingt gebunden – mit dem Argument, dass der Kongress die verfassungsrechtlich vorgesehene Kompetenzverteilung nicht unterlaufen darf.[39]

Der amerikanische Supreme Court, der, anders als das Bundesverfassungsgericht, als oberstes Instanz- und nicht als originäres Verfassungsgericht organisiert ist und der mit vielen dieser Fragen beschäftigt wurde, sieht die Lückenhaftigkeit der Verfassung nicht als Auftrag, diese Lücken zu füllen, und überlässt die Kompetenzabgrenzung meist dem politischen Prozess. Das Bundesverfassungsgericht würde diese hingegen als originär rechtliche Angelegenheiten interpretieren und stets entscheiden. Mit dem Organstreit kennt das Grundgesetz sogar ein besonderes Verfahren, mit dem politische Streitigkeiten vor dem Bundesverfassungsgericht ausgetragen werden können. Eine »political question«-Doktrin, mit der der Supreme Court seine Zurückhaltung in politischen Fragen begründet, kennt das Bundesverfassungsgericht nicht. Die amerikanische Verfassung spielt daher trotz ihrer normativen Bindungswirkung im täglichen politischen Diskurs keine so dominante Rolle, wie man das vielleicht vermuten würde. Auch die »Konstitutionalisierung der Rechtsordnung«, also die Durchdringung des einfachen Rechts mit verfassungsrechtlichen Vorgaben und Wertvorstellungen, ist in den USA weniger ausgeprägt als in Deutschland. Natürlich gibt es viele bedeutende Entscheidungen des Supreme Court. Diese betreffen allerdings in der Regel Fälle mit Grundrechtsbezug (Abtreibung, das Recht, Waffen zu tragen, Diskriminierung, Gesundheitsreform), aber eher selten direkte Konflikte zwischen politischen Institutionen. Wir sehen hier bereits: Moderne Verfassungen können sich in ihrer materiellen Dichte und ihrer Wirkung für politische Prozesse grundlegend voneinander unterscheiden.

Schauen wir nun etwas theoretischer auf die amerikanische Verfassung und halten fest, welche Neuerungen sie etablierte:

Erstens: Es handelte sich um die umfassende Neubegründung der amerikanischen Herrschaftsgewalt, die vorherige Herrschaftsordnung wurde überwunden und abgelöst. Mit der vollzogenen Unabhängigkeit vom britischen Mutterland war ein Herrschaftsvakuum entstanden, das es zu füllen galt. An eine natürliche Herrschaftsgewalt konnte nicht angeknüpft werden, eine monarchische und von Gott eingesetzte Gewalt gab es nicht – was man vom englischen König Georg III. hielt, hatte man deutlich gemacht. Als Option blieb nur eine weltliche Begründung der neuen Herrschaftsordnung – erstmals wurde ein Volk als verfassungsgebende Gewalt tätig und entschied in freier Selbstbestimmung über die Art, wie es künftig beherrscht werden wollte: »As the ultimate sovereign of all had once made man in his own image, so now the temporal sovereign of America, the people themselves, would make a constitution in their own image.«[40] Es ging nicht darum, Herrschaft abzuschaffen, sondern sie neu zu organisieren. Auch demokratische Verfassungsstaaten sind Herrschaftsordnungen.[41] Sie hegen Herrschaft aber ein, machen sie »ausdrücklich«,[42] lassen sie vom Volk ausgehen und machen sie dadurch zu einer erträglichen Zumutung,[43] weil es gelingt, private und öffentliche Autonomie des Einzelnen (also politische Gleichheit) zusammenzubringen.[44]

Zweitens: Die Souveränitätsfrage wurde für die Praxis durch die Idee des »limited government« gelöst. Nach Inkrafttreten der amerikanischen Verfassung galt danach: Kein Organ und erst recht keine einzelne Person können im konstituierten Verfassungsstaat Souveränität für sich beanspruchen.[45] Die gesamte Staatsgewalt ist auf verschiedene Organe aufgeteilt, die jeweils mit eigenen Kompetenzen ausgestattet sind. Keines der Organe, auch nicht das Volk, kann »durchregieren«, jedes ist im täglichen politischen Geschäft auf die Zusammenarbeit und Kooperation der anderen Organe angewiesen, wodurch zugleich eine gegenseitige Kontrolle gewährleistet wird (»Checks and Balances«).[46] Wie eine solche Aufteilung der Zuständigkeiten erfolgt, ist demokratietheoretisch nicht vorgegeben, hier bestehen verschiedene Optionen.[47] Entscheidend ist allein, dass die Verfassungsordnung die im zweiten Kapitel angesprochenen Vorgaben erfüllt, die Staatsgewalt also vom Volk ausgehen lässt und auf verschiedene Organe aufteilt. Wo das nicht der Fall ist, handelt es sich nicht um einen *demokratischen* Verfassungsstaat.

Das US-amerikanische System etablierte das erste präsidentielle Regierungssystem, das diese Aufteilung durch eine strikte Trennung der Exekutive von der Legislative realisiert. Der Präsident steht damit in keiner formal-politischen Abhängigkeit vom Kongress (dem Parlament). Außerhalb eines eher strafrechtlichen Charakter aufweisenden Impeachment-Verfahrens[48] kann der Kongress das Amt des direkt gewählten Präsidenten nicht beenden. Zuletzt ist von Eric Posner und Adrian Vermeule bestritten worden, dass dieses System heute noch ansprechend funktioniert. Die »entfesselte Exekutive« sei durch den Kongress nicht mehr zu bändigen, der liberale Legalismus befinde sich in der Krise, was allerdings nicht zu vermeiden sei und durch eine starke öffentliche (mediale) Kontrolle aufgefangen werde[49] – eine mehr als umstrittene These, die an dieser Stelle nicht vertieft werden kann. Demgegenüber ist das parlamentarische Regierungssystem (Großbritannien, Kanada, Australien, Deutschland) von einer engen, auch personellen Verflechtung von Exekutive und Legislative gekennzeichnet, die Regierung ist in ihrem Bestand vom ständigen Vertrauen des Parlaments abhängig und kann jederzeit gestürzt werden. Das semi-präsidentielle Regierungssystem (Frankreich) stellt eine Kombination der beiden Modelle dar. Neben einem direkt gewählten Präsidenten kennt es eine vom Parlament abhängige Regierung – was bisweilen zu politisch schwer auflösbaren Konflikten führen kann. Das mittlerweile nur noch in der Schweiz zu findende Direktorialsystem ist dagegen vor allem deswegen eine Besonderheit, weil die Regierung einer »Zauberformel« folgend aus allen zentralen Parteien des Parlaments besteht. Eine parlamentarische Opposition besteht daher nur bedingt – die Oppositionsrolle nimmt das Volk in regelmäßigen Abstimmungen wahr.

Für welches dieser demokratischen Regierungssysteme sich eine politische Gemeinschaft entscheidet, ist nicht vorgegeben – alle haben Vor- und Nachteile.[50] In der Regel werden historische Pfadabhängigkeiten eine Rolle spielen.[51] Stets aber gilt: Alle Regierungssysteme setzen den Willen zur Zusammenarbeit und Kooperation voraus. Wo dieser fehlt, weil der politische Opponent nicht als legitimer Gegner, sondern als zu besiegender Feind angesehen wird, kann das zu Funktionsbeeinträchtigungen führen. Besonders ausgeprägt ist diese Gefahr in präsidentiellen Regierungssystemen, was sich unter der Präsidentschaft Donald Trumps in besonderer Weise, historisch aber bereits zuvor gezeigt hat. Auch parlamentarische Regierungssysteme können durch ein solches Verhalten beeinträchtigt werden, wie sich in den britischen Brexit-Vorgängen gezeigt hat. Im Ergebnis ist keine demokratische Verfassungsordnung gegen solche Unterhöhlungen sicher. Auch insoweit greift das Diktum Ernst-Wolfgang Böckenfördes, wonach der freiheitlich säkularisierte Staat von Voraussetzungen lebt, die er selbst nicht garantieren kann. Erzwingen lässt sich eine solche demokratische Streitkultur mit liberalen Mitteln jedenfalls nicht – ein Donald Trump oder ein Jair Bolsonaro sind in der auf Aufklärung und Vernunft setzenden modernen Verfassungstheorie nicht vorgesehen.

Drittens: Mit der Idee der repräsentativen Demokratie ermöglichte die amerikanische Verfassung erstmals eine demokratische Ordnung für ein größeres politisches Gemeinwesen. Es war Alexander Hamilton, der in den *Federalist Papers* die Vorzüge eines solchen Systems darlegte, das sich mittlerweile weltweit durchgesetzt hat. Heute kennen wir praktisch nur noch repräsentative Demokratien, zu denen direkt-demokratische Elemente ergänzend hinzutreten. Allein in der Schweiz spielen direkt-demokratische Elemente eine größere Rolle, was in dem einzigartigen Direktorialsystem begründet ist. Dass wir die Demokratie heute mit ihrer repräsentativen Form gleichsetzen, ist aber ein Erbe der Amerikanischen Revolution:

> »Ihrem Ursprung nach ist die Repräsentation eigentlich das genaue Gegenteil von Demokratie. Zu Zeiten der amerikanischen und der französischen Revolution ist dies auch jedermann bekannt. Und die Gründungsväter sowie viele ihrer französischen Nacheiferer sahen darin das rechte Mittel für die Elite, die Macht, die sie dem Volk zuerkennen müssen – die das Volk jedoch nicht ausüben könnte, ohne das Re-

> gierungssystem selbst zu zerrütten –, de facto im Namen des Volkes auszuüben [...]. Heute mag die ›repräsentative Demokratie‹ wie ein Pleonasmus anmuten. Aber zuerst war sie ein Oxymoron.«[52]

Im Hinblick auf die Ausgestaltung des Wahlrechts blieben die USA allerdings noch lange hinter den selbst gesetzten Ansprüchen zurück – neben den Frauen blieben auch die Sklaven wie selbstverständlich zunächst vom Wahlrecht ausgeschlossen.[53]

Viertens: Die USA waren der erste moderne Bundesstaat der Welt, der sich durch die Staatsqualität sowohl des Bundesstaates als auch der Gliedstaaten auszeichnet. Die Verbindung der Gliedstaaten untereinander ist staats- und nicht mehr völkerrechtlicher Natur und damit enger als in einem bloßen Staatenbund. Das Bundesrecht genießt Vorrang vor dem Landesrecht, allerdings sind die Zuständigkeiten der beiden Ebenen umfassend in der Verfassung niedergelegt und aufgeteilt. Beide Ebenen genießen Verfassungsautonomie, woran gewisse Vorgaben der Bundesverfassung für die gliedstaatlichen Verfassungen nichts ändern. Heute sind neben Deutschland auch die Schweiz und Österreich, aber auch Mexiko, Kanada, Australien oder Indien Bundesstaaten in diesem modernen Sinne. Die Europäische Union genießt hingegen keine Verfassungsautonomie; sie ist daher auch kein Bundesstaat, sondern, in den Worten des Bundesverfassungsgerichts, ein Staaten*ver*bund.

Fünftens: Die Idee der Verfassungsänderung. Diese mag uns heute banal erscheinen, die Möglichkeit der Verfassungsänderung ist aber ein beachtlicher verfassungstheoretischer Sprung. Durch diese wird ermöglicht, dass die konstituierte Staatsgewalt ihre eigene Grundordnung verändert, obwohl diese den politischen Prozess einhegen und leiten soll. An sich sollte nur der hinter (bzw. vor) der Verfassung stehende Souverän, das verfassungsgebende Volk, in der Lage sein, die Grundordnung zu modifizieren. Das aber wirft schwierige Bindungsfragen auf. Streng genommen müsste sich jede neue Generation ihre eigene Verfassung geben. Wie anders ließe sich rechtfertigen, eine Generation einer Verfassung zu unterwerfen, an deren Ausgestaltung sie nicht beteiligt war? Wie lässt sich in einer solchen Konstellation von freier Selbstbestimmung reden, denn: »Der Zeitfaktor macht aus Selbstbindung Fremdbindung, aus Autonomie Heteronomie.«[54] Bei den Beratungen zur amerikanischen Verfassung wurde diese Frage hitzig debattiert. Nicht wenige sprachen sich für ein normativ verbindliches Verfallsdatum der zu beschließenden Verfassung aus: Nach 15 oder 30 Jahren sollte diese automatisch unwirksam werden, damit die neue Generation sich in einer verfassungsgebenden Versammlung eine eigene Verfassung geben kann. Diese bedenkenswerten Überlegungen führen allerdings zu einer instabilen politischen Ordnung, die in regelmäßigen Abständen gezwungen wäre, einen aufwendigen Verfassungsgebungsprozess einzuleiten. Diese Aussicht schien angesichts der Idee der Verfassung, Rechtsfrieden zu schaffen und politische Gestaltung zu ermöglichen, wenig attraktiv. Die Möglichkeit der Verfassungsänderung lieferte die Lösung: Indem sie es jeder Generation ermöglicht, die Grundordnung nach ihren Vorstellungen zu modifizieren, konnte der Verfassung selbst unbefristete Geltung zugesprochen werden.[55] Die Verfassung galt ewig, ihr Inhalt blieb gestalt- und damit kommenden Generationen zumutbar. Die Option, eine gänzlich neue Verfassungsordnung zu schaffen, wurde dadurch nicht begrenzt – das stand jeder kommenden Generation frei. Sie war dazu aber nicht mehr aufgrund eines automatischen Verfalls normativ gezwungen.

Der demokratische Verfassungsstaat kennt damit drei verschiedene »Gesetzgeber«: *Erstens* den verfassungsgebenden Gesetzgeber, der in seiner Funktion als Souverän, als »pouvoir constituant«, wie ihn Abbé Sieyès später bezeichnete, die Grundordnung, die Verfassung, ausarbeitet und in Kraft setzt. Wie er die Grundordnung gestaltet, ist nicht vorgegeben, sie muss allerdings gewissen Anforderungen genügen, um als demokratisch angesehen zu werden. *Zweitens* den verfassungsändernden Gesetzgeber, der als konstituierte Gewalt und unter Rückgriff auf in der Verfassung geregelte Verfahren die Verfassung zu ändern vermag. In welcher Form und in welchem Umfang er das kann, ist in der Verfassung niedergelegt. Bisweilen wird nur das Verfahren der Verfassungsänderung vorgegeben, teilweise werden zudem bestimmte materielle Verfassungsprinzipien einer Änderung entzogen. Das Grundgesetz kennt in Art. 79 Abs. 3 GG eine solche »Ewigkeitsklausel«. Schließlich und *drittens* den einfachen Gesetzgeber, dem die politische Gestaltung des Gemeinwesens innerhalb der bestehenden Verfassungsordnung obliegt.

Um zu verhindern, dass die Verfassung zum politischen Spielball wird, muss das Verfassungsänderungsverfahren eine gewisse Distanz zum gewöhnlichen Gesetzgebungsverfahren aufweisen. Anders lässt sich nicht gewährleisten, dass die Verfassung im Regelfall den politischen Betrieb einhegt und begrenzt. Von der Größe dieses Abstands hängt es ab, inwieweit die Verfassungsänderung zu einer politischen Option im Tagesgeschäft wird. Die amerikanische Verfassung hat sich für einen großen Abstand entschieden. Erforderlich sind nicht nur qualifizierte Mehrheiten in beiden Häusern des Kongresses, die Änderung muss anschließend auch in drei Vierteln der Gliedstaaten ratifiziert werden. Verfassungsänderungen sind in den USA daher selten und in Zeiten starker parteipolitischer Polarisierung praktisch ausgeschlossen. Anders ist das in Deutschland, wo Art. 79 Abs. 2 GG lediglich eine Zwei-Drittel-Mehrheit in Bundestag und Bundesrat vorschreibt. Solche Mehrheiten lassen sich häufiger erreichen, so dass Verfassungsänderungen immer wieder Teil des gewöhnlichen politischen Aushandlungsprozesses sind.[56] Das Grundgesetz ist daher immer wieder geändert und ergänzt worden. Damit bilden die USA und Deutschland die beiden extremen Enden auf einer Skala möglicher Verfassungsänderungsverfahren. Die Ausgestaltung des Verfassungsänderungsverfahrens hat dadurch Auswirkungen auf das politische Verständnis der Verfassung und den Umgang mit ihr. Bisweilen scheint den politischen Akteuren in Deutschland der nötige Respekt vor dem Grundgesetz ein wenig zu fehlen – auch sprachlich missglückte Änderungen legen davon Zeugnis ab.[57]

Sechstens: Die US-amerikanische Verfassung erhielt mit den »ten amendments« aus dem Jahre 1791 den ersten verbindlichen Grundrechtskatalog. Diese Grundrechte waren subjektive Rechte und konnten gegen die Legislative ins Feld geführt werden. Sie gewährleisteten mit dem ersten Amendment – der Meinungsfreiheit – den notwendigen demokratischen Diskurs und im Übrigen einen »Raum der Dunkelheit«, der der Ausleuchtung durch den Staat bzw. die demokratische Mehrheit entzogen ist. Dass die darin gewährleisteten Freiheitsräume aus deutscher Sicht bisweilen etwas skurril anmuten – wie das Recht, Waffen zu tragen –, zeigt nur, dass das Freiheitsverständnis und -bedürfnis außerhalb eines gewissen Mindeststandards historisch geprägt ist und gesellschaftlich unterschiedlich ausfallen kann.

Auf eine *siebte* Neuerung muss ausführlicher eingegangen werden, weil sie den modernen demokratischen Verfassungsstaat vollendete: der Vorrang der Verfassung und das damit einhergehende richterliche Prüfungsrecht. Das gewählte Parlament ist im Rahmen des Gesetzgebungsprozesses an die Verfassung gebunden, gegen die Verfassung verstoßende Gesetze entfalten keine Bindungswirkung. Erkennbar wird die vom britischen Verfassungsverständnis abweichende Konzeption der amerikanischen Verfassung. Wie wir gesehen haben, lag hier der staatstheoretische Ausgangspunkt für die Unabhängigkeitsbestrebungen der amerikanischen Kolonien.

Schaut man in die amerikanische Verfassung, findet sich kein Artikel, der diesen Vorrang der Verfassung oder das richterliche Prüfungsrecht ausdrücklich normiert. Woraus also ergibt sich der Vorrang? Diese Frage beantwortete der amerikanische Supreme Court in einer wegweisenden Entscheidung im Jahre 1803:[58] *Marbury vs. Madison*, verfasst vom damaligen Chief Justice John Marshall. Worum ging es?

Der scheidende amerikanische Präsident John Adams unterzeichnete am letzten Amtstag seiner Präsidentschaft die Ernennungsurkunde, mit der William Marbury zum Friedensrichter ernannt werden sollte. Der Senat hatte zugestimmt, und John Marshall, noch in seiner Funktion als Außenminister, hatte die Ernennungsurkunde mit dem Siegel der USA versehen. Die Urkunde war an Marbury allerdings nicht mehr ausgehändigt worden. Der frisch ernannte Präsident Thomas Jefferson betrachtete die Ernennung als nicht abgeschlossen und verweigerte die Aushändigung der Urkunde. William Marbury klagte daraufhin gegen den neuen Außenminister, James Madison, vor dem Supreme Court, ihm die Urkunde auszuhändigen.

Die Entscheidung traf pikanterweise der mittlerweile zum Chief Justice ernannte ehemalige Außenminister John Marshall am 24. Februar 1803. Die Entscheidungsgründe sind komplex und sollen an dieser Stelle nicht im Einzelnen wiedergegeben werden, wenngleich jedem empfohlen sei, die Entscheidung im Original nachzulesen.

Das Problem des Prüfungsrechts und daraus folgend die Frage eines Vorrangs der Verfassung folgten für John Marshall aus einer möglichen Unzuständigkeit des Supreme Court. William Marbury berief sich bei seinem Gang zum Gericht auf eine durch einfaches Recht, den *Judiciary Act* von 1789, begründete erstinstanzliche Zuständigkeit des Supreme Court, die in der Verfassung nicht vorgesehen war. Konnte der Gesetzgeber die Zuständigkeiten des Supreme Court erweitern und damit das ausbalancierte System der »Checks and Balances« modifizieren? Verstieß das Gesetz dadurch nicht gegen die in der Verfassung vorgesehene Gewaltenteilung, weil die Kontrollrechte des Supreme Court einfach-rechtlich zu Lasten anderer Gewalten erweitert wurden?[59]

Bevor er diese Zuständigkeitsfrage beantwortete, bejahte John Marshall allerdings emphatisch den materiellen Anspruch William Marburys auf Aushändigung der Ernennungsurkunde. An der Verpflichtung Madisons, die Urkunde auszuhändigen, konnte verfassungsrechtlich kein Zweifel bestehen. Erst im Anschluss prüfte Marshall, ob der Supreme Court ermächtigt war, diesen Anspruch festzustellen und den Außenminister zu verpflichten, die Urkunde auszuhändigen. Diese Möglichkeit verneinte er, weil die Verfassung eine solche Möglichkeit nicht vorsah:

> »Certainly all those who have framed written Constitutions contemplate them as forming the fundamental and paramount law of the nation, and consequently the theory of every such government must be that an act of the Legislature repugnant to the Constitution is void.
> This theory is essentially attached to a written Constitution, and is consequently to be considered by this Court as one of the fundamental principles of our society. It is not, therefore, to be lost sight of in the further consideration of this subject.
> If an act of the Legislature repugnant to the Constitution is void, does it, notwithstanding its invalidity, bind the Courts and oblige them to give it effect? Or, in other words, though it be not law, does it constitute a rule as operative as if it was a law? This would be to overthrow in fact what was established

> in theory, and would seem, at first view, an absurdity too gross to be insisted on. It shall, however, receive a more attentive consideration.
>
> It is emphatically the province and duty of the Judicial Department to say what the law is. Those who apply the rule to particular cases must, of necessity, expound and interpret that rule. If two laws conflict with each other, the Courts must decide on the operation of each.
>
> So, if a law be in opposition to the Constitution, if both the law and the Constitution apply to a particular case, so that the Court must either decide that case conformably to the law, disregarding the Constitution, or conformably to the Constitution, disregarding the law, the Court must determine which of these conflicting rules governs the case. This is of the very essence of judicial duty.
>
> If, then, the Courts are to regard the Constitution, and the Constitution is superior to any ordinary act of the Legislature, the Constitution, and not such ordinary act, must govern the case to which they both apply.«

William Marbury hatte einen Anspruch auf Aushändigung der Ernennungsurkunde, verlor den Prozess vor dem Supreme Court aber gleichwohl. Das war ärgerlich für Marbury, für die Verfassungstheorie aber ein großer Sprung. Etabliert waren damit sowohl der Vorrang der Verfassung als auch das dazugehörige richterliche Prüfungsrecht. Beide Elemente, die von Alexander Hamilton bereits in den *Federalist Papers* behandelt wurden,[60] sind heute feste Bestandteile der meisten Verfassungsstaaten der Welt. Für den Vorrang gilt das generell, die Verfassungsgerichtsbarkeit allerdings ist einmal stärker – wie in Deutschland oder Südafrika – und einmal schwächer ausgestaltet wie in Frankreich[61] oder Großbritannien.

Auch wenn es zuvor schon vereinzelte Entscheidungen gab, in denen ein Gesetz für verfassungswidrig erklärt wurde, ist die Entscheidung *Marbury vs. Madison* aufgrund ihrer verfassungstheoretischen Begründung zu Recht eine historische Leitentscheidung der Verfassungsgeschichte.

Mit ihr wurde die Verfassung in ein normales, wenngleich höchstrangiges Gesetz transformiert, sie war kein bloßer Programmsatz oder ein pathetisch formulierter, aber letztlich unverbindlicher Text. Die Verfassung wird dadurch integraler Bestandteil der innerstaatlichen Rechtsordnung, der Vorrang erhält richterliche Durchsetzbarkeit, womit zugleich – jedenfalls in der Theorie – der Bereich der Politik von demjenigen des Rechts abgegrenzt wird. Die Verfassung als Norm wird der Sache nach seitdem nicht mehr anders ausgelegt als sonstige Normen und Gesetze. Genutzt werden die gewöhnlichen Auslegungsmethoden – also die historische, die Wortlaut-, die systematische und die teleologische Auslegung. In der Praxis zeigen sich allerdings Unterschiede, in welcher Form und mit welcher Schwerpunktsetzung diese Methoden auf den Verfassungstext angewendet werden. Darin kommt zugleich ein theoretisches Verständnis darüber zum Ausdruck, welche Funktion einer Verfassung in einem politischen Gemeinwesen zugewiesen wird. So spielt im amerikanischen Verfassungsrecht die Idee des sogenannten »Originalism« eine große Rolle.[62] Bei der Auslegung der Verfassung wird danach gefragt, welche Bedeutung die Gründungsväter der entscheidenden Norm zuwiesen oder wie sie eine heute aufkommende Frage in der damaligen Zeit entschieden hätten. Das widerspricht der Vorstellung einer Verfassung als Grundnorm der jeweils lebenden Generation, weil gesellschaftliche Entwicklungen dadurch für die Auslegung der Verfassung eine geringe Rolle spielen (wenn sie überhaupt zur Kenntnis genommen werden). Das kann Legitimitätsprobleme hervorrufen, vor allem dann, wenn die aktuelle

Generation – wie in den USA – die Verfassung nur unter großem Aufwand zu ändern vermag und seit dem Erlass der Verfassung Jahrzehnte oder gar Jahrhunderte vergangen sind. Diese Herangehensweise passt eher zu einer Verfassung, die nach einer gewissen Zeit automatisch ihre Geltung verliert und durch eine neue ersetzt werden muss. In Deutschland wird die Verfassung hingegen dynamisch interpretiert, nämlich als eine von gesellschaftlichen Prozessen nicht immunisierte Grundnorm.[63] Das hat sich bei der Diskussion um die Auslegung des Ehebegriffs in Art. 6 Abs. 1 GG gezeigt. Bei einer zu dynamischen Interpretation besteht allerdings die Gefahr, dass die Verfassung einer gewissen Beliebigkeit preisgegeben wird und sie ihrer Orientierungs- und Leitfunktion nicht mehr gerecht werden kann. Den richtigen Weg zwischen Bewahrung und Dynamik, zwischen Stabilität und Beliebigkeit zu finden, ist eine anspruchsvolle Aufgabe der Verfassungstheorie. Es lassen sich immer wieder Entscheidungen aufzeigen, in denen dieser Weg verfehlt wurde und das Pendel zu stark zur einen oder anderen Richtung ausgeschlagen hat. Insgesamt aber wird man dem Bundesverfassungsgericht attestieren können, dass es diese Aufgabe ansprechend gemeistert und damit auch die Integrationsfunktion des Grundgesetzes beachtet hat. Für den amerikanischen Supreme Court wird man das hingegen nicht ohne weiteres feststellen können.

Der demokratische Verfassungsstaat

Diese Erkenntnisse erlauben uns, unseren Verfassungsbegriff zu schärfen und für den demokratischen Verfassungsstaat zu erweitern. Mit Werner Heun sind es zwölf Elemente,[64] die eine umfassende und moderne demokratische Verfassung kennzeichnen. Diese Elemente können als Folie dienen, um die Besonderheiten des »deutschen Konstitutionalismus« herauszuarbeiten, der uns ab dem übernächsten Kapitel beschäftigen wird:

Erstens: Die Verfassung wird umfassend verschriftlicht und in einer einheitlichen Verfassungsurkunde zusammengefasst. Die Verfassung wird dadurch für die BürgerInnen erfahr-, weil nachlesbar und vermag eine bedeutende Integrationsfunktion zu erfüllen, schon weil sie ohne Probleme mitgeführt werden kann. Das Ausmaß dieser Integrationsfunktion und die Bedeutung, die der verschriftlichten Verfassung zugemessen wird, variieren in den unterschiedlichen Gesellschaften und reichen von einer beinahe sakralen Verehrung in den USA bis zum eher nüchternen Umgang mit dem Grundgesetz in Deutschland.

Zweitens: Die Verfassung wird in einem besonderen Verfassungsgebungsprozess ausgearbeitet, ratifiziert und verkündet, in dem sich die Verfassungsautonomie des Gemeinwesens spiegelt. In der Regel kommt diese Aufgabe, wie in den USA, aber auch beim Grundgesetz, besonderen verfassungsgebenden Versammlungen zu. Deren Zusammensetzung ist selten umfassend demokratisch in dem Sinne, dass die gesamte Bevölkerung in freier und gleicher Wahl über diese entschieden hätte. Meistens ist das schon aufgrund der faktischen Verhältnisse nicht möglich. Verfassungen werden im Anschluss an revolutionäre Umbrüche – wie in Frankreich – oder nach kriegerischen Auseinandersetzungen – wie in Deutschland und in den USA – erlassen. Ihre demokratische Legitimation erhalten Verfassungen nur bedingt durch ihr Erlassverfahren, was auch dann gilt, wenn die Verfassung anschließend dem Volk vorgelegt wird, wie in den USA. Denn auch hier ist die Wahlberechtigung nur selten umfassend demokratisch, wenngleich die USA für das 18. Jahrhundert zweifellos Maßstäbe setzten: »Never before had so many ordinary people been invited to deliberate and vote on the supreme law under which they and their posterity would be governed.«[65] Entscheidend ist aber vor allem die darauffolgende Anerkennung der Verfassung durch die politischen Entscheidungsträger und die der Herrschaft Unterworfenen. Verfassungen erlangen Legitimation und Legitimität also in der Zeit durch faktische Anerkennung, leiden im Moment ihrer Gründung aber meist an einem demokratischen Defizit.[66]

Drittens: Demokratische Verfassungen etablieren spezifische Verfassungsänderungsverfahren, die sich vom gewöhnlichen Gesetzgebungsverfahren unterscheiden. Abhängig von der Komplexität dieser Verfahren wird die Verfassungsänderung dem gewöhnlichen politischen Prozess damit einmal mehr (USA) und einmal weniger (Deutschland) entzogen.

Viertens: Die Verfassung genießt Vorrang vor sonstigem innerstaatlichen Recht und nimmt in der Normenhierarchie den höchsten Rang ein. Jedes sonstige Recht und auch jede sonstige politische Handlung müssen mit den Vorgaben der Verfassung im Einklang stehen, sie entfalten andernfalls keine rechtliche oder sonstige Wirkung. Der Umfang und die Dichte der Vorgaben können variieren, sind einmal umfang- und detailreicher (vor allem bei den Grundrechten) und lassen den Akteuren einmal mehr Spielraum (vor allem im Zusammenspiel der politischen Institutionen). Stets aber gilt: Am Ende gewinnt die Verfassung.

Fünftens: Es findet sich eine Verfassungsgerichtsbarkeit, der die Kontrolle des Vorrangs der Verfassung und der Maßnahmen des Gesetzgebers zukommt. Hier zeigt sich, dass der demokratische Verfassungsstaat nicht einfach mit dem Mehrheitsprinzip gleichgesetzt werden kann. Auch der politischen Mehrheit sind Grenzen gesetzt. Der demokratische Verfassungsstaat bezweckt mit dem Vorrang von Verfassung und Verfassungsgerichtsbarkeit, eine »Tyrannei der Mehrheit« zu verhindern. Der Umfang und die Zuständigkeiten der Verfassungsgerichtsbarkeit sind nicht vorgegeben und variieren in den unterschiedlichen Verfassungsordnungen. Starke Verfassungsgerichte, wie der Supreme Court oder das Bundesverfassungsgericht, stehen eher schwächeren, wie dem französischen Conseil constitutionnel oder dem britischen Supreme Court, gegenüber. Wie die Verfassungsgerichtsbarkeit ausgestaltet ist, ist auch Ausdruck eines spezifischen Demokratieverständnisses und einer historischen Pfadabhängigkeit. Das wird sich beim Blick auf die Französische Revolution zeigen.

Die im zweiten Kapitel genannten fundamentalen modalen Verfassungsmerkmale bilden das *sechste, siebte* und *achte* Merkmal des modernen demokratischen Konstitutionalismus. Die Verfassung ist herrschaftsbegründend, umfassend und universal.

Neuntens: Die Verfassung etabliert ein System demokratischer Repräsentation und *zehntens* eine Form der Gewaltenteilung, in der sich verschiedene Organe gegenseitig kontrollieren und ergänzen. Die Ausgestaltung ist wiederum nicht vorgegeben und reicht vom präsidentiellen über das semi-präsidentielle und parlamentarische Regierungssystem bis zum Schweizer Direktorialsystem. Theoretisch sind andere Formen denkbar, solange diese nur eine effektive Repräsentation und eine angemessene Form der Gewaltenteilung bzw. -gliederung sicherstellen.

Elftens: Mit den Grundrechten finden sich effektive Instrumente der Herrschaftsbegrenzung zur Ermöglichung eines privaten »Raumes der Dunkelheit«, der den Blicken des Staates entzogen ist. Die USA wird man daher erst mit dem Erlass der »ten amendments« im Jahre 1791 als vollwertigen demokratischen Verfassungsstaat ansehen können. Das Grundgesetz macht die Bedeutung der Grundrechte auch aus historischen Gründen deutlich – sie stehen (anders als noch in der Weimarer Reichsverfassung) am Anfang und damit vor den Bestimmungen zur Staatsorganisation.

Zwölftens: Die Verfassung ruht auf dem Gedanken der Volkssouveränität, sämtliche Staatsgewalt kann auf das Volk zurückgeführt werden. Damit einher geht die Ablehnung irgendwelcher vor der Verfassung bestehender monarchischer Herrschaftsrechte, wie dies im deutschen Konstitutionalismus des 19. Jahrhunderts lange vorherrschend blieb. Diese neue Idee sollte mit der Französischen Revolution alsbald auch in Europa zum Leben erwachen.

4. Die Französische Revolution

Die Lebenswirklichkeit im Ancien Régime

Die Französische Revolution gilt zu Recht als bedeutende verfassungsgeschichtliche Zäsur. Die fundamentale Idee der politischen Gleichheit betrat mit ihr die politische Bühne und sollte sie nie wieder ganz verlassen. Diese Idee war Ausdruck bürgerlicher und liberaler Sehnsüchte, die ab Mitte des 18. Jahrhunderts nicht allein in Frankreich, sondern in ganz Europa aufkamen. Die geistige Revolution bereitete die reale schon länger vor, oder, wie Michael Stolleis formulierte: »Das Gebäude des Ancien Régime ist tatsächlich erst in Gedanken erschüttert und dann in der Realität zerstört bzw. reformistisch verändert worden.«[1] Ähnlich formulierte es Carl L. Becker: »It was accomplished in men's minds before they made it the work of their hands.«[2] Dass gerade Frankreich (und kein anderer absolutistischer Staat) den Ausgangspunkt dieser Entwicklungen markierte, hing mit den besonderen Zuständen zusammen, die dort vorherrschten. Allerdings war die Situation in vielen Bereichen mit derjenigen in anderen europäischen Staaten vergleichbar. Frankreich war also besonders, aber nicht völlig andersartig.

Der Blick auf die europäische Lebenswirklichkeit zeigt insofern, dass sich diese von absolutistischem Staat zu absolutistischem Staat zwar in den Details, kaum aber im Grundsätzlichen unterschied.[3] Der Sache nach handelte es sich mithin nicht um ein französisches, sondern um ein europäisches »Ancien Régime«. Es gab zwar Enklaven, wo der Absolutismus und die Ständegesellschaft weniger stark ausgeprägt waren. England ist mehrfach genannt worden, die Niederlande waren ebenso bereits Republik wie Venedig und die Schweiz. Selbst im Heiligen Römischen Reich deutscher Nation fanden sich nicht-absolutistische Städte, in denen das Leben den Vorstellungen der bürgerlichen Träumer nahe kam.

Der überwiegende Teil der Bevölkerung aber lebte in absolutistischen Regimen und zwar in der Regel auf dem Land,[4] auch wenn der Urbanisierungsprozess, wie im ersten Kapitel gesehen, langsam in Gang kam: »Die Mehrzahl der Europäerinnen und Europäer lebte auf dem Land auf einsamen Höfen oder in kleinen Dörfern.«[5] Die Industrialisierung hatte noch nicht eingesetzt, Fabriken gab es praktisch keine, man lebte im Wesentlichen von dem, was man selbst produziert hatte – und das war angesichts der wachsenden Bevölkerung eher zu wenig als zu viel. Angesichts der schwierigen Verkehrsverhältnisse blieb man in der Regel an dem Ort, an dem man geboren war.

Das Leben folgte den Regeln eines seit Jahrhunderten etablierten Feudalsystems, einer streng geschichteten Gesellschaft,[6] deren Standesgrenzen kaum überwindlich waren, auch wenn sich seit Beginn des 18. Jahrhunderts (insbesondere in den Städten) erste Durchlässigkeiten zeigten.[7] Gleichwohl: »Spektakuläre Aufstiege blieben selten«,[8] und »Aufstieg durch Leistung blieb meist auf den eigenen Stand bezogen.«[9] Insbesondere der »Dritte Stand« bot solche Chancen, weil er zunehmend heterogen und hierarchisch zusammengesetzt war.[10]

Ganz unten standen die Leibeigenen und Tagelöhner, es folgten die abhängigen kleinen Bauern, Handwerker und Kleinbürger. Verarmte Intellektuelle (wie Lehrer und Professoren) bildeten die nächste Stufe, auf die das Beamtentum und der Offizierstand folgten. Eine immer größere Rolle spielten zudem die Kaufleute und Bankiers, die Vertreter von Handel und Gewerbe, das immer mehr zunahm – wir haben diese Entwicklung im ersten Kapitel angesprochen.[11]

Dieser Dritte Stand präsentierte in all seiner Heterogenität den Großteil der Bevölkerung. In absoluten Zahlen waren der Adel als Zweiter und die Geistlichkeit als Erster Stand beinahe schon zu vernachlässigen: In Frankreich lebten im Jahr 1789 rund 25 Millionen Menschen. Erster und Zweiter Stand kamen zusammen lediglich auf 200.000 Personen,[12] gerade einmal 0,8 Prozent der Gesamtbevölkerung. In Deutschland war der Anteil des Adels an der Gesamtbevölkerung im 18. Jahrhundert mit rund einem Prozent nur unwesentlich höher.[13] Die Macht im Staate – und zwar sowohl politisch als auch meist noch finanziell – konzentrierte sich gleichwohl bei diesen wenigen Personen, während die restlichen 99,2 Prozent mehr oder weniger leer ausgingen: Von Emanzipation und politischer Partizipation dieser Masse an Menschen konnte keine Rede sein. Sie lagen vielmehr, frei nach Rousseau, »überall in Ketten«, oder, mit dem Frühneuzeit-Historiker Georg Schmidt: »Der einzelne Mensch galt um 1700 noch wenig.«[14]

Zwar führte die Ausweitung der Marktwirtschaft zu einer gewissen vertikalen statt rein horizontalen Grenzverteilung – es gab zunehmend wohlhabende Kaufleute und erste vermögende Fabrikanten. Die rechtlichen Grenzen der Gesellschaft blieben aber horizontal verlaufend, die »hierarchische Gliederung der frühneuzeitlichen Ständegesellschaft blieb in Deutschland im 18. Jahrhundert unangefochten«[15] – und in anderen Staaten Europas war das kaum anders. Wo ein standesübergreifender Aufstieg entgegen allen Widrigkeiten glückte, war dieser oftmals nicht von Dauer. Zudem fiel die Integration in die neue Umgebung schwer: »Es konnte erstrebenswerter sein, im eigenen Stand einer der ersten, als in einem höheren einer der letzten zu sein.«[16]

Diese mehr oder weniger unüberwindlichen Standesschranken schränkten das Leben der Menschen in heute nur schwer vorstellbarer Weise ein. Einschränkungen zwar, an die man sich gewöhnt hatte, die aber in einer Zeit ökonomischen Wandels immer stärker spürbar und als Zumutung empfunden wurden – man sah nicht mehr ein, warum man von den Möglichkeiten, die sich einem boten, nicht profitieren sollte. Die Einschränkungen begannen schon bei Fragen der Anrede und gesellschaftlich erwarteten Grußformen, zeigten sich jedoch vor allem im Berufsleben: von Berufsfreiheit keine Spur, denn die Zünfte reglementierten strikt, wer und in welcher Form in einem Beruf arbeiten durfte. Weder der Arbeitsplatz noch der Wohnort durften nach eigenen Vorstellungen verlassen oder begründet werden. Als Leibeigener bedurfte man der Erlaubnis zur Heirat, Gleiches galt für Soldaten, Knechte und Mägde – über Standesgrenzen hinweg war eine Heirat ohnehin praktisch ausgeschlossen. Und auch die Wahl des Studienortes wurde den Studierenden abgenommen:[17] Es war der Landesherr, der darüber befand, und seiner Entscheidung hatte man sich zu fügen, wenn man nicht erhebliche Repressalien in Kauf nehmen wollte. Land war nicht frei verkäuflich, und auch in religiöser Hinsicht bestand keine wirkliche Freiheit: Wer an einer protestantischen Universität arbeiten wollte, hatte als Katholik keine Chance. Immerhin, so könnte man sagen, blieb die Option des Religionswechsels.

Es waren diese Zustände, die mit der Entdeckung des Verstandes – wir sprachen darüber im ersten Kapitel – ab Mitte des 18. Jahrhunderts in Frage gestellt wurden. Staatstheoretische Schriften erschienen – man denke an Montesquieu –, und auch sonst mehrten sich die Stimmen, die die rechtlichen Standesschranken nicht länger als natürlich oder gottgegeben ansahen, sondern vielmehr erkannten, dass es sich um willkürliche, weltliche und damit veränderbare Schranken handelte. Sie begannen nach einer weltlichen Rechtfertigung zu suchen, wurden aber nicht fündig (in vergleichbarer Form sucht man gegenwärtig immer häufiger vergeblich nach einer Rechtfertigung für die in vielen Staaten der Welt wachsende soziale Ungleichheit).[18]

In der Ökonomie erfuhr diese Veränderung in der Geisteshaltung Unterstützung durch Adam Smith, der im Jahr 1776 sein Hauptwerk *An Inquiry into the Nature and Causes of the Wealth of Nations* vorgelegt hatte. Er präsentierte darin eine theoretische Rechtfertigung des freien Marktprinzips, was nicht weniger als einen ökonomischen Paradigmenwechsel und die Abkehr vom bisherigen System des Merkantilismus einleitete. Das Zunftwesen mit seinen strengen Zugangsregeln war mit dieser Theorie nicht zu vereinbaren. Adam Smith war damit zwar nicht der Begründer der politischen Ökonomie,[19] ist aber bis heute eine der zentralen Figuren der klassischen Nationalökonomie.

Der Erfolg seines Werkes war beachtlich, Adam Smith war gewissermaßen der Thomas Piketty des 18. Jahrhunderts: In England erschien schon im Jahr 1799 die neunte Auflage, das Buch wurde in verschiedene Sprachen übersetzt und sollte die Wirtschaftspolitik bis heute nachhaltig beeinflussen. Das vielzitierte Bild der unsichtbaren Hand des Marktes hat hier seinen Ursprung – ein Bild, das in der Folge allerdings oft missverstanden wurde und ohne Smiths' Ausführungen in seinem früheren Werk *Theorie der ethischen Gefühle* nicht treffend erfasst werden kann.

Der Einfluss dieser neuen Theorie, in der Adam Smith auch die Vorteilhaftigkeit der Arbeitsteilung mit dem berühmten Stecknadel-Beispiel belegte, wäre gewiss kleiner ausgefallen, wenn es mit England nicht ein Land gegeben hätte, das viele ökonomische Schranken und Fesseln abgestreift hatte und damit erfolgreich war. England wurde zum Ausgangspunkt der industriellen Revolution und war Ende des 18. Jahrhunderts – selbst nach dem Abfall der USA – die mächtigste Nation der Welt. Noch im gesamten

19. Jahrhundert sollte sich das nicht ändern, Britisch-Indien bildete das neue Zentrum des britischen Weltreichs. Der ökonomische Erfolg des direkten Nachbarn sollte die geistigen Forderungen und Wünsche in Frankreich und im restlichen Europa nur noch weiter beflügeln, vor allem weil die stetig wachsende Bevölkerung im tradierten System nur noch schwer zu versorgen war.

Die bürgerlichen, liberalen Verfassungsideale

Wollte man die sich in dieser Zeit entwickelnden Wünsche der Menschen mit einem Wort zusammenfassen, es wäre das Wort »Freiheit«. Es ging um Befreiung und Emanzipation von gefühltem und tatsächlichem Zwang. Die Menschen sehnten sich danach, sich nach eigenen Vorstellungen zu entfalten. Man wollte seine Existenz nach eigenen Wünschen gestalten, es ging um Bewegungsfreiheit, die Freiheit auszureisen, aber auch um Freiheit in der Liebe – warum sollte man sich vorschreiben lassen, wen man zu heiraten hatte? Die Menschen sahen nicht ein, weshalb sie ihre Kreativität nicht individuell einsetzen und ausleben durften, um ihren Lebensunterhalt zu verdienen – man wollte seinen Beruf frei wählen, nicht durch die Zunftregelungen beschränkt sein und in Armut verharren.

Natürlich spielten die Glaubens- und die Gewissensfreiheit eine zentrale Rolle, vor allem aber die Meinungsfreiheit trieb die Leute um. Die Aufklärung brachte die Menschen ins Denken, und sie wollten mit dem, was sie entdeckten, nicht länger hinter dem Berg halten – weder in schriftlicher noch in mündlicher Form. Friedrich Schiller hat diesen Zeitgeist in seinem Stück *Don Karlos* treffend beschrieben, ein Stück, das zwischen 1783 und 1787 und damit in dieser Epoche der »gewünschten Freiheit« verfasst wurde. Das Stück spielt zwar im Spanien des 15. Jahrhunderts vor Ausbruch des Achtzigjährigen Krieges, in dem die heutigen Niederlande ihre Unabhängigkeit von Spanien erkämpften (völkerrechtlich eine Form der Sezession). Schiller ging es aber auch um eine Kritik der herrschenden Zustände im 18. Jahrhundert – als junger Mann war er mehrfach seinem Landesherrn entflohen. In einer berühmten Szene des Stückes wendet sich einer der Protagonisten, der Marquis de Posa, an den spanischen König Philipp II. und klagt ihn der Unterdrückung und Freiheitsbeschränkung an, um ihn sodann bei seiner Ehre zu packen:

»Alle Könige
Europens huldigen dem spanischen Namen.
Gehn Sie Europens Königen voran.
Ein Federzug von dieser Hand, und neu
Erschaffen wird die Erde. Geben Sie Gedankenfreiheit.«

Diese Gedankenfreiheit war es, nach der sich die Menschen sehnten – ein Wunsch, der in vielen autoritären Regimen der Welt bis heute ein frommer geblieben ist. Es ging um die Befreiung, mithin die Emanzipation des Individuums aus einer Welt der gruppenbezogenen Zwänge und Ketten, für die die Zünfte nur ein besonderes Beispiel bildeten: weg von der Gruppe, hin zum Individuum, was sich auch in der beginnenden statistischen Erfassung des Einzelnen bemerkbar machte.[20] »Hier scheint das Ideal einer Gesellschaftsordnung auf, die auf der Basis individueller Anstrengungen freier und gleicher Menschen allgemeinen Fortschritt produziert.«[21] Es begann das Zeitalter des Liberalismus, der vom Staat eine Rechtfertigung verlangt, wenn er in die natürlichen Freiheiten der Menschen eingreift. Anders gewendet: Die Freiheiten sind zuerst da, nicht der Staat. Sie sind naturrechtlich verwurzelt und vor diesem Hintergrund unveräußerlich. Sie stehen allen zu: »Freiheit existiert nun, der Idee nach, nicht im

Recht und durch Recht, indem die sozialen Beziehungen, in denen der Mensch unaufhebbar steht, gerecht geordnet sind, sie ist vielmehr das Vorausliegende und Vorausgesetzte; Recht erscheint als Schranke der Freiheit.«[22] Das aber bedeutete: Weder die Macht der Kirche noch die Beschränkungen des Leibeigenen sind natürlich und unveränderlich. Im Gegenteil.

Dies waren die bürgerlichen, liberalen Verfassungsideale, die das Denken prägten und die sich in Europa lange vor der Französischen Revolution verbreiteten. Sie waren eine unmittelbare Reaktion auf die mannigfaltigen Unfreiheiten des Ancien Régime und griffen – mit Michael Stolleis – als »Säure des Zweifels« immer stärker die Legitimation des *Status quo* an und zersetzten diese schließlich in Gänze.[23] Vor der Coronakrise wäre es schwer gefallen, sich in die unfreie Situation der damaligen Bevölkerung zu versetzen. Wer nach der Wende geboren wurde oder in Westdeutschland aufgewachsen ist, hält die umfassenden Freiheiten für selbstverständlich und nimmt sie nur selten bewusst zur Kenntnis. Durch die mit dieser Pandemie einhergehenden – im Kern gerechtfertigten – Beschränkungen alltäglicher Freiheiten dürfte jedoch bewusst geworden sein, was es heißen mag, dauerhaft und ohne Aussicht auf »Lockerungen« in solcher Unfreiheit leben zu müssen.[24] So war es für die Menschen im damaligen Ancien Régime, wenn man nicht zu den wenigen Privilegierten gehörte. Der Freiheitsdrang war, nachdem die Gedanken einmal formuliert waren, nur umso größer.

Dennoch: Die Zersetzung des Bestehenden brauchte Zeit, geschah nicht auf einen Schlag und dauerte sowohl in Frankreich als auch im restlichen Europa lange. Das Zeitalter der Verfassungen aber war in Europa anschließend nicht mehr aufzuhalten. In Polen wurde schon im Jahr 1791 eine Verfassung erlassen, in Schweden im Jahr 1809 und in Norwegen im Jahr 1814 – allesamt Verfassungen, die gleich zu Beginn die neuartige und die Veränderung deutlich machende Legitimationsbasis des konstituierten Staates verkündeten:[25] Die Verfassung war nicht einfach da, sondern wurde entweder vom Monarchen erlassen, vertraglich mit den Ständen vereinbart oder von einer Nationalversammlung beschlossen. Auch in Deutschland kam es zu ersten, teilweise weitreichenden Verfassungen, die nach Napoleons endgültiger Niederlage im Jahr 1815 jedoch nur kurz Bestand hatten. Gleichwohl: Die Idee der Verfassung war in der europäischen Welt, und der Widerstand der alten Mächte sollte sich auch in Deutschland als Kampf gegen Windmühlen erweisen. Eine wirkliche Chance, das alte System dauerhaft zu stabilisieren, wird man diesen reaktionären Kräften nicht zusprechen können – auch wenn sie sich lange und heftig wehrten: Gegen den »unaufhaltsamen Strom« war letztlich keine Gegenkraft gewachsen.[26]

Obwohl die Französische Revolution damit nur ein Ereignis in einem längeren europäischen Prozess war, erscheint es gerechtfertigt, diesem besondere Aufmerksamkeit zukommen zu lassen: Sie war der erste visuelle Beleg für die geistigen Revolutionen in den Köpfen der Menschen. Die geistigen Ideen brachen sich Bahn, traten in die Wirklichkeit und waren ab diesem Zeitpunkt nicht mehr wegzudenken. Gleichwohl sollte man das Prozesshafte nicht aus dem Blick verlieren. Die Französische Revolution entstand nicht aus dem Nichts; ihre geistigen Grundlagen beeinflussten schon länger das gesellschaftliche Klima, führten zu einem kulturellen, gesellschaftlichen und wirtschaftlichen Transformationsvorgang, der das europäische Ancien Régime mit seinen klaren und tradierten Strukturen schließlich überforderte.

Die Ausgangslage war in Europa insofern anders als in den amerikanischen Gründungskolonien. Ging es den Eliten dort um die Bewahrung des Alten, der formal bürgerlichen und politisch gleichen Gesellschaft, war man sich in Frankreich darin einig, dass das Alte nicht mehr bestehen bleiben konnte, sondern überwunden und durch etwas Neues ersetzt werden musste. Dieses transformatorische Programm war der Grund, warum die Französische Revolution schließlich im jakobinischen Terror und sodann in der napoleonischen Diktatur endete. Darüber, wie dieses Neue im Einzelnen aussehen sollte und wie es zu erreichen war, herrschte keine Einigkeit. Das war angesichts der Heterogenität des Dritten Standes wenig überraschend. Von einem einheitlichen (ökonomischen) Interesse konnte keine Rede sein. Die Abschaffung der Privilegien und die Herstellung der Rechtsgleichheit waren konsensfähig, viel mehr aber nicht. Die sich daraus entwickelnde Gewalttätigkeit, die »Terrorherrschaft« (»La Terreur«),[27] hat der Verfassungs- und der Demokratiebewegung einen Bärendienst erwiesen: Auch in Deutschland wandten sich viele Intellektuelle – u. a. Friedrich Schiller – entsetzt von den Protagonisten der Revolution ab, teilweise kam es zu romantischen Verklärungen der guten alten Zeit. Das begünstigte reaktionäre Bewegungen in der ersten Hälfte des 19. Jahrhunderts, die den Verfassungsprozess aber auch in Deutschland lediglich behindern, nicht jedoch aufhalten sollten.

Der Weg zur Revolution

Blicken wir genauer auf die Vorgänge in Frankreich:[28] Warum Frankreich? Die Antwort findet sich in den besonderen Zuständen, die dort Ende des 18. Jahrhunderts herrschten: Die Lage der Menschen war noch etwas prekärer, die wirtschaftliche Situation noch etwas schlechter und das politische System noch etwas reformunfähiger. Das sollte am Ende genügen, um das revolutionäre Pulverfass zu entzünden.

Das französische Ancien Régime war schon lange daran gescheitert, ein effektives Verwaltungs- und Steuersystem einzuführen, die Stände hatten immer wieder erfolgreich interveniert. Ökonomisch stand das Land auf dem Abstellgleis, es drohte nach den ersten Jahren der Industrialisierung eine veritable Finanz- und Wirtschaftskrise. Nicht zuletzt die Ungleichheit der Besteuerung stieß dem Dritten Stand übel auf: Die Bauern trugen praktisch die gesamte Abgabenlast, der Erste und Zweite Stand waren von der Steuerpflicht befreit. Um die Staatsfinanzen stand es dementsprechend schlecht: »Für die Staatsschuld mussten 1788 41,24 % des Haushalts ausgegeben werden, bzw. zieht man die Kosten für die Administration der Steuereinnahmen hinzu, sogar 51,57 %.«[29]

Die sogenannten Parlamente – es handelte sich nicht um Vertretungen, sondern um mit Adligen besetzte Gerichtshöfe[30] – verweigerten dennoch ihre Zustimmung zu möglichen Reformen, da sie ihrer Ansicht nach mit den Grundgesetzen der Monarchie nicht vereinbar seien.[31] Sie machten zudem klar, dass neue Steuern nicht durch den König allein festgesetzt werden konnten, und insofern waren sich Adel und Bürgertum anfangs sogar einig. Einen Ausweg sahen beide gesellschaftlichen Gruppen nur in der Einberufung der Generalstände, was zuletzt im Jahr 1614 geschehen war. Ludwig XVI. wehrte sich, konnte sich diesem Wunsch aber nicht dauerhaft widersetzen.

Schnell wurden in den ab Mai 1789 tagenden Generalständen die Interessenunterschiede der einzelnen Stände aber wieder sichtbar: Während der Erste und Zweite Stand die Wiederherstellung der alten Ordnung und die Sicherung der eigenen Privilegien anstrebten, ging es dem Dritten Stand um Emanzipation und die Ermöglichung aktiver Partizipation.

Der Streit begann schon bei der Frage der Abstimmungsmodalitäten in den Generalständen: Der Erste und Zweite Stand hatten darin ebenso viele Vertreter wie der Dritte Stand, obwohl dieser mehr als 95 Prozent der Bevölkerung repräsentierte.[32] Abgestimmt wurde zudem nach Ständen und nicht nach Köpfen.

Mit anderen Worten: Die ersten beiden Stände konnten den Dritten Stand stets überstimmen. Das war für den Dritten Stand nicht akzeptabel. Besonders prominent wurden in diesem Zusammenhang die Ausführungen des Abbé Sieyès: »Qu'est-ce que le tiers état? – Tout. Qu'a-t-il été jusqu'à présent dans l'ordre politique? – Rien. Que demande-t-il? – À y devenir quelque chose.« (»Was ist der Dritte Stand? – Alles. Was ist er bisher in der politischen Ordnung gewesen? – Nichts. Was fordert er? – Darin etwas zu sein.«) Der Dritte Stand verlangte die Abstimmung nach Köpfen und erklärte sich schließlich, nachdem es zu einigen Übertritten aus den anderen Ständen in den Dritten Stand gekommen war, eigenmächtig zur Nationalversammlung.

Es war dieser Beschluss, der die eigentliche Verfassungsrevolution markierte. Entscheidend war der Austausch des Legitimationsprinzips der Verfassung: War zuvor der Monarch Repräsentant und Ausgangspunkt des französischen Staates, war es nun die Nation selbst, die die Staatsgewalt in sich vereinigte und von der alle Staatsgewalt ausging.[33] Mit einem Wort: Volkssouveränität. Damit erblickte zugleich die Idee der Nation das Licht der Welt, ein bekanntermaßen mehr als folgenreiches und ambivalentes Konzept, das sich alsbald rund um den Globus verbreiten sollte.[34] Es war von nun an die Nation, die ihre eigene Repräsentation schuf[35] und den Monarchen zum schlichten Staatsorgan umfunktionierte, der seine Legitimation nicht mehr durch göttlichen Zuspruch, sondern allein vom Volk erhielt.[36] Wo es zu einer Einschränkung von Freiheitsrechten kam, beruhte das fortan auf dem Willen aller und wurde nicht mehr von einem Monarchen willkürlich diktiert. Die Gerichte entschieden ab jetzt im Namen des Volkes, das Militär und die Polizei wurden zu Apparaten, die vom Volkswillen gelenkt und beschränkt werden konnten, und schließlich: Steuern wurden gemeinsam beschlossen und konnten gerecht auf alle verteilt werden – zumindest in der Theorie.

Dass die im September 1789 und damit nur wenige Tage nach Verabschiedung der Erklärung der Menschen- und Bürgerrechte[37] beschlossene Verfassung an der Monarchie festhielt, war damit aber kein Widerspruch zu dieser neuen Legitimationsidee, wie auch heutige demokratische Verfassungsstaaten gut mit einem monarchischen Staatsoberhaupt leben können. Denn maßgeblich ist nicht, wer das Amt des Staatsoberhauptes innehat, sondern *warum* er es innehat, also *wer* es ihm übertragen hat. Der König war jetzt König der Franzosen und nicht mehr König von Frankreich.[38] Ohnehin war die Monarchie zu der Zeit (und im gesamten 19. Jahrhundert) nachgerade die natürliche Staatsform.[39] Der französische Monarch fungierte anfangs auch eher als Verbündeter, der für die Revolutionäre als Symbol einer in Freiheit und Gleichheit ruhenden und nicht mehr von intermediären Gewalten und Ständen durchzogenen Gesellschaft stand: Die Staatsgewalt ging vom Volk aus und zeigte sich im Monarchen, unter dem alle Franzosen als gleiche BürgerInnen zusammenkamen.

Dass es zur Sicherung dieser neuen Verhältnisse einer Verfassung bedurfte, darüber war man sich bald einig: Das Volk konnte seine neu gewonnene Staatsgewalt nur durch festgelegte Verfahren und Organe wahrnehmen. Der Monarch stand weiterhin an der Spitze, aber eben nicht mehr als absolutistischer Herrscher, sondern eingehegt und mit konkreten Zuständigkeiten ausgestattet. Die Staatsgewalt zeigte sich insofern in zweifacher Weise: zunächst in der vorkonstitutionellen Form, wo sie symbolisch zusammenkam, um über die neue Verfassungsordnung zu beraten und abzustimmen; anschließend in der konstituierten Form, in der sie, aufgeteilt auf unterschiedliche Organe, das politische Gemeinwesen unter Bindung an die Vorgaben der Verfassung gestaltete. Mit Abbé Sieyès unterscheidet die Verfassungstheorie seitdem zwischen der verfassungsgebenden Gewalt des Volkes, der »pouvoir constituant«, und der verfassten Gewalt des Volkes, der »pouvoir constitué«. Außerhalb revolutionärer oder sonstiger Umbrüche tritt die verfassungsgebende Gewalt mit dem Erlass der Verfassung in den Hintergrund. Sie bleibt latent vorhanden und kann – theoretisch – jederzeit wieder aktiviert werden, was allerdings aufgrund der Möglichkeit der Verfassungsänderung nur selten notwendig sein wird. Im verfassungsrechtlichen Tagesgeschäft ist es die verfasste Staatsgewalt, die agiert und gestaltet, sich dabei an die Vorgaben der Verfassung hält und deshalb (wir haben es bei der Darstellung der Amerikanischen Revolution gesehen) nicht als souverän angesehen werden kann. Auch dem Grundgesetz liegt diese Unterscheidung zugrunde, wie der Blick auf Art. 20 GG einerseits und Art. 146 GG andererseits belegt: Während nämlich Art. 20 Abs. 2 S. 1 GG das konstituierte Volk adressiert, bezieht sich Art. 146 GG auf das vorverfassungsrechtliche, das konstituierende, verfassungsgebende Volk.

Zurück zur Französischen Revolution: Die selbst ernannte Nationalversammlung wurde zwar zunächst noch durch das Militär am Betreten des Sitzungshauses gehindert. Sie zog daraufhin aber einfach zum Ballhaus weiter und beschloss, nicht mehr auseinanderzugehen, bis die Verfassung des Königreichs errichtet und gesichert war. Von da an war die Revolution nicht mehr aufzuhalten, auch wenn sich das alte System immer wieder zu wehren suchte.

Schon am 6. Juli 1789 setzte die Nationalversammlung einen Verfassungsausschuss ein, und am 14. Juli – dem Tag der »Prise de la Bastille« – wurde beschlossen, der Verfassung eine Menschenrechtserklärung voranzustellen.[40] Am 27. Juli 1789 begann schließlich im Plenum die Generaldebatte über die Verfassung, nachdem der Verfassungsausschuss seinen ersten Bericht vorgelegt hatte.

Dabei entwickelte sich eine neue, bürgerliche Staatsidee, die zur Grundlage der ersten Verfassung von 1791 wurde. Nachvollziehbar wird sie, wenn man sich die vielfältigen Repressionen und den daraus resultierenden Freiheitsdrang der Menschen noch einmal vor Augen führt. Es war jetzt nicht mehr der Staat, der für das Wohlergehen zuständig sein sollte, vielmehr war der Einzelne selbst in der Lage, sich auf dem freien Markt zu behaupten. Die Gesellschaft, so die Idee, verfügte über ausreichende Selbstheilungskräfte und es waren diese Mechanismen, um deren Funktionsfähigkeit sich der Staat nur noch kümmern sollte. Das setzte die Gewährleistung und Bewahrung der freien Gleichheit aller voraus, weil diese Selbstheilungskräfte und die Entfaltung des gesellschaftlichen Potenzials anders nicht denkbar waren: Wo einzelne Privilegierte andere unterdrücken können, konnte eine freie Gesellschaft nicht entstehen. Das Gemeinwohl als solches wurde damit nicht mehr vom Staat vorgegeben, war keine feststehende Größe mehr, sondern wurde von der Gesellschaft eigenständig prozesshaft ermittelt und war so im Zeitablauf wandelbar. Anders gewendet: Der Staat war prinzipiell begrenzt, während die Gesellschaft prinzipiell unbegrenzt war, was nicht weniger als eine fundamentale Umkehrung der bestehenden Verhältnisse darstellte. Es bedurfte dafür durchaus eines starken Staates, es ging nicht um Anarchie. Dieser Staat sollte seine Machtmittel aber allein zur Sicherstellung der gleichen Freiheit aller nutzen. Auch dabei waren ihm aber Grenzen gesetzt – und diese Aufgabe der Herrschaftsbegründung bei gleichzeitiger Herrschaftsbegrenzung sollte die Verfassung übernehmen.

Die beschlossene erste Verfassung, zu der auch der König sein Einverständnis erteilte, begründete eine konstitutionelle Monarchie, allerdings noch keine parlamentarische Monarchie. Die Minister, die der König aus den Abgeordneten des Parlaments auswählen musste, waren allein ihm, nicht aber dem Parlament verantwortlich. Das aktive Wahlrecht hing von der Zahlung einer bestimmten Steuersumme ab – faktisch war aber immerhin die Hälfte der Männer über 25 Jahre wahlberechtigt. Frauen waren als aktive Wählerinnen nicht vorgesehen, von einem allgemeinen Wahlrecht wird man aus heutiger Sicht nicht sprechen können. Den Hintergrund für diese auch in anderen europäischen Verfassungen des 19. Jahrhunderts bestehende Begrenzung des Wahlrechts auf (bestimmte) Männer lag, wie Birte Förster zuletzt dargelegt hat, in einer verbreiteten (auch von Immanuel Kant betonten) Vorstellung von Staatsbürgerlichkeit:[41] »Ein politisches Subjekt sollte über sein Leben selbst bestimmen können, also wirtschaftlich unabhängig sein und sich gewissermaßen selbst gehören, um eine Wahlentscheidung frei treffen zu können.«[42] Dieses Erfordernis wirtschaftlicher Unabhängigkeit schloss Frauen pauschal vom Wahlrecht aus – selbst vermögende Frauen wurden nach der Heirat von ihren Männern vertreten, denen auch das Vermögen zugesprochen wurde. Gesellschaftlich wurden Frauen gewissermaßen als »erwachsene Kinder« angesehen: »Die Frau als Rechtsperson kommt in der Rechtslehre des 19. Jahrhunderts so gut wie nicht vor, genauer: Ihre gesellschaftliche Stellung wird fast ausschließlich in Bezug auf die des (Ehe-)Mannes diskutiert.«[43] Männer hingegen hatten zumindest theoretisch die Chance, sich das Wahlrecht zu erarbeiten. Das sollte allerdings nicht davon ablenken, dass das Wahlrecht in vielen Staaten noch lange ein Privileg einer kleinen (männlichen) Oberschicht blieb.

Der König hatte ein suspensives Vetorecht im Hinblick auf die von der Nationalversammlung beschlossenen Gesetze – die aufschiebende Wirkung betrug allerdings bis zu sechs Jahre und nicht lediglich wenige Monate, was praktisch einer Verhinderungsmöglichkeit gleichkam. Verfassungsänderungen waren möglich, allerdings traten sie erst mit Ablauf von zehn Jahren nach ihrer Verabschiedung in Kraft.

In dieser Form blieb die Verfassung nicht einmal ein Jahr lang in Geltung. Die Revolutionäre verstrickten sich in kriegerische Auseinandersetzungen – das revolutionäre Frankreich befand sich im Dauerkriegszustand, nicht zuletzt mit Preußen und Österreich –, wodurch eine Konsolidierung und Fokussierung auf die innerstaatlichen Notwendigkeiten unmöglich wurden. Die Nationalversammlung erklärte die erste Verfassung für gescheitert und organisierte Wahlen zu einem Nationalkonvent, der eine zweite Verfassung ausarbeiten sollte. Die Wahlen waren tatsächlich allgemein, Frauen waren aber aus den genannten Gründen weiterhin nicht wahlberechtigt. Die Wahlbeteiligung war jedoch erschreckend gering und lag bei gerade einmal 10 Prozent.

Der neue Nationalkonvent schaffte umgehend die Monarchie ab, Frankreich wurde Republik, der König 1792 hingerichtet – was, wie erwähnt, die reaktionären europäischen Kräfte auf den Plan rief und auch andere bisherige Befürworter der Revolution erschreckte. Eine neue Zeitrechnung wurde eingeführt: Mit der zweiten Verfassung begann in Frankreich das Jahr I. Das zeigt, wie sich die Debatte mittlerweile radikalisiert hatte. Die verabschiedete Verfassung war streng egalitär und demokratisch gestaltet. Die Gleichheit wurde besonders betont, was auch in der Menschenrechtserklärung sichtbar wurde, die der Verfassung erneut vorangestellt wurde: Sie nannte nicht mehr die Freiheit, sondern die Gleichheit an erster Stelle und enthielt zudem vereinzelte soziale Rechte.

Das Wahlrecht zum Parlament hatten nunmehr alle Männer ab 21 Jahren und sogar Ausländer, die länger als ein Jahr in Frankreich lebten. Ohnehin war das Parlament das wichtigste Organ – Exekutive und Judikative waren hingegen eher schwach. Das entsprach der Idee einer neuzugestaltenden Gesellschaft. Diese Neugestaltung sollte vom Parlament ausgehen. Die Verfassung wurde schließlich – allerdings bei einer erneut geringen Wahlbeteiligung – mit großer Mehrheit angenommen. Sie trat jedoch nie in Kraft, der Konvent beschloss, sie bis zum endgültigen Friedensschluss zu suspendieren. Stattdessen wurde eine vorläufige Regierung eingesetzt, die aus zwei Ausschüssen bestand, deren Mitglieder vom Konvent für einen Zeitraum von jeweils einem Monat gewählt wurden. Zur Wahl standen aber stets die gleichen Mitglieder, deren Handeln nie ernsthaft in Frage gestellt wurde. Unter Robespierre kam es dadurch zu einem fürchterlichen autoritären Regime,[44] das er mit dem Erfordernis begründete, die innere Zersetzung und die äußeren Feinde abwehren zu müssen. Robespierre wurde schon im Jahr 1794 hingerichtet, die Revolution fraß gewissermaßen ihre Kinder, schlidderte zunehmend ins Chaos, weil keiner mehr irgendjemandem vertraute.

Es kamen schließlich gemäßigtere Kräfte an die Macht, die im Jahr 1795, dem Jahr III, eine neue Verfassung verabschiedeten. Als Direktorialverfassung entsprach sie den Vorstellungen des Bürgertums, das sich – vergleichbar mit der sozio-ökonomischen Elite in den USA – gegen eine allzu ausgeprägte Volkssouveränität aussprach. Soziale Rechte fehlten gänzlich, der Gleichheitssatz wurde nur noch als Gleichheit vor dem Gesetz, nicht mehr als Auftrag zur Herstellung materieller Gleichheit interpretiert. Die Regierung bestand aus einem vom Parlament gewählten Direktorium, das auf fünf Jahre gewählt wurde. Strapaziert von Verfassungskrisen, sollte die Verfassung formal nur vier Jahre in Kraft bleiben. Im Jahr 1799 kam Napoleon an die Macht, die neue Konsulatsverfassung war ganz auf ihn ausgerichtet. Im Jahr 1802 wurde er durch Plebiszit zum Konsul auf Lebenszeit ernannt, im Jahr 1804 krönte er sich selbst zum Kaiser der Franzosen. Das demokratische Projekt war vorerst beendet – Napoleons Herrschaft war nichts anderes als eine Militärdiktatur.[45]

Eine gewisse konstitutionelle Beruhigung trat erst mit der *Charte Constitutionelle* ein, die im Jahr 1814 nach Napoleons Niederlage und seiner Verbannung (zunächst auf die Insel Elba, dann endgültig auf die Insel St. Helena) erlassen wurde. Sie führte zu einer partiellen Restauration, die Souveränität lag wieder beim

König, der sich durch die *Charte Constitutionelle* zu verschriftlichten Begrenzungen seiner Herrschaftsgewalt bereit erklärte. Das Parlament bestand mehrheitlich aus hohem Adel und den Reichen des Landes. Eine wirkliche Gewaltenteilung kannte die *Charte Constitutionelle* nicht. In dieser monarchischen Form war sie in vielerlei Hinsicht Vorbild für zahlreiche Verfassungen in den deutschen Staaten, die in der ersten Hälfte des 19. Jahrhunderts in Süddeutschland und dann auch im Norden des Landes erlassen werden sollten.[46]

Das Bleibende der Französischen Revolution

Was bleibt von der Französischen Revolution, gerade aus der Perspektive der Verfassungsgeschichte? Ist sie umfänglich gescheitert, wie Egon Friedell in seiner Kulturgeschichte andeutet? Aus verfassungsgeschichtlicher Perspektive wird man ein solches Urteil nicht teilen können. Es sind die folgenden sechs Aspekte, die für die weitere verfassungsgeschichtliche Entwicklung europa- und sogar weltweit von Bedeutung sein sollten:

Erstens: Die Idee der Volkssouveränität. Sie wurde in der Verfassung des Jahres I umfassend verwirklicht, die sogar explizit von der Souveränität nicht der Nation, sondern des Volkes sprach. Zwar kam es mit der *Charte Constitutionelle* wieder zu Rückschlägen. Langfristig sollte an dieser neuen Legitimationsidee aber europa- und weltweit kein Weg vorbeiführen.

Zweitens: Die verfassungstheoretische Unterscheidung zwischen verfassungsgebender und verfasster Staatsgewalt, wie sie Abbé Sieyès entwickelte. Sie ist heute fester Bestandteil der modernen Verfassungstheorie und liegt, wie dargestellt, auch dem Grundgesetz zugrunde. Sie hat unter anderem die Konsequenz, dass im errichteten demokratischen Verfassungsstaat kein Organ und keine Institution als souverän angesehen werden können. Das Volk als »Souverän« zu bezeichnen, wie es in den Medien und im öffentlichen Diskurs vielfach geschieht, ist insofern missverständlich (um nicht zu sagen verfehlt). Das konstituierte Staatsvolk ist ein gewöhnliches Staatsorgan mit zugewiesenen Zuständigkeiten,[47] wie es auch der Bundestag oder die Bundesregierung sind.

Drittens: Die Idee bzw. die Erfindung der Nation, die für die Entwicklung der modernen Demokratie wichtig, ja entscheidend sein sollte.[48] Soll die Staatsgewalt vom Volk ausgehen, bedarf es eindeutiger Zugehörigkeitskriterien, wer zu diesem Volk gehören soll: Dafür war die Idee der Nation nachgerade perfekt geeignet.[49] Jede Demokratie hat immer auch abgrenzenden – nicht ausgrenzenden (!) – Charakter.[50] Allerdings sollte sich schon bald zeigen, welch diabolische Kraft im Nationsgedanken steckte.[51] Gleichwohl wird die »Nation« bis heute vielfach als entscheidendes Kriterium für die Zugehörigkeit zu einem Volk herangezogen. Die Offenheit der Nationsidee für die Konstruktion beliebiger, auf historischen Legenden beruhender Zugehörigkeiten, der Umstand, dass die Nation selbst die Merkmale bestimmt, die sie bestimmen,[52] macht sie anfällig für Missbrauch, den es vor allem im 20. Jahrhundert immer wieder gegeben hat. Auch heute zeigt sich das Problem ethnisch, religiös oder kulturell begründeter Nationen, wenn diese zugleich die Grundlage für ein spezifisches Staatsvolk bilden sollen. Aktuelle Beispiele für diese hoch problematische Verknüpfung finden sich in Indien und Israel, aber zunehmend auch in Ungarn, wo die Regierung immer häufiger das vermeintlich christliche Erbe ihrer Nation betont. Wie sollen sich Angehörige anderer Religionen jemals in den ungarischen Staat integrieren können, der sich damit »einer neuen Form von imaginärer Gemeinschaftlichkeit« bedient, »die sich ihrer Identität durch fremdenfeindliche Paranoia vergewissert«?[53] Aus meiner Sicht ist es an der Zeit, den Staat von der Nation zu entkoppeln, den Staat also zu denationalisieren. Wie das gehen könnte, habe ich an anderer Stelle ausgeführt.[54]

Viertens: Die Idee der Menschenrechte und der politischen Gleichheit aller. Die Menschenrechtserklärung ist heute noch geltendes Verfassungsrecht in Frankreich. In ihrer Wirkung unterschied sie sich allerdings von Anfang an von den »ten amendments« in den USA, da sie sich eher *an* als *gegen* den Gesetzgeber richtete. Die Grundrechte formulierten das gesetzgeberische Programm, das in einer materiell weiterhin von vielen Ungerechtigkeiten beherrschten Gesellschaft umzusetzen war. Der Gesetzgeber hingegen war durch die Menschenrechte nicht selbst gebunden. Das hat sich in Frankreich im Laufe der Zeit geändert, wobei auch die Mitgliedschaft im Europarat einen großen Einfluss hatte. Auch in Frankreich sind die Grundrechte mittlerweile subjektive Rechte des Einzelnen, die Verfassungsgerichtsbarkeit ist jedoch weiterhin eher schwach ausgeprägt. Die fundamentale Idee der politischen Gleichheit, die sich in Frankreich erstmals wieder bemerkbar machte, war gleichwohl der Ausgangspunkt für den demokratischen Verfassungsstaat und hat insoweit »die Welt auf den Kopf gestellt«.[55]

Fünftens: Die vielfältigen gesellschaftlichen Reformen, mithin die Idee der bürgerlichen Gesellschaft: »Die Herrschaft Napoleons beendete zwar die Revolution und führte vorübergehend zur Alleinherrschaft des Kaisers der Franzosen sowie zur Zurückdrängung der politischen Freiheit der Bürger, ließ aber die gesellschaftliche Errungenschaften der Revolution, insbesondere die private und ökonomische Freiheit, unangetastet.«[56] Mehr noch: Napoleon veranlasste in den von ihm eroberten Gebieten bürgerliche Reformen (nicht zuletzt im Rheinbund), um seine Macht abzusichern. In den meisten deutschen Staaten wurden umfangreiche Reformen eingeleitet, Napoleon allerdings wurde alsbald besiegt. Die Franzosen aber hatten die gesellschaftliche Emanzipation erreicht. Bis zur (demokratischen) Partizipation war es noch ein weiter Weg.

Sechstens: Die Veränder- und Gestaltbarkeit politischer Ordnungen. Diese sind nicht »naturwüchsig« oder nur theoretisch, sondern auch praktisch ablösbar. Das gilt selbst für vermeintlich »ewig-göttliche« Ordnungen eines absoluten Monarchen. Politische Ordnungen mögen damit den Anspruch erheben, für die Ewigkeit zu bestehen, praktisch einzulösen vermögen sie diesen aber nicht. Diese Erkenntnis war für Bevölkerungen der Welt von fundamentaler Bedeutung: »Sie [die sozialen Verhältnisse; Anm. A.T.] werden in ihrer Kontingenz durchschaut: Sie sind nicht so, wie sie sind, sondern könnten auch anders sein. Sie sind nicht normal. Sie haben eine Geschichte, die nicht einfach in Rationalität aufgeht. Sie werden schließlich als änderbar behandelt.«[57] Damit geht zugleich ein Bewahrungs- oder Gestaltungsauftrag an die Menschen einher, die in einer politischen Ordnung entweder weiterhin leben oder diese erneuern wollen. In Zeiten, in denen demokratische Verfassungsstaaten unter Druck geraten, sollten wir uns daran erinnern. Denn politische Ordnungen wandeln sich nicht immer zum Guten.

5. Großbritannien und die Situation in Deutschland am Ende des 18. Jahrhunderts

Der britische Sonderfall

Blicken wir auf die Situation in Großbritannien, das sich – abgesehen von der kurzen republikanischen Phase unter Oliver Cromwell – dem europäischen Trend des Absolutismus praktisch vollständig entzog. Wie konnte es zu dieser Sonderrolle kommen, die verfassungstheoretisch bis heute fortwirkt?[1]

Besonders war das britische Königreich nicht, weil die Zentralisierung hier im Vergleich zu anderen Staaten Europas früher vollzogen worden wäre.[2] Diesen Eindruck könnte man gewinnen, da schon Wilhelm der Eroberer ganz England nach seiner Inthronisierung im Jahr 1066 als sein Land, und zwar als sein alleiniges Land, als seine ausschließliche *terra regis* ansah. Formal war das gewiss zutreffend. Die faktischen Machtverhältnisse waren zu dieser Zeit aber noch ähnlich diffus, zersplittert und aufgeteilt wie auf dem Kontinent: zwischen den geistlichen Lords einerseits und den rund 170 Adelsfamilien als unmittelbare Vasallen des Königs andererseits.[3] Hinzu kamen rund 5.000–6.000 Ritter als Untervasallen. Auch Städte und Universitäten arbeiteten mehr oder weniger unabhängig von königlicher Beeinflussung.

Die adligen Grundbesitzer hatten lange Zeit zudem alle wesentlichen lokalen Herrschaftsbefugnisse in der Hand, einschließlich der Gerichtsbarkeit. Sie sahen sich nicht als rechtlose Untertanen des Königs, sondern empfanden sich als gleichberechtigte Mitgestalter des Gemeinwesens.[4] Die bereits im Jahr 1215 erlassene *Magna Charta Libertatum*, mit der aufgrund einer vorherigen Aufkündigung der Lehnstreue durch englische Adlige[5] eine Neuordnung des Verhältnisses des Königs zu seinen Vasallen – nicht aber der gesamten Bevölkerung[6] – vorgenommen wurde, bestätigt diesen Befund. Die geistliche Macht wurde unter anderem in den »Freistätten« sichtbar, die der weltlichen Hoheitsgewalt entzogen und allein der Kirche unterstellt waren.[7]

Die Zentralisierung der Herrschaftsgewalt und damit die Entwicklung Englands zum modernen Staat (noch nicht zum Verfassungsstaat!) setzten auch auf der britischen Insel erst im 15. Jahrhundert mit dem ersten Tudor auf dem Königsthron ein, der diesen nach dem berüchtigten Rosenkrieg zwischen den Häusern York und Lancaster als lachender Dritter (allerdings als Beteiligter auf dem Schlachtfeld) 1485 übernahm: Heinrich VII.[8] Vollendet wurde sie durch seinen Sohn Heinrich VIII. Der König wurde in der Folge zum einzigen Gerichtsherrn – ganz anders als dies in China der Fall war[9] –, mit dem *Act of Supremacy* und der Gründung der englischen Staatskirche wurde die kirchliche Gewalt vollständig der weltlichen unterworfen (bzw. verschmolz mit dieser in der Person des Königs als *Head of the Anglican Church*), das Freistättenprivileg endete, ganz England wurde einem einheitlichen (zentralen) Rechtsregime unterworfen.

Aus verfassungsgeschichtlicher Sicht ergibt sich die britische Besonderheit also nicht aus dem Zentralisierungszeitpunkt, sondern daraus, dass diese Zentralisierung nicht in absolutistischer Herrschaft endete:[10] »Während in Kontinentaleuropa der Absolutismus im Vormarsch begriffen war, wurde er in England zurückgewiesen [...].«[11] Das wiederum lag am englischen Parlament, dessen Wurzeln bis ins 13. Jahrhundert zurückreichen und das im 16. Jahrhundert bereits so etabliert war, dass eine Herrschaft ohne seine Berücksichtigung undenkbar war. Obgleich die Tudors England mit harter Hand regierten – daran wird man gerade bei Heinrich VIII. keinen Zweifel haben[12] –, banden sie das Parlament formal stets mit ein: »The Tudors never thought of ruling without Parliament and the monarchy saw itself as operating under the law.«[13]

Auch wenn das Parlament meist der Ansicht des Königs folgte und ihm die gewünschten Maßnahmen nur selten verweigerte, ließe sich somit sagen, dass die Souveränität bereits beim König und dem Parlament gemeinsam (»zur gesamten Hand«) und somit beim englischen Staat als von den Personen zu trennender Institution lag.[14] Die Entpersonalisierung der Souveränität und ihre Zuweisung an den von den Handelnden zu unterscheidenden Staat und seinen Institutionen wurden hier von Anfang an sichtbar. Es kam zur Zentralisierung der Macht, aber nicht zu ihrer Konzentration bei einer Person, also zu einer ersten Form des »limited and parliamentary government«.[15] Damit war zugleich die Saat für den modernen demokratischen Verfassungsstaat gelegt, die sich später in den USA – wir haben es gesehen – entfalten sollte.

In dieser Form entwickelte sich das Verfassungssystem Großbritanniens bis in die heutige Zeit evolutionär fort.[16] Es kam zu keinem revolutionären Moment, der zu einer modernen Verfassungsgebung gezwungen hätte. Keine kriegerische Niederlage und keine wirtschaftlichen Entwicklungen führten einen solchen herbei, die Unterdrückung der Bevölkerung erreichte nie das kritische Ausmaß, das es für einen revolutionären und grundlegenden Umsturz des bestehenden Systems bedurft hätte.

Den Hintergrund bildet der Umstand, dass sich das Bürgertum in England frühzeitig vor allem in ökonomischer Hinsicht in einer anderen Lage befand, als das in Frankreich der Fall war. Wir haben diese Besonderheit Englands bereits im dritten Kapitel erwähnt, für die stellvertretend der Name Adam Smith steht. Die wirtschaftliche Freiheit war im Alltag bereits gelebte Praxis. Binnenzölle waren auf der Insel unbekannt, und als führende Kolonialmacht profitierte das britische Empire, wie es sich mittlerweile bezeichnete, vom Welthandel. Zu den konkreten Profiteuren dieser Situation gehörte das private Bürgertum – nicht zuletzt durch Beteiligungen an kolonialen und anfangs privaten Unternehmen wie der East India Company.

Die Standesschranken, die formal noch bestanden, spielten im täglichen Leben eine geringere oder sogar zu vernachlässigende Rolle. Wenn man sich (ökonomisch) verwirklichen wollte, war das prinzipiell möglich, auch weil der Adel und das Bürgertum ihre Interessen frühzeitig im Parlament artikulieren und gegenüber dem Monarchen zum Ausdruck bringen konnten.

Damit aber fehlte es an dem, was in der Französischen Revolution und später auch in anderen Staaten Europas entscheidend war: der Wunsch nach Emanzipation einerseits und der Wunsch nach Partizipation andererseits. Beides war im Kern bereits Realität und wo Probleme aufkamen, wurden diese durch eine Modifikation des bestehenden Verfassungssystems, nicht aber durch dessen revolutionäre Überwindung gelöst.

So kam es nach der *Glorious Revolution* im Jahr 1689 auch zur *Bill of Rights*. Königin Mary II. und König Wilhelm III. (die gemeinsam regierten) stimmten in dieser Erklärung zu, die vor der kurzen republikanischen Phase bestehenden wohlerworbenen Rechte freier Engländer erneut anzuerkennen. Es handelte sich nicht um eine Verfassung im hier verstandenen Sinne. Ob man sie als herrschaftsbegründend ansehen kann, ist zumindest unklar, auch wenn die Souveränitätsfrage damit zugunsten der bis heute bestehenden Konzeption gelöst wurde: Souverän ist in England weder der Monarch noch das Volk, sondern »Queen in Parliament«. Die *Bill of Rights* war aber weder umfassend noch universal. Weitergehende Partizipationswünsche größerer Bevölkerungsteile wurden in der Folge schrittweise erfüllt – meist verwirklicht durch eine Ausweitung des aktiven Wahlrechts, das anfangs noch sehr eingeschränkt war.

Was wir hier sehen, ist vor allem, dass größere Veränderungen der Verfassungslage eine beachtliche Legitimitätskrise des bestehenden Systems voraussetzen, die nicht nur das Bedürfnis nach Veränderung hervorruft, sondern die Akteure zugleich das Risiko grundlegender Veränderungen eingehen lässt. Es ist keineswegs gewiss, sondern eher die Ausnahme, dass es nach der Revolution zu einer Verbesserung der Lage kommen wird. Solche Legitimitätskrisen können eruptiv, wie in Frankreich, oder – sofern dies noch rechtzeitig erfolgt – auch durch Reformen von oben (wie in den deutschen Ländern und vor allem in Preußen zu Beginn des 19. Jahrhunderts) beigelegt werden.[17] Entscheidend ist, dass das neue System wieder ausreichend Legitimität generiert, um mittelfristig eine befriedende Wirkung zu entfalten – bis zur nächsten Krise.

Solange das Volk das bestehende System im Großen und Ganzen als gerecht empfindet, wird es nicht zu größeren Veränderungen oder Revolutionen kommen – warum auch? Eine solche grundlegende Legitimitätskrise blieb in England aufgrund der Reformfähigkeit der Beteiligten aus. Die »verfassungsrechtlichen« Umstände wurden Schritt für Schritt angepasst – und so ist es bis heute geblieben. Ohne ein grundlegend unzufriedenes Bürgertum als Träger einer Revolution, die das Bedürfnis des Bruchs mit der alten Ordnung hervorruft und zudem durch eine neue Idee der Legitimation beflügelt wird, wird es keine Revolution geben (können) – jedenfalls keine erfolgreiche.

Mittlerweile ist allerdings fraglich, inwieweit dieses komplexe und allmählich gewachsene verfassungsrechtliche System geeignet ist, die Integrationsleistungen zu erbringen, derer es für diese grundlegende Legitimität bedarf. Vielleicht ist – diesen Eindruck haben einige Kommentatoren nach den Erfahrungen mit dem Brexit formuliert – nunmehr ein erster »Verfassungsmoment« gekommen. Sollte sich alsbald auch das britische Königreich auf eine geschriebene Verfassung einlassen? Gegenwärtig scheint erneut das Wahlrecht einer Reform bedürftig. Basierend auf dem relativen Mehrheitssystem, schließt es große Teile der Bevölkerung von einer direkten Repräsentation im Parlament aus. Das schien hinnehmbar, solange die politische Welt Großbritanniens mehr oder weniger in Tory- und Labour-Anhänger zweigeteilt war. In einer pluralistischen Welt ist das aber nicht mehr der Fall, und auch die Anhänger der beiden großen Parteien sind weniger homogen als zur Mitte des letzten Jahrhunderts. Ganze Regionen wie Schottland und Wales fühlen sich nicht mehr angemessen repräsentiert. Letzteres bildete den Hintergrund für die sogenannte Devolution, durch die diese Regionen mit ersten Selbstverwaltungsrechten ausgestattet wurden. Vielen reicht das aber angesichts der weiterhin bestehenden Abhängigkeit von London nicht mehr aus – erst recht nach der für viele nur schwer nachvollziehbaren Entscheidung, die Europäische Union zu verlassen (»Brexit«). Wir werden sehen, ob das eines Tages der Ausgangspunkt für größere Verfassungsreformen auf der britischen Insel sein wird oder ob es erneut nur zu punktuellen Veränderungen kommen, der evolutionäre Weg also fortgesetzt wird. Hier aber soll der Blick nun auf das europäische Festland gerichtet werden, genauer auf die Situation in Deutschland am Ende des 18. Jahrhunderts.

Die politische Situation in Deutschland am Ende des 18. Jahrhunderts

Die politische Situation in Deutschland am Ende des 18. Jahrhunderts könnte auf der Zentralebene kaum unterschiedlicher sein als in Frankreich oder Großbritannien. Zwar fand sich auch hier ein absolutistisches System. Die Situation war also für viele Personen ähnlich prekär, wie das im übrigen Europa der Fall war. Allerdings hatte sich noch kein einheitlicher Zentralstaat herausgebildet. Von »Deutschland« zu sprechen weckt insofern verfehlte Vorstellungen. Tatsächlich fanden sich auf dem als Deutschland zu bezeichnenden Gebiet mehr als 300 souveräne Einzelstaaten mit eigenen (bisweilen immerhin aufgeklärt) absolutistischen Herrschern sowie rund 1500 reichsunmittelbare Gebiete.[18] Es bestand eine beachtliche territoriale Zersplitterung, und man wird hier den Ausgangspunkt für die bis heute bestehende föderale Tradition erkennen können – auch der schließlich im Jahr 1871 unter Reichskanzler Otto von Bismarck gegründete deutsche Nationalstaat, das Deutsche Reich, war föderal und nicht als Zentralstaat organisiert. Etwas anderes kam nicht ernsthaft in Frage. Diese politische Zersplitterung wirkte sich auch ökonomisch aus: Anders als im damaligen Großbritannien oder der heutigen Europäischen Union bestand kein einheitlicher Binnenmarkt, kein freier Verkehr von Waren. Handeltreibende mussten an jeder Gebietsgrenze Zölle entrichten – der »Deutsche Zollverein«, der die Abschaffung dieser Zollschranken zum Ziel hatte, wurde erst im Jahr 1834 und damit im Rahmen des Deutschen Bundes (allerdings ohne Österreich) gegründet. Auch hier ging die wirtschaftliche Einigung der nationalen Einigung voraus – eine Reihenfolge, die an die heutige europäische Integrationsgeschichte erinnert (ohne damit einer Staatsgründung der Europäischen Union das Wort zu reden). Wenngleich die kommunale Ebene gerade im Alltag der Menschen auch in den europäischen Zentralstaaten eine beachtliche Rolle spielte, die Unterschiede entgegen der »Sonderwegs-These« mit Georg Schmidt also nicht überzeichnet werden sollten, zeigen sich hier doch der Entwicklung zuwiderlaufende Elemente, selbst wenn damalige Karten meist keine Binnengrenzen wiedergaben und Zeitgenossen verkürzend sogar vom »deutschen Reich« sprachen.[19]

Immerhin bestand ein loser Zusammenschluss dieser Territorien im »Heiligen Römischen Reich deutscher Nation« – ein komplexer Staatenbund, der von Samuel Pufendorf in seinem umfassenden Werk *De statu imperii Germanicii* schon im Jahr 1667 als »irregulärer und einem Monstrum ähnlicher Körper« bezeichnet wurde. Die Entstehung und Entwicklung dieses bis zur Niederlegung der Kaiserkrone durch Kaiser Franz II. im Jahr 1806 bestehenden Zusammenschlusses wären eine eigene Einführung wert.[20] Hier daher nur knapp: Das Heilige Römische Reich deutscher Nation ging auf das fränkische Reich Karls des Großen zurück, das mit dem Vertrag von Verdun im Jahr 843 noch ganz selbstverständlich unter seinen drei Enkeln aufgeteilt wurde – wir sehen hier das noch fehlende Territorialitätsverständnis des Mittelalters, über das wir im ersten Kapitel sprachen. Karl der Kahle erhielt den westlichen Teil, aus dem sich das spätere Frankreich entwickeln sollte. Ludwig erhielt den östlichen Teil, der gemeinsam mit dem zunächst Lothar übertragenen, alsbald zerfallenden Mittelreich nach zahlreichen kriegerischen Auseinandersetzungen und Reichsteilungen mit der Thronbesteigung Heinrichs I. im Jahr 919 die Kernlandschaften des späteren Heiligen Römischen Reichs deutscher Nation bilden sollte. Im Jahr 921 wurde dieser Heinrich – ein Nichtfranke – schließlich vom karolingischen Herrscher des Westfrankenreiches als »rex francorum orientalis« anerkannt. Auch dieses »Ostreich« blieb lange fränkisch geprägt, zentraler Krönungsort war bis zum Jahr 1531 mit

Aachen der Ort, an dem aus diesem Grund seit dem Jahr 1950 Persönlichkeiten geehrt werden, die sich in besonderer Weise um Europa bzw. die europäische Einigung verdient gemacht haben (später wurde Aachen von Frankfurt am Main als Krönungsort abgelöst). Nachdem König Otto, der seit dem Jahr 951 auch den Titel König der Langobarden trug, dem Kirchenstaat in Rom bei der Abwehr der Bedrohung durch König Berengar von Ivrea erfolgreich geholfen hatte, krönte ihn Papst Johannes XII. im Jahr 962 zum römischen Kaiser. Erst jetzt kam für das Ostfrankenreich der Begriff »regnum teutonicum« auf, ein Begriff, der allerdings vornehmlich von päpstlicher Seite verbreitet wurde, um den imperialen Ansprüchen der ostfränkischen Könige zu begegnen. Diese sahen sich hingegen schon seit der Kaiserkrönung in der Tradition des Römischen Reichs stehend und beharrten darauf, als »römische« Kaiser auch das *Imperium Romanum* in ihre Herrschaft zu integrieren.[21] Im Laufe des 15. Jahrhunderts fanden beide Begriffe schließlich im Titel »Heiliges Römisches Reich deutscher Nation« zusammen.[22]

Dieses Reich genoss freilich bis zuletzt keine eigene Souveränität, war also kein moderner Staat, wie wir ihn im ersten Kapitel kennengelernt haben – moderne Staaten waren nur die einzelnen Territorien, die sich in diesem Reich zusammenfanden.

Der Kaiser hatte lediglich gewisse (kaum beeindruckende)[23] Reservatsrechte, es bestanden weder eine Reichsexekutive noch ein eigener Verwaltungsunterbau. Wenn aber der Alltag von Herrschaft laut Max Weber Verwaltung ist – auch davon sprachen wir im ersten Kapitel –, leuchtet ein, warum das Reich für den Alltag der Menschen keine besondere Rolle spielen konnte. Auch ein Reichsheer existierte nicht, ebenso wenig eigene Reichsfinanzen: »Im Vergleich zu den Nationalstaaten des 19. und 20. Jahrhunderts fehlten dem auf Deutschland beschränkten Reichs-Staat eine einheitliche und hierarchisch strukturierte administrative Ordnung, die an einem Punkt konzentrierte Souveränität sowie die Möglichkeit, jederzeit Macht nach innen und außen zu mobilisieren.«[24]

In dieser Form konnte das Reich vornehmlich als interner Streitschlichter zwischen den Territorien agieren, war aber schon wegen seines Charakters als Wahlreich – wie wir gleich sehen werden – nicht in der Lage, seinen Einfluss auszuweiten und die Territorien in ihrer Bedeutung zurückzudrängen. Gegen externe Bedrohungen war es schwach aufgestellt, weshalb es wenig verwunderlich war, dass es schließlich durch eine externe Macht – das napoleonische Frankreich – im Jahr 1806 endgültig zu Fall gebracht werden sollte.

An der Spitze des Reichs stand seit dem Jahr 962 der Kaiser, der später von den Kurfürsten nach der 1356 erlassenen Goldenen Bulle gewählt und anschließend durch den Papst gekrönt wurde. Der Kurfürstenrat hatte zunächst sieben, später neun Mitglieder: die Erzbischöfe von Mainz, Köln und Trier sowie sechs weitere weltliche Herrscher. Um gewählt zu werden, gaben die Kaiser ihnen gegenüber die Wahlkapitulation ab, eine Art Regierungsprogramm. Eine Entmachtung der Kurfürsten oder eine signifikante Stärkung des Reichs konnte dieses zwangsläufig nicht enthalten – eine Wahl wäre dann nicht erfolgt, der Kaiser »musste sich Unterstützung durch Zugeständnisse sichern«.[25] Ab etwa 1450 wurden im Übrigen praktisch alle Kaiser vom österreichischen Hause Habsburg gestellt.[26]

Im Reichstag kamen die reichsunmittelbaren Territorien, die Reichsstände, zusammen. Ab dem Jahr 1663 tagte er als immerwährender Reichstag in Regensburg. Die Aufgabe bestand in der Gesetzgebung, der Ertrag blieb angesichts des komplexen Einigungsverfahrens bis auf wenige Ausnahmen allerdings eher gering.

Im Reichshofsrat konnten die Stände, geistliche und weltliche Korporationen, aber auch Bauern und sonstige Untertanen in bestimmten Bereichen Rechtsschutz erhalten: »Der Reichshofsrat erfüllte die Funktion einer Anlaufstelle für unzufriedene Untertanen und Standespersonen, die sich aus den verschiedensten Gründen in ihren Rechten durch die Obrigkeiten verletzt fühlten.«[27] Mit kaiserlicher Autorität verliehen, erfüllte er eine wichtige Funktion der Streitschlichtung, indem er ermöglichte, sich gegen absolutistische Praktiken zu wehren. Die Prozesse waren allerdings langwierig, Wien war im riesigen Reich unter den damaligen Reisebedingungen meistens weit weg und lückenlos war der Rechtsschutz gewiss nicht. Daneben bestand das Reichskammergericht, das im Jahr 1495 vom Reichstag errichtet wurde und zunächst in verschiedenen Orten wie Frankfurt am Main, Regensburg, Augsburg, Nürnberg und Speyer und ab 1693 schließlich in Wetzlar tagte. Es sollte – gemeinsam mit dem Reichshofsrat – Fehden und sonstige Gewalttätigkeiten verhindern, war zudem für bestimmte schwere Strafsachen zuständig und agierte in Zivilsachen vor allem als Berufungsinstanz. Bekanntester Praktikant am Reichskammergericht war vermutlich Johann Wolfgang von Goethe, der dort ab dem Jahr 1772 auf Wunsch seines Vaters tätig war – der Vater wollte unbedingt einen Juristen aus Goethe machen, der dieser Karriereplanung allerdings nur wenig abgewinnen konnte. Dementsprechend agierte er am Reichskammergericht, vorsichtig gesagt, nicht als der allerstrebsamste Praktikant. Er widmete sich stattdessen seinem literarischen Frühwerk, unternahm Ausflüge mit den Kollegen, erkundete die Literatur und verliebte sich unsterblich in die bereits vergebene Charlotte Buff. Nur wenige Jahre später, im Jahr 1774, erschien Goethes bekannter Briefroman *Die Leiden des jungen Werther* – die Geschichte eines unglücklich verliebten Rechtspraktikanten, der sich schließlich das Leben nimmt. Glücklicherweise zog Goethe diese Konsequenz nicht (im Gegensatz zu seinem Bekannten Karl Wilhelm

Jerusalem, dessen Schicksal Goethe in seinem Roman wohl verarbeitete).

Das absolutistische Leben spielte sich im Heiligen Römischen Reich deutscher Nation in den einzelnen Territorien ab. Diese waren im Laufe der Jahrhunderte zu vollwertigen (absolutistischen) modernen Staaten gereift, erfüllten also (mehr oder weniger) die Kriterien, die wir im ersten Kapitel kennengelernt haben. Die Herrscher grenzten sich damit einerseits nach oben vom Kaiser und dem Reich, andererseits nach unten von den weiteren Landständen ab und sicherten sich auf diesem Wege zumindest in der Theorie die volle Souveränität.

Allerdings – und diese Besonderheit soll nicht verschwiegen werden – entwickelte sich in manchen dieser Territorien ein »aufgeklärter Absolutismus«, für die nicht zuletzt der Hohenzoller Friedrich der Große (Regierungszeit von 1740–1786) in Preußen sowie die Habsburger Marie Theresia (1740–1780) und Joseph II. (1780–1790)[28] in Österreich standen. Hier rüttelten aufklärerische Elemente zwar nicht am Fundament der Souveränität und der theoretisch unbeschränkten Herrschaftsgewalt, wirkten sich aber in der Art der konkreten Herrschaftsausübung aus. Die genannten MonarchInnen verstanden sich als »erste Diener« des Staates; bereits in einem im Jahr 1739 verfassten Brief an den Philosophen Voltaire empfahl Friedrich »dem Fürsten tugendhaftes Verhalten und riet zur Bändigung der Leidenschaften«.[29] Das führte sowohl in der Kunst- als auch der Wissenschaftswelt zu beachtlichen Freiheiten der Untertanen – von Bürgern zu sprechen wäre angesichts der mangelnden Partizipationsmöglichkeiten verfehlt. Und auch auf dem Felde der Religionsfreiheit verstand sich Friedrich II., der Große, als Vorreiter und stand insoweit in der Tradition seiner Vorfahren – schon im Jahr 1685 hatte Preußen zahlreiche Hugenotten aus dem absolutistischen Frankreich aufgenommen, nachdem der Sonnenkönig Ludwig XIV. das Toleranzedikt von Nantes aus dem Jahre 1598 formal aufgehoben hatte. Friedrich der Große schaffte zudem die Folter ab und begrenzte die Todesstrafe. Jeder sollte, so ein bekannter Wahlspruch Friedrichs, in seinem Preußen »nach seiner Facon selig werden«. Das klang schon nicht wenig nach den Freiheiten, die die Menschen im Europa dieser Zeit so ersehnten, den bürgerlichen Idealen, dem Wunsch, sein Leben selbst in die Hand nehmen zu können und eigenständig zu gestalten. Allerdings bestand doch ein bedeutender Unterschied: Diese Freiheiten waren nicht schriftlich verbrieft und nicht gerichtlich durchsetzbar, galten nur so lange und so weit, wie es der aufgeklärte Herrscher für richtig hielt. Wo sie nicht mehr opportun schienen, wurden sie beschränkt oder vollständig entzogen, ohne dass weitere Instanzen (schon gar nicht unabhängige Gerichte) dies hätten verhindern können. Im (protestantischen) Preußen spürten etwa die Juden von der religiösen Toleranz deutlich weniger als die Hugenotten und die Katholiken, deren Freiheitsgewährung auch in ökonomischen Interessen begründet lag. Friedrich versprach zwar, die Unabhängigkeit der Justiz wahren zu wollen, um genau dieses Versprechen im berühmten »Müller Arnold«-Prozess wieder zu brechen (unabhängig davon, wie man das Urteil einordnet, machte das deutlich, bei wem die Souveränität lag – und bei wem nicht). Und auch die liberalen Zensurbestimmungen Friedrichs mussten schon alsbald strengeren weichen.[30]

Die Freiheiten beruhten mithin auf der individuellen Toleranz des Monarchen und nicht auf durchsetzbaren Rechten und hatten – ebenso erwartbar wie beinahe enttäuschend – den profanen Zweck, die eigene Macht zu festigen: »Wichtig ist nun: Ein Staatsdiener zu sein war keine Frage von Humanität und Freundlichkeit oder eines heiteren Gemüts, das Freiheit und Liberalität schätzte. Die dienende Rolle übernahm Friedrichs Fürst, um seine Macht zu intensivieren und effektiver zu gestalten.«[31] Sich auf eine solche Toleranz des absoluten Herrschers zu verlassen, hat sich historisch auch deshalb immer wieder als Sackgasse erwiesen – zumindest aus Sicht der Untertanen. Ihre Lage war unter aufgeklärten Herrschern im Alltag insofern vielleicht besser als in anderen absolutistischen Staaten, aber sie »hing ab von der Erziehung, den Beratern, der Macht, den Interessen und den Ressourcen des Fürsten«.[32] Von einer Verwirklichung liberaler Ideen oder der Durchsetzung der Freiheit wird man daher nicht sprechen können. Dafür braucht es eine moderne, wahrhaft herrschaftsbegrenzende Verfassung, und bis zu einer solchen sollte es in Preußen noch lange dauern.

Das Heilige Römische Reich deutscher Nation ging schließlich im Zusammenhang mit der kriegerischen Auseinandersetzung mit dem revolutionären Frankreich unter. Diese Auseinandersetzung, die eine Reaktion auf die Gewalttätigkeiten der Revolutionäre und vor allem die Hinrichtung des Königs war, offenbarte deutlich die Heterogenität und die unterschiedlichen Interessen der Territorien.

Bereits die französische Idee der Volkssouveränität war Sprengstoff für die Territorien des Reiches, weshalb Kaiser Leopold II., aber auch der preußische König Friedrich Wilhelm II. eine eindeutige Missbilligung der Vorgänge in Frankreich aussprachen. Als Preußen und Österreich sich weigerten, diese öffentliche Erklärung zu widerrufen – es war noch Ludwig XVI., der dies forderte –, kam es im Jahr 1791 zu einer ersten militärischen Auseinandersetzung, wobei auf Seiten des Reichs Preußen und Österreich und damit die beiden größten und bedeutendsten deutschen Territorien als Verbündete ins Feld zogen. Erfolgreich war dieser Feldzug nicht, denn nur wenige Tage nach der »Kanonade von Valmy« kam es im September 1792 in Frankreich zu den im letzten Kapitel erwähnten Radikalisierungen: Die Monarchie wurde abgeschafft, zugleich verlieh die Nationalversammlung zahlreichen Freiheitskämpfern – unter anderem George Washington und Friedrich Schiller – die französische Staatsangehörigkeit und machte damit deutlich, dass sie ihre Ideen als universell gültig erachtete. Die Nationszugehörigkeit wurde nicht ethnisch, kulturell oder sprachlich, sondern durch das ehrliche Bekenntnis zu einer politischen Ordnungsidee begründet.[33]

Das aber konnte das Heilige Römische Reich deutscher Nation nicht tolerieren. Es kam zum Ersten Koalitionskrieg (1793),[34] in dem das Reich sogar selbst (und nicht nur die einzelnen Territorien) mitwirkte, ein Krieg, der nach fehlgeschlagenen Friedensbemühungen im Jahr 1799 unmittelbar in den zweiten Koalitionskrieg überging. An diesem nahm Preußen und damit ein bedeutender Teil des Reiches schon nicht mehr teil: Es hatte sich im Sonderfrieden von Basel[35] im Jahr 1795 mit Frankreich geeinigt und die Französische Republik offiziell anerkannt. Der Sache nach war damit der erste Sargnagel in die Konstruktion des Heiligen Römischen Reiches geschlagen, was sich schon in der »Kriegsteilung« des Reiches zeigte: »Der Friede von Basel trennte den Reichs-Staat in eine norddeutsch-preußische Hegemonialzone, in der Frieden herrschte, und in einen süddeutsch-österreichischen Bereich, der den Krieg weiterhin ertragen musste.«[36] Natürlich war Preußen diesen Schritt nicht ohne Gegenleistung gegangen: In dem Sonderfrieden wurde Preußen zugesichert, für linksrheinische Gebietsabtretungen entschädigt zu werden, sofern diese in einem späteren Friedensschluss endgültig an Frankreich fielen – als Entschädigungsgebiet kamen aber nur andere (geistliche) Teile des Reiches in Frage.

Im Jahr 1801 sollte es so kommen: Frankreich – nun allerdings bereits unter dem späteren Kaiser Napoleon – ging siegreich aus dem Krieg hervor. Der Vertrag von Lunéville beendete den Bestand des Reiches zwar noch nicht formal, führte aber zu gravierenden Umwälzungen, so dass das Ende nur noch eine Frage der

Zeit sein konnte. Georg Schmidt spricht von einer »territorialen Revolution«.[37] Vorgesehen war eine umfassende Entschädigung der linksrheinischen Gebietsverluste der weltlichen Herrscher durch entsprechende rechtsrheinische Gebiete. In Betracht kamen dafür allein die noch bestehenden geistlichen Fürstentümer des Reiches sowie die Gebiete kleinerer Reichsstände.

Die Umsetzung dieser Vorgaben erfolgte im Reichsdeputationshauptschluss vom 25. Februar 1803, der dadurch zu einer beinahe umfassenden Säkularisierung und Mediatisierung des Reiches führte.[38] Als einziges reichsunmittelbares geistliches Fürstentum blieb das neu geschaffene Kurfürstentum Aschaffenburg-Regensburg bestehen (hinzu kamen der Deutsche und der Malteser Orden).[39] Die Reichsstädte wurden der jeweiligen Landeshoheit unterworfen, verloren ihren Status der Reichsunmittelbarkeit und wurden mediatisiert. Lediglich Augsburg, Lübeck, Nürnberg, Frankfurt am Main, Bremen und Hamburg behielten ihre volle Landeshoheit und Gerichtsbarkeit. Diese Vorgänge zogen erhebliche organisatorische Folgefragen nach sich – nicht zuletzt die Kaiserwahl musste neu organisiert werden, da die Kurfürstentümer Pfalz, Köln und Trier aufgehört hatten zu existieren.[40]

Die Rechtmäßigkeit des Reichsdeputationshauptschlusses ist umstritten, teilweise wird von einer »Fürstenrevolution« gesprochen.[41] Klar ist aber, dass dieser Beschluss mit der Egalisierung der Territorien einen wichtigen Schritt sowohl für die Föderalisierung des Reiches als auch für die spätere nationale Einigung markierte.

Währenddessen gingen die kriegerischen Auseinandersetzungen mit Frankreich im dritten Koalitionskrieg weiter. Preußen blieb erneut außen vor, Österreich kämpfte ein letztes Mal und nunmehr gemeinsam mit England und Russland gegen das napoleonische Frankreich. Wie prekär die Situation des Reiches mittlerweile war, zeigte sich darin, dass mit Bayern, Baden und Württemberg Territorien des Reiches an der Seite Napoleons kämpften. Zur Belohnung wurden Bayern und Württemberg im Frieden von Pressburg zu eigenständigen Königreichen erklärt. Kurz zuvor hatte Preußen im Schönbrunner Vertrag der Abtretung einiger Gebiete an Frankreich zugestimmt und im Gegenzug das Gebiet Hannover erhalten, das ebenfalls zum Reich gehörte. Ein ungeheuerlicher Vorgang, der aber zeigt, wie schwach der Zusammenhalt im Reich bereits war: Die Territorien mussten angesichts der französischen Bedrohung sehen, wo sie blieben, und versuchten glimpflich davonzukommen. Insofern mutet es überraschend an, dass das Reich zu diesem Zeitpunkt noch bestand. Das formale Ende sollte allerdings nicht mehr lange auf sich warten lassen.

Der letzte Akt des Untergangs folgte vielmehr mit der Gründung des Rheinbundes, eines unter Napoleons Protektorat stehenden Staatenbundes, dem praktisch alle Territorien des Reiches mit Ausnahme Preußens und Österreichs beitraten.[42] Der Rheinbund sicherte den konföderierten Staaten Souveränität zu (allerdings allein nach innen und nicht nach außen), war auch im Übrigen an die alte Reichsverfassung angelehnt und für die beitretenden Staaten insofern durchaus attraktiv. Am 1. August 1806 traten die Gründungsstaaten des Rheinbundes formal aus dem Heiligen Römischen Reich deutscher Nation aus, weil das einigende Band des Reiches, so ihre Begründung, spätestens seit den Koalitionskriegen ohnehin zerstört sei.[43] Napoleon verlangte von Kaiser Franz II. im Anschluss die alsbaldige Niederlegung der Kaiserkrone.

Dieser Aufforderung kam der Kaiser am 6. August 1806 nach. Zugleich erklärte er mit seiner Abdankung das Heilige Römische Reich deutscher Nation für erloschen. Formal lag ein solcher Schritt außerhalb seiner Zuständigkeit – als Kaiser konnte er abdanken, aber nicht das Ende des Reiches erklären. Amt und Person waren getrennt. Faktisch aber war das Reich angesichts der geschilderten Vorgänge ohnehin nicht mehr wirklich existent – der Erklärung kam nach Ansicht vieler Zeitgenossen allenfalls noch deklaratorische Bedeutung zu, oder, in den Worten Dietmar Willoweits und Steffen Schlinkers: »Was nicht mehr ist, muss nicht erst beseitigt werden.«[44] Franz II. entband die Reichsstände von ihren Pflichten und erklärte schließlich die Loslösung Österreichs vom Reich. Bereits im Jahr 1804 hatte er sich angesichts der Vorgänge in Frankreich den Titel »Kaiser von Österreich« zugelegt (mit der Reichsverfassung war auch das nicht vereinbar) und diesen Titel behielt er (als Franz I.).[45] Das Reich aber war am Ende, die »verbliebene Hülle des Reichs«[46] war zerstört, es bestanden nur noch die Territorien, größtenteils organisiert im Rheinbund, der unter Napoleons Führung stand. Das preußische Projekt, die wenigen verbliebenen nördlichen Staaten in einem »Norddeutschen Reichsbund« zu einigen, sollte nach der preußischen Niederlage bei Jena und Auerstedt nicht mehr verwirklicht werden.

Mit dieser Entwicklung aber war klar: Die Verwerfungen durch Napoleon hatten die Legitimationsfrage fundamental neu aufgeworfen. Es bedurfte politischer und gesellschaftlicher Veränderungen, wenn man revolutionäre Unruhen auf einzelstaatlicher Ebene verhindern wollte – wohin solche Revolutionen führen konnten, hatte man in Frankreich mit Schrecken beobachten können.

Die Entwicklung bis 1815 und der Deutsche Bund

Anfang des 19. Jahrhunderts kam es daher in vielen deutschen Staaten zu weitreichenden gesellschaftlichen und politischen Reformen, die von einem selbstbewussten Beamtenapparat – also gewissermaßen »von oben« – initiiert und getragen wurden und das Fundament auch für den deutschen Weg zum Verfassungsstaat ebneten. Bevor wir uns diesen im folgenden Kapitel zuwenden, sei hier noch die weitere Entwicklung in Deutschland bis zur Gründung des Deutschen Bundes von 1815 skizziert. Der Rheinbund sollte nämlich nur eine kurze Episode bleiben – mit Napoleons Niederlage war es mit diesem Zusammenschluss schnell wieder vorbei.

Zunächst gelang es Napoleon allerdings, in einigen deutschen Staaten moderne Verfassungen und Verwaltungen einzuführen. Durch die damit einhergehende Errichtung einer bürgerlichen Gesellschaft nach französischem Muster strebte er an, seine Herrschaft in ganz Europa abzusichern: »Überall, wo Napoleon herrschte, hatte er verkrustete Strukturen und Privilegien durch Rationalität und Einheitlichkeit ersetzt. Während die Armee des Kaisers in Europa gewütet hatte, waren seine Bürokraten geräuschlos nachgerückt, um zu ordnen, systematisieren und zu standardisieren.«[47]

Im französisch regierten Westfalen erging bereits im Jahr 1807 eine Verfassung, die zwar an der erblichen Monarchie festhielt, aber eine nicht-ständische Volksvertretung einführte und sämtliche Standesunterschiede aufhob. In dieser Form sollte sie zugleich als Musterverfassung für die anderen Rheinbundstaaten dienen. Tatsächlich folgte Bayern diesem Modell schon im Jahre 1808, allerdings vornehmlich, um einer Zentralverfassung des gesamten Rheinbundes zuvorzukommen.[48] Es folgten Sachsen-Weimar (1809), das Großherzogtum Frankfurt (1810) und das Herzogtum Anhalt-Köthen (ebenfalls 1810).

Diese ersten Verfassungen sollten nicht von Dauer sein. Mit dem Untergang Napoleons endete auch die erste kurze Verfassungsära in Deutschland: Das Königreich Westfalen und das Großherzogtum Frankfurt gingen unter, in Anhalt-Köthen wurde die Verfassung im Jahr 1812 aufgehoben. In Bayern und in Sachsen-Weimar blieb sie zwar noch in Kraft, die Volksvertretungen wurden aber nie eingesetzt.[49] Weil in den Befreiungskriegen allerdings die unterschiedlichen Völker angerufen worden waren, stellte sich die Verfassungsfrage drängender denn je. Sie war deshalb zentraler Gegenstand des im Jahr 1814 einberufenen Wiener Kongresses,[50] dem die Neuordnung Europas und vor allem Deutschlands oblag – am Ende des Kongresses würde es nur noch 39 eigenständige politische Einheiten auf deutschem Boden geben.[51] Damit war noch nicht geklärt, in welcher Form diese Einheiten organisiert werden sollten: Politisch waren weder eine Rückkehr zum Heiligen Römischen Reich noch die Errichtung eines riesigen deutschen Einheitsstaates denkbar. Als Optionen blieben damit nur ein Bundesstaat oder ein Staatenbund. Preußen und Österreich sprachen sich anfangs für einen Bundesstaat aus und dazu wäre es vermutlich auch gekommen, wenn nicht ein neuerlicher Konflikt – diesmal ging es um Gebiete in Sachsen und Polen – Österreich dazu veranlasst hätte, eine bundesstaatliche Lösung endgültig zu verwerfen. Schon wegen der kurzfristigen Rückkehr Napoleons, der bei der Schlacht von Waterloo endgültig besiegt werden konnte, einigte man sich daher auf die Errichtung eines Staatenbundes: Geboren war der Deutsche Bund.

Der Deutsche Bund war ein Bündnis der 39 souveränen Fürsten und freien Städte Deutschlands oder auch ein »völkerrechtlicher Verein«, aus dem allerdings ein Austritt nach Art. 5 der Wiener Schlussakte vom 15. Mai 1820 nicht möglich sein sollte. Er hatte »im Wesentlichen dieselben Grenzen wie das alte Heilige Römische Reich«,[52] wurde als »unauflöslicher Verein« gegründet und kam einem bundesstaatlichen Gefüge damit nahe, bestand allerdings aus sehr ungleichen Mitgliedern: »[Z]wei Großmächte, Österreich und Preußen; vier mittelgroße Königreiche, Bayern, Württemberg, Sachsen und Hannover; der Rest kleinere Staaten und freie Städte.«[53] Sebastian Haffner hat die Machtverteilung im Deutschen Bund deshalb mit derjenigen der Vereinten Nationen während des Kalten Krieges verglichen.[54]

Hauptweck des Bundes war nach Art. 2 der Deutschen Bundesakte »die Erhaltung der inneren und äußeren Sicherheit Deutschlands« – ein einheitliches Militärwesen bzw. ein zentrales stehendes Heer waren aber nicht vorgesehen. Darüber hinaus sollte es um die Sicherung der »Unabhängigkeit und Unverletzbarkeit der einzelnen deutschen Staaten« gehen. Wohlfahrtsstaatliche Zwecke kannte der Deutsche Bund nicht, die Innenpolitik lag praktisch vollständig bei den einzelnen Staaten. Er war damit beinahe ein reines Verteidigungsbündnis und auch sonst eher schwach: Er besaß nur ein einziges Organ, die Bundesversammlung (später in Bundestag umbenannt), in dem die Mitgliedstaaten durch weisungsgebundene Bevollmächtigte unter Vorsitz Österreichs vertreten waren. Zu den Vertretern Preußens gehörte später u.a. der spätere Reichsgründer und erste Reichskanzler Otto von Bismarck. Die Beschlüsse des Bundestages mussten von den Mitgliedstaaten in ihren Territorien umgesetzt werden, was deren Folgebereitschaft voraussetzte. Was es für einen Zusammenschluss von Staaten bedeuten kann, wenn diese Folgebereitschaft fehlt, ist in der Europäischen Union zu sehen, die ihrer Struktur nach – wie oben gesehen – über einen bloßen Staatenbund sogar hinausgeht. Ungarn, aber auch Polen lassen es an der Folgebereitschaft bei der Umsetzung des Europarechts bisweilen mangeln. Die Europäische Union lässt das alles mehr oder weniger hilflos zurück – eigenständige Zwangsmittel zur Durchsetzung des Rechts kennt sie nicht, das Sanktionsverfahren nach Art. 7 EUV hat sich als allzu schwerfällig und zahnlos erwiesen.[55] Der Europäische Gerichtshof versucht hier einzuspringen: Allerdings ist auch seine Autorität zuletzt ausgerechnet durch ein Urteil des Bundesverfassungsgerichts – es ging um die Anleiheankaufprogramme der Europäischen Zentralbank[56] – (leider) erheblich unterminiert worden.

Zurück zum Deutschen Bund: Die Verfassungserwartungen richteten sich angesichts dieser Situation auf die souveränen Mitgliedstaaten, und tatsächlich waren immer mehr Staaten bereit, Verfassungen zu erlassen, oder versprachen einen solchen Erlass wenigstens für die baldige Zukunft – so etwa in Preußen.

In dieser Hinsicht enthielt die Deutsche Bundesakte mit Art. 13 einen innenpolitisch höchst relevanten Artikel, der diese Erwartung normativ spiegelte: »In allen Bundesstaaten wird eine landständische Verfassung stattfinden«, hieß es dort. Die Deutsche Bundesakte forderte damit eine gewisse organisatorische Homogenität – auch das eher ein Element formaler Bundesstaaten (vgl. für das Grundgesetz Art. 28 Abs. 1 GG). Was allerdings unter einer landständischen Verfassung zu verstehen war, blieb von Anfang an umstritten.[57] Eine nähere Konkretisierung der Bestimmung war vor diesem Hintergrund bewusst unterblieben, immerhin aber war einer rein absolutistischen Herrschaftsform eine Absage erteilt. Interpretativ möglich blieben aber sowohl eine altständische wie auch eine moderne repräsentative Verfassung. Metternich sah in dieser Ambivalenz der Norm eine Gefahr – er befürchtete den Erlass zahlreicher moderner Verfassungen als Ausgangspunkt einer Demokratisierung. Er gab sogar ein juristisches Gutachten in Auftrag, um die Unzulässigkeit moderner Repräsentativverfassungen zu belegen – erfolgreich war er damit allerdings nicht. Wir werden darauf an späterer Stelle zurückkommen. Insgesamt litt die Regelung des Art. 13 der Deutschen Bundesakte aber daran, dass sie eine Frist, innerhalb derer eine Verfassung – in welcher Form auch immer – zu erlassen war, nicht enthielt.[58]

Dennoch kam es zu einer ersten Verfassungswelle innerhalb des Deutschen Bundes. Bereits Anfang der 1820er Jahre hatten sich insgesamt 29 Bundesstaaten eine geschriebene Verfassung gegeben. Die meisten griffen auf altständische Versionen zurück, nur in wenigen wurde eine repräsentative Verfassung mit Grundrechten erlassen. Zu letzteren gehörten vor allem süddeutsche Staaten wie Bayern, Württemberg, Baden und Hessen-Darmstadt.

Den Hintergrund dieser Entwicklungen bildeten die in den süddeutschen Staaten – allerdings nicht nur dort – erfolgten gesellschaftlichen Reformen hin zu einer bürgerlichen Erwerbsgesellschaft (Emanzipation), die nunmehr durch eine Verfassung abgesichert werden sollte (Partizipation). Hinzu kam die angeschlagene finanzielle Situation in den süddeutschen Staaten. Um die notwendigen Kredite zu erhalten, hielten sie es für zweckmäßig, das Vertrauen in die Staatsausgaben durch die Errichtung bürgerlicher Volksvertretungen zu gewinnen. Den letzten Impuls gaben befürchtete Souveränitätseinbußen. Meist sollte der jeweilige Monarch erst durch diesen kumulativen Druck bereit sein, das Einverständnis zu den neuartigen Verfassungen zu geben.

Langfristig konnte sich kein Herrscher diesem Verlangen entziehen – die Verfassungswelle schwappte langsam, aber stetig in den Norden über, auch Preußen erhielt Mitte des Jahrhunderts (zwar oktroyiert, aber immerhin) eine erste Verfassung.

Bevor wir uns der Struktur all dieser Verfassungen und damit dem Charakter des spezifisch deutschen Konstitutionalismus des 19. Jahrhunderts widmen, wollen wir zunächst auf die vielfältigen politisch-gesellschaftlichen Reformen blicken, die ihrem Erlass praktisch überall – also keineswegs allein in Preußen – vorangingen. Die mit diesen Reformen einhergehenden Veränderungen (u. a. Gewerbefreiheit) waren eine zentrale Voraussetzung für den späteren Erlass moderner Verfassungen.

6. Die Staats- und Verwaltungsreformen in den deutschen Staaten

Äußerer Reformdruck

Kleinere Staats- und Verwaltungsreformen hatte es in den deutschen Territorien schon Ende des 18. Jahrhunderts gegeben. Zu erwähnen ist unter anderem das Preußische Allgemeine Landrecht, auf dessen Einführungsgesetz noch unter dem Grundgesetz geltende staatshaftungsrechtliche Grundsätze zurückgehen. Diese Reformen waren stets getragen von einem selbstbewusster werdenden, aufgeklärt-liberalen Beamtentum, das sich bisweilen auch gegen den Widerstand des Monarchen durchzusetzen vermochte. Den Impuls für eine umfassende Umgestaltung, die zu einer dauerhaften werden sollte, gab allerdings – wie so häufig in der deutschen Verfassungsgeschichte – ein externes Ereignis, das die Notwendigkeit eines grundlegenden Staatsumbaus deutlich vor Augen führte: die Französische Revolution und vor allem die so schmerzlich erfahrene kriegerische Niederlage gegen das napoleonisch-expansionistische Frankreich.

Diese Niederlagen und die damit einhergehenden Neu- oder besser Umordnungen des Heiligen Römischen Reiches deutscher Nation offenbarten die defizitären Strukturen der bestehenden (politischen und gesellschaftlichen) Ordnung der Territorien. Hinzu kamen gesellschaftliche Veränderungen im Hinblick auf die Demographie, aber auch die Ökonomie und das Erfordernis vieler Staaten, die hinzugewonnenen Gebiete effektiv in das bestehende Staatswesen zu integrieren: »Die Beherrschten sollten zum Wohle aller, insbesondere zur Stabilität des Staates, integriert werden.«[1] Es reifte insofern die Einsicht, dass »moderne Herrschaft weit mehr noch als früher reziprok ist und von der Öffentlichkeit, von der Zustimmung, vom Legitimitätsglauben der Beherrschten lebt«.[2]

Wie – so lautete die Frage der Beamten, »der Modernisierungselite«[3] – konnte man das Staatswesen umgestalten, um all diese seit der Niederlage drängenden Probleme zu lösen, um ein stabiles, verteidigungsfähiges, ökonomisch leistungsfähiges und integriertes Gemeinwesen zu errichten?

Im Prinzip hatte die Aufklärung die Antwort auf diese Frage früh geliefert, mit der Französischen Revolution brach sie sich erstmals in der Realität Bahn. Napoleon baute mit seinem massiven und anfangs erfolgreichen Expansionsstreben den notwendigen Druck auf, um die daraus ableitbaren Reformen in den deutschen Staaten (zumindest den meisten) endlich angehen zu können: »Es bedurfte aber offenbar dieser Erfahrung, um Kräfte freizusetzen, die zur Erneuerung Preußens fähig und entschlossen waren.«[4] Auch die Herrscher sahen keinen anderen Ausweg mehr. Es musste etwas geschehen.

Die konkreten Reformen liefen in den einzelnen Territorien nicht in der gleichen Art und Weise ab. Es gab Unterschiede in den Einzelheiten und in der Schwerpunktsetzung. Nicht selten konzentriert sich die Verfassungsgeschichtsschreibung daher auf die Vorgänge in Preußen, und das werden wir im zweiten Teil dieses Kapitels ebenso halten. Es sollte aber nicht in Vergessenheit geraten, dass, mit Ausnahme Österreichs, beinahe alle deutschen Territorien bis zur Mitte des 19. Jahrhunderts entsprechende Reformen in die Wege leiteten. Preußen beschritt keinen Sonderweg, sondern war lediglich das prominenteste und bedeutendste Beispiel für diese allgemeine Entwicklung.

Immer wieder ist in diesem Zusammenhang die Frage aufgeworfen worden, warum es in den deutschen Territorien anders als in Frankreich nicht zu einer Revolution gekommen ist. Die gesellschaftlichen und politischen Reformen wurden vielmehr von oben oder in den Worten von Barbara Vogel als »bürokratische Revolution«[5] durchgeführt. Diese Frage zu stellen suggeriert, dass der Weg der Revolution der Normale und derjenige der Reform der Unnatürliche, der Sonderbare ist. Für diese Deutung spricht indes wenig. Revolutionen erfolgen nicht von selbst, sind nicht der natürliche Endpunkt einer erwartbaren politischen Entwicklung. Ihr Ausbruch hängt von vielfältigen und spezifischen politischen und gesellschaftlichen Voraussetzungen ab. Die Verhältnisse in den deutschen Staaten waren insofern zwar ähnlich mit denjenigen im vorrevolutionären Frankreich,[6] aber nicht identisch.[7] Oftmals sind auch Zufälligkeiten am Werk, die sich in anderen Staaten nicht einfach wiederholen – auch in Frankreich hätte alles ganz anders kommen können, wenn sich das Ancien Régime nicht als so reformunfähig präsentiert hätte. Vielleicht hätte ein geringfügig anderes Agieren des Königs und der ersten beiden Stände den Ausbruch der Revolution verhindert oder diesen um Jahre oder Jahrzehnte verschoben – und wer weiß, wie sie sich dann entwickelt hätte. In Deutschland hatte es schon zur Jahrhundertwende erste Reformen gegeben. Mit den neuerlichen Reformen wurde ein Prozess fortgesetzt, der bereits im Gange war. Auch den Untertanen war die Reformfähigkeit des politischen Systems damit bewusst. Warum aber in einer solchen Situation das Wagnis einer Revolution eingehen? Insbesondere nach den Erfahrungen, die sich in Frankreich gezeigt hatten, wo es alsbald wieder zu Unterdrückung und Terror gekommen war. Insofern wird man Hans Boldt zustimmen können, wenn er festhält: »Auch in England und den Niederlanden war die Entwicklung ›evolutionär‹ vorangeschritten, nicht diese Staaten stellten offensichtlich einen Ausnahmefall dar, sondern Frankreich.«[8] Ähnlich betont auch Hedwig Richter: »Die ›Revolution von oben‹ war dabei keineswegs ein typisch deutscher Kurs, sondern vielmehr der gängige europäische Weg.«[9]

Die allgemeine Struktur der Reformen

Versucht man diese in beinahe allen Territorien Deutschlands durchgeführten Reformen einer systematischen Analyse zu unterziehen, wird man mit Hans Boldt zehn Punkte feststellen können.[10] Erkennbar wird dabei, welchen enormen Einfluss diese Reformen bis in die heutige Zeit entfalten konnten. Zahlreiche staats- und verwaltungsorganisationsrechtliche Grundsätze, die in der juristischen Ausbildung gelehrt werden, fanden hier ihren Ausgangspunkt. Nicht selten lassen sich konkrete Artikel des Grundgesetzes angeben, die auf diese Reformen unmittelbar oder mittelbar zurückgehen.

Erstens: Rationalisierung der Staatsorganisation. Das begann bei der Zentralisierung und Bürokratisierung der Verwaltung, zur Steigerung ihrer Effektivität.[11] An der Spitze stand nunmehr eine Kollegialregierung, ohne deren Mitwirkung der Monarch nicht mehr regieren konnte und die nach dem Ressortprinzip organisiert war. Es fanden sich Fachministerien für die einzelnen Bereiche der Verwaltung, und die Minister leiteten ihren Geschäftsbereich eigenständig. Auch Art. 65 GG etabliert heute dieses Ressortprinzip. Das vorherige Provinzialsystem, das die Zentralregierung noch in verschiedene Behörden aufgefächert hatte, die jeweils für einen bestimmten Landesteil umfassend zuständig waren, wurde abgelöst. Die Anordnungen des Monarchen bedurften fortan der Gegenzeichnung durch die Regierung bzw. den zuständigen Minister. Dadurch wurde die Verantwortlichkeit der Regierung für das Handeln des Monarchen begründet, während der Monarch politisch unantastbar blieb. Auf diesem Wege konnte auch das Handeln des Monarchen über die Regierung kritisch begleitet werden. Außerdem ruhte das Staatshandeln nicht mehr auf der Willkür des Monarchen, sondern wurde rationalisiert. Das Erfordernis der Gegenzeichnung findet sich auch heute noch im Grundgesetz: Nach Art. 58 GG bedürfen Anordnungen und Verfügungen des Bundespräsidenten zu ihrer Gültigkeit der Gegenzeichnung durch den Bundeskanzler oder den zuständigen Bundesminister. Heute wird dieses Erfordernis nicht mehr mit der Unantastbarkeit des Bundespräsidenten, sondern mit der umfassenden Verantwortung der Bundesregierung bzw. des Bundeskanzlers gegenüber dem Parlament begründet. Als Teil der Exekutive muss sich die Regierung das Handeln des Bundespräsidenten zurechnen lassen. Die Reichweite dieses Erfordernisses ist allerdings umstritten. Ob es etwa auch dort gelten kann, wo die rechtsverbindlichen Akte des Bundespräsidenten Ausdruck der ihm zugewiesenen »politischen Reservekompetenz«[12] in Krisensituationen sind, erscheint fraglich. Historisch aber hat dieses Erfordernis bei der Gegenzeichnung der Handlungen des Monarchen Anfang des 19. Jahrhunderts seine Grundlage. Fortan wurde noch einmal strenger zwischen dem Monarchen als Privatperson und dem Amt des Monarchen unterschieden. Der Monarch wurde staatlich bezahlt und erhielt eine sogenannte Zivilliste (also ein für seine Angelegenheiten bestimmtes Budget im Staatshaushalt). Die Minister waren aber keine Minister des Monarchen, sondern Minister des Staates oder schlicht: Staatsminister.

Zweitens: Hierarchischer Verwaltungsaufbau. Die Verwaltung wurde von der Zentralregierung absteigend hierarchisch gegliedert, was die Einheitlichkeit und die Effektivität der Verwaltung steigerte. An die Stelle eines diffusen und kaum zu durchschauenden Geflechts an Behörden und Einrichtungen trat ein klar gegliederter Verwaltungsaufbau, bei dem die höhere Ebene weisungsbefugt gegenüber der darunter liegenden war. Auch heute ist die Verwaltung von dieser hierarchischen Struktur geprägt. Gerechtfertigt wird sie mittlerweile allerdings mit dem in Art. 20 Abs. 1 GG normierten Demokratieprinzip, wonach alle Staatsgewalt vom Volke ausgeht. Die neu gestaltete Verwaltung war meist dreistufig aufgebaut – auch das spiegelt sich noch in heutigen Verwaltungsstrukturen. Unterhalb der Zentralregierung fanden sich zwei weitere Verwaltungseinheiten – etwa Regierungsbezirke und Oberämter. An der Spitze dieser Verwaltungseinheiten stand eine einzelne Person. Die Behörden waren nicht mehr kollektiv, sondern monokratisch organisiert – auch das sollte die Einheitlichkeit und Effektivität der Entscheidungen durch die Ermöglichung von Weisungsketten erhöhen. Gewisse Ähnlichkeiten zur Organisation des Militärs sind hier erkennbar, die Struktur hat sich bis heute gehalten. Nur in wenigen Fällen entscheiden Behörden durch Kollektivorgane,[13] in der Regel steht ihnen eine einzelne Person vor. Die Fachgliederung fand auf den unteren Behörden allerdings keine Entsprechung. Sie waren vielmehr – und so ist es im Kern bis heute – umfassend für ihr Gebiet zuständig.

Drittens: Territorial umfassende Verwaltungsneugliederung. Die Verwaltungsneugliederung drang bis auf die Regional- und Ortsebene durch, die der staatlichen Aufsicht unterstellt wurden. Bisherige Formen gesellschaftlicher Herrschaft – wie lokale Gerichtsbarkeiten und Polizeibehörden – gehörten der Vergangenheit an. Erkennbar wurde hier der Versuch, die staatliche Zentralisierung voranzutreiben und landesweite Herrschaftsgleichheit zu etablieren, indem intermediäre Gewalten beseitigt oder untergeordnet wurden. Interessanterweise führte man zugleich Formen der lokalen Selbstverwaltung ein, um die Partizipationsbereitschaft und das Verantwortungsgefühl für die eigene Region, die eigene Stadt, die eigene Kommune zu stärken – heute würde man in Anlehnung an Rudolf Smend von der Integrationsfunktion kommunaler Selbstverwaltung sprechen. Historisch liegen hier die Vorläufer der heute in Art. 28 Abs. 2 GG garantierten kommunalen Selbstverwaltung. Einen Widerspruch zu der angestrebten Zentralisierung der Verwaltung und Abschaffung intermediärer Gewalten stellte das nur scheinbar dar. Entscheidend war, dass die Verantwortung für die örtlichen Belange unter zentralstaatliche (hierarchische) Aufsicht gestellt wurde. Die übergeordnete staatliche Behörde konnte und musste die Rechtmäßigkeit der kommunalen Selbstverwaltung beaufsichtigen, und so ist es bis heute. Mit der Stellung der intermediären Gewalten hatte das nichts mehr zu tun.

Viertens: Die neu organisierte Verwaltung wurde, den Vorstellungen Montesquieus entsprechend, von der Gerichtsbarkeit als unabhängiger dritter Gewalt getrennt. Das betraf vornehmlich die Zivil- und Strafgerichtsbarkeit. Verwaltungsstreitigkeiten wurden hingegen noch relativ lange verwaltungsintern gelöst. Wir kennen in Deutschland bis heute das verwaltungsinterne Widerspruchsverfahren, das in der Regel durchgeführt werden muss, bevor der Einzelne gerichtlichen Rechtsschutz in Anspruch nehmen kann. Die Zivil- und Strafgerichtsbarkeit, die aus diesen Gründen als ordentliche Gerichtbarkeit bezeichnet wird – auch Art. 34 GG spricht vom ordentlichen Rechtsweg, der den Verwaltungsrechtsweg nach § 40 VwGO ausschließt –, wurde dreistufig ausgestaltet. Nach einer Eingangsinstanz folgten eine Berufungs- und eine Revisionsinstanz. Auch das ist bis heute ebenso unverändert geblieben, wie der Umstand, dass die einzelnen Spruchkörper meist kollegial besetzt sind.

Fünftens: Umfangreiche Reformen in Bildung, Heer und Polizei. Der neu gestaltete Staat hatte ein Interesse an gut ausgebildeten Beamten, einer funktionsfähigen Polizei und einem schlagkräftigen Heer. Im Bereich der Bildung hatte nicht zuletzt

Wilhelm von Humboldt großen Einfluss. Generell aber war den Reformern bewusst, dass die angestrebte integrative Wirkung und die Stabilität des Staatswesens nur mit gut ausgebildeten Bürgern erreichbar sein würden. Wenn man sie aus der obrigkeitlichen Bevormundung befreien (emanzipieren) und ihnen durch die Wirtschaftsreformen die Möglichkeit eröffnen wollte, sich selbst zu verwirklichen, führte an einer diese Selbstständigkeit fördernden und früh einsetzenden Bildung kein Weg vorbei. Dementsprechend wurde die Lehrerausbildung stärker in den Blick genommen und professionalisiert, vor allem aber die Schulpflicht rigoroser als zuvor durchgesetzt. Formal bestand sie schon seit Anfang des 18. Jahrhunderts, umgesetzt wurde sie allerdings nicht oder nur sporadisch. Das änderte sich jetzt. Praktisch das gesamte höhere Bildungswesen wurde in staatliche Hände überführt. Der Wildwuchs im Bildungssystem mit seinen zahlreichen Akteuren und unterschiedlichen Interessen sollte fortan ein Ende haben.

Dass das Heer einer grundlegenden Reform bedurfte, hatten die schmerzlichen Niederlagen gegen das napoleonische Frankreich in den meisten Staaten deutlich gemacht. Die militärische Verteidigung sollte nunmehr eine Sache des Volkes werden, und das hieß: Einführung der allgemeinen Wehrpflicht. Der preußische Reformer Wilhelm von Scharnhorst begründete diesen Schritt folgendermaßen: »Alle Bewohner des Staates sind geborene Verteidiger desselben.« Wenn das aber so sein sollte, musste jedermann nach seinen Befähigungen und nicht nach seinem Stand in der Armee Karriere machen können. Dementsprechend wurden die Adelsprivilegien abgeschafft. Auf der Regierungsebene kam es meistens zur Errichtung eines Kriegsministeriums, das sich um die Organisation und das Wohlbefinden der Truppe zu kümmern hatte. Schließlich wurde auch die Polizei reformiert, indem nach französischem Vorbild auf dem Land eine militärisch organisierte staatliche Gendarmerie eingeführt wurde.

Sechstens: Reform der Beamtenschaft. Auch im Hinblick auf das Staatspersonal wurden in der Verwaltung fundamentale Neuerungen eingeführt. Das betraf zum einen die Ausbildung, vor allem aber galt nunmehr das Leistungsprinzip. Wer aufsteigen wollte, musste entsprechende Leistung erbringen. Ämter konnten weder gekauft noch vererbt werden oder hingen in irgendeiner sonstigen Form vom sozialen Stand der Person ab. Damit einher ging das, was wir bis heute mit dem Beamtenstatus verbinden: eine ansprechende Entlohnung, staatliche Altersversorgung sowie Schutz vor willkürlicher Entlassung oder Versetzung. Es sind dies die hergebrachten Grundsätze des Berufsbeamtentums, auf die Art. 33 Abs. 5 GG mittlerweile Bezug nimmt. Der Staat kümmerte sich um das Wohl seiner Beamten und sicherte ihre finanzielle Unabhängigkeit – das sollte u. a. den Anreiz für Korruption und Betrügereien mindern. Dafür wurde allerdings auch eine besondere Treue der Beamten zu diesem »fürsorgenden Staat« erwartet.

Siebtens: Umfassende Reform der Gesellschaft. Neben die Reorganisation der staatlichen Verwaltung ging es den Reformern darum, die gesellschaftlichen Verhältnisse an die modernen Vorstellungen anzupassen. Das war keine leichte Aufgabe, immerhin ging es um die Abschaffung jahrhundertealter ständischer Systeme und Privilegien zugunsten einer Gesellschaft der Freien und Gleichen. In Frankreich hatte es dazu der Revolution bedurft, in den deutschen Staaten sollte das nun, in den Worten Hardenbergs, durch eine Revolution im guten Sinne geschehen: eine Reform also, die das gleiche Ziel wie die Revolution anstrebte, sich aber in ihren Mitteln deutlich unterschied. In besonderer Weise war davon der Adel betroffen. Er war es, der die Privilegien besaß, auf die er nunmehr verzichten sollte – als Gutsherr, Gerichtsherr usw. Im Staatsdienst ist die Egalisierung durch Abschaffung des Adelsprivilegs im Militär und die Einführung des

Leistungsfähigkeitsprinzips bereits beschrieben worden. Hier ging es nun darum, auch den Rest der Gesellschaft, in den Worten Hans Boldts, zu »entherrschaften«,[14] also gleich zu machen – und das war zwangsläufig die anspruchsvollere Aufgabe. Auch heute zeigt sich immer wieder, dass ein staatliches Gemeinwesen auf gesellschaftliche Traditionen, Routinen und Gewohnheiten nur begrenzt Einfluss nehmen kann – man denke an die fortbestehende Ungleichbehandlung von Männern und Frauen im Hinblick auf die Entlohnung in privaten Arbeitsverhältnissen. Das staatliche Ziel aber war Emanzipation, also Herstellung von Freiheit, wo zuvor Unterdrückung, jedenfalls aber Beschränkung geherrscht hatte. Überall sollte das Banner der Gleichheit gehisst werden: Gleichheit zwischen den Religionen ebenso wie zwischen Stadt und Land und arm und reich (allerdings noch nicht wirklich zwischen Mann und Frau). Das Mittel dazu war das Recht, das fortan nur noch freie und formal gleiche Bürger kannte und diesen mit dem Privateigentum und der Privatautonomie die Mittel an die Hand gab, um eigenen Wohlstand zu erwerben (aber auch zu verlieren). Rechtlicher Orientierungspunkt war der napoleonische *Code Civil*. Das einheitliche deutsche Bürgerliche Gesetzbuch sollte noch auf sich warten lassen – es bedurfte zuvor der Herstellung der nationalen Einheit. Es trat erst im Jahr 1900 in Kraft. Auch in der Reform des Justizwesens sollte sich diese Gleichheit fortan spiegeln: Die Prozesse wurden nicht nur öffentlich, sondern immer häufiger unter Mitwirkung von Laienrichtern entschieden – im Strafrecht können sich Bürgerinnen und Bürger bis heute in ein Schöffenverzeichnis eintragen lassen und an der Urteilsfindung mitwirken. Auch in der Sozial-, Arbeits- und Handelsgerichtsbarkeit wirken ehrenamtliche Richterinnen und Richter mit. Darüber hinaus wurde das materielle Strafrecht »aufgeklärter«: Das Bayerische Strafgesetzbuch des Jahres 1813 enthielt den auf Anselm Feuerbach zurückgehenden

Grundsatz: *nullum crimen, nulla poena sine lege* – keine Straftat, keine Strafe ohne Gesetz.

Achtens: Modernisierung der Wirtschaft. Die mit der gesellschaftlichen Reform zusammenhängende Modernisierung der Wirtschaft umfasste sowohl die Landwirtschaft, das Gewerbe als auch den allgemeinen Handel. Die größten Schwierigkeiten bereiteten die Agrarreformen. Hier ging es um die Beseitigung der Leibeigenschaft sowie um den Wegfall der Grundherrschaft, mithin um eine fundamentale Neuordnung. Grundeigentum sollte frei verkäuflich sein. Das große Problem war die Frage der Entschädigung der bisherigen adligen Grundherren für den Wegfall der traditionellen Dienstpflichten und Abgaben. In der Revolution stellten sich solche Fragen nicht. Weil aber der Reformweg eingeschlagen worden war, wollten die Reformer die Frage der Entschädigung nicht übergehen. Für die Bauern war das alles andere als vorteilhaft: Sie wurden, wie erwähnt, doppelt befreit – zunächst von ihren Dienstpflichten, anschließend von ihrem geringen Vermögen, das sie sich erarbeitet hatten. Bis die dadurch bewirkten finanziellen Abhängigkeiten beseitigt waren, sollte es noch lange dauern. Faktisch bestanden die bisherigen Verhältnisse an vielen Orten daher zunächst fort. Ein Erfolg aber stellte sich ein: Es gelang, effektive Bewirtschaftungsmethoden durch größere Landflächen zu entwickeln.

In der Stadt ging es vor allem um die Einführung der Gewerbefreiheit und die Abschaffung des bisherigen Zunftwesens. Damit wurde zugleich der Unterschied zwischen Stadt und Land überwunden: Stadtmenschen konnten Land erwerben, Landmenschen konnten Gewerbe betreiben.

Die Reform des Handels betraf schließlich vor allem die Abschaffung von Zöllen und sonstigen Beschränkungen, die die Produktivität und das Wirken der Marktkräfte einschränkten. Es gab einheitliche Münzen, also einheitliches Geld – in ähnlicher Weise sollte im Jahr 1999 die Einführung des Euros begründet werden –, Maße und Gewichte wurden vereinheitlicht. Zudem trat im Verkehrswesen eine Neuerung, ja nachgerade eine Revolution ein: Die Eisenbahn erleichterte den Handel, verkürzte die Lieferzeit für Waren. Alsbald wurde auch die Kommunikation über längere Strecken durch die Erfindung der Telegraphie ermöglicht.

Neuntens: Mit all diesen Reformen ging ein verändertes Verhältnis des Bürgers zum Staat einher. Die intermediären Gewalten waren formal beseitigt worden (faktisch wirkten die alten Verhältnisse vielfach fort), der Bürger oder besser die Gesellschaft als Ganzes stand nun unmittelbar dem einheitlichen, staatlichen Gemeinwesen gegenüber: Man war zum Staatsbürger geworden. Damit einher ging eine neue Verantwortlichkeit für dieses Staatswesen, das an die Stelle des vergleichsweise diffusen Herrschaftssystems getreten war und das in den drei zentralen Bürgerpflichten zum Ausdruck kam: Schulpflicht, Wehrpflicht, Steuerpflicht.[15] Mit diesem dualistischen Staat-Bürger-Verhältnis konnten nun auch Forderungen an das Staatswesen einfacher artikuliert und eingefordert werden. Es war daher folgerichtig, dass sich immer mehr Menschen Gedanken machten, was dieses gemeinsame Staatswesen eigentlich leisten, welche Aufgaben es in welcher Form wahrnehmen sollte.

Zunehmend steigerte sich dadurch *zehntens* das Ausmaß politischer Mitwirkungsrechte. Wo man den einheitlichen Staat so klar vor Augen hatte, wuchs das Bedürfnis, an diesem in irgendeiner Form zu partizipieren. Nachdem der diffuse Nebel der intermediären Gewalten verzogen war, strahlte der zentrale Staat immer heller und erwärmte das politische Herz der neu geschaffenen Staatsbürger.

Dieser neu gestaltete Staat übernahm in der Folge aus demographischen, ökonomischen und kulturellen Gründen immer mehr Aufgaben, die Staatstätigkeit nahm kontinuierlich zu (ein

Prozess, der bis zuletzt angehalten und sich allenfalls verlangsamt hat). Die neue Freiheit von vorgegebenen Rollen und die damit einhergehende Chance der gesellschaftlichen Selbstverwirklichung führten zum »Freiheitsparadox«, wonach die Freiheit aller schnell in die Freiheit weniger und die Unfreiheit vieler münden kann. Kartelle und Arbeitgebervereinigungen waren nur zwei Beispiele, wie die neue Freiheit ausgenutzt werden konnte, um die eigene Machtstellung zu perpetuieren oder auszubauen. Das aber war nicht im Sinne der politischen Reformer, denn von der angestrebten Gleichheit blieb dann nur wenig. Es war daher schnell die Aufgabe des reformierten Staates, gegen diesen »Neofeudalismus« unter Mitwirkung der Betroffenen vorzugehen. Nachdem die Freiheiten vom Staat erkämpft worden waren, galt es diese nun vor neuen gesellschaftlichen Beschränkungen mit Hilfe des Staates zu bewahren. Im Laufe des 19. Jahrhunderts wandelte sich der Staat daher zunehmend vom *Konstitutionsstaat*, der die Freiheit nur gewährleistete, zum Freiheit sichernden *Interventionsstaat*. Durch die mit der Industrialisierung einhergehenden neuen (sozialen) Ungleichheiten wurde dieser Wandel Ende des Jahrhunderts erheblich beschleunigt. Die ersten Sozialversicherungen wurden von Otto von Bismarck daher nicht zufällig in den 1880er Jahren eingeführt. Gleichzeitig führte dieser Aufgabenzuwachs zu einer stetig steigenden Politisierung der Gesellschaft. In welcher Form der Interventionsstaat intervenieren, wie er die soziale Frage angehen und welche Interessen er wie berücksichtigen sollte, war umstritten. Es entstanden Interessenvereinigungen – allen voran Gewerkschaften und Arbeitgeberverbände, aber auch die ersten »Arbeiterparteien« –, die es sich zum Ziel machten, die Interessen ihrer Mitglieder zu bündeln und in den politischen Prozess einzuspeisen. Das spätere Kaiserreich war – wie auch im übrigen Europa – das Zeitalter der Massenpolitisierung (unter Einschluss der ländlichen Bauernschaft),[16] wozu neben der

Alphabetisierung und Urbanisierung[17] auch der wachsende Wohlstand durch den Kapitalismus und damit einhergehende Verbesserungen der Arbeitsbedingungen beitrugen – man arbeitete weniger und hatte Zeit, sich um Politik zu kümmern. Der Druck der Bevölkerung auf »ihren« Staat nahm zu, eine Entwicklung, die bis heute nicht an ihr Ende gekommen ist, in der modernen pluralistischen Gesellschaft vielleicht sogar an Fahrt aufgenommen hat. Die Erwartungen an den Staat sind jedenfalls nicht kleiner geworden.

Der Wunsch nach Verfassungen, in denen diese Ideen manifestiert und verschriftlicht wurden, war mit diesen Reformen, die im linksrheinischen Gebiet unter französischem Einfluss am weitesten gingen, nicht mehr aufzuhalten. Ausgehend von Süddeutschland kam es zum Erlass zahlreicher Verfassungen, die eine Repräsentation der Bevölkerung meist in Zwei-Kammer-Systemen vorsahen. Was diese Verfassungen des deutschen Konstitutionalismus im Einzelnen charakterisierte, werden wir uns im folgenden Kapitel näher anschauen.

Die Reformen in Preußen

Zuvor aber noch ein Blick auf die Reformen in Preußen:[18] Sie hatten im Kern den soeben besprochenen Inhalt. Preußen war damit, obwohl nicht zum Rheinbund gehörend, keine Besonderheit. Angesichts der Größe und politischen Bedeutung erscheint es aber gerechtfertigt, die preußischen Reformen umfassender zu behandeln und in diesem Zusammenhang auch konkrete Personen und Akteure zu benennen.

Die Niederlage gegen Frankreich bei Jena und bei Auerstedt im Jahr 1806 hatte Preußen schwer zugesetzt. Die preußischen Beamten machten als Ursache für dieses militärische Versagen eine Lähmung der Volkskräfte und eine fehlende Verbindung des Volkes zu ihrem preußischen Staat aus – wie in anderen deutschen Staaten sah die Staatsführung die einzige Lösung in einer grundlegenden Reform des Staats- und Verwaltungswesens. Eine solche Blamage, in der Preußen mehr als die Hälfte des bisherigen Staatsgebietes verloren hatte, sollte sich nicht wiederholen. Es ging in Preußen damit – nach den erfolgreichen Befreiungskriegen sollte sich das ändern – noch nicht um die Integration neuer Landesteile in das bestehende Staatsgebiet, sondern um die Sicherung des Überlebens eines angeschlagenen Staatswesens, denn, so Hedwig Richter: »Die Lage Preußens war ein Desaster.«[19]

Auch in Preußen sollte dieses Überleben durch eine Neuordnung der Gesellschaft realisiert werden, um ihr Potenzial voll auszuschöpfen. Und das bedeutete: Errichtung einer auf dem Fundament der Freiheit und Gleichheit ruhenden Gesellschaft, die dadurch mit ihrem preußischen Staat verbunden und versöhnt werden sollte. Das Ziel war, wie andernorts auch, die Transformation der ständischen in die bürgerliche Gesellschaft und damit die Verwandlung einer durch das Zunftwesen und andere Begrenzungen gefesselten Wirtschaft in eine freie Erwerbswirtschaft.

Details der Reformen sollen hier nicht besprochen werden, sie hatten im Wesentlichen den gleichen Inhalt wie in den anderen Staaten. Auch in Preußen wurde das Ministerialprinzip eingeführt, Justiz und Verwaltung getrennt, die Gesetzgebung oblag nunmehr dem Staatsrat unter Leitung des Monarchen. Die Anordnungen des Monarchen bedurften der Gegenzeichnung, das Heer wurde zur Sache des Volkes – es wurde die Wehrpflicht eingeführt und das Adelsprivileg abgeschafft –, und das Bildungswesen wurde, unter maßgeblicher Federführung Wilhelm von Humboldts, modernisiert, nicht zuletzt durch eine Verbesserung der Lehrerausbildung, der Durchsetzung der Schulpflicht und der Gründung der Berliner Universität im Jahre 1810 – der heutigen

Humboldt-Universität –, die mit ihrem Konzept der Freiheit und Einheit von Forschung und Lehre Vorbild für zahlreiche spätere Universitätsgründungen in Deutschland und Europa werden sollte. Einige wenige Daten, Abläufe und Namen seien aber genauer beschrieben:

Die Reformtätigkeit wurde zunächst in die Hände von Heinrich Friedrich Karl Freiherr vom und zum Stein gelegt, der u. a. an der Universität Göttingen ab 1773 Jura, Geschichte und Kameralwissenschaft studiert hatte. Ohne Abschluss verließ er die Universität bereits im Jahr 1777, was für adlige Studenten allerdings nicht unüblich war.

In seiner Nassauer Denkschrift aus dem Jahr 1807 hatte Freiherr vom Stein bereits Reformen für Preußen angemahnt und setzte diese, nachdem er im Juli 1807 unter Mitwirkung Napoleons zum preußischen Staatsminister ernannt worden war, zügig um. Schon im Oktober 1807 erließ Preußen unter Freiherr vom Steins Führung das folgenreiche Oktober-Edikt. Es beseitigte die ständischen Schranken im Bereich der Berufsausübung. Grundstücke waren fortan frei verkäuflich, die Erbuntertänigkeit der Bauern wurde abgeschafft, alle Untertanen waren (formal) frei. Wörtlich hieß es in dem den »Geist der liberalen Nationalökonomie«[20] widerspiegelnden Edikt: »Mit dem Martini-Tage Eintausend Achthundert und Zehn hört alle Guts-Unterthänigkeit in Unseren sämtlichen Staaten auf. Nach dem Martini-Tage 1810 gibt es nur freie Leute ...«

Auch hier blieb das Problem der Entschädigung des Adels für die weggefallenen Abgaben- und Dienstleistungspflichten lange offen und führte, obwohl es partiell anders als in den Rheinbundstaaten gelöst wurde, zu neuen Abhängigkeiten und der Vergrößerung einer ländlichen sozialen Unterschicht, die quasi besitzlos als Landarbeiter auf den größeren Gütern ihren Lebensunterhalt erarbeiten musste.[21] Ernst Rudolf Huber hat das als eine der tragischen Ironien der Verfassungsgeschichte bezeichnet, denn: »Es offenbarte sich hier die innere Antinomie des bürgerlichen Liberalismus, der die Freiheit des Individuums und seines Eigentums schuf und zugleich vermöge der Eigengesetzlichkeit der Eigentumsfreiheit die Akkumulation der Eigentumsmacht in die Hand weniger Einzelner auslöste.«[22]

Im Jahr 1808 wurde durch die Städteordnung die kommunale Selbstverwaltung für Angelegenheiten der örtlichen Gemeinschaft eingeführt. Vom Stein, auf den diese Regelungen zurückgingen, durch die in den Städten eine sogenannte Magistratsverfassung eingeführt wurde, gilt als »Schöpfer des modernen Selbstverwaltungsgedankens«.[23]

Nachdem vom Stein seinen Posten eher unfreiwillig räumen musste, führte nach einem kurzen Intermezzo durch Karl vom Stein zum Altenstein ab 1810 Karl August von Hardenberg als preußischer Staatskanzler die Reformen mit kaum geringerem Eifer fort – die Reformen werden meist einfach als »Stein-Hardenberg'sche Reformen« bezeichnet. Auch Hardenberg hatte vier Semester in Göttingen studiert und kümmerte sich zunächst um die angeschlagenen Staatsfinanzen, die durch französische Forderungen arg strapaziert worden waren. Er führte zahlreiche direkte Steuern ein, unter anderem eine Einkommen- und Vermögensteuer, vor allem aber die Gewerbesteuer, die allerdings mit der Verkündung der Gewerbefreiheit und daher mit dem endgültigen Ende der Zunftschranken verbunden wurde.

Im Jahr 1812 erging schließlich das Gendarmerie-Edikt, durch das die Polizei auf Kreisebene verstaatlicht und die Leitung der Kreise einem verbeamteten Kreisdirektor übertragen wurde. Dadurch wurde der gutsherrliche Herrschaftsraum zugunsten einer einheitlichen Staatsführung weiter eingeschränkt. Hardenberg agierte nun faktisch als eine Art Vorgesetzter seiner Ministerkollegen – das entsprach in etwa der heute in Art. 65 GG normierten

Richtlinienkompetenz des Bundeskanzlers. Allerdings machte Hardenberg von den damit einhergehenden Möglichkeiten häufiger Gebrauch, als das heute beim Bundeskanzler der Fall ist, wo bereits die Erwähnung der Richtlinienkompetenz eine Koalitionskrise heraufzubeschwören mag.

Ab 1815, nach den erfolgreichen Befreiungskriegen, an die heute u.a. mit dem wuchtigen Völkerschlachtdenkmal in Leipzig erinnert wird, veränderte sich das Umfeld für die Reformvorhaben beträchtlich. Zum einen hatte auch Preußen nun erhebliche Gebietsgewinne zu verzeichnen, wodurch Integrationsaufgaben anfielen, die in der Verwaltungsorganisation gespiegelt werden mussten. Mit der französischen Niederschlagung stieg aber vor allem der Widerstand der preußischen Konservativen gegen die Reformen. Die Reformprojekte gerieten daher ab dem Jahr 1815 ins Stocken. Mit der erfolgreichen Abwehr der französischen Bedrohung ging den Reformern ein zentrales und in der Öffentlichkeit immer wieder betontes Reformmotiv verloren. Vor allem auf lokaler Ebene konnte sich die einheitliche Staatsgewalt daher zunächst nur begrenzt durchsetzen, die Gutsherrschaft mit eigener Polizei und Gerichtsbarkeit blieb in vielen Gegenden lange präsent. Der Erfolg des adligen Widerstands war mehr als beachtlich. Im Jahr 1818 kam es zwar noch zur Errichtung einer preußischen Zollunion, so dass auch der Handel zunehmend den Vorstellungen des britischen Freihandels entsprach. Aber die Grundsteuerfreiheit adligen Grundbesitzes sollte nicht beseitigt werden, und in einem zentralen Punkt blieb Preußen zunächst vollends zurück: Es gab keine Verfassung, obwohl der Erlass einer solchen von Beginn an zu den Reformplänen gehört hatte. Die angestrebte National- bzw. Volksvertretung sollte danach drei Aufgaben übernehmen: *erstens* Zusammenführung der preußischen Territorien – eine Aufgabe, die nach den Befreiungskriegen umso dringlicher wurde; *zweitens* Herausbildung und Festigung einer nicht-ständischen Gesellschaft; und *drittens* die Herstellung einer direkten Verbindung des Volkes zu »ihrem« preußischen Staat.

Der Widerstand des Adels ließ aber nicht mehr als eine Art Zwischenlösung zu, bei der der König zwar schon im Jahr 1810 den baldigen Erlass einer Verfassung mit Repräsentation versprach, zunächst aber nur eine Notabelnversammlung eingerichtet wurde, die nicht-ständisch agieren sollte. Letzteres gelang nur partiell, und auch Hardenberg überging die Versammlung alsbald immer häufiger.

Nach den Befreiungskriegen wurde die Forderung nach einer Verfassung zwar verstärkt erhoben. Der König erneuerte daraufhin im Jahr 1815 sogar sein schon fünf Jahre zurückliegendes (erstes) Verfassungsversprechen. In dieser Verfassung sollte eine Repräsentation vorgesehen sein, die für die Gesetzgebung und die Steuererhebung zuständig gewesen wäre. Zur Einberufung der versprochenen Verfassungsversammlung sollte es aber nie kommen. Angesichts der erheblichen Gebietsveränderungen und -erweiterungen wurde stattdessen zunächst die Verwaltungsreform vorangetrieben und angepasst. Eine vom Staatsrat errichtete Kommission ermittelte das Meinungsbild zu einer Verfassung zwar mittels einer Befragung – sie kam aber zu keinem eindeutigen Ergebnis, und in der Zwischenzeit wurde auch Preußen von der Restaurationsbewegung erfasst. Die Einlösung des Verfassungsversprechens rückte in weite Ferne.

Mit der Ermordung August von Kotzebues und den folgenden »Karlsbader Beschlüssen«, die wir im folgenden Kapitel noch näher beleuchten werden, änderte sich das Reformklima schließlich nicht nur in Preußen fundamental. Hardenberg gab zwar auch in der Verfassungsfrage nicht auf – aber der Widerstand des Adels vergrößerte sich noch einmal. Insofern brachte auch das auf Drängen Hardenbergs erfolgte erneute Versprechen einer Verfassung, das der König im Jahr 1820 abgab, keine Veränderung des verfassungslosen Zustands, was auch an dem wachsenden österreichischen Einfluss auf den preußischen König lag.

Bedeutender Gegner der Stein-Hardenberg'schen Reformen war der »gutaussehende, elegante, charmante und eitle, aber auch blitzgescheite, dynamische und fleißige«[24] Fürst Klemens von Metternich, der die Führung der restaurativen Bewegung übernommen und schon den Wiener Kongress dominiert hatte. Er übte als Außenminister Österreichs erheblichen Einfluss auf den preußischen König aus, der schließlich im Jahr 1821 befand, dass das monarchische Prinzip mit einer irgendwie gearteten Volksrepräsentation nicht zu vereinbaren sei – wohlgemerkt derselbe Monarch, der bereits mehrfach den Erlass einer Verfassung mit einer Repräsentation versprochen hatte. Hardenberg starb im Jahr 1822. Das mehrfache Verfassungsversprechen blieb für Preußen weiter uneingelöst.

In den süddeutschen, meist kleineren Ländern war es besser gelungen, den Adel zu entmachten. Preußen war schlicht zu groß, so dass der Bundestag, gestützt auf Art. 13 DBA, keinen Druck ausüben konnte, der den Erlass einer Verfassung erzwungen hätte. In Bayern war der Erlass der Verfassung auch aus Angst vor einer einheitlichen Verfassung für den gesamten Deutschen Bund ergangen. Mit der Niederschlagung Frankreichs gab es aus preußischer Sicht hingegen außenpolitisch nichts mehr zu befürchten.

Insofern fand in Preußen zwar eine mehrfache Emanzipation statt. Die Menschen wurden aus ihren ständischen Rechtsbeziehungen befreit, es entstand auch hier ein neues Verhältnis zum Staat. Allerdings drang die Staatsgewalt vor allem im Osten des Landes nicht bis auf die lokale Ebene durch, die Macht des Adels war hier kaum zu überwinden. Preußen war gesellschaftlich damit zweigeteilt in einen bürgerlichen Westen und Süden und einen eher restaurativen Osten. Große Schwierigkeiten zeigten sich in Preußen darüber hinaus bei der Umsetzung der Agrarreformen. Das fehlende Geld der Bauern für die Ablösung führte auch hier zu teilweise prekären Verhältnissen. Erst mit den revolutionären Vorgängen der Jahre 1848/49 sollte eine gewisse Konsolidierung eintreten.

Den größten Unterschied zu anderen Staaten aber markierte die Verfassungslage. Hier war man in Süddeutschland schneller vorangekommen, allerdings lief dort die ökonomische Erneuerung meist weniger dynamisch als in Preußen ab. Dies führte dazu, dass in Preußen einer zunehmend bürgerlichen (gleichen) Gesellschaft und freien Marktwirtschaft – wir befinden uns in den Anfängen der Industrialisierung – ein bürokratischer Staat ohne Repräsentation gegenüberstand, während in Süddeutschland der Übergang zum bürgerlichen Verfassungsstaat bereits vollzogen war, die Wirtschaft dieser Entwicklung jedoch hinterherhinkte.

Langfristig sollte sich auch Preußen dem Wunsch nach Partizipation und damit einer Repräsentation und der Zusammenführung von Staat und Gesellschaft nicht entziehen können. Während Preußen – anders als andere Staaten – die revolutionären Unruhen des Vormärz noch ohne den Erlass einer Verfassung abwehren konnte, erhielt es nach dem Scheitern der Revolution von 1848/49 die bereits seit Jahrzehnten versprochene Verfassung. Im Jahr 1848 oktroyierte König Friedrich Wilhelm IV. die erste Verfassung für den gesamten preußischen Staat. Nach einer Revision im Jahre 1850 sollte diese Verfassung bis zur Novemberrevolution im Jahr 1918 Bestand haben. Damit gehörte auch Preußen zu den formellen Verfassungsstaaten. Von einer demokratischen Ordnung war man allerdings noch weit entfernt – das Dreiklassenwahlrecht war alles andere als demokratisch (es blieb in Preußen bis 1918 in Kraft). Die Ausgestaltung der Verfassung folgte dem Modell des deutschen Konstitutionalismus und damit auch – wenngleich in einer schwächeren Form, als das bei den vormärzlichen Verfassungen der Fall war – dem monarchischen Prinzip. Was es damit im Einzelnen auf sich hatte und wo die Unterschiede zum modernen Konstitutionalismus amerikanischer Prägung lagen, wollen wir uns im folgenden Kapitel anschauen.

7. Die Verfassungsentwicklung im Vormärz und die Merkmale des deutschen Konstitutionalismus

Die Verfassungsentwicklung im Vormärz

Die Verfassungsdebatte ab dem Jahr 1815 war in den deutschen Staaten geprägt von einer Auseinandersetzung zwischen einer aufkommenden Demokratie- und Nationalbewegung einerseits und andererseits den reaktionären, antikonstitutionellen Kräften, die versuchten, die Verfassungsentwicklung zu verhindern, wenigstens aber zu verlangsamen und in ihrem Sinne zu beeinflussen.[1] Auf der einen Seite fand sich vor allem die deutsche Jugend. Sie hatte in den Befreiungskriegen nicht nur für ein freies, sondern auch für ein durch eine Verfassung geeintes Deutschland gekämpft und machte aus ihrer Enttäuschung über die Ergebnisse keinen Hehl: »Sie hatten nicht nur dafür gekämpft, Preußen, Hessen oder Sachsen von der französischen Herrschaft zu befreien, sondern auch (und in den Augen mancher sogar noch mehr) Deutschland insgesamt.«[2] Ernst Moritz Arndt forderte bereits im Jahr 1814 die Einigung Deutschlands unter einer konstitutionellen Monarchie mit der Hauptstadt Berlin.[3] Die Uniformfarben des ein Jahr zuvor gegründeten preußischen »Lützowschen Freikorps«, dem u.a. auch Dichter wie Joseph von Eichendorff und andere Künstler angehörten, wurden später zum Symbol der deutschen Einigungsbewegung: Schwarz, Rot und Gold. Auf der anderen Seite standen die konservativen Kräfte unter Führung Österreichs und damit vor allem Metternichs. Angesichts der jugendlichen Bewegungen und getrieben von zahlreichen Verschwörungstheorien – schon bei der Französischen Revolution sah man Geheimbünde wie die Freimaurer und die Illuminaten am Werk – agierten sie zunehmend radikaler, witterten überall Verrat und bauten europaweit den Polizeiapparat aus. »Die feste Überzeugung, dass eine umfassende Konspiration im Gange war, affizierte das konservative Denken. Die Idee einer okkulten Vereinigung, die am Umsturz der Gesellschaftsordnung arbeitete, bemächtigte sich der Vorstellung der Menschen, um sie nie wieder loszulassen.«[4] Angeführt von Österreich spielten diese Ideen auch im Bundestag des Deutschen Bundes eine Rolle und wirkten sich auf die Verfassungsfrage aus.

Das zeigte sich bei der Auseinandersetzung um den berüchtigten Art. 13 der Deutschen Bundesakte (DBA), der die Mitglieder des Bundes verpflichtete, eine landständische Verfassung »stattfinden« zu lassen. Schon im Mai 1818 erklärte der Deutsche Bund die Verfassungsdebatte um diesen Artikel angesichts der allzu unterschiedlichen Vorstellungen bei den einzelnen Mitgliedern für beendet und gab die Zuständigkeit für die Beantwortung der Frage nach dem Ob und dem Wie einer Verfassung an die einzelnen Mitglieder, die deutschen Staaten, ab.

Zwei Jahre zuvor hatte diese Verfassungsdebatte noch vielversprechend begonnen. Dabei ging es nicht darum, ob eine Verfassung in den einzelnen Staaten zu erlassen wäre, sondern allein darum, in welcher Form dies zu geschehen habe. Musste es eine moderne repräsentative Verfassung sein, oder wäre der normativen Verpflichtung durch den Erlass einer altständischen Verfassung Genüge getan? Für den Großteil der Öffentlichkeit – nicht zuletzt auf Seiten der Jugend – war diese Frage geklärt: Es musste um eine moderne Repräsentativverfassung gehen. Die Regierungen hingegen waren in dieser Frage gespalten. Österreich stand, wie erwähnt, an der Spitze der Anti-Konstitutionalisten und versuchte die gesamte Debatte über diese Frage zu verhindern. Das gelang jedoch nicht.

Schon im Jahr 1817 stellte der Bundestag vielmehr explizit fest, dass es in seiner Zuständigkeit liege festzustellen, ob die Staaten den Verpflichtungen des Art. 13 DBA in ausreichender Form nachgekommen waren. Er setzte zudem eine Frist: Innerhalb eines Jahres sollten die einzelnen Staaten über den Fortgang berichten.

Die Verfassungsdebatte dauerte aber auch während dieser Frist an, einige Staaten rechneten gar mit dem Erlass einer Musterverfassung durch den Deutschen Bund. Diese Erwartungen (oder Befürchtungen) führten dazu, dass es in den süddeutschen Staaten in schneller Abfolge, unter anderem in Bayern, zum Erlass moderner Verfassungen kam. Diese Staaten befürchteten, dass der Bundestag sich in seiner Musterverfassung gegen eine moderne Repräsentativverfassung entscheiden könnte. Die Debatte erreichte aus der Sicht Metternichs damit das Gegenteil dessen, was er angestrebt hatte. Die süddeutschen Staaten schufen Fakten, deren Signalwirkung erheblich war.

Der Beschluss des Bundestages, die Verfassungsdebatte zu beenden, sollte damit diese Entwicklung bremsen und die Staaten davon abbringen, durch den vorschnellen Erlass moderner Verfassungen dem Deutschen Bund zuvorkommen zu wollen. Erfolgreich sollte das nur für eine begrenzte Zeit sein. Die modernen süddeutschen Repräsentativverfassungen – über ihren genauen Charakter werden wir gleich sprechen – waren in der Welt, und die Verfassungswelle sollte mittelfristig auch die norddeutschen Länder und schließlich sogar Österreich erreichen.

Der Weg dahin aber blieb steinig. Zunächst kam es zu einer dramatischen Verschärfung der Auseinandersetzungen. Den Hintergrund bildete eine verstärkte Mobilisierung der Studentenschaft, die mit den Ergebnissen des Wiener Kongresses immer unzufriedener war. Die nationale Einigung schien in weite Ferne gerückt, erste Verfassungen waren zwar da, aber das galt keineswegs für alle Staaten. Vor allem die politisch dominierenden Staaten Preußen und Österreich hatten keine, und die bestehenden blieben mit ihrer Betonung des monarchischen Prinzips hinter den Erwartungen zurück. Wo war sie, die versprochene Gleichheit und Partizipation? Ihren Forderungen Ausdruck verliehen die Studenten – sozusagen als erste »außerparlamentarische Opposition« (wobei es ein Parlament in den überwiegenden Fällen überhaupt nicht gab) – auf dem Wartburgfest im Oktober 1817. Sie begingen den Jahrestag der Reformation (Luther hatte die Bibel auf der Wartburg nahe dem thüringischen Eisenach übersetzt), »indem sie feurigen Reden lauschten und ihr Deutschtum feierten«,[5] aber auch Bücher und Zeitschriften verbrannten (u.a. den napoleonischen *Code Civil* sowie ein Werk des zwei Jahre später ermordeten August von Kotzebue). Solche öffentlichen Versammlungen irritierten die Regierungen. So etwas hatte es noch nie gegeben. Entsprechende Zusammenkünfte waren erst durch den mit den Reformen einhergehenden Dualismus zwischen Staat und Gesellschaft möglich geworden. Mit dem einheitlichen und mediatisierten Staat fanden die Studenten erstmals einen individuellen Adressaten für ihre Forderungen. Die monarchische Regierung reagierte darauf, wie sie es seit jeher getan hatte: mit Verboten und Repressalien. Die Studenten wurden als Neujakobiner verunglimpft, deren politisches Ansinnen im Keim zu ersticken war, um Unruhen und Chaos, eine Revolution gar, zu verhindern. Mittlerweile war den Regierenden in ganz Europa jeder suspekt, der einen gewissen Bildungsstand vorweisen konnte – auch hier wirkte der Glaube an vermeintliche Verschwörungen der aufklärerischen Geheimbünde wie ein Katalysator der repressiven Politik. Handfeste Beweise für das konspirative Vorgehen hielt man nur selten für erforderlich. Die Studenten stachelte dieses Vorgehen allerdings nur umso mehr an. Eine solche Einschüchterung konnte und wollte man sich nicht gefallen lassen.

Die aufgeheizte Stimmung eskalierte in der Ermordung des Dramatikers und Schriftstellers August von Kotzebue durch den Jenaer Theologiestudenten Karl Ludwig Sand.[6] Kotzebue, im Jahr 1761 in Weimar geboren, war zu der Zeit Generalkonsul für das russische Zarenreich und hatte u. a. den Auftrag, über das künstlerische Leben in Deutschland zu berichten. Seine Verachtung für die nationale Einigungsbewegung hatte er immer wieder zum Ausdruck gebracht, er wandte sich offen gegen liberale Ideen und hielt die Studenten für gefährliche und revolutionäre Gestalten. »Kotzebue verkörperte alles, was die meisten deutschen Studenten und Patrioten hassten [...]. Sein Konservatismus vertrug sich schlecht mit ihrem Liberalismus. Seine abfälligen Äußerungen über die Universitäten und die deutschtümelnden Mätzchen der Studenten erbosten sie.«[7]

Sand suchte Kotzebue am 23. März 1819 in dessen Mannheimer Wohnung auf und erhielt am Nachmittag unter dem Vorwand Einlass, dass er dem großen Mann seine Bewunderung aussprechen wolle. Stattdessen aber zückte er nach einer kurzen Unterredung seinen Dolch und stach Kotzebue mit den Worten: »Hier, Du Verräter des Vaterlandes« nieder. Tödlich getroffen brach Kotzebue zusammen. Sand versuchte anschließend sich selbst zu töten, was jedoch misslang (es handelte sich mithin um eines der ersten, partiell gescheiterten Selbstmordattentate). Er wurde inhaftiert und im Jahr 1820 hingerichtet.

Die liberale Bewegung war keineswegs angetan von Sands Vorgehen, einige verabscheuten sie offen. Gleichwohl hatte seine Tat Eindruck gemacht, manche erkannten in ihm einen Märtyrer für die gute Sache: Einige Zuschauer seiner Hinrichtung – er wurde enthauptet – tauchten ihre Taschentücher in sein Blut und

»verteilten Fetzen davon als Reliquien«.[8] Nachgerade skurril war das Verhalten des Henkers selbst. Als Sympathisant der nationalen Bewegung baute er »das Schafott nach der Hinrichtung ab und errichtete mit dem blutbefleckten Holz in dem nahegelegenen Weinberg ein Gartenhaus, das er Mitgliedern der Burschenschaft für geheime Treffen zur Verfügung stellte«.[9]

Für den reaktionären Metternich war das Attentat ohnehin ein Glücksfall. Er machte sich sogleich daran, die Möglichkeiten, die ihm der »vortreffliche Sand« eröffnet hatte, für seine Zwecke zu nutzen, wobei er geschickt den Glauben an weitere Bedrohungen, Attentate und revolutionäre Umbrüche schürte, um Unterstützung für seine Maßnahmen zu erhalten. Adam Zamoyski sieht hier Parallelen zum Vorgehen heutiger Politiker, die zur Rechtfertigung massiver Freiheitseinschränkungen immer wieder auf (vermeintliche) Terrorgefahren verweisen.[10]

Metternich strebte anfangs die völlige Rückgängigmachung der liberalen Verfassungsentwicklungen der vergangenen Jahre an. Das konnte der Moment sein, um all diesen unhaltbaren Entwicklungen Einhalt zu gebieten. Dazu allerdings brauchte er das Recht, namentlich Art. 13 DBA, auf seiner Seite. Das Recht für seine Zwecke zu instrumentalisieren, ist auch heute noch ein häufig genutztes Mittel, sichtbar zuletzt bei der Debatte um das Vorgehen der Europäischen Zentralbank. Dieser Weg ist deshalb attraktiv, weil das Recht als Diskussionsbeendiger wirkt: Wenn das Recht eine bestimmte Maßnahme untersagt, ist jede Debatte über ihre Zweckmäßigkeit überflüssig. Eine solche Diskussionsbeendigung strebte auch Metternich an: Wenn es ihm gelingen sollte, eine restriktive Interpretation dieser Bestimmung durchzusetzen, wonach »landständisch« mit »altständisch« und zwar *nur* damit zu verstehen war, würden keine neuen modernen Verfassungen erlassen werden können. Darüber hinaus wären aber auch die Staaten, die eine moderne Verfassung erlassen hatten, zu deren Rücknahme verpflichtet gewesen. Juristische Gutachter (bekannt wurde vor allem das Gutachten von Friedrich von Gentz) bestätigten im Auftrag Metternichs dieses restriktive Verständnis und führten aus, dass Repräsentativverfassungen auf dem Gedanken der Volkssouveränität ruhten und mit der ungeteilten Souveränität des Monarchen – dem monarchischen Prinzip – nicht im Einklang stünden.[11] Juristisch war das nicht haltbar und entsprach auch nicht der Vorstellung derjenigen, die diesen Artikel einst formuliert hatten (es handelte sich also um Gefälligkeitsgutachten, die auch heute immer wieder vorkommen). Die offene Fassung des Art. 13 DBA war gerade eine Folge der divergierenden Auffassungen gewesen und sollte den Streit über »altständisch« oder »repräsentativ« nicht abschließend entscheiden.

Im Bundestag scheiterte Metternich denn auch mit diesem Versuch. Vor allem der Vertreter Württembergs machte klar, dass eine revidierende Interpretation des Art. 13 DBA undenkbar sei. Metternich musste wohl oder übel mit den bestehenden liberalen Verfassungen leben.

Stattdessen versuchte er nun umso schärfer gegen die liberalen Entwicklungen vorzugehen und ihren Fortgang in seinem Sinne zu beeinflussen. Und das hieß für Metternich vor allem: Eindämmung der nationalen und demokratischen Bewegungen an den Universitäten und eine möglichst weitgehende Verhinderung der Verbreitung dieser Ideen durch Flugblätter und andere Publikationen. In einem Wort: Zensur. Vereinzelte universitäre Stimmen hatten zuvor tatsächlich ihre Bewunderung für Sand zum Ausdruck gebracht. Bekannt wurde u. a. ein Brief des Berliner Theologieprofessors Wilhelm de Wette an die Mutter des Attentäters, in dem er dieser versicherte, dass ihr Sohn spätestens im Himmel für seine Taten belohnt werden würde.[12] Metternich spielten solche (vereinzelten) Äußerungen in die Hände. Er nutzte sie, um seine österreichische Politik auch in den anderen

Staaten durchzusetzen. In diesen herrschte zu diesem Zeitpunkt noch – teilweise sogar bereits grundrechtlich abgesichert – eine weitreichende Pressefreiheit, aber auch eine ebenfalls weitgehende akademische Freiheit.

Die Gewährleistung der Meinungs- und Pressefreiheit ist für ein freiheitliches Gemeinwesen entscheidend. Rund 140 Jahre später sollte auch das Bundesverfassungsgericht ihre Bedeutung für den demokratischen Verfassungsstaat hervorheben. Meinungs- und Pressefreiheit sind demnach »schlechthin konstituierend« für die freiheitlich-demokratische Grundordnung. Jedem autoritären Regime sind diese Freiheiten ein Dorn im Auge, »weil es Transparenz und Rechenschaftspflicht nicht duldet«.[13] Sie werden schnellstmöglich begrenzt oder gleich vollständig abgeschafft: In China, in Belarus, aber zunehmend auch in Ungarn und Polen zeigt sich das und schon Metternich wusste genau, warum er hier ansetzen wollte. Offene Kommunikation begründete die Gefahr, dass sich liberale Ideen weiter verbreiten und immer mehr Personen sich ihr anschließen würden. Irgendwann könnte die kritische Masse erreicht sein, so die Befürchtung. Die Folge wären politische Forderungen gegenüber der Monarchie, die als den Staat repräsentierende Exekutive bisher das Monopol politischer Aktivität für sich beanspruchte – der Grund, warum die Monarchie durch das Wartburgfest so irritiert gewesen war. Metternich wollte dieses politische Monopol verteidigen. Tageszeitungen sollten bei der »Erfindung der Nation« später eine bedeutende Rolle spielen. Sie vermittelten bei der Lektüre eine gefühlte und überregionale Gleichzeitigkeit, die eine enorme integrative Kraft zu entwickeln imstande war. Eine solche »gefühlte Gleichzeitigkeit« und »imaginierte Gemeinschaft« der Liberalen galt es aus Sicht Metternichs zu verhindern.

Er strebte daher an, den Deutschen Bund dazu zu bewegen, mit drakonischen Mitteln gegen die Presse- und akademische

Freiheit einzuschreiten. Im Hinblick auf die Pressefreiheit enthielt die Deutsche Bundesakte in Art. 18 tatsächlich die Möglichkeit, dass der Bundestag »gleichförmige Verfügungen über die Pressefreiheit« abfasste. Für die akademische Freiheit, also jene von Forschung und Lehre, fand sich ein solcher Artikel zwar nicht. Metternich konnte sich insoweit aber auf den in Art. 2 der Bundesakte normierten Zweck des Deutschen Bundes berufen: Metternich wollte mit der Begrenzung der Freiheiten die innere Sicherheit Deutschlands wahren.

Der erforderlichen Mehrheit im Bundestag konnte er sich dennoch nicht sicher sein. Nicht alle Vertreter glaubten an die umfangreichen Verschwörungen und geplanten Revolutionen, die Metternich überall witterte oder besser: sich (bewusst oder unbewusst) einbildete: »Ja, es gab Kontakte zwischen einzelnen Mitgliedern von Geheimgesellschaften in unterschiedlichen Ländern, aber von einer einheitlichen, koordinierten Organisation konnte keine Rede sein.«[14] Metternich lud daher die einflussreichsten Staaten des Bundes – natürlich auch Preußen – nach Karlsbad ein, um auf einer gemeinsamen Konferenz über die Schritte zu beraten, die angesichts der Vorgänge notwendig wären. Das Resultat dieser Beratungen waren vier Gesetzentwürfe, denen schließlich auch Hardenberg als Vertreter Preußens zustimmte. Das hatte vermutlich eher innenpolitische Gründe: Hardenberg bezweckte wohl auch, sich dem zunehmend restaurativ denkenden preußischen König als vertrauensvoller Partner zu präsentieren.

Das Universitätsgesetz sah zunächst die Einrichtung sogenannter Staatskommissare an den Universitäten vor, die gegen Unruhen vorgehen, allerdings auch die Lehrinhalte kontrollieren sollten. Überhaupt hatte man vor allem die Professoren im Blick, die auf ihre Studenten erheblichen Einfluss nehmen konnten. Professoren, die zu liberal agierten, waren daher zu entlassen – Rechtsschutzmöglichkeiten bestanden praktisch keine. Im Deutschen Bund wurden darüber hinaus auch Burschenschaften, die in der Regel die nationale Sache vertraten, prinzipiell verboten. Hier zeigen sich erneut Parallelen zu heutigen Vorgängen: Auch in der Türkei verloren nach dem gescheiterten Putschversuch im Jahr 2016 zahlreiche WissenschaftlerInnen ihre Anstellung mit dem pauschalen Vorwurf, Teil einer (vermeintlichen) Verschwörung gewesen zu sein.

Im Pressegesetz wurde die Vorzensur für Schriften bis 320 Seiten vorgeschrieben. Im Übrigen bestand das Erfordernis der Nachzensur. Wie diese Zensur abzulaufen und an welchen inhaltlichen Kriterien sie sich zu orientieren hatte, wurde nicht geregelt und blieb den Zensoren überlassen. Von der in der Deutschen Bundesakte vorausgesetzten Pressefreiheit blieb nur noch wenig übrig. Als AutorIn oder politische(r) AktivistIn war man der Willkür der Autoritäten ausgesetzt.

Durch das Untersuchungsgesetz wurde der Bund ermächtigt, revolutionäre Umtriebe in den Staaten mit Hilfe einer besonderen Bundesbehörde zu überwachen. Schließlich regelte die Exekutionsordnung den Vollzug dieser Gesetze in den einzelnen Staaten.

Im September 1819 wurden die später als »Karlsbader Beschlüsse« bezeichneten Gesetzentwürfe im Frankfurter Bundestag einstimmig beschlossen. Das Erlassverfahren war allerdings fragwürdig: Metternich setzte den Gesandten eine Frist von vier Tagen zur Zustimmung, was angesichts ihres imperativen Mandats und der eingeschränkten Reise- und Kommunikationsbedingungen entschieden zu kurz war. Dennoch beugten sich diese dem Druck, allerdings bisweilen unter Vorbehalt. In der Verkündung der Beschlüsse wurde das aber nicht vermerkt.

Die »Karlsbader Beschlüsse« sollten das politische Klima im Deutschen Bund fortan prägen. Besonders streng ging Österreich gegen liberale Bestrebungen vor. Das lag allerdings weniger an den Karlsbader Beschlüssen, denn das geltende Recht war hier ohnehin strenger als in den anderen Staaten gewesen. In Preußen wurden die liberalen Minister Humboldt, Boyen und Beyme gestürzt, und die repressiven Aktivitäten standen auch sonst schon bald denjenigen Österreichs in nichts mehr nach.[15] In den liberalen und bereits konstitutionalisierten Staaten Süddeutschlands war der Vollzug der Beschlüsse weniger rigoros, und in Bayern kam es alsbald nur noch zu sporadischen Kontrollen. Dennoch hatte Metternich mit seinem Vorgehen Erfolg: Die Verfassungsentwicklung kam im Deutschen Bund mit diesen Beschlüssen vorerst zum Stillstand. Formal blieben sie bis zum Jahr 1848 in Kraft.

Der Einfluss der französischen Julirevolution

Erneut war es ein externes Ereignis, das der Verfassungsbewegung neues Leben einhauchte: die französische Julirevolution des Jahres 1830. Vor dem Hintergrund repressiver Maßnahmen des Königs Karl X. – es ging um Einschränkungen der Pressefreiheit sowie eine Veränderung des Wahlrechts zugunsten des Adels – war es dem französischen Bürgertum in erstaunlich kurzer Zeit gelungen, durch eine Volkserhebung eine neue Verfassung zu erzwingen, die auf der Idee der Volkssouveränität ruhte. Die *Charte Constitutionelle* des Jahres 1814, die für viele deutsche Verfassungen als Vorbild gedient hatte, war Geschichte. Die ersten Unruhen waren erst Ende Juli ausgebrochen, die neue Verfassung wurde schon am 14. August 1830 beschlossen und unterschied sich auf den ersten Blick nur geringfügig von der vorherigen. Entscheidend aber war die Auswechslung der Legitimationsbasis: Souverän war nicht mehr der Monarch, sondern das Volk. Der König – die Monarchie wurde als solche nicht angetastet – war fortan ein Monarch von Volkes Gnaden. Die Ergebnisse der Revolution waren damit keineswegs »ziemlich unspektakulär«, wie der Historiker Richard J. Evans meint.[16] Darüber hinaus erhielt die Volksvertretung das ausdrückliche Recht, Gesetzesinitiativen einzubringen. Das französische Volk eroberte Stück für Stück den politischen Raum.

Die konstitutionalisierten deutschen Staaten wurden von diesen Vorgängen nur marginal betroffen. Hier bestand bereits eine Volksvertretung, die in ihrer Bedeutung immerhin noch einmal gewann – an die von Metternich angestrebte Rücknahme dieser Verfassungen war endgültig nicht mehr zu denken. Angesichts der weitreichenden und größtenteils erfolgreichen ökonomischen Reformen blieben allerdings auch die beiden Großmächte Preußen und Österreich von ihnen verschont. Erneut zeigte sich, dass eine angemessene ökonomische Situation eine gewisse politische Trägheit auszulösen vermag – einer der Gründe, warum China heute so besessen ist, ökonomisch zu wachsen.

Den größten Einfluss hatten die Vorgänge auf die noch nicht konstitutionalisierten Mittelstaaten, allen voran Hannover, Hessen-Kassel und Braunschweig, wo die Restauration mit besonderer Gründlichkeit vollzogen worden war. In Sachsen war es bis dato zu keinerlei Reformen der Art gekommen, wie wir sie im letzten Kapitel besprochen haben. Dementsprechend hatte es dort auch noch keine ernsthaften Bestrebungen gegeben, eine Verfassung zu erlassen. In Hessen-Kassel war davon zumindest schon einmal die Rede gewesen, der Erlass war aber am adligen Widerstand gescheitert. Hannover war der normativen Verpflichtung des Art. 13 DBA (immerhin) durch den Erlass einer altständischen Verfassung nachgekommen. In Braunschweig lehnte der Herrscher weiterhin sogar den Erlass einer altständischen Verfassung ab, so dass Adel und Bürgertum die Proteste lange Zeit Seite an Seite bestritten. Dort sollte es schließlich zum einzigen deutschen Fürstensturz des 19. Jahrhunderts kommen[17] – es war bereits der Nachfolger des sich weigernden Königs, der das Verfassungsversprechen abgab. Die Motivation der aufbegehrenden Bevölkerung war in den einzelnen Staaten insofern unterschiedlich. In den meisten Staaten ging es weniger um den Erlass einer Verfassung als um den Ruf nach gesellschaftlichen und sozialen Reformen, nicht zuletzt der Gewerbefreiheit. Man wollte am ökonomischen Erfolg der anderen Staaten partizipieren. Dem Bürgertum gelang es allerdings, diese ökonomischen Sehnsüchte mit dem Wunsch nach einer Verfassung zu verknüpfen. Trotz der Unterschiede war das Ergebnis der Erhebungen in allen Staaten daher identisch – es wurden moderne Repräsentativverfassungen erlassen: 1831 in Kurhessen und Sachsen, 1832 in Braunschweig und 1833 (nach einem Aufstand Göttinger Studenten und Professoren gegen den erzkonservativen Kabinettsminister Ernst zu Münster)[18] in Hannover. Innerhalb des Deutschen Bundes waren damit praktisch nur noch die Führungsmächte Österreich und Preußen keine »modernen« Verfassungsstaaten.

Der Charakter dieser Verfassungen entsprach demjenigen der etablierten süddeutschen Verfassungen. Die Verfassungskämpfe waren damit aber nicht am Ende. Zahlreiche Monarchen waren mit der Situation unzufrieden, die Restauration war noch lange nicht geschlagen und das war auch den Anführern der liberalen Bewegungen bewusst – zumal im Deutschen Bund weiterhin Metternich die Geschäfte führte. Die nationale Einigung war ohnehin noch nicht gelungen, und das Erreichte stand auf einem wackeligen Fundament. Das zeigte sich beim Hambacher Fest im Jahr 1832. Erneut fiel die »Reaktion der Reaktion« drastisch aus, normativ gestützt auf die Karlsbader Beschlüsse.

Das Hambacher Fest war eine vom »Deutschen Preß- und Vaterlandsverein« organisierte Veranstaltung, an der rund 20.000 Personen aus allen Volksschichten teilnahmen. Die TeilnehmerInnen äußerten sich mehrheitlich antimonarchisch und sprachen sich für die Errichtung eines einheitlichen Nationalstaates auf Grundlage der Volkssouveränität aus: »Die Revolution brachte hier unterschiedliche Gesellschaftsschichten zusammen: Sie hatte die verrauchten Hinterzimmer der Freimaurer und Verschwörer hinter sich gelassen, hatte sich ins Tageslicht vorgewagt und für den Weg der Gesetzes- und Verfassungsreform und gegen den gewaltsamen Umsturz entschieden.«[19] Bei dem Festzug dominierten die schwarz-rot-goldenen Trikoloren, die die angestrebte Einheit symbolisieren sollten. Eine der ersten Reden hielt Philipp Jakob Siebenpfeiffer, dessen Ausführungen folgendermaßen endeten:

> »Es lebe das freie, das einige Deutschland! Hoch leben die Polen, der Deutschen Verbündete! Hoch leben die Franken, der Deutschen Brüder, die unsere Nationalität und unsere Selbständigkeit achten! Hoch lebe jedes Volk, das seine Ketten bricht und mit uns den Bund der Freiheit schwört! Vaterland – Volkshoheit – Völkerbund hoch!«

Das Fest war im Übrigen keine reine Männerveranstaltung, es nahmen zahlreiche Frauen teil, die Siebenpfeiffer in seiner Einladung ausdrücklich zur Partizipation aufgefordert hatte:

> »Deutsche Frauen und Jungfrauen, deren politische Mißachtung in der europäischen Ordnung ein Fehler und ein Flecken ist, schmücket und belebet die Versammlung durch eure Gegenwart!«

Allen TeilnehmerInnen war allerdings bewusst, dass ihr Zusammenkommen von der herrschenden Schicht nicht goutiert werden würde. Einer der Teilnehmer, Gustav Körner, hielt ausdrücklich fest, dass »der Zorn der Könige und Fürsten viele unter uns treffen würde«. So sollte es kommen. Preußen wertete die Vorgänge als vollwertige Revolution, Metternich brachte den Deutschen Bund dazu, sich explizit für das monarchische Prinzip auszusprechen und die Beschränkungen der Pressefreiheit zu verschärfen. Politische Vereine wurden verboten, ebenso politische Versammlungen und das Tragen politischer Symbole. Sogar auf privaten Zusammenkünften war es fortan untersagt, politische Reden zu halten, liberale Schriftsteller wie Heinrich Heine wurden ins Exil getrieben.

Rückblickend wirken all diese Aktionen und Maßnahmen wie ein letztes Aufbäumen der Restauration. Und in der Tat: Auch Preußen und Österreich sollten den Kampf gegen die Verfassungsbestrebungen letztlich verlieren und zu Verfassungsstaaten werden. Gleichwohl sollte nicht in Vergessenheit geraten, dass dieser Kampf, dieses ständige Hin und Her, in Deutschland noch eine ganze Weile weiterging.

Zwar konnte eine formelle Revolution wohl auch aufgrund der parallel und im Hintergrund ablaufenden ökonomischen Reformen (zumindest bis zum Jahr 1848) verhindert werden. Die ökonomische Situation entsprach deutschlandweit zunehmend derjenigen Preußens, wo Wirtschaftsliberalität und politische Reaktion nebeneinander bestehen konnten. Eine besondere Rolle kam dem Deutschen Zollverein zu, mit dem es bereits im Jahr 1834 gelungen war, Handelsbarrieren zwischen den Staaten weitgehend zu beseitigen. Österreich war daran allerdings nicht beteiligt, so dass der Zollverein die spätere »kleindeutsche Lösung« schon vorwegnahm. Solange es dem Bürgertum ökonomisch einigermaßen gut geht, können revolutionäre Ausbrüche eine beachtliche Zeit lang verhindert werden, da man eher bereit ist, mangelnde politische Partizipation zu akzeptieren – die Legitimität einer politischen Ordnung hängt nicht allein von Partizipationsmöglichkeiten, sondern auch von Output-Elementen, von ihrer (ökonomischen) Leistungsfähigkeit ab.

In politischer Hinsicht bedeutete das freilich, dass selbst in den deutschen Staaten, in denen es zu einer Repräsentativverfassung gekommen war, dieser *Status quo* nicht gesichert war. Beispielhaft für diese politischen Auseinandersetzungen war der »Hannoversche Verfassungskonflikt« aus dem Jahr 1837. Was war hier geschehen?

Der Hannoversche Verfassungskonflikt

Das Königreich Hannover hatte im Jahr 1833 eine moderne Repräsentativverfassung erhalten, durch die die altständische Verfassung des Jahres 1819 abgelöst worden war. Vier Jahre lang ging das gut, dann verstarb König Wilhelm der IV. von Großbritannien und Hannover. Sein Sohn Ernst August übernahm die Herrschaft – allerdings nur noch für Hannover. In Großbritannien begann die bis zum Jahr 1901 andauernde Herrschaft Victorias, mit der zugleich die seit 1714 bestehende Personalunion der beiden Königreiche endete. Schon das war für den neuen König ein Rückschlag. Statt eines Weltreichs regierte er das sogar innerhalb des Deutschen Bundes eher unbedeutende Königreich Hannover. Eine Verfassung, die diese Macht noch weiter begrenzte, konnte er auch deshalb nicht akzeptieren. Bereits als Thronfolger hatte er signalisiert, was er von dieser »modernen« Verfassung hielt. In einem Wort: nichts. Und die formale Bestätigung des monarchischen Prinzips durch den Deutschen Bund im Anschluss an das Hambacher Fest dürfte Ernst August in seinem Ansinnen bestätigt haben, diese Verfassung zu beseitigen.

Unmittelbar nach seiner Ernennung vertagte er daher am 29. Juli 1837 den Landtag. Dieses Recht war dem König nach Paragraph 119 der Verfassung zugewiesen. Ob eine Auflösung allerdings auch vor der Eidesleistung auf die Verfassung möglich war, war zweifelhaft. Alsbald wurde deutlich, dass der König mit seinem Vorgehen diese Eidesleistung auf die Verfassung, zu der er nach Paragraph 3 der Verfassung mit Amtsantritt verpflichtet war, vermeiden wollte. Schon in diesem Vorgehen lag damit der Beginn des Staatsstreichs. Ernst August schien selbstverständlich davon auszugehen, die Rechte der Verfassung ausüben zu können, obwohl er diese ablehnte und die Eidesleistung verweigerte. Normativ war das kaum haltbar, bestätigte aber die Vorstellung, nach der der Monarch seine Befugnisse nicht durch die Verfassung erhielt, diese ihm vielmehr vorverfassungsrechtlich zukamen – als herrschaftsbegründend wurden die deutschen Verfassungen in der Staatsrechtslehre auch nicht angesehen. Völlig abwegig war die Ansicht des Königs insofern nicht. Der Abgeordnete Stüve, der in der Zweiten Kammer die Ansicht des Königs zurückwies, konnte sich daher nicht durchsetzen, die Sitzung wurde geschlossen und die Abgeordneten gingen auseinander. Dass die Abgeordneten zu diesem Zeitpunkt bereits ahnten (oder gar goutierten), dass Ernst August die Beseitigung der Verfassung anstrebte, erscheint wenig wahrscheinlich. Es erwies sich insofern als geschickt, dass der König die Versammlungen lediglich vertagte, aber nicht umgehend auflöste – ein solches Recht kam dem König laut Verfassung nicht zu. Dadurch konnte der Eindruck entstehen, dass der König die Verfassung prinzipiell würde achten wollen. Es sollte anders kommen. Die vorläufige Vertagung genügte dem König für seine Zwecke ohnehin: Die Kammern konnten auch nach der Verfassung allein durch den König einberufen werden, ein Selbstversammlungsrecht bestand nicht. Faktisch kam die Vertagung damit der Auflösung mehr oder weniger gleich.

Intern gingen die Vorbereitungen zum Staatsstreich rasch weiter. Die (monarchische) Regierungsorganisation wurde gemäß den Vorstellungen Ernst Augusts angepasst, mit Georg von Schele wurde ein Mann zum Kabinettsminister ernannt, der bereits in den Jahren zuvor mit dem Thronfolger an der Vorbereitung des Staatsstreichs mitgewirkt hatte. Die Minister sollten dem König nur noch in Anwesenheit Scheles berichten dürfen – ohne rechtliche Grundlage in der Verfassung war Schele zum Premierminister gemacht worden.[20]

Publik machte Ernst August den Staatsstreich schließlich am 5. Juli 1837 in seinem Regierungsantrittspatent, in dem er ausführte, dass er sich weder formell noch materiell an das Staatsgrundgesetz gebunden fühle, wenngleich er noch eine umfassende Prüfung ankündigte. Der Sache nach aber war klar: Der König sah sich und seine Hoheitsbefugnisse als über – oder besser vor – der Verfassung stehend an, er konnte daher auch frei über die Geltung oder Nichtgeltung der Verfassung entscheiden. Die dogmatisch schwer zu begründende Ansicht, wonach dem souveränen Monarchen nicht mehr das Recht zukommen sollte, eine einmal erlassene Verfassung zu ändern, lehnte er ab – obwohl diese Begrenzung monarchischer Macht in der Wiener Schlussakte festgelegt war.

Mit einer durch die Verfassung *begrenzten* monarchischen Gewalt hatte das nichts mehr zu tun – im Zweifel konnte sie durch den Monarchen durchbrochen oder wie in diesem Fall verworfen werden. Gleichwohl sollte Justus Christoph Leist schon im September 1837 die Rechtmäßigkeit dieses Vorgehens in einem rund 300 Seiten umfassenden Gutachten bestätigen. Was von diesem Gutachten zu halten war, hat Jörn Ipsen in seiner umfassenden Darstellung und Analyse der Hannoveraner Vorgänge in deutlichen Worten formuliert: »Es bleibt der Schluss, dass es sich beim Leist'schen Gutachten um ein pseudo-wissenschaftliches Machwerk handelt, mit dem vor der Fassade juristischer Terminologie und Argumentation lediglich der Weg zum Staatsstreich und in die Despotie geebnet werden sollte.«[21]

Der Staatsstreich wurde dessen ungeachtet durch Königliches Patent vom 1. November 1837 mit der endgültigen Auflösung der Kammern und der Wiedereinsetzung der Verfassung von 1819 zum Abschluss gebracht.

Der Protest der Göttinger Sieben

An der im Jahr 1737 gegründeten und zum Königreich Hannover gehörenden Georg-August-Universität zu Göttingen blieben diese Vorgänge nicht unbemerkt. Zu einem konzertierten Widerstand kam es allerdings nicht. Der Staatsstreich wurde weithin, wie auch bei anderen staatlichen Institutionen, mehr oder weniger hingenommen, an der Georgia-Augusta nicht zuletzt deshalb, weil man sich in den Vorbereitungen zu den Feierlichkeiten zum 100-jährigen Bestehen befand. Eine offizielle Intervention und die damit einhergehende Unruhe wollte man auch aus diesem Grunde vermeiden. Der Vorgänger Ernst Augusts, König Wilhelm IV., hatte der Universität die neue Aula gestiftet, die jetzt feierlich eingeweiht werden sollte (und heute Sitz des Universitätspräsidiums am – bei Studierenden beliebten – Wilhelmsplatz ist). Konnte man sich in so einer Situation gegen den Nachfolger des großzügigen Stifters wenden? Die Antwort war an der Universität schnell gefunden: nein.

Für sieben Göttinger Professoren schien eine solche Unterwürfigkeit nicht akzeptabel – sie hatten einen Eid auf die Verfassung geschworen. Es handelte sich um den Historiker Friedrich Christoph Dahlmann, den Staatsrechtler Wilhelm Eduard Albrecht, der 1848 auch Mitglied der Frankfurter Nationalversammlung werden sollte, die Germanisten Jacob und Wilhelm Grimm, die später vor allem mit ihrer Sammlung von Märchen weltweite Berühmtheit erlangten, den Historiker Georg Gottfried Gervinus, den Orientalisten Heinrich Ewald sowie den Physiker Wilhelm Weber. Weber hatte zuvor lange mit dem berühmten Mathematiker Carl Friedrich Gauß zusammengearbeitet und entwickelte u. a. die erste telegraphische Kommunikationsanlage (Gauß hielt diese allerdings für so banal, dass er auf die Eintragung eines förmlichen Patents verzichtete).[22]

Schon wenige Wochen nach der Verkündung des Aufhebungspatents richteten die sieben Professoren ein Protestschreiben an das Universitätskuratorium, das nicht nur in Göttingen in die Rechtsgeschichte eingehen sollte.[23] Die entscheidenden Worte des Textes waren die folgenden:

> »Wenn daher die unterthänigst Unterzeichneten sich nach ernster Erwägung der Wichtigkeit des Falles nicht anders überzeugen können, als daß das Staatsgrundgesetz seiner Errichtung und seinem Inhalte nach gültig sei, so können sie auch, ohne ihr Gewissen zu verletzen, es nicht stillschweigend geschehen lassen, daß dasselbe ohne weitere Untersuchung und Vertheidigung von Seiten der Berechtigten, allein auf dem Wege der Macht zu Grunde gehe. Ihre unabweisliche Pflicht vielmehr bleibt, wie sie hiemit thun, offen zu erklären, daß sie sich durch ihren auf das Staatsgrundgesetz geleisteten Eid fortwährend verpflichtet halten müssen, und daher weder an der Wahl eines Deputirten zu einer auf andern Grundlagen als denen des Staatsgrundgesetzes berufenen allgemeinen Ständeversammlung Theil nehmen, noch die Wahl annehmen, noch endlich eine Ständeversammlung, die im Widerspruche mit den Bestimmungen des Staatsgrundgesetzes zusammentritt, als rechtmäßig bestehend anerkennen dürfen.«

Der Zorn des Königs war den Verfassern gewiss, schon Ende November 1837 stellte er fest, dass die Professoren augenfällig eine revolutionäre, hochverräterische Tendenz verfolgten, die sie persönlich verantwortlich machte. Sie wurden wenig später entlassen, von einer Strafverfolgung wegen der Verbreitung der Protestschrift wurde abgesehen. Dahlmann, Jacob Grimm und Gervinus wurden als vermeintliche Drahtzieher des Verrats zusätzlich des Landes verwiesen. Die sieben Professoren versuchten noch mit einer Gehaltsklage bei der Justizkanzlei Hannover die Rechtswidrigkeit des Vorgehens des Königs zu belegen. Die Klage wurde allerdings abgewiesen, da sie keinen bürgerlich-rechtlichen Charakter aufwies. Damit war den Klägern zugleich der Weg zum Deutschen Bund abgeschnitten. Nach Art. 29 der Wiener Schlussakte war dieser zwar verpflichtet, Beschwerden wegen Justizverweigerung zu behandeln. Für öffentlich-rechtliche Streitigkeiten galt das jedoch nicht. Für diese wurde in Hannover wenig später ein besonderer »Staatsrath« errichtet, der im Jahr 1841 schließlich (wenig überraschend) zugunsten des Königs entschied. Die Entlassung von Professoren gehörte nach dem Urteil zu seinen gerichtlich nicht in Frage zu stellenden Kompetenzen. Der Fall der Göttinger Sieben war endgültig verloren.

Das Vorgehen des Deutschen Bundes war kaum weniger enttäuschend als dasjenige großer Teile der Universität, die auch gegen die Entlassung der Professorenkollegen nichts unternahmen. In der Wiener Schlussakte war in Art. 56 explizit vorgesehen, dass bestehende landständische Verfassungen nur in den vorgesehenen Verfahren abgeändert werden durften, ein einseitiges monarchisches Änderungs- und Verwerfungsrecht also nicht bestand. Anstatt zu intervenieren und das Vorgehen Ernst Augusts zu rügen, beschloss der Bundestag indes schon im September 1839 (wenngleich nicht einstimmig), dass für ein Einschreiten keine Veranlassung bestand. Wann aber hätte eine solche Veranlassung bestehen sollen, wenn nicht in diesem Fall? Immerhin verband der Bundestag diesen Beschluss mit der »vertrauensvollen Erwartung«, dass der König von Hannover baldmöglichst mit den Ständen eine Einigung über ein neues Verfassungswerk treffen würde. Der hannoversche König konnte sich gleichwohl im Kern seines Vorgehens bestätigt fühlen.

Im Jahr 1840 erließ der König eine neue Verfassung, die in ihrem Inhalt allerdings hinter der modernen Verfassung des Jahres

1833 zurückblieb. Das zeigte sich schon in ihrem Erlassverfahren: Sie war vom König oktroyiert. Die Mitwirkung der Zweiten Kammer war deutlich reduziert, die Minister waren allein dem Monarchen verantwortlich. Auch wenn das Königreich Hannover also drei Jahre nach dem Staatsstreich eine neue Verfassung erhielt, wird man nicht sagen können, dass sich dieser für den König nicht gelohnt hätte – zumal der König auch unter der neuen Verfassung seine repressiven Maßnahmen gegen die Zweite Kammer fortsetzte. Erst in den Wirren der Revolution der Jahre 1848/49 erhielt das Königreich Hannover wieder eine moderne Repräsentativverfassung, die in ihrem Charakter derjenigen des Jahres 1833 entsprach.

Dennoch sollte nicht in Vergessenheit geraten, was die Göttinger Sieben bereit waren, für ihre Ideale aufs Spiel zu setzen. Jacob Grimm, gefragt nach den Beweggründen seines Vorgehens, drückte es später so aus:

> »Die Geschichte zeigt uns edle und freie Männer, welche es wagten, vor dem Angesicht der Könige die volle Wahrheit zu sagen; das Befugtsein gehört denen, die den Mut dazu haben. Oft hat ihr Bekenntnis gefruchtet, zuweilen hat es sie verderbt, nicht ihren Namen. Auch die Poesie, der Geschichte Widerschein, unterläßt es nicht, Handlungen der Fürsten nach der Gerechtigkeit zu wägen. Solche Beispiele lösen dem Untertanen seine Zunge, da wo die Not drängt, und trösten über jeden Ausgang.«

Heute erinnert ein von Günter Grass gestaltetes und auf dem Campus der Georg-August-Universität Göttingen errichtetes Denkmal an diese »Helden der Verfassungsgeschichte«.

Die Merkmale des deutschen Konstitutionalismus

Nun zu den Merkmalen der Verfassungen, die in diesem und dem letzten Kapitel bereits erwähnt worden sind: Was hat es mit dem spezifisch »deutschen Konstitutionalismus« des 19. Jahrhunderts auf sich? Rufen wir uns zunächst die zwölf Merkmale des modernen amerikanischen Konstitutionalismus in Erinnerung, bevor wir diese als Vergleichsfolie über die deutschen Verfassungen legen: Verfassungen wurden erstens in einer knappen Verfassungsurkunde festgehalten und zweitens in einem besonderen Verfassungsgebungsprozess erarbeitet. Sie enthielten drittens ein spezifisches Verfassungsänderungsverfahren, genossen viertens Vorrang vor sonstigem Recht und etablierten fünftens eine Verfassungsgerichtsbarkeit. Sie waren sechstens herrschaftsbegründend, siebtens umfassend und achtens universal. Sie errichteten neuntens eine demokratische Repräsentation mit zehntens der Gewaltenteilung, kannten elftens eine rechtsstaatliche Herrschaftsbegrenzung (Grundrechte) und ruhten zwölftens auf dem Prinzip der Volkssouveränität als Legitimationsgrundlage.

Wie sieht es insoweit mit den deutschen Verfassungen aus, die im Laufe des 19. Jahrhunderts erlassen wurden und die deutsche Verfassungslandschaft bis zur Weimarer Republik prägten?[24] Dabei gilt es erneut zu beachten, dass es sich um einen Prozess handelt. Die Merkmale wandelten sich im Laufe der Zeit und passten sich dem Zeitgeist an. Das galt nicht zuletzt für das monarchische Prinzip, das schon bei der Reichsverfassung von 1871 keine prominente Rolle mehr spielte und der Sache nach durch den spezifischen Dualismus von Monarchie und Parlament abgelöst wurde. Insofern wird man einen frühen und einen späten deutschen Konstitutionalismus unterscheiden müssen. Wie sich eine bestimmte Verfassung zu den folgenden Merkmalen verhielt, lässt sich stets nur durch den Blick in und die Lektüre der konkreten

Verfassung ermitteln. Wenn hier vom »deutschen« Konstitutionalismus gesprochen wird, sei im Übrigen angemerkt, dass die folgenden Merkmale auch für viele andere europäische Staaten des 19. Jahrhunderts charakteristisch waren: »Die Unterschiede zwischen den einzelnen Staaten waren demnach graduell, nicht prinzipiell.«[25] Martin Kirch spricht vom »monarchischen Konstitutionalismus« als dem staatenübergreifenden Typus der Zeit (Russland mit seinem absolutistischen Zar bildete eine der wenigen Ausnahmen). Überall sahen sich die Monarchen mit verfassungsrechtlichen Begrenzungen konfrontiert, wobei vor allem das Verhältnis des Monarchen zum Parlament umstritten blieb und sich im Detail unterschied. Republiken, demokratische gar (wie die USA) waren aber die Ausnahme. Das zeigt erneut, dass sich die Vorstellung eines deutschen Sonderweges nur schwer halten lässt.

Zunächst und *erstens* zur einheitlichen Verfassungsurkunde. Im deutschen Konstitutionalismus bestand anfangs eine große Formunsicherheit. Eine einheitliche, knappe und umfassende Verfassungsurkunde fand sich kaum, die Staatsgrundgesetze ergingen in unterschiedlichsten Formen – als Gesetz, Verordnung, Edikt, Dekret oder Manifest des Landesherrn. Sie trugen bisweilen aber immerhin den Titel Verfassung. Oftmals bestanden sie aus verschiedenen Schriftstücken, die in nicht immer leicht zu verstehender Form aufeinander Bezug nahmen. In Bayern hatte die gesamte Verfassung mehrere hundert Seiten, was aus dem Blick gerät, wenn man sich nur den Haupttext anschaut. Dadurch aber kam diesen Verfassungen eine geringere Integrationskraft zu, als das bei der amerikanischen der Fall ist. Ähnliches stellen wir heute bei den technischen Europäischen Verträgen fest. Für Verfassungspatriotismus sind der Unionsvertrag und der »Vertrag über die Arbeitsweise der Europäischen Union« denkbar schlecht geeignet. Im Laufe der Zeit ergaben sich aber auch hier Veränderungen. Der Reichsverfassung des Jahres 1871 ging zwar weiterhin das Pathos manch anderer modernen Verfassung ab, sie war aber kompakt in einem einzigen Text zusammengefasst.

Mangels herausgehobener Stellung fanden sich *zweitens* kein besonderes Erlassverfahren und erst recht keine umfassenden Ratifikationsprozesse. Der Landesherr erließ die Verfassung meist kraft eigener Machtvollkommenheit. Teilweise wurden die Verfassungen auch gemeinsam mit den Ständen ausgehandelt (paktierte Verfassungen). Der Unterschied zu den Vorgängen in der Frankfurter Paulskirche, die wir im folgenden Kapitel beleuchten, aber auch zu denjenigen in den USA wird hier deutlich. Allerdings sollte dieser Unterschied auch nicht überhöht werden – wie dargelegt liegt auch die Erarbeitung demokratischer Verfassungen in der Regel in der Hand einer kleinen Elite.

Es fand sich *drittens* meist auch kein besonderes Verfassungsänderungsverfahren, das einen signifikanten Abstand zur normalen Gesetzgebung aufgewiesen hätte. Selbst die Reichsverfassung von 1871, als Beispiel für eine Verfassung des »späteren« deutschen Konstitutionalismus, wurde im gewöhnlichen Gesetzgebungsverfahren geändert. Lediglich im Bundesrat war die Vetomöglichkeit einer Stimmenminderheit vorgesehen.

Damit aber setzte sich *viertens* bis zuletzt die Idee eines umfassenden Vorrangs der Verfassung nicht durch. Einfache Gesetze hatten die Kraft, die Verfassung materiell zu verändern. Das galt formal sogar für die Paulskirchenverfassung von 1849, die ihren Vorrang lediglich vor den einzelstaatlichen Verfassungen und Gesetzen ausdrücklich vorsah. Damit galt faktisch ein Vorrang des Gesetzes vor der Verfassung und kein Verfassungsvorrang.

Das schloss *fünftens* eine moderne Verfassungsgerichtsbarkeit aus, die den Vorrang der Verfassung voraussetzt. Teilweise wurde zumindest überprüft, ob ein Gesetz den formalen Vorgaben entsprechend erlassen wurde. Die Paulskirchenverfassung etablierte zwar eine Verfassungsgerichtsbarkeit mit Verfassungsbeschwerde, kannte aber ebenfalls kein richterliches Prüfungsrecht gegenüber Gesetzen, wie es im Jahr 1803 vom amerikanischen Supreme Court entwickelt wurde.

Ein zentraler Unterschied der Verfassungen des frühen deutschen Konstitutionalismus – gerade gegenüber den USA und den ersten französischen Revolutionsverfassungen – lag darin, dass diese *sechstens* nicht als herrschaftsbegründend angesehen wurden. Die Verfassungen wurden vom Monarchen gewährt und waren damit Ausdruck seiner vorverfassungsrechtlichen, unabgeleiteten bzw. göttlich verliehenen Souveränität. Die Verfassungen begrenzten die bestehende Herrschaftsgewalt, begründeten sie aber nicht.[26] Der Monarch blieb Träger und Ausgangspunkt der gesamten Staatsgewalt. Dieses monarchische Prinzip stand theoretisch zugleich der Idee einer Gewaltenteilung im Wege. Die faktischen Unterschiede waren allerdings so groß nicht. Denn nach überwiegender Ansicht war der Monarch gehindert, die durch die Verfassung begründete Selbstbindung eigenmächtig wieder aufzuheben. Dass Änderungen der Verfassung nicht durch den Monarchen selbst, sondern nur in den in der Verfassung selbst vorgesehenen Verfahren möglich waren, wurde in Art. 56 der Wiener Schlussakte ausdrücklich festgehalten – hier lag der Ausgangspunkt für den Protest der Göttinger Sieben. In dieser Form stand der Monarch als Spitze der Exekutive der Repräsentation gegenüber, die aber nicht als Teil der Staatsgewalt angesehen wurde. Wie dieser seltsam »gebunden-ungebundene« Monarch staatsrechtlich einzuordnen war, war umstritten. Einerseits sprach man zur Begründung der Selbstbindung von der Souveränität des Staates (nicht des Monarchen) und transformierte den Monarchen dadurch zum »gewöhnlichen« Staatsorgan. Gleichzeitig betonte man seine Verschieden- und Überlegenheit gegenüber anderen Staatsorganen – vor allem natürlich der Repräsentation –, indem man auf seine Eigenschaft als Staatsoberhaupt und natürlichem Träger der gesamten Staatsgewalt verwies.[27] Aufzulösen war dieser theoretische Widerspruch nicht und es war schon zur Mitte des Jahrhunderts offenkundig, dass das monarchische Prinzip in seiner strengen Form auf Dauer nicht zu halten sein würde. Schon die preußische Verfassung folgte diesem strengen Modell nicht mehr, erhalten blieb aber der den späteren Verfassungskonflikt prägende Dualismus zwischen monarchischer (und nicht vom Parlament abhängiger) Regierung und dem Parlament. Gleichwohl blieb fraglich, ob man diese Verfassungen als herrschaftsbegründend ansehen konnte – die vorverfassungsrechtliche Existenz des Monarchen wurde implizit vorausgesetzt. Geklärt wurde diese Frage meistens nicht, in der Regel wurde sie verfassungsrechtlich offengelassen, wenngleich die Verfassungen ihrem Inhalt nach zunehmend die Idee der Gewaltenteilung verwirklichten. Der Dualismus Monarch/Parlament ähnelte auf den ersten Blick demjenigen der amerikanischen Verfassung. Auch dort steht das Parlament, der Kongress, einer monistischen und monokratischen Regierung, dem Präsidenten, gegenüber. Der zentrale Unterschied war und ist die Wählbarkeit der Regierung durch das Volk. Die USA waren und sind eine Republik, der deutsche Konstitutionalismus war stets als Erbmonarchie konstruiert. Auch zu der englischen Monarchie bestanden alsbald signifikante Unterschiede. Denn dort wurde der Monarch ab der ersten Hälfte des 19. Jahrhunderts in eine repräsentative Rolle gedrängt, während die vom Parlament abhängige Regierung zum eigentlichen Machzentrum avancierte.[28] Mit einer solchen Rolle sollte sich kein deutscher Monarch abfinden – schon gar nicht der selbstbewusste Wilhelm II., mit dem das deutsche Zeitalter der Monarchien im Jahr 1918 zu Ende gehen sollte.

Modern waren die Verfassungen hingegen *siebtens* im Hinblick auf ihren umfassenden Regelungsanspruch. Sie wollten und sollten die gesamte Herrschaftsgewalt regeln. Es existierte zwar weiterhin eine Kompetenzvermutung zugunsten des Monarchen. Das galt aber nur insoweit, als die Verfassung eine Kompetenzfrage nicht explizit beantwortete. Die Lückentheorie, mit der Bismarck den späteren preußischen Verfassungskonflikt für sich und den Monarchen entschied, bestätigt diesen Befund: Die Zuständigkeit des Monarchen wurde nicht mehr auf seine vorverfassungsrechtliche Souveränität, sondern auf verfassungsrechtliche Überlegungen gestützt.

Die Verfassung hatte *achtens* universalen Anspruch, wurde also zwar oktroyiert oder paktiert, galt aber für alle Untertanen und sogar den Monarchen selbst – eine einseitige Änderung oder Aufhebung durch diesen sollte nicht mehr möglich sein. Insofern zeigten sich hier Unterschiede zur britischen *Bill of Rights* von 1689, deren Geltung auf den Monarchen und die Ständevertretung begrenzt war.

Die Schaffung einer repräsentativen Körperschaft war *neuntens* auch in Deutschland der Hauptzweck, der mit dem Erlass der Verfassung verfolgt wurde. Allerdings zeigten sich auch hier Unterschiede zur amerikanischen Verfassung. Den Hintergrund für den Erlass bildete für den Monarchen meist die angespannte finanzielle Situation des Gemeinwesens, bisweilen sollte die Repräsentation auch die Integration neuer Staatsgebiete fördern, indem die Gesellschaft mit ihrem Staat verbunden wurde. Gleichwohl wollte der Monarch seinen prinzipiellen Herrschaftsanspruch nicht aufgeben oder teilen. In der Konsequenz kam es zur Errichtung von Zwei-Kammer-Systemen, wobei die Erste Kammer aus den privilegierten Ständen kraft erblicher Stellung bestand. Die Zweite Kammer war die eigentliche Volkskammer, zusammengesetzt aus dem Bürgertum und den Bauern. Diese Volkskammer wurde gewählt, wobei das Wahlrecht anfangs noch durch Zensusbestimmungen beschränkt war. Aber immerhin: Innerhalb der Kammern zeigten sich moderne, demokratische Elemente. Es galt das freie Mandat, die Abgeordneten vertraten das gesamte Volk, ein Konzept, das auch dem heutigen Art. 38 GG zugrunde liegt. Trotz dieser langen Tradition der »Gesamtrepräsentation« bestehen allerdings theoretische Unsicherheiten darüber, wen die einzelnen Abgeordneten in welcher Form vertreten, mit anderen Worten, was Repräsentation bedeutet.[29] In Deutschland ist das an der verfassungsrechtlichen Diskussion über die sogenannten Parité-Gesetze deutlich geworden, die auf eine paritätische Besetzung der Parlamente mit Männern und Frauen abzielen, indem sie den Parteien eine entsprechende Listenbesetzung vorschreiben. Einzelne Verfassungsgerichte haben diese Gesetze bereits für verfassungswidrig erklärt, und zwar wegen eines Verstoßes gegen die Idee der Gesamtrepräsentation. Repräsentation setzt danach gerade nicht die Konstruktion eines verkleinerten Abbildes der Gesellschaftsstruktur voraus – eine Vorstellung, die an ständische Vertretungen erinnert, sich allerdings auch unter dem späteren Dualismus zwischen Monarch und Parlament lange hielt: »Es sollte nur abgebildet werden, was tatsächlich existierte, und in dieser ›Verkürzung des Begriffs der Nationalrepräsentation auf den Sinn abbildlicher Vermittlung‹[30] waren sich in Deutschland Konservative und Liberale erstaunlich ähnlich.«[31] Diese Idee einer »Abbildrepräsentation« stammt mithin aus einer Zeit, in der dem Parlament nicht die Aufgabe der positiven Gestaltung des Gemeinwesens, sondern der (negativen) Abwehr monarchischer Willkür zugewiesen war. Das muss die Forderung nach geschlechtlicher Parität in einem modernen »Volkswillenbildungsparlament«[32] nicht falsch machen. Sie wird durch eine Regelung wie den Art. 3 Abs. 2 GG gewiss gestützt, der nicht nur die Gleichheit von Mann und Frau postuliert, sondern den Staat zudem verpflichtet, die tatsächliche Gleichberechtigung zu fördern und auf die Beseitigung bestehender Nachteile hinzuwirken.

Gleichwohl wird man aus der fundamentalen Idee der politischen Gleichheit ableiten müssen, dass die Repräsentation von Gruppeninteressen nicht davon abhängen kann, dass der Repräsentant der jeweiligen Gruppe angehört. Gruppenspezifische Interessenunterschiede treten hinter die politische Gleichheit zurück, im Parlament wird politische Gleichheit repräsentiert und verwirklicht, so dass es auf die vielfältigen Gruppenzugehörigkeiten nicht ankommen kann, die jede(r) Abgeordnete selbstverständlich aufweisen wird (als Atheist, als Katholik, als Sportlerin, als Juristin, als Ärztin usw.). In einer pluralistisch-vielfältigen Gesellschaft ist ein anderer Grundsatz für die Repräsentation schwer vorstellbar, da die möglichen »Gruppen« bei weitem zu zahlreich sind – das Parlament müsste mit jeder neuen gesellschaftlichen Gruppe um weitere Abgeordnete anwachsen. Es geht richtigerweise also um Vielfalt in (politischer) Gleichheit, und ein vergleichsweise kleines Parlament lässt sich auch bei großen Gesellschaften ohne Repräsentativitätsdefizite nur sicherstellen, wenn die Gleichheit das Repräsentationsfundament bildet. Gleichwohl: Verfassungsrechtlich erscheint es nicht ausgeschlossen, dass man zumindest für die Parität der Geschlechter eine Ausnahme macht – es gibt insoweit verfassungsrechtliche Argumente für beide Positionen.

In den Parlamenten des 19. Jahrhunderts wurde zudem bereits nach dem Mehrheitsprinzip entschieden und in der Regel auch öffentlich debattiert. Allerdings waren die Kompetenzen der Parlamente anfangs noch begrenzt auf die Partizipation an der Gesetzgebung und den Haushalt. Formaler Gesetzgeber blieb der Monarch, der meistens auch das alleinige Initiativrecht hatte. Erforderlich waren Gesetze bei Eingriffen in Freiheit und Eigentum, wo das Parlament als Wächter der Freiheit gegen eine übergriffige Exekutive fungierte. Im Übrigen konnte der Monarch durch Verordnungen regieren, und in Notzeiten galt das teilweise auch in den Vorbehaltsbereichen der Gesetzgebung. Das führte bisweilen zu Kompetenzstreitigkeiten, die in ähnlicher Form – bis heute – auch in der amerikanischen Verfassungsordnung auftreten.

Auch die Bestellung der Regierung blieb bis zuletzt Angelegenheit des Monarchen, ein Misstrauensvotum kannten die Verfassungen nicht. Immerhin bestand eine gewisse Kontrolle der Regierung über die Ministerverantwortlichkeit gegenüber dem Parlament in öffentlichen Anhörungen. Zudem wurde das Budgetrecht im Laufe der Zeit zur zentralen Waffe des Parlaments, da der moderne Staat angesichts ständig zunehmender Aufgaben einen wachsenden Finanzbedarf hatte. Auch der preußische Verfassungskonflikt hatte einen Budgetkonflikt zum Ausgangspunkt. Dadurch gewann das Parlament größeren Einfluss auch auf die Bereiche der Exekutive, die nicht dem Vorbehaltsbereich angehörten. Schon Bismarck sollte im Deutschen Reich von Anfang an eng mit dem Parlament zusammenarbeiten – lange bevor die parlamentarische Abhängigkeit der Regierung kurz vor Ende des Deutschen Kaiserreiches im Oktober 1918 formal eingeführt wurde.

Blicken wir *zehntens* auf die Gewaltenteilung, stellen wir fest, dass alle Verfassungen des deutschen Konstitutionalismus faktisch eine Machtteilung nach funktionellen Gesichtspunkten kannten. Das gilt – den Gedanken Montesquieus entsprechend – vor allem für die Judikative, die weitgehende Unabhängigkeit genoss (was aber zunächst nur die ordentliche und nicht die Verwaltungsgerichtsbarkeit betrifft). Theoretisch aber wurde vor dem Hintergrund des monarchischen Prinzips die Idee der Gewaltenteilung abgelehnt: »Der Monarch ist der Souverän im Staat, Quelle und Inhaber aller Staatsgewalt; eine Gewaltenteilung, die ihn auf bestimmte Staatsfunktionen beschränkt, findet nicht statt.«[33] Meistens hieß es in den Verfassungen ausdrücklich, dass der Monarch weiterhin alle Rechte der Staatsgewalt in sich vereinigte, weshalb der Monarch formal alleiniger Gesetzgeber blieb. Die Volksvertretung war an der Gesetzgebung des Monarchen beteiligt, aber nicht Teil der Staatsgewalt: »In der Volksvertretung konstituiert sich nicht das Gemeinwesen, bildet sich nicht der für alle geltende Wille der ›Nation‹ heraus, sondern die Formulierung des für alle geltenden Willens bleibt beim Monarchen monopolisiert.«[34] Die Kammern agierten lediglich als Vertretung der Gesellschaft *gegenüber* dem Monarchen: »Die deutsche konstitutionelle Staatsrechtslehre denkt hingegen den Monarchen als den selbstverständlichen Garanten der politischen Einheit.«[35] Das änderte allerdings nichts daran, dass der Monarch in der täglichen Praxis alles andere als frei war. Er war zwar Träger und Ausgangspunkt der Staatsgewalt, als konstituiertes Organ jedoch den Bindungen der Verfassung unterworfen. Insofern war der faktische – im Gegensatz zum staatstheoretischen – Sprung zu den späteren Verfassungen des 19. Jahrhunderts nicht so groß. In diesen späteren Verfassungen trat, wie angesprochen, »der Dualismus von monarchischer Regierung und parlamentarischer Repräsentation des Volkes deutlicher hervor«.[36] Diesen Verfassungen fehlte der einleitende Hinweis auf die umfassende und prinzipiell unbegrenzte monarchische Staatsgewalt. Die Repräsentation wurde zum formalen Staatsorgan und an der Staatsgewalt beteiligt. Im Hinblick auf den Begriff der »konstitutionellen Monarchie«, wie er sich im 19. Jahrhundert in der deutschen Staatsrechtslehre als Gegenmodell zur (britischen) parlamentarischen Monarchie herausbildete, wird man daher zwischen einem engen und einem weiteren Verständnis unterscheiden müssen. Während sich der enge Begriff nur auf Verfassungen bezieht, die das monarchische Prinzip in »Reinform« verwirklichen, erlaubt es das weite Begriffsverständnis, u. a. auch die deutsche Reichsverfassung des Jahres 1871 als Beispiel einer konstitutionellen Monarchie deutscher Prägung anzusehen. Ohnehin blieb die Staatsrechtslehre lange auf den die politische Einheit markierenden und den Staatswillen formierenden Monarchen fixiert – es war der monarchisch-bürokratische

Apparat, der den Staat repräsentierte. Das Parlament verharrte in der herrschenden Staatstheorie der Kaiserzeit dagegen weiterhin in seiner negativen Abwehrrolle.[37]

Im Hinblick auf die Frage der Herrschaftsbegrenzung – *elftens* – begrenzten die Verfassungen die zuvor ungebundene Macht des Monarchen. Diese Begrenzung erfolgte durch den Gesetzesvorbehalt bei Eingriffen in Freiheit und Eigentum. Vor diesem Hintergrund fand sich dann auch ein Grundrechtskatalog, mit dem die Kompetenzen des Monarchen einerseits und des Parlaments andererseits voneinander abgegrenzt wurden. Ihr Geltungsanspruch war indes nicht universal – wie das besonders in Frankreich der Fall war –, sondern auf die Staatsbürger begrenzt. Entscheidend war aber vor allem, dass sie, anders als in den USA, nicht den Gesetzgeber in Form von subjektiven Abwehrrechten banden, sondern Leitlinien für die Gesetzgebung formulierten, der es um die Beseitigung der ehemaligen Ständeprivilegien gehen sollte.[38] Die Bürger sollten durch die Grundrechte nicht vor dem Parlament geschützt werden, vielmehr agierte das Parlament als Schutzschild der Bürger gegen die monarchische Exekutive: »Diese Theorie legte es nahe, die Landstände als die ›Verteidiger der Volksrechte‹ gegenüber der monarchischen Staatsgewalt zu begreifen, ihnen also eher die Rolle der Rechtswahrung als die der Rechtsgestaltung zuzuweisen.«[39] Es entwickelte sich zunehmend die Vorstellung einer Grundrechtsbindung der monarchischen Exekutive. Dass das Parlament Grundrechte verletzen konnte, schien funktionell ausgeschlossen: Das Parlament schützte die Grundrechte, bedrohte sie aber nicht, denn es hatte keine »Willensbildungs- und Entscheidungsfunktion«.[40] Die Volksvertretung wurde nicht als selbstständig, sondern stets von ihrem monarchischen Gegenüber her gedacht.

Schließlich und *zwölftens* ist nach dem Vorangegangenen klar, dass die deutschen Verfassungen nicht auf der Idee der Volkssouveränität beruhten, sondern, wie die französische *Charte Constitutionelle* von 1814, das monarchische Prinzip verwirklichten, das sich nachgerade als Gegenprinzip zur Volkssouveränität verstand. Partiell eingefangen wurde diese konzeptionelle Verschiedenheit durch die Unterscheidung von Inhaberschaft und Ausübung der Herrschaftsgewalt. Durch den Erlass der Verfassung wurde auch der Monarch an diese gebunden und konnte sie nicht mehr aus eigener Kraft beseitigen oder ändern: Der Monarch wurde dadurch zum »pouvoir constitué«.

Dennoch blieb der Einfluss des monarchischen Prinzips, das in Art. 57 der WSA ausdrücklich betont wurde, beachtlich. Es verhinderte eine effektive Gewaltenteilung, einen Vorrang der Verfassung und eine Verfassungsgerichtsbarkeit. Die damit zusammenhängende Legitimationsfrage sollte auch in den Debatten der Paulskirche eine wichtige Rolle spielen. Immerhin aber beendeten die ersten deutschen Verfassungen die Ära des ungezügelten (bisweilen auch aufgeklärten) Absolutismus in Deutschland und waren Ausgangspunkt für eine Demokratisierung der politischen Verhältnisse.

Diese Demokratisierung sollte allerdings in der Revolution von 1848/49 zunächst noch scheitern – so wie das in den meisten anderen Staaten Europas der Fall war, in denen revolutionäre Ereignisse stattfanden. Auf die Revolution folgte eine neuerliche Phase der Restauration und Unterdrückung. Die liberale Idee war zwar weiterhin lebendig. Nicht zuletzt die nationalen Einigungen Italiens und Deutschlands, die in der zweiten Hälfte des 19. Jahrhunderts erfolgten, hielten aber am monarchischen Prinzip (wenn auch in abgeschwächter Form) fest, etablierten also noch keine Demokratie wie in den USA. Frankreich wurde kurzzeitig zur Republik, es folgte aber bald die Diktatur Napoleons III., eines Neffen des ersten französischen Kaisers.

8. Die Revolution von 1848 und die Paulskirchenverfassung

Der Weg zur Revolution

Schaut man auf die Vorgänge in Deutschland zu Beginn des Jahres 1848, stellt sich die Frage, warum diese erstmals in einer gesamtdeutschen Revolution münden konnten. Was war anders als im Jahr 1830, wo der ebenfalls von Frankreich ausgehende revolutionäre Funke noch nicht gezündet hatte?

Die Antwort liefert ein Blick auf die gesellschaftlichen und sozialen Verhältnisse, die seit den grundlegenden Reformen eingetreten waren.[1] Zu diesen Veränderungen zählte zum einen ein beachtliches Bevölkerungswachstum.[2] Das mag überraschen, da Bevölkerungsentwicklungen eher in Jahrhunderten und nicht in Jahrzehnten gemessen werden. In Deutschland wuchs die Bevölkerung innerhalb der 30 Jahre seit den Befreiungskriegen aber um rund die Hälfte: von 23,5 auf 34,5 Millionen Menschen.[3] Dieses Bevölkerungswachstum war auch auf die Reformen zurückzuführen. Natürlich zeigten auch medizinische Neuerungen ihre Wirkung, nicht zuletzt die »Ausrottung der großen Epidemien«.[4] Die Reformen aber hatten die strikte ständische Ordnung und damit Eheverbote beseitigt, ließen mehr Raum für sozialen Kontakt und sorgten zugleich dafür, dass ein Großteil der Bevölkerung (zunächst) positiv in die Zukunft blickte und daher bereit war, den Schritt der Familiengründung zu wagen. Jedenfalls stellte das Wachstum eine enorme gesellschaftliche und politische Herausforderung dar: Die Menschen mussten mit Nahrungsmitteln, aber auch mit Arbeit versorgt werden. Verschärft wurde das Problem dadurch, dass das Wachstum in sozialer Hinsicht ungleich verteilt war. Überproportional hoch war es im ländlichen Raum und bei den kleinen Gewerbetreibenden, weshalb die ärmeren Schichten einen stetig wachsenden Anteil an der Gesamtbevölkerung ausmachten. Die Arbeitsverhältnisse, unter denen die meisten dieser Personen arbeiteten, waren hochgradig prekär. Die mit den Reformen verbundenen Hoffnungen hatten sich insofern bei vielen nicht oder nur partiell erfüllt. Die Massenarmut nahm zu, Missernten verschärften das Problem zusätzlich,[5] in ganz Europa entschlossen sich viele zur Auswanderung in die USA.[6] Allein in Irland fiel die Ernte des Jahres 1846 praktisch vollständig aus,[7] schon im Jahr zuvor war die Kartoffelernte um 30 Prozent eingebrochen – verantwortlich war vor allem die Kartoffelfäule, die sich überall in Europa ausbreitete.[8] Der Weberaufstand aus dem Jahre 1844 steht exemplarisch für diese »hungrigen Vierzigerjahre« und die sich zuspitzende soziale Situation, die immer weniger als gottgegebenes Schicksal, sondern schlichtweg als Skandal angesehen wurde.[9] Die prekären Verhältnisse, von denen auch immer mehr Studenten betroffen waren,[10] wurden künstlerisch und literarisch verarbeitet – u. a. von Heinrich Heine –, vor allem die Zeitungen aber diskutierten breit die neue soziale Frage und trugen zur Empörung in der Bevölkerung bei.

Während in der vorherigen, ständischen Gesellschaft intermediäre Gewalten in einer solchen Situation Hilfe leisten konnten – etwa in Form der kirchlichen Armenfürsorge –, waren diese jetzt nur noch begrenzt vorhanden und zunehmend überfordert. Der Staat, damals alles andere als ein Sozialstaat, sprang nur begrenzt ein,[11] um diese »Versorgungslücke« zu schließen; er sah sich für die neuartige, wenngleich noch vorindustrielle Form der Ungleichheit nicht verantwortlich. Kommunale (dezentrale) Fürsorgeeinrichtungen waren »nicht mehr als ein Sicherheitsnetz, und angesichts zur zunehmenden Verelendung der arbeitenden Bevölkerung während der 1820er Jahre oder in Krisenzeiten erwies es sich als völlig unzureichend«.[12] Die bürgerlichen Beamten blieben in »ideologischer Engstirnigkeit«[13] ihrem Marktverständnis treu – langfristig, so die Vorstellung, würde sich das schon geben, Armut war im Kern »das Ergebnis von Faulheit«.[14] Tatsächlich befand sich das liberale Wirtschaftsmodell jedoch längst in einer strukturellen Krise.[15]

Es waren vor diesem Hintergrund die Bevölkerung auf dem Land und die anwachsende Zahl der vom Abstieg bedrohten Gewerbetreibenden, die die Legitimität der neuen gesellschaftlichen und politischen Ordnung in Frage stellten.[16] Die Legitimität einer politischen Ordnung – also die Anerkennung dieser Ordnung durch die Herrschaftsunterworfenen als prinzipiell gerecht – hängt zentral von ihrer Leistungsfähigkeit, also ihrer Fähigkeit ab, für ein angemessenes Maß an sozialer Gleichheit zu sorgen.[17] Große Teile der Bevölkerung begannen, diese Leistungsfähigkeit für die eigenen Belange in Frage zu stellen: Sie waren arm und hungerten oder drohten arm und hungrig zu werden. Zugleich sahen sie kaum Aussichten auf eine Verbesserung ihrer Lage, denn die politischen Mitwirkungsrechte waren auch in den konstitutionalisierten Staaten dürftig – erst recht galt das für Preußen und Österreich, die keine verfassungsrechtliche Repräsentation kannten. Wer sollte ihre Interessen in den politischen Betrieb einspeisen? Damit fehlte es an einer weiteren Legitimitätsvoraussetzung, nämlich der ausreichenden Teilhabe an der konkreten Herrschaft. In einer solch angespannten Situation der Armut, Hoffnungslosigkeit und Zukunftsangst vermögen bereits kleinere Anlässe auszureichen, um die zahlenmäßig bereits (europaweit) zunehmenden Ausschreitungen[18] in eine revolutionäre Entladung zu überführen. Und ein solcher Anlass war – zumindest auch – die französische Februarrevolution, wenngleich damit weder vom politischen Versagen in den deutschen Staaten abgelenkt noch behauptet werden soll, dass hier nicht auch andere Ursachen wirkten.[19] Dennoch markierte der Sturz der Julimonarchie »den eigentlichen Startschuss für die Revolutionen von 1848«.[20] In ganz Europa jedenfalls herrschte alsbald ein beeindruckendes Chaos.[21]

Auch in Frankreich waren es die defizitären politischen Mitwirkungsrechte des Bürgertums, vor allem aber die schreckliche Armut großer Teile der städtischen Bevölkerung, die ab dem 22. Februar 1848 zu landesweiten Gewalttätigkeiten führten. Die Situation der französischen Arbeiterschaft war bisweilen noch unerträglicher als diejenige der deutschen, auch weil die Industrialisierung schon weiter fortgeschritten war. John Stuart Mill hatte frühzeitig vor der sozialen Kehrseite der Industrialisierung gewarnt – in Frankreich begann sie ihre hässliche Seite zu zeigen.

Es sollte dann recht schnell gehen: Bereits am 24. Februar 1848, nur zwei Tage nach den ersten Unruhen, dankte König Louis Philippe zugunsten einer Regierung aus Republikanern und Sozialisten ab, er floh mit falschem Bart nach England.[22] Die Revolution war damit aber nicht am Ende. Es folgten zwar bereits im April allgemeine und gleiche Wahlen, ihr Ausgang war aber für die radikalsozialistischen Teile der Revolution eine herbe Enttäuschung: Die bürgerlich Gemäßigten hatten die klare Mehrheit, weshalb es noch bis Mitte Juni 1848 zu heftigen Straßenschlachten kam. Der neu ernannte Kriegsminister ging brutal gegen die »proletarischen bzw. radikalsozialistischen Elemente«[23] vor und sicherte die frisch etablierte Herrschaft des Bürgertums ab. Bereits am 4. November 1848 konnte die Verfassung der zweiten Republik angenommen werden.

Die Verfassung war als Präsidialsystem ausgestaltet, wobei der für vier Jahre und ohne Möglichkeit der Wiederwahl amtierende Präsident die gesamte Exekutive unter sich vereinigte. Die herrschaftsbegründende Verfassung sah zudem allgemeine und gleiche Wahlen vor (allerdings kein Frauenwahlrecht) und gewährleistete zentrale Grundrechte wie die Koalitions- und Pressefreiheit. Soziale Rechte, etwa ein Recht auf Arbeit, enthielt die Verfassung nicht. Sieger der Revolution, so wird man mit dem Historiker Manfred Görtemaker formulieren können, war das besitzende Bürgertum und nicht das Proletariat.[24]

Diese Republik bestand nur vier kurze Jahre. Der erste Präsident war Louis Napoleon Bonaparte, ein Neffe des ersten Kaisers von 1804. Er hatte sich bei den Wahlen souverän gegen seine Kontrahenten durchgesetzt, wurde immer populärer und lehnte es daher ab, sein Amt nach vier Jahren aufzugeben. Stattdessen löste er Ende 1851 das Parlament auf und erließ Anfang 1852 eine neue Verfassung, die starke Ähnlichkeit zur Konsularverfassung seines Onkels aufwies. Das Volk bestätigte dieses Vorgehen in einem Plebiszit, und schon im Dezember 1852 ließ sich der neue Machthaber als Napoleon III. zum Kaiser der Franzosen krönen. Auf die zweite Republik folgte das zweite Kaiserreich.

In Deutschland wurden zunächst die nahe an Frankreich gelegenen Staaten von dieser abermaligen, auch in anderen europäischen Staaten wie Krakau, der Schweiz und Sizilien entspringenden Revolutionswelle erfasst, die schnell auf die Mittelstaaten und schließlich – anders als noch im Jahr 1830 – auch auf Preußen und Österreich überschwappte. In den Städten verliefen die vielfältigen Versammlungsbewegungen anfangs aber noch gewaltfrei. Die Bevölkerung, vor allem das Besitz- und Bildungsbürgertum, artikulierte die politischen Forderungen und trat als sichtbare und politische Bewegung in Erscheinung. Wo es Gewalt gab, war das meistens in den ländlichen Gebieten, wo die feudale Ordnung noch nicht überwunden war. Sie richtete sich dann eher gegen die Vertreter dieser alten Ordnung, die intermediären Gewalten, also die Grundherren und sonstigen Privilegierten und nicht gegen den Staat als solchen. Worin sich die bürgerlichen Proteste landesweit glichen, war in ihren konkreten Forderungen – und das lag vor allen Dingen daran, dass diese nicht *ad hoc* entwickelt werden mussten, weil sie in den Köpfen der Menschen schon lange hatten reifen können und sich nun zeitgleich Bahn brachen.

Die Märzforderungen umfassten die Gewährleistung der Pressefreiheit, die Vereins- und Versammlungsfreiheit, mithin die Abschaffung der Karlsbader Beschlüsse. Auch für ein allgemeines Wahlrecht und liberale Regierungen setzten sich die Versammelnden ein. Teilweise wurden weitergehende Forderungen sozialer und demokratischer Art gestellt, die nicht flächendeckend geteilt wurden. Einig war man sich aber in dem Wunsch nach einer Nationalversammlung, die eine gesamtdeutsche Verfassung ausarbeiten sollte: Angestrebt wurde die von vielen lang ersehnte deutsche Einheit.[25] Das allerdings hieß: Diese letzte Forderung konnte nicht durch eine Anpassung der einzelstaatlichen Verfassungen erfüllt werden. Für die sonstigen Forderungen wäre das denkbar gewesen (Österreich und Preußen hätten freilich eine Verfassung erlassen müssen). Die Deutsche Einheit, ein deutscher Nationalstaat aber bedeutete: Ende des Deutschen Bundes und des politischen Systems, wie es die Großmächte in der Wiener Schlussakte knapp 30 Jahr zuvor vereinbart hatten.

Die Zündschnur der Revolution war damit in Brand gesetzt. Die Bombe sollte in den beiden Hauptstädten Berlin und Wien explodieren, als die herrschenden Schichten anfingen, militärische Gegenwehr zu leisten. Es kam zu Verletzten, vornehmlich aus kleinbürgerlichen und darunter stehenden Schichten, auch Frauen, allerdings (immerhin) nur wenigen Toten. Bürgerliche Vertreter dominierten die politische Bewegung, im April 1848 kamen in der Paulskirche in Frankfurt am Main schließlich 574 Personen zusammen, die als Vorparlament den Weg zur Nationalversammlung organisieren und bis zu deren Zusammentritt als Vertretung der Bevölkerung im Bundestag agieren wollten. Legitimiert waren diese Personen nicht. Verfassungen leiden im Zeitpunkt ihrer Entstehung aber praktisch immer unter solchen Legitimationsdefiziten – das war in den USA nicht anders.

Was bei den Beratungen in diesem Vorparlament, die insgesamt vier Tage vom 1.–4. April 1848 andauerten, deutlich wurde, war Folgendes: Es ging ihren Mitgliedern – und so sollte es auch in der späteren Nationalversammlung sein – zwar um die Verwirklichung von Freiheit und Einheit, sie wollten diese Ziele jedoch zunächst nicht *gegen*, sondern *mit* der Monarchie erreichen (was allerdings nicht bedeutet, dass die Frage nach der endgültigen Gestaltung des zu errichtenden Staates – also Republik oder Monarchie – in der Nationalversammlung nicht umstritten gewesen wäre). Angestrebt wurde von der Mehrheit schon im Vorparlament eine konstitutionelle Monarchie nach englischem Vorbild, nicht die Republik, auf die es in Frankreich herauslaufen sollte und die in den USA seit rund 60 Jahren bestand:[26] »Vor den Thronen hatte die Revolution Halt gemacht, und damit auch vor den Einzelstaaten.«[27]

Den Hintergrund für die Mehrheitsauffassung bildeten erste monarchische Konzessionen, die die Hoffnung aufkommen ließen, dass man die Neuordnungen einvernehmlich mit den Monarchien würde lösen können – im Rückblick ein folgenschwerer Irrtum. Denn die Konzessionen waren nicht Ausdruck eines ernstgemeinten Sinneswandels, die Monarchen waren nicht zu Liberalen oder zu Demokraten geworden. Es war der mit den Unruhen erzeugte Druck, der die Konzessionen erzwungen hatte, und sie wurden zurückgenommen, sobald das Militär die Kräfteverhältnisse wieder zugunsten der Monarchen verschoben hatte.

Zu diesen frühen Konzessionen gehörte u. a. die Gewährleistung der Pressefreiheit, die teilweise gesetzlich garantiert wurde, nachdem der Bundestag den Einzelstaaten geraten hatte, die repressiven Maßnahmen in diesem Bereich zu lockern. Der Bundestag war es auch, der die Farben Schwarz-Rot-Gold zu den offiziellen Reichsfarben erklärte. Das zeigte, welch große Sorge die Herrschenden anfangs umtrieb, zum Opfer radikaler revolutionärer Umwälzungen zu werden. In den mittelgroßen Staaten gingen die Monarchen gar so weit, die konservativen Regierungen zu entlassen und durch »Märzregierungen« zu ersetzen, in denen Liberale vertreten waren. In Österreich wurde Fürst von Metternich, der berüchtigte Gestalter der europäischen Ordnung seit dem Wiener Kongress und Anführer der Restauration, gestürzt und zur Flucht ins Ausland gezwungen – auch das belegte die Tragweite der Umwälzungen.[28] Der österreichische Kaiser ließ sich dazu hinreißen, ein Versprechen für die Konstitutionalisierung des Vaterlandes abzugeben, was angesichts der komplexen Situation seines Vielvölkerstaates schon technisch kaum durchsetzbar erschien. Auch deshalb sollte das Deutsche Reich später ohne Österreich gegründet werden.

Vor diesem Hintergrund entschied sich auch der Monarch des zweiten Führungsstaates des Deutschen Bundes, Preußen, den immer lauter werdenden Märzforderungen nachzugeben, um dem Zusammenbruch seiner monarchischen Herrschaft zuvorzukommen. Am 18. März 1848 kündigte er den Rückzug des Militärs an, gewährte Pressefreiheit und erneuerte abermals sein Verfassungsversprechen, um wenige Tage später in den neuen Nationalfarben durch Berlin zu reiten. Am 29. März 1848 ernannte er schließlich die neue preußische, bürgerliche »Märzregierung«.

Auf das Vorparlament blieben diese Entwicklungen nicht ohne Wirkung. Die liberale Mehrheit entschloss sich zum Gewaltverzicht und richtete den Blick auf die Bewahrung des Erreichten durch den Erlass einer entsprechenden Verfassung. Ein radikaldemokratisches Aufbäumen blieb Episode, nachdem auch die überstimmte Linke im Vorparlament sich schließlich bereit erklärte, den Mehrheitsbeschluss mitzutragen.

Stattdessen ging es nun um die Organisation und die Wahl der Verfassungsversammlungen: Am 1. Mai 1848 fanden sowohl die Wahlen zur Frankfurter Nationalversammlung als auch die Wahlen zur Berliner Verfassungsversammlung statt. Auch in Österreich kam es zu einer Versammlung, was allerdings erst möglich wurde, nachdem der Kaiser sich nach Innsbruck abgesetzt hatte. Den Auftrag, eine Verfassung auszuarbeiten, erhielt schließlich der im Juni 1848 gewählte Reichstag.

Bezüglich des Wahlrechts zur Nationalversammlung hatte das Vorparlament bestimmt, dass dieses jedem volljährigen und selbstständigen männlichen Staatsangehörigen zukommen sollte. Die Einzelheiten wurden den Bundesstaaten überlassen, was dazu führte, dass das Erfordernis der Selbstständigkeit unterschiedlich interpretiert wurde. Sieht man davon ab, dass Frauen weiterhin nicht wahlberechtigt waren, handelte es sich dennoch um ein fortschrittliches Wahlrecht – kein Vergleich zum preußischen Dreiklassenwahlrecht.

Die Nationalversammlung

In der Nationalversammlung, die vom 18. Mai 1848 in der Frankfurter Paulskirche tagte, dominierte das Bürgertum, häufig in Gestalt von Juristen. Von den 600 Akademikern waren 491 Juristen[29] – ein »Juridifizierungstrend«, der sich bis in die heutigen Parlamente fortgesetzt hat. Lediglich 56 Abgeordnete gehörten zum Wirtschaftsbürgertum, 46 Abgeordnete stammten aus der Landwirtschaft. Man sprach alsbald vom Honoratiorenparlament – Ernst Rudolf Huber bezeichnete die Zusammenkunft als »Hegemonie der Gebildeten«. Dem Adel gehörten gerade einmal

15 Prozent an, und trotz der sozialen Verhältnisse, die die Revolution befeuert hatten, entsprach das den Vorstellungen der Gesamtbevölkerung, die mit der Führung durch die Honoratioren einverstanden war – erneut sehen wir hier den Einfluss der Eliten auf den Prozess der Demokratisierung. Das galt selbst dort, wo der Ausgangspunkt der Veränderungen revolutionären Ursprungs gewesen war. Natürlich hatte diese Zusammensetzung Konsequenzen für die in der Nationalversammlung gefassten Beschlüsse. Dass die Verfassung zwar den Adelsstand aufhob, sich aber nicht zu einer radikal auf Volkssouveränität gestützten Legitimation durchringen konnte, lag auch an der Dominanz eines Bürgertums, das zunehmend begann, sich – ähnlich wie die sozio-ökonomischen Eliten in Amerika – vor einem allzu großen Einfluss des »vierten Standes«, des Proletariats, abzusichern. Nachdem die eigene Partizipation gesichert war, wurden die Partizipationswünsche anderer zügig verdrängt.

Im Parlament formierten sich die Abgeordneten zu acht Fraktionen, 150 Abgeordnete blieben fraktionslos. Die Fraktionen waren nicht so straff organisiert, wie man es aus heutigen Parlamenten kennt, wo es, gerade in parlamentarischen Regierungssystemen, auf eine verlässliche Fraktionsdisziplin ankommt. Es handelte sich um lose organisierte Zusammenschlüsse, die ein knappes politisches Programm verfolgten und sich eine Geschäftsordnung gaben. Die drei Hauptströmungen, links, Mitte und rechts, waren weiter aufgefächert. Die Fraktionen trafen sich in Frankfurter Lokalen, die namensgebend für dieselben wurden: Deutscher Hof und Donnersberg bildeten die demokratischen Links-Fraktionen mit einer Stärke von 15 Prozent, Württemberger Hof und Westendhall gehörten zum linken Zentrum (13 %), das rechte Zentrum mit der relativen Mehrheit von insgesamt 34 Prozent bestand aus den Fraktionen Casino, Augsburger Hof und Landsberg – zu diesen Fraktionen gehörten auch die ehemaligen

Mitglieder der Göttinger Sieben Dahlmann, Albrecht und Jacob Grimm. Mit 6 Prozent bildete die Rechte die kleinste Gruppe: Sie traf sich im Café Milani.

Insgesamt war die Nationalversammlung damit »linker« als die vormärzlichen Landtage. Die Berliner Versammlung war allerdings »noch linker«, während die Wienerische als »rechter« einzuordnen war. Die Nationalversammlung war jedenfalls nicht radikal links, sondern »bürgerlich-gemäßigt«. Allerdings betonte sie von Beginn an ihre Souveränität und zudem die Absicht, von der in der Souveränität der Nation ruhenden Vollmacht Gebrauch zu machen und eine gesamtstaatliche Verfassung zu schaffen. Es ging ihr nicht um eine punktuelle Neuordnung des Deutschen Bundes, sondern um die Gründung eines neuen, deutschen und einheitlichen Nationalstaates. Diesen zu gründen sollte allein Aufgabe die Nationalversammlung sein, wie es ihr Vorsitzender Heinrich von Gagern schon in seiner Eröffnungsrede deutlich machte. Die Landesfürsten spielten keine Rolle – eine Prämisse, die nicht nur der preußische König zurückwies und unter anderem zur Begründung anführte, die ihm später angetragene Kaiserkrone abzulehnen.

Auf den ersten Blick schienen die Voraussetzungen für einen erfolgreichen Abschluss der Revolution erstaunlich gut. Schaut man genauer hin, offenbarten sich zwei prinzipielle Probleme, die in Frankreich keine Entsprechung besaßen:

Erstens gab es keinen einheitlichen Nationalstaat, der lediglich zu konstitutionalisieren gewesen wäre. Es konnte nicht einfach eine Verfassung für einen existierenden Nationalstaat entworfen, vielmehr musste parallel dazu die territoriale Einheit hergestellt werden. Das erwies sich angesichts der komplexen Lage Österreichs als schwer zu bewältigende Aufgabe. Der Vielvölkerstaat gehörte nur teilweise zum Deutschen Bund, die nicht-deutschen Territorien konnten kein Bestandteil eines deutschen Nationalstaates sein. Wie sollte man mit Österreich umgehen? Sollte man Deutschland ohne Österreich gründen, also den Weg des im Jahr 1834 errichteten Deutschen Zollvereins fortführen? Oder sollte man nur einen Teil Österreichs, nämlich den deutschen, aufnehmen? Was sollte dann aber mit dem Rest geschehen? Noch schwerer wog der Umstand, dass die Nationalversammlung mangels zentraler Organisation auf keine zentralen (nationalen) Ressourcen zurückgreifen konnte. Der Deutsche Bund war ein loser Zusammenschluss gewesen, dem ein schlagkräftiger Verwaltungsunterbau fehlte. Mächtig waren die Territorialstaaten, allen voran Preußen und Österreich. Einen nennenswerten Verwaltungsunterbau zu schaffen, lehnte die Nationalversammlung jedoch unter Verweis auf den provisorischen Charakter der Zentralgewalt ausdrücklich ab.[30] Auch Erzherzog Johann, der von der Nationalversammlung zum temporären Reichsverweser bestellt wurde, war darauf angewiesen, dass die Territorialstaaten seinen Anordnungen Folge leisteten. Das aber war schon bald nicht mehr der Fall. Die Wahl des Erzherzogs war zwar geschickt: Er kam aus Österreich und war fürstlich, so dass weder der Wiener noch der sonstige Adel fundamentale Opposition gegen ihn und sein Vorgehen leisten konnten. Doch fehlte dem Erzherzog und damit der Revolution schlicht die militärische Durchschlagskraft: Sowohl in Berlin als auch in Wien blieb das Militär an der Seite der jeweiligen Monarchen und sollte am Ende für das Scheitern der Revolution sorgen: »Dass das Frankfurter Parlament Gesetze und Proklamationen verabschiedete war schön und gut, doch die grausame Wahrheit lautete: Ohne eine dahinterstehende Armee waren diese wenig bis nichts wert.«[31] Den Revolutionären fehlte hier auch das Gespür für das Wesentliche und die Gefahr, die vom Militär ausging – gewiss auch, weil sie dem vermeintlichen Sinneswandel der Monarchen zu schnell Glauben schenkten (vielleicht auch Glauben schenken wollten).

Statt das Militär unter die eigene Kontrolle zu bringen und die Machtpositionen der Landesfürsten entscheidend zu schwächen, verloren sie sich in endlosen Verfassungsdebatten und nahmen nicht rechtzeitig zur Kenntnis, dass ihnen die Macht in der realen Welt zu entgleiten drohte. Auch heute noch entscheidet sich der Erfolg von Revolutionen meist daran, welche Partei das Militär für sich gewinnen kann. Wechselt es frühzeitig die Seiten zu den Revolutionären, ist das häufig der Anfang vom Ende des bisherigen Regimes. Bleibt ein solcher Wechsel aus, wird das meist in der blutigen Niederschlagung der Revolution enden. Sichtbar wurde dies im Jahr 2020 in Venezuela, wo Präsident Maduro nur deshalb an der Macht bleiben konnte, weil das Militär an seiner Seite blieb. Dass viele Staaten Juan Guaido als Präsidenten anerkannten, nützte diesem ohne interne Machtbasis wenig. Ähnlich sollte es auch Baschir al-Assad in Syrien gelingen, sich nach heftigen Auseinandersetzungen in einem blutigen Bürgerkrieg bis zuletzt an der Macht halten.

Mit dieser fehlenden einheitlichen Machtbasis ging das *zweite* Problem einher: Es herrschte zwar Einigkeit darin, dass ein deutscher Nationalstaat gegründet werden, aber nicht, wie dieser ausgestaltet sein sollte. Sollte es ein Föderal- oder ein Einheitsstaat sein? Und vor allem: Sollte er am Ende als Monarchie oder als Republik organisiert werden?[32] Letztere Frage sollte alle anderen der Staatsorganisation auch deshalb dominieren, weil ihre Beantwortung viele andere Antworten beeinflusste: Wer sich für die Republik aussprach, betonte die Einheit des Volkes, es kam dann kein föderaler, sondern nur ein unitarischer Staat in Betracht. Auch konnte es dann kein Zwei-Kammer-System geben. Das einheitliche Volk wurde in einer Kammer vertreten, so dass auch ein Vetorecht der Regierung im Bereich der Gesetzgebung abzulehnen war. Für einen föderalen Staat hingegen, der aus monarchischen Einzelstaaten bestand, fehlte es an Vorbildern.

Stets sollte freilich eine demokratische Ordnung errichtet werden. Diese Eigenschaft des zu gründenden Staates stand nicht zur Debatte und wie das englische Beispiel lehrte, war die Monarchie mit einer Demokratie vereinbar. Wenn die Paulskirchenverfassung schließlich an der Monarchie festhalten sollte, wird man sie also nicht als undemokratisch brandmarken können. Ihre Legitimationsgrundlage wurde letztlich allerdings nicht wirklich geklärt, vielleicht sogar bewusst offengelassen.

Angesichts dieser komplexen staatsorganisationsrechtlichen Probleme wandte sich die Nationalversammlung zunächst einem halbwegs unstrittigen Bereich zu: den Grundrechten. In vielen Aspekten bestand hier Einigkeit – die Karlsbader Beschlüsse sollten der Vergangenheit angehören, man strebte nach Presse-, Meinungs- und Versammlungsfreiheit. Uneinigkeit herrschte beim Umgang mit den sozialen Fragen des Wirtschaftslebens und damit zusammenhängend möglicher Ansprüche der unteren Klassen gegen den Staat, obwohl diese Klassen zum Ausbruch der Revolution nicht unwesentlich beigetragen hatten. Die gesamte Debatte zog sich daher – gerade im Vergleich zu Frankreich – lange hin. Allerdings darf nicht vergessen werden, dass die Ausarbeitung eines Grundrechtskatalogs eine der zentralen Forderungen der Revolutionäre gewesen war.[33] Erst im Dezember des Jahres 1848 konnte der Grundrechtskatalog beschlossen werden, der in Form eines Gesetzes unmittelbar und damit noch vor der eigentlichen Verfassung in Kraft gesetzt wurde.

Dieser Grundrechtskatalog wurde allerdings weder in Preußen noch in Österreich publiziert und nach zweieinhalb Jahren auch formell wieder aufgehoben.[34] Denn in der Zwischenzeit hatte sich die Gegenrevolution gesammelt und zu neuer Stärke gefunden. Dies lag auch daran, dass sich die Interessen des Bürgertums und des radikal-demokratischen Vierten Standes immer weiter voneinander entfernten. Das Bürgertum suchte daher die Nähe zu den alten Kräften, um radikale Neuerungen zu verhindern. In Preußen hatte sich zudem gezeigt, dass die Zentralgewalt nicht die notwendige Durchsetzungskraft besaß, um nationale Entscheidungen auch gegen den Willen der großen Staaten durchzusetzen – Preußen hatte sich in einem Konflikt mit Dänemark den Weisungen der Zentralgewalt widersetzt, die letztlich klein beigab und die eigene Beschlusslage der preußischen anpasste. Das wiederum sahen viele als Verrat an der Revolution an. Es folgten Gewalttätigkeiten mit zahlreichen Toten. Auch in Wien sollten bürgerliche und proletarische Interessen immer häufiger aufeinanderprallen – was die alten Kräfte geschickt für sich zu nutzen wussten. Schon im Oktober 1848 nahm der kaiserliche Feldmarschall Fürst Windisch-Graetz in einem blutigen Gemetzel die österreichische Hauptstadt ein, die monarchische Reaktion hatte die Macht wieder an sich gerissen. Am 21. November 1848 trat Fürst Schwarzenberg an die Spitze des neuen österreichischen Kabinetts, ein erklärter Befürworter der Restauration. Die schon im Dezember erfolgte Abdankung des Kaisers Ferdinands zugunsten seines gerade einmal 18-jährigen Neffen Franz Joseph sollte Schwarzenberg noch mehr Macht verleihen und verstärkte die Abhängigkeit des Hofes von Militär und Bürokratie. Am 4. März 1849 löste Schwarzenberg den österreichischen Reichstag auf, oktroyierte eine einheitliche Verfassung, die auch die nicht-deutschen Landesteile erfasste, und verlangte entsprechenden Raum für die nicht-deutschen Landesteile auch in der in Frankfurt auszuarbeitenden Verfassung.

Aus Sicht der Nationalversammlung war das allerdings ausgeschlossen, womit eine umstrittene Frage geklärt war: Österreich kam als Bestandteil eines zu gründenden deutschen Nationalstaats nicht mehr in Betracht. Es blieb nur die »kleindeutsche Lösung«, für die sich jetzt die große Mehrheit aussprach.

Auch in Preußen hatte der König die sich ergebende Chance genutzt: Die Truppen, die noch im März auf seine Anordnung hin die Hauptstadt hatten räumen müssen, kehrten im November 1848 zurück. Der König berief zudem ein neues konservatives Kabinett unter Leitung des Grafen von Brandenburg, dessen Aufgabe es sein sollte, die Märzrevolution entschieden und siegreich zu stürzen. Unter der Parole »Gegen Demokraten helfen nur Soldaten« verhängte der König den Belagerungszustand, unterdrückte die Opposition, verlegte die preußische Nationalversammlung zunächst nach Brandenburg, um sie sodann unter gleichzeitiger Oktroyierung einer Verfassung am 5. Dezember 1848 aufzulösen. Mangels militärischer Macht vermochten weder die preußische Verfassungsversammlung noch die Zentralregierung in Frankfurt dagegen etwas auszurichten. Preußen hatte zwar – entgegen dem Wunsch der konservativen Berater des Königs – eine Verfassung erhalten. So aber hatten die Revolutionäre sich das nicht vorgestellt. Die Verfassung beruhte nicht auf der Idee der Volkssouveränität und wurde bis 1858 praktisch dauerhaft missachtet.

In der Paulskirche lief der Prozess der Verfassungsgebung gleichwohl weiter. Nachdem sich die Frage um die Einbindung Österreichs beantwortet hatte, sorgten die Erfolge der Gegenreformation für ein erhöhtes Maß an Kompromissbereitschaft bei den drängenden staatsorganisationsrechtlichen Fragen.

Die Linke ließ sich vor diesem Hintergrund auf den Fortbestand der Monarchie ein und akzeptierte damit ein Zwei-Kammer-System. Die Rechte nahm im Gegenzug das allgemeine Wahlrecht in Kauf, dem Monarchen wurde zudem lediglich ein suspensives Vetorecht im Gesetzgebungsprozess eingeräumt.

Der Begriff Volkssouveränität wurde indes gemieden. Die grundlegende Frage nach der Legitimationsgrundlage der Verfassung wurde offengelassen, was auch insoweit den Kompromiss zwischen den demokratischen und den liberalen Kräften des Bürgertums widerspiegelte. Einerseits hielt die Verkündungsformel fest, dass die Reichsverfassung von der Nationalversammlung beschlossen und verkündet worden war. Auch der Kaiser war damit ein Kaiser von Volkes und nicht von Gottes Gnaden. Andererseits war die Monarchie erblich und ging zudem mit beachtlichen Hoheitsrechten einher. Hier lag denn auch ein entscheidender Unterschied zur Monarchie in Großbritannien, die zwar ebenfalls eine Erbmonarchie war, in der der Monarch die Regierungsgeschäfte seit Anfang des 19. Jahrhunderts aber zunehmend aus der Hand gab. In dieser Form wurde die Verfassung am 27. März mit einer knappen Mehrheit von 267 zu 263 Stimmen beschlossen und am 28. März 1848 verkündet.

Die Paulskirchenverfassung

Wie sah sie aus, die erste quasi-demokratische Verfassung Deutschlands?[35] Sie begann zunächst mit der Eingangsformel »Die deutsche verfassungsgebende Nationalversammlung hat beschlossen und verkündet als Reichsverfassung«. Es folgten sieben in Artikel gegliederte Abschnitte mit insgesamt 197 Paragraphen, die sämtliche Fragen der Staatsgewalt und deren Aufteilung auf das Reich und die Länder regelten. Das Reich war als moderner Bundesstaat konzipiert, die Länder waren über die Gesetzgebung – in Form eines Staatenhauses – an der Staatsgewalt beteiligt. Die Abschnitte hatten folgenden Inhalt:

Abschnitt 1: Das Reich. Dieser Abschnitt bestand lediglich aus einem Artikel mit fünf Paragraphen, die territoriale Angelegenheiten und Anwendungsfragen regelten. Zudem normierte Paragraph 5 den Bundesstaatscharakter des Reiches. Danach behielten die deutschen Staaten ihre Selbstständigkeit, soweit sie nicht durch die Reichsverfassung beschränkt war. Wie der heutige

Art. 30 GG bestimmte er zudem, dass die Gliedstaaten alle Hoheiten und Rechte besitzen, soweit diese nicht explizit auf die Reichsgewalt übertragen worden sind. Die Zuständigkeiten des Reiches wurden explizit in der Verfassung geregelt, alle anderen verblieben bei den Gliedstaaten.

Abschnitt 2 regelte die Bereiche, die nicht mehr von den Gliedstaaten, sondern durch das Reich wahrgenommen werden sollten. Er enthielt 14 Artikel. Der Reichsgewalt oblag danach die völkerrechtliche Vertretung des Reiches, sie war alleiniger Inhaber der Militärgewalt und entschied ausschließlich über Krieg und Frieden. Die folgenden Artikel enthielten unterschiedliche Gesetzgebungsbefugnisse der Reichsgewalt, wie etwa für die Bereiche des Eisenbahn-, Schifffahrts-, Zoll-, Post- und Münzwesens sowie der Maße. Die Reichsgewalt war zudem zuständig, den Reichsfrieden zu wahren, und hatte die Oberaufsicht über die allen Deutschen verbürgten Rechte.

Der folgende *Abschnitt 3* regelte in drei Artikeln die Aufgaben und Stellung des Reichsoberhaupts, das einem der regierenden deutschen Fürsten zu übertragen war. Auch wenn Preußen nicht explizit genannt wurde, kam nur der preußische König in Betracht, nachdem Österreich am Reich nicht beteiligt war. Das Oberhaupt trug den Titel »Kaiser der Deutschen«, die Kaiserwürde war erblich und sollte im Mannesstamme nach dem Recht der Erstgeburt weitergereicht werden. Der Kaiser war unverletzlich und übte die ihm übertragene (!) Macht durch von ihm ernannte Minister aus. Seine Regierungshandlungen bedurften der Gegenzeichnung. Er nahm die völkerrechtliche Vertretung des Reiches wahr, erklärte Krieg und Frieden und hatte zudem das Recht, den Reichstag – das Gesetzgebungsorgan – einzuberufen, und konnte obendrein das Volkshaus (die Zweite Kammer des Reichstags) jederzeit auflösen. Auch war der Kaiser Inhaber aller Regierungsgewalt, sofern diese der Reichsgewalt übertragen und dem Reichstag nicht zugewiesen waren. Von einer repräsentativen Funktion konnte man insofern nicht sprechen. Der Kaiser agierte als zentrales Exekutivorgan.

Der *Abschnitt* 4 behandelte den Reichstag, der aus zwei Häusern, dem Staatenhaus und dem Volkshaus bestand. Das Staatenhaus wurde aus Vertretern der deutschen Staaten gebildet, die Zahl der Vertreter wurde in Paragraph 87 explizit aufgelistet. Preußen hatte 40 Vertreter, Hamburg nur einen. Aufgeführt war in Paragraph 87 auch Österreich mit 38 Vertretern, allerdings wurde im folgenden Absatz eine veränderte Mitgliederzahl für einige Staaten aufgelistet, solange die deutsch-österreichischen Lande an dem Bundesstaate nicht teilnahmen. Ganz hatte man die Hoffnung auf eine »großdeutsche Lösung« verfassungsrechtlich noch nicht aufgegeben.

Die einzelnen Mitglieder waren in den deutschen Staaten zur Hälfte von der Regierung und zur anderen Hälfte von der Volksvertretung zu ernennen. Damit war klar, dass auch die deutschen Staaten eine Volksvertretung haben mussten. Auch da, wo nur ein einziges Mitglied für das Staatenhaus vorgesehen war (etwa Hamburg), war die Volksvertretung zu beteiligen. In diesen Fällen hatte die Regierung drei Kandidaten zu benennen, von denen einer von der Volksvertretung ausgewählt wurde. Man nahm die Beteiligung des Volkes also ernst. Die Mitglieder des Staatenhauses wurden für sechs Jahre gewählt, nach drei Jahren sollte die Hälfte ersetzt werden, um eine gewisse Kontinuität in der Mitgliedschaft zu gewährleisten. Im Unterschied zu den Mitgliedern des heutigen Bundesrates genossen aber auch diese Mitglieder ein freies und kein imperatives Mandat. Das hielt Paragraph 96 für beide Häuser fest.

Das Volkshaus bestand nach Paragraph 93 aus den Abgeordneten des deutschen Volkes, die nach Paragraph 94 zunächst auf vier, dann auf drei Jahre zu wählen waren. Die Wahlgrundsätze ließen sich der Verfassung nicht entnehmen, stattdessen verwies sie auf das Reichswahlgesetz. In diesem war das allgemeine, gleiche, direkte und geheime Männerwahlrecht vorgesehen. Frauen blieben weiterhin außen vor.

Ein Beschluss des Reichstages bedurfte nach Paragraph 100 der Zustimmung beider Häuser. Es handelte sich mithin – anders als heute unter dem Grundgesetz – um ein echtes Zwei-Kammer-System. Der Reichsregierung kam im Gesetzgebungsverfahren nach Paragraph 101 ein suspensives Veto zu. Ein Gesetz konnte also auch ohne die Zustimmung des Kaisers als Inhaber der Reichsexekutivgewalt in Kraft treten. Einen signifikanten Einfluss auf die Reichsexekutive hatte der Reichstag hingegen nicht. Die Paulskirchenverfassung etablierte kein parlamentarisches System, sondern war vom typischen Dualismus zwischen Monarchie und Parlament geprägt. Immerhin gab es nach Paragraph 122 das Recht der Interpellation und in Paragraph 126 die Möglichkeit der Ministeranklage.

Für entsprechende Klagen war das im *Abschnitt 5* normierte Reichsgericht zuständig. In Paragraph 126 fand sich ein beachtlicher Zuständigkeitskatalog. Die Ministeranklage wurde erwähnt. Bemerkenswert war allerdings der Umstand, dass auch alle anderen politischen Aspekte und Streitigkeiten einer Überprüfung durch das Reichsgericht zugänglich waren. Etliche Verfahren finden sich in ähnlicher Form heute noch im Grundgesetz, wo die Kontrollaufgabe durch das Bundesverfassungsgericht – eines der weltweit mächtigsten Verfassungsgerichte – wahrgenommen wird. Die Verrechtlichung politischer Prozesse und die allgemeine »Konstitutionalisierung der Rechtsordnung« wurden vom Bundesverfassungsgericht vor allem über das Verfahren der Verfassungsbeschwerde vorangetrieben. Auch die Paulskirchenverfassung kannte bereits eine Verfassungsbeschwerde. Nach Paragraph 126 g) konnte jeder deutsche Staatsbürger wegen Verletzung der durch die Reichsverfassung gewährten Rechte das Reichsgericht anrufen. Was die Paulskirchenverfassung allerdings nicht kannte, war eine Normenkontrolle, die Möglichkeit also, ein Gesetz durch das Reichsgericht für verfassungswidrig und nichtig zu erklären. Dennoch wird man das Reichsgericht, bei dessen Errichtung der amerikanische Supreme Court als Vorbild diente, als eine Art Vorläufer des Bundesverfassungsgerichts ansehen können.

Die Rechte, die dem einzelnen Staatsbürger durch die Reichsverfassung gewährt wurden und die er mit der Verfassungsbeschwerde gerichtlich geltend machen konnte, waren im *Abschnitt* 6 ab Paragraph 130 geregelt.[36] Darin wurde festgehalten, dass die Grundrechte explizit die Gliedstaaten banden. Weder deren Verfassung noch deren Gesetzgebung durften gegen die grundrechtlichen Verpflichtungen verstoßen. Das war eine beachtliche positiv-rechtliche Aufwertung der Grundrechte. Auch die Befugnisse der Reichsgewalt im Hinblick auf die Beschränkung der Grundrechte waren in den einzelnen Regelungen ausdrücklich festgehalten. Lediglich die Bindung des Gesetzgebers wurde nicht normiert, entsprach aber auch nicht den theoretischen Vorstellungen der damaligen Staatsrechtslehre. Die Grundrechte dienten dem Schutz vor der Exekutive, nicht vor der Legislative.

Inhaltlich war dieser Grundrechtskatalog, der einfachgesetzlich bereits in Kraft gesetzt war, auf die endgültige Abschaffung der ständisch-feudalen Ordnung gerichtet. Es wurde Rechtsgleichheit hergestellt. So hielt Paragraph 137 fest: »Vor dem Gesetze gilt kein Unterschied der Stände. Der Adel als Stand ist aufgehoben. Alle Standesvorrechte sind abgeschafft.« Zudem wurden die Freiheitsrechte ausgeweitet, zahlreiche Formulierungen finden sich in ähnlicher Form noch heute im Grundgesetz.

Was allerdings auffällt: Die Paulskirchenverfassung enthielt praktisch keine sozialen Rechte oder Ansprüche der Bürger gegen ihren Staat, wenngleich sie, wie der Historiker Dieter Langewiesche zu Recht betont, mit dem Recht auf Bildung und den Gleichheitsgrundsätzen auch nicht »sozial blind« war.[37] Dennoch: Die sich verschärfende soziale Frage – im Jahr 1848 war u. a. das *Kommunistische Manifest* verfasst worden – wurde nicht angesprochen. Die bürgerlichen Vertreter der Nationalversammlung glaubten an die Selbstheilungskräfte des Marktes: Gewährt man die Freiheit, wird sich der Rest schon geben. Die Verfassung war noch ganz Ausdruck des liberalen Zeitgeistes, der soziale Interventionen des Staates nicht nur für unnötig befand, sondern sie sogar als Einschränkung der Freiheit interpretierte.[38] Mit der voranschreitenden Industrialisierung war das nicht lange zu halten. Es sollte allerdings noch gut 40 Jahre dauern, bis unter Otto von Bismarck die ersten Sozialversicherungen errichtet wurden. Diese beruhten auf der Prämisse, dass Arbeitslosigkeit und soziale Bedürftigkeit nicht Ausdruck individuellen Versagens sein müssen, sondern systemimmanent und unverschuldet auftreten können. Das gilt bis heute, wie die Corona-Pandemie bestätigt hat.

Der letzte *Abschnitt 7* war schließlich mit »Gewähr der Verfassung« überschrieben und enthielt neben der von den Regierungsmitgliedern zu erbringenden Eidesleistung in Paragraph 196 ein Verfassungsänderungsverfahren, das sich vom gewöhnlichen Gesetzgebungsverfahren deutlich abhob.

Die Paulskirchenverfassung war damit eine moderne Verfassung, die sich von den bisherigen deutschen Verfassungen in vielerlei Hinsicht unterschied. Sie war vom Volk in einer verfassungsgebenden Versammlung verfasst worden, verstand sich als herrschaftsbegründend – immer wieder wurde von den übertragenen Rechten des Monarchen gesprochen –, umfassend und universal. Sie kannte eine vergleichsweise starke Verfassungsgerichtsbarkeit, etablierte ihren Vorrang zumindest gegenüber den Einzelstaaten ausdrücklich und enthielt einen erstaunlich weitreichenden Grundrechtsschutz der deutschen Staatsbürger. Die Stellung des Monarchen blieb zwar stark, allerdings war er im Bereich der Gesetzgebung zum Mitgesetzgeber herabgestuft worden, der im Konfliktfall gegenüber dem Reichstag den Kürzeren zog. In dieser modernen Form hat sie entgegen der Ansicht zahlreicher Stimmen die weitere deutsche Verfassungsgeschichte in vielerlei Hinsicht beeinflusst – bis heute, wie Jörg-Detlef Kühne zutreffend festgehalten hat: »Demgegenüber soll hier dargetan werden, dass entscheidende verfassungsrechtliche Anstöße von der Paulskirchenverfassung ausgingen und bis heute lebendig geblieben sind.«[39]

Das Scheitern der Paulskirchenverfassung

Angesichts der Vorgänge in Preußen und Österreich und dem allgemeinen Erstarken der Gegenrevolution war es zu diesem Zeitpunkt bereits unwahrscheinlich, dass diese moderne Verfassung jemals in Kraft treten würde. Davon scheinbar unbeeindruckt wählte die Versammlung der Paulskirche den preußischen König Friedrich Wilhelm allerdings noch am 28. März 1849 mit 290 Ja-Stimmen bei 248 Stimmenthaltungen zum deutschen Kaiser. Dieser hielt von der ihm angetragenen Krone jedoch wenig, obwohl ihm sogar seine eigene Regierung zur Annahme derselben geraten hatte. Friedrich Wilhelm hingegen verneinte schon die Befugnis der Nationalversammlung, über das Amt des Kaisers ohne Mitwirkung der Landesfürsten entscheiden zu können, und sprach von der Krone als »imaginärem Reif, aus Dreck und Lettern gebacken«.

Am 3. April 1849 empfing der König dennoch eine Delegation der Nationalversammlung, verwies dabei etwas verklausuliert auf die fehlende Zustimmung der Landesfürsten, was im Ergebnis nichts anderes als eine Absage an die ihm angetragene Kaiserkrone war. Zwar sollten sich in der Folge 28 der Landesfürsten für die Verfassung aussprechen.[40] Den preußischen König aber ließ das kalt, auch weil weder Preußen noch Österreich zu den Befürwortern zählten: Am 28. April 1849 lehnte er die Kaiserwürde endgültig ab.

Es kam anschließend zu kleineren revolutionären Unruhen, getragen vor allem von Kleinbürgern und bürgerlichen Intellektuellen. Weder Bauern noch der Mittelstand konnten sich noch einmal zu einer umfassenden Revolte aufraffen. Die weiter tagende Nationalversammlung setzte auf diese Unruhen ihre letzte Hoffnung. Schon bald aber zogen sowohl Preußen als auch Österreich und anschließend weitere Staaten ihre Abgeordneten aus der Versammlung endgültig zurück.

Als »Rumpfparlament« verlagerte die Nationalversammlung ihren Sitz nach Stuttgart. Das Königreich Württemberg aber wurde von den alten Kräften bald dazu gedrängt, die dortigen Treffen zu untersagen. Am 18. Juni 1849 wurde das Rumpfparlament endgültig aufgelöst. Die Revolution und die Verfassungsgebung, die demokratischen Bewegungen insgesamt waren vorerst gescheitert. Ein letztes Aufbäumen einiger Aufständischer, die sich in der Bundesfestung Rastatt verschanzt hatten, wurde wenige Tage später gewalttätig niedergeschlagen. Es folgten Verhaftungen und Todesurteile. Am 2. September 1850 nahm die Bundesversammlung, der Bundestag des Deutschen Reiches, seine vorherige Tätigkeit wieder auf. Alles, so schien es, war wieder wie vorher. Die alten Mächte hatten die politische Kontrolle, die deutsche Nation hatte es nicht vermocht, sich aus eigener Kraft den eigenen Staat zu schaffen, war vielmehr an den Einzelstaaten als den realen Mächten in Deutschland gescheitert, wie Christian-Friedrich Menger es formulierte.[41]

Und das galt nicht nur für Deutschland, sondern auch für andere europäische Staaten. Von Frankreich haben wir gesprochen, und natürlich folgte unter Schwarzenberg auch in Österreich eine reaktionäre Phase. In Polen wurde die Nationalbewegung durch russisches Militär zerschlagen: »Der preußische König und der habsburgische Kaiser, militärisch unterstützt vom russischen Zaren, vernichteten das Verfassungswerk der Revolution in Deutschland und im großen habsburgischen Raum bis nach Italien.«[42] Eine Ausnahme blieb England, das von den revolutionären Unruhen verschont blieb.

Eine gescheiterte Revolution?

Muss man die deutsche Revolution von 1848/49 als gescheitert ansehen? Das wird man nicht sagen können. Es ist zwar richtig, dass es im Hinblick auf die weitere Parlamentarisierung nicht nur in Deutschland zunächst zu einer Stagnation kam.[43] Das monarchische Prinzip hatte sich weitgehend durchgesetzt – in Frankreich folgte die Diktatur Napoleons III. Immerhin aber wurde das Stände- und Feudalsystem in Deutschland beinahe vollständig beseitigt. Man wird daher ab diesem Zeitpunkt von einer emanzipierten, bürgerlichen Gesellschaft sprechen können, die immer mehr zur industriellen Klassengesellschaft wurde. Woran es fehlte, war die politische Partizipation, was allerdings auch am erstarkten Bürgertum lag, das – ähnlich wie die sozio-ökonomischen Eliten in den amerikanischen Kolonien – Angst vor dem zahlenmäßig wachsenden Vierten Stand, dem Proletariat, hatte. Man wird auch nicht verschweigen dürfen, dass es die zuvor privilegierten Stände geschickt schafften, diese Privilegierung als Startvorteil in der formal freien und gleichen Gesellschaft für sich zu nutzen.[44]

Die nationale Einheit, der Traum der Paulskirche wurde, allerdings nicht erreicht – das sollte weitere gut 20 Jahre dauern und erst nach weiteren kriegerischen Auseinandersetzungen verwirklicht werden. Allerdings:[45] In den Einzelstaaten bestanden fast überall Verfassungen. Die Freiheitsrechte wurden ausgeweitet und spielten auch in der reaktionären Zeit bald wieder eine bedeutende Rolle. Selbst Österreich kehrte im Jahr 1861 bzw. im Jahr 1867 in den Kreis der Verfassungsstaaten zurück. Allein in Mecklenburg konnte das altständische System noch bis zur Weimarer Verfassung überdauern. Auch der Historiker Andreas Fahrmeir zieht daher für Gesamteuropa ein positives Fazit: »Insgesamt kann man aber feststellen, dass die ›Revolutionen‹ vielerorts das nachholten, was in den Reformen um 1815 angelegt gewesen war: die Parlamentarisierung und Konstitutionalisierung eines großen Teils Europas.«[46]

Der Umstand, dass auch Preußen konstitutionalisiert worden war, machte es möglich, dass es sich alsbald als Führungsnation des Deutschen Bundes etablieren und schließlich unter Bismarck die deutsche Einigung vorantreiben konnte.[47] Auch an anderen Stellen wie der Justiz kam es zu beachtlichen Modernisierungen. Kurzum: Das Verfassungszeitalter hatte das Feudalzeitalter in Deutschland endgültig abgelöst, und insofern markierte die Paulskirchenverfassung auch für die deutsche Verfassungsgeschichte eine Zäsur: Der Absolutismus war gestürzt und mit ihr drang die Politik endgültig in das Volk – und umgekehrt.[48] Die liberale Nationalbewegung überlebte das Scheitern daher: »Die deutsche Nationalbewegung blieb also, auch ohne Macht zu haben, weiterhin ein politischer Faktor, mit dem man immer zu rechnen hatte und den die eine oder andere Großmacht für sich einspannen musste. Es gab seit 1848/49, was es bis 1848 nicht gegeben hatte: eine deutsche Frage.«[49]

Der Liberalismus präsentierte sich zwar zunächst als Wirtschaftsliberalismus. Man zog sich ins Private, ins Geschäftliche zurück, während der politische Liberalismus erlahmte. Ökonomisch gab es freilich genug zu tun: Die Industrialisierung kam in Schwung, in Österreich und Sachsen wurde im Jahr 1859 bzw. im Jahr 1861 die Gewerbefreiheit eingeführt. Freiheit hieß fortan vornehmlich Freiheit *vom* Staat, noch nicht Freiheit *zum* Staat, in Form gemeinsamer Freiheitsgestaltung[50] – aber auch heute ist die Abwehrfunktion, der »Status negativus« (Georg Jellinek), eine der zentralen Grundrechtsfunktionen unter dem Grundgesetz. Zugleich nahm die justizielle Sicherung dieses Freiheitsraumes einen stärkeren Raum ein. Hier liegen die Wurzeln der Konstitutionalisierung der Rechtsordnung, von der wir bereits sprachen. Der Staat verstand sich als neutraler Hüter des »objektiven« Gemeinwohls, Pluralität gab es auf der gesellschaftlichen, aber nicht auf der staatlichen Ebene, wo sie als Zersetzung der einheitlichen Staatsgewalt diskreditiert wurde. Der monarchische Staat bezog »seine Neutralität aus der inhaltlichen Gemeinwohlgewissheit, die ihn über alle gesellschaftlichen Kräfte erhob und von ihnen wesenhaft unterschied«.[51]

In der zweiten Hälfte des 19. Jahrhunderts sollte sich zeigen, dass der moderne Staat des Industriezeitalters jedoch auf die Mitwirkung seiner Bürger angewiesen war, wenn er seine wirtschaftliche und politische Macht ausweiten wollte: »Das Experiment einer rein bürokratischen Herrschaft, wie es in den fünfziger Jahren versucht worden war, musste scheitern, sobald es um mehr als um die Wiederherstellung von Sicherheit und Ordnung oder um sozialpolitische Sicherungsmaßnahmen ging, um sich wirtschaftlich zu entfalten oder gar nationale und europäische Machtpolitik zu betreiben, wie es die Großmächte Österreich und Preußen taten.«[52]

Die strikte Trennung zwischen Staat und Gesellschaft war nicht aufrecht zu erhalten, schon die Finanzierung der interventionistischen Maßnahmen verlangte die Mitwirkung der gesellschaftlichen Herrschaftsträger. Die zunehmend liberalen Parlamentsmehrheiten und die monarchischen Regierungen fanden daher alsbald wieder zueinander – nicht zuletzt im Kampf gegen die Kirche im späteren Kulturkampf.

Die einsetzende Verflechtung der staatlichen und der gesellschaftlichen Ebene, die im demokratischen Verfassungsstaat ihren Höhepunkt erreichte, ist von späteren Staatsrechtslehrern bisweilen als Anfang vom Ende des modernen Staates angesehen worden. »Die Epoche der Staatlichkeit geht jetzt zu Ende. Darüber ist kein Wort mehr zu verlieren«, formulierte Carl Schmitt im Jahr 1932.[53] Richtig ist das nur, wenn die strikte Trennung zwischen der staatlichen und der gesellschaftlichen Ebene zu den Essentialia moderner Staatlichkeit gehört. Überzeugend ist das kaum. Hermann Heller, Hans Kelsen und auch andere konnten die Demokratisierung und Pluralisierung ohne weiteres mit ihrem Staatsbegriff vereinbaren.[54] Das kann und soll an dieser Stelle nicht vertieft werden, wenngleich das konservative Staatsverständnis Folgen für die spätere Weimarer Republik hatte. Für die Vorgänge in Frankfurt aber wird man mit Hans Boldt festhalten können: »Betrachtet man die Revolution von 1848 aus dieser Perspektive, so erscheint sie nicht als ephemeres Ereignis und rasch gescheitertes Unternehmen, sondern als ein vorwärtstreibendes Moment innerhalb der seit Beginn des Jahrhunderts zwischen Fortschritt und Reaktion oszillierenden Bewegung der Gesellschaft.«[55] Wie diese Oszillation, dieses ständige Hin und Her zwischen liberaler Bewegung und alten Kräften weiterging, beleuchten wir in den folgenden Kapiteln.

9. Reichsgründung und Reichsverfassung

Die Situation in Europa nach den gescheiterten Revolutionen

Blicken wir auf die Situation in Europa, wie sie sich nach den gescheiterten Revolutionen und dem Sieg der Reaktion darstellte.[1] In Frankreich herrschte schon wenige Jahre nach der Julirevolution Napoleon III. als Alleinherrscher. Er war Inhaber der gesamten Exekutivgewalt, das Parlament wurde seines Initiativrechts beraubt und tagte hinter verschlossenen Türen. In der Bevölkerung hatte der neue Herrscher gleichwohl einen beachtlichen Rückhalt – große Teile waren schlicht müde nach den ereignisreichen und zermürbenden Jahren des Aufruhrs. Sie sehnten sich nach Ruhe und Sicherheit. Napoleon III. gelang es geschickt, sich als Sachwalter dieser nationalen Interessen zu inszenieren. Dennoch sollte man sich nicht täuschen: Das politische System war ganz auf den Neffen des ersten französischen Kaisers zugeschnitten, der seinen Einfluss bis in die kleinste Verwaltungsregion nach seinen Vorstellungen geltend machte.

Ab den 1860er Jahren kam es in Frankreich gleichwohl zu einer Liberalisierung, die zu realen Freiheiten führte (man sprach vom »liberalen Empire«). Hintergrund war eine aufstrebende Mittelschicht, die mit der Herrschaft des von Victor Hugo scherzhaft als »Napoleon dem Kleinen« bezeichneten Diktators zunehmend unzufrieden war. Streiks wurden gestattet, und das Parlament konnte wieder auf der politischen Bühne agieren. Im Jahr

1870 erhielt Napoleon III. in einem weiteren Plebiszit eine große Mehrheit für die in einer neuen Verfassung festgeschriebene Lockerungspolitik, was durch den zuvor einsetzenden wirtschaftlichen Aufschwung befördert worden sein dürfte. Wenngleich die Herrschaft Napoleons III. mit diesen Zugeständnissen zu bröckeln begann, schien seine Position zumindest vorerst gesichert.

In Österreich hatte der reaktionäre Schwarzenberg die faktische Macht inne, der junge Kaiser dagegen wenig Einfluss auf das politische Geschehen. Schwarzenberg widmete sich zunächst Autonomiebestrebungen in Ungarn, das fester Bestandteil der Habsburger Monarchie war. Sein militärisches Vorgehen war anfangs nicht von Erfolg gekrönt. Die ungarische Regierung erklärte sich für unabhängig, und die Einheit des Habsburger-Reiches konnte nur durch eine von Österreich erbetene Intervention des russischen Zarenreiches gewahrt werden. Nikolaus I. brachte Ungarn zur Kapitulation, das neoabsolutistische Habsburger-Reich war wiederhergestellt. Österreich reagierte auf den Aufstand mit der Verhängung und Vollstreckung zahlreicher Todesurteile.

Auch hier sollte es ab Ende der fünfziger Jahre zu gewissen Veränderungen kommen. Österreich trat im Jahr 1861 mit der Februarverfassung und endgültig ab dem Jahr 1867 mit der Dezemberverfassung dem Lager der Verfassungsstaaten bei. Die Macht des Königs wurde formal beschränkt, auch wenn die Verfassung nicht auf der Idee der Volkssouveränität beruhte. Das Wahlrecht war allerdings ungleich ausgestaltet, erst im Jahr 1907 sollte das allgemeine und gleiche Wahlrecht eingeführt werden.

In Preußen wurden liberale und sonstige der Revolution nahestehende Ansichten zunächst konsequent unterdrückt, Veröffentlichungen wie Bücher und Zeitungen verboten. Aus liberaler Sicht schien es politisch nicht voranzugehen, auch weil sich der König eher an Russland und Österreich orientierte, anstatt eigene Vorstellungen zu entwickeln. Dass ausgerechnet dieses Preußen ab Mitte der sechziger Jahre unter Otto von Bismarck zum deutschen Hegemon aufsteigen sollte, war zu diesem Zeitpunkt nicht abzusehen, zumal im Jahr 1861 der besonders konservative und über 60-jährige Wilhelm die Krone übernahm.

Immerhin hatte Preußen eine Verfassung und damit eine Repräsentation, in der sich liberale Köpfe alsbald wieder die Mehrheit sicherten. Der Sieg der Reaktion war alles andere als umfassend gewesen, gerade die intellektuellen Führungsschichten hielten an ihren liberalen Vorstellungen fest und träumten den Traum eines deutschen Nationalstaates weiter. Das preußische Parlament war Anfang der sechziger Jahre bereits wieder so stark, dass es sich auf einen größeren Konflikt mit dem König um die Finanzierung einer Heeresreform einlassen konnte.

In dieser politisch angespannten Situation holte der König den zuvor bereits kaltgestellten Otto von Bismarck zurück nach Preußen: Der »harte« Bismarck sollte den Parlamentariern ihre Grenzen aufzeigen. Im September 1862 wurde Bismarck zum preußischen Ministerpräsidenten ernannt. Bis zur Reichseinigung durch Gründung des Deutschen Reiches sollten von da an keine zehn Jahre mehr vergehen.

Der Konflikt war Ausdruck eines systemischen Defizits des deutschen dualistischen Konstitutionalismus mit dem Monarchen auf der einen und dem Parlament auf der anderen Seite. Zwar konnte der Monarch – anders als in England – frei über die Regierung entscheiden. Diese Regierung war aber in finanziellen Fragen und im Bereich der Grundrechte auf die Mitwirkung des Parlaments angewiesen. Eine handlungsfähige Regierung war ohne Berücksichtigung der politischen Zusammensetzung und der Interessen des Parlaments ausgeschlossen, gerade weil sich das Parlament seiner damit einhergehenden Stellung zunehmend bewusst wurde. Auf eine formale Abhängigkeit der Regierung von der politischen Unterstützung im Parlament (wie in

Großbritannien) oder gar eine Beteiligung der politischen Parteien an der Regierung wollten sich die Monarchen (von einer prominenten Ausnahme in Karlsruhe im Jahr 1860 abgesehen)[2] aber nicht einlassen.

Stattdessen versuchten sie die Zusammensetzung der Parlamente in ihrem Sinne zu beeinflussen, hinderten Liberale daran, sich um einen Abgeordnetensitz zu bewerben, oder wandten andere repressive Maßnahmen an, um das Parlament zu schwächen – der Zusammenschluss zu Fraktionen etwa blieb lange formal verboten.

Auch Bismarck ging bei den ersten Wahlen nach seiner Ernennung im Jahr 1863 – also mitten in dem Konflikt – nicht zimperlich mit liberalen Bewegungen um. Allein: Erfolgreich sollte das auch hier nicht sein, nach den Wahlen hatten die Liberalen eine deutliche Mehrheit im Parlament. In anderen deutschen Staaten war es bereits zu ähnlichen Pattsituationen zwischen monarchischer Regierung und Parlament gekommen, die im dualistischen Verfassungssystem nicht aufzulösen waren.

Ähnliches zeigt sich heute im präsidentiellen System der USA, das ebenfalls streng zwischen Exekutive und Legislative unterscheidet. Es bedarf Kompromissfähigkeit auf beiden Seiten, was vor allem unter Präsident Donald Trump nicht leicht zu haben war. Wo es an der notwendigen politischen Kultur der Entscheidungsträger mangelt, droht in den USA ein Stillstand des politischen Systems, was wiederum erhebliche Legitimitätsprobleme hervorrufen kann – zuletzt ist das eindringlich von Steven Levitsky und Daniel Ziblatt beschrieben worden.[3] Und es war genau das, was nun auch die preußische Regierung leidlich erfahren musste: Das System stand still.

Die Erfahrungen, die Bismarck in Preußen machte, sollten sein weiteres politisches Vorgehen prägen. Bereits unmittelbar nach Beendigung des Konflikts kündigte er im Jahr 1866 an, das allgemeine Wahlrecht im Norddeutschen Bund und später auch in einem geeinten Deutschland einführen zu wollen. Welche Motivation trieb Bismarck zu diesem Schritt? In Preußen galt weiterhin das Dreiklassenwahlrecht. War Bismarck zum liberalen Demokraten avanciert, wie es ihm einige seiner konservativen und monarchischen Verbündeten ebenso schnell wie entsetzt vorwarfen? War er gar auf den Zug der Revolution aufgesprungen? Davon wird man kaum ausgehen können. Mit der Einführung des allgemeinen Wahlrechts erhoffte sich Bismarck vielmehr auch eine Schwächung der liberalen Fraktionen im Parlament.[4] Der große Teil der dann wahlberechtigten Landbevölkerung, so glaubte er, würde den liberalen Vorstellungen nichts abgewinnen können: »Er überging die liberale Mittelschicht, um Anklang bei den Massen auf dem Land zu finden, die er als konservativ und loyal einschätzte.«[5] Sein Wunsch nach einer stabilen bzw. einer vom Parlament ungestörten Regierung erfüllte sich allerdings nicht – Richard J. Evans spricht von einem »spektakulären Irrtum« Bismarcks.[6] Das katholische Zentrum und später die Sozialdemokraten wurden im Kaiserreich zu harten parlamentarischen Gegenspielern. Entscheidend aber war: Bismarck hatte erkannt, dass er langfristig nur mit und nicht gegen das Parlament würde erfolgreich sein können. Er musste mit diesem kooperieren. *Nolens volens* war damit der Weg zur Parlamentarisierung der Regierung beschritten, auch wenn diese erst durch eine Verfassungsänderung im Oktober 1918 formal eingeführt wurde.

Die Einigung Italiens

Bevor wir den Weg zur deutschen Nationalstaatsgründung genauer beleuchten, blicken wir kurz auf die Verhältnisse in Italien. Hier glückten die Einigung und die Errichtung des Nationalstaats bereits im Jahr 1861 – ein Vorgang, der auch die Entwicklung und politische Diskussion in Deutschland beeinflusste.

Bis zu diesem Zeitpunkt war Italien weniger europäischer Staat als europäische Region oder, in den Worten Metternichs, ein »geographischer Begriff«[7] gewesen. Man sprach von Italien, aber meinte verschiedene selbstständige, häufig unter Fremdherrschaft stehende Gemeinwesen auf der italienischen Halbinsel. In der Renaissance hatten sich zwar u. a. mit Genua und Venedig eigenständige Mittelmächte entwickelt. Meist herrschten in den zentralen Städten aber eher Familien – wir sprachen im ersten Kapitel von den florentinischen Medici.[8] Zwischen dem 16. und 18. Jahrhundert nahm der Einfluss fremder Mächte noch einmal zu: »In den europäischen Kabinettskriegen, dem Spanischen (1701–1713/14), Polnischen (1733–1735) und Österreichischen (1740–1748) Erbfolgekrieg, wird Italien zur Arena, in der fremde Heere, ohne sich groß um die Souveränität des Papstes oder Venedigs zu scheren, marschieren, marodieren und Schlachten schlagen.«[9] Österreich erwarb nicht nur die Lombardei, Neapel und Sardinien, sondern auch die Toskana. Das Osmanische Reich eroberte Zypern, Kreta und Morea – Besitzungen, die zuvor zu Venedig gehört hatten. Nach der Französischen Revolution wurde »Italien mehr denn je in seiner Geschichte Kriegsschauplatz und willenloses Objekt fremder Vorherrschaft«,[10] insbesondere französischer Vorherrschaft: Im Jahr 1805 ließ sich Napoleon in Mailand zum König von Italien krönen. Wenig später fiel auch Rom mitsamt dem Kirchenstaat an Frankreich. Italienisch regiert wurde eigentlich nur noch Piemont, und von dort sollte dann auch die italienische Einigung ausgehen.

Damit war klar: Nach der Niederschlagung Napoleons bedurfte neben Deutschland auch »Italien« einer Neuordnung durch den Wiener Kongress. Allerdings blieb die politische Situation auch im Anschluss konfus und von fremden Mächten dominiert. Zwar wurde der Kirchenstaat in der Mitte des Landes wieder hergestellt, Österreich blieb aber die vorherrschende Macht in Norditalien und trug dadurch die repressive Politik Metternichs in diese Region. Im Süden wurde zwar ein neues Königreich beider Sizilien gegründet, dieses stand aber unter dem unmittelbaren Einfluss des spanischen Königshauses. Diese komplexe Herrschaftssituation wurde verschärft durch aufkommende und bis heute spürbare ökonomische Gegensätze – der Norden industrialisierte sich, während der Süden agrarisch geprägt blieb. Zusätzlich fehlte es an einer einheitlichen Sprache ebenso wie an einem die Lebensverhältnisse vereinheitlichenden Eisenbahn- und Verkehrssystem. Um die nationale italienische Einigung stand es Anfang des 19. Jahrhunderts alles andere als gut.

Dass diese im Anschluss gleichwohl vergleichsweise zügig zustande kam, lag nicht zuletzt an der repressiven Politik Österreichs, die auf die anderen Gebiete Italiens ausstrahlte. Österreich wurde als Besatzungsmacht angesehen, die es zu vertreiben galt – es verhinderte notwendige Liberalisierungen ebenso wie die Beseitigung von Zollschranken zwischen den Staaten und war dadurch auch den Handeltreibenden ein Dorn im Auge. Diese Abneigung gegen die österreichische Fremdherrschaft schweißte die heterogenen italienischen Regionen zusammen. Und das galt selbst für solche Regionen, in denen Österreich seinen Einfluss nur indirekt geltend machen konnte – denn auch dort unterstützte Österreich die reaktionären Herrscher häufig militärisch und war dadurch als faktische Besatzungsmacht sichtbar. In den Worten Manfred Görtemakers: »Die Bezeichnung ›tedeschi‹ wurde nun in ganz Italien zu einem Schimpfwort, der Kampf gegen die Österreicher geriet zu einer nationalen Mission.«[11]

Stellvertretend für diese Mission stand der junge und belesene Guiseppe Mazzini, der im Jahr 1832 mit gerade einmal 26 Jahren den Geheimbund »Junges Italien« gründete, keine politische Partei, »sondern eine Glaubensgemeinschaft Gleichgesinnter, die unter der Führung ihres charismatischen Propheten einen vom Willen der Nation selbst gebahnten Weg zur Einheit auf ihre Fahnen schreibt«.[12] Die Zeit war, so waren die »Glaubensbrüder« überzeugt, reif für eine freie, unabhängige republikanische italienische Nation, gegründet durch den »massenhaften Aufstand von unten«.[13] Nach den Erfahrungen des 20. Jahrhunderts wirken solche nationalstaatlichen bzw. nationalistischen Programme schnell verstörend oder gefährlich, ihnen haftet »ein starker negativer Beigeschmack an, eine mehr oder weniger eindeutige moralische Bewertung«.[14] Die ersten Nationalisten dürfen allerdings nicht mit den »Nationalisten« des 20. Jahrhunderts verwechselt werden – auch wenn es angesichts der Gräueltaten, die im Zeitalter des Kolonialismus und der Weltkriege unter Berufung auf nationale Ideologien begangen wurden, schwer fällt, dieser Idee mit der notwendigen Unbefangenheit zu begegnen.[15] Nationalismus ist ein ambivalenter Begriff: »Nationalismus kann verbunden sein mit Bestrebungen der politischen, sozialen, wirtschaftlichen und kultureller Emanzipation wie solchen der Unterdrückung.«[16] Mazzini ging es wie den meisten der ersten Nationalisten um (friedliche) und demokratische Emanzipation:[17] Sie waren alles andere als kriegshungrig und auf Unterdrückung anderer aus, was sich auch in der Erweiterung der Bewegung Mazzinis zum »Jungen Europa« zeigte. Die neu zu gründenden europäischen Nationen sollten friedlich nebeneinander bestehen. Mazzini strebte gar einen Zusammenschluss der europäischen Nationen an und erlangte mit der Idee des »Risorgimento« – der Wiedererstehung Italiens[18] – eine erstaunliche Popularität, was, in Anlehnung an Max Weber, gewiss auch mit seinem Charakter, seinem Wesen zusammenhing: Er war enthusiastisch und charismatisch und strahlte einen beinah unbeugsamen Optimismus und Idealismus aus. Mazzini ging es auch nicht nur um Italien. Er träumte den Traum einer in Nationen gegliederten Welt, die in Frieden miteinander dem Wohlstand und der Freiheit der gesamten Menschheit dient.

Einen Rückschlag erlitt die nationale Bewegung allerdings im Anschluss an die auch im italienischen Raum gescheiterte Revolution der Jahre 1848/49. Es folgten repressive Maßnahmen in praktisch allen italienischen Staaten. Besonders bedrohlich wirkte der Umstand, dass sogar der Papst Ende 1848 aus Rom vertrieben worden war. Er hatte seinen Truppen zuvor verboten, gegen andere Katholiken und damit insbesondere gegen Österreich zu Felde zu ziehen, weshalb ihm die Kontrolle über die Hauptstadt entrissen wurde. Für die anderen Großmächte war dieser Akt nicht akzeptabel. Sowohl Spanien, Neapel als auch Österreich erklärten sich bereit, Truppen zu entsenden. Am schnellsten reagierte Frankreich unter Napoleon III.: Bereits im Februar 1849 war in Rom eine republikanische Regierung u. a. unter Mazzinis Führung eingesetzt worden. Napoleon III. verlangte die Einnahme der Stadt, um ihre Kapitulation zu erzwingen. Die Republikaner kämpften unter der Führung Guiseppe Garibaldis, eines im Jahr 1807 in Nizza geborenen Fischersohnes,[19] der bereits an der brasilianischen Farappen-Revolution teilgenommen hatte,[20] aufopferungsvoll, aber vergeblich: »Denn am Ende musste die römische Republik am 3. Juli, das von österreichischen Truppen bombardierte Venedig am 22. August 1849 kapitulieren.«[21] Garibaldi floh in den Norden, sollte in der Folge aber noch an weiteren Befreiungskämpfen – insbesondere gegen Österreich – beteiligt sein.

Nachdem auch Mazzini resigniert ins Londoner Exil emigriert war, übernahm Graf Camillo Benso di Cavour die politische Führung in der italienischen Einigungsfrage. Der Berater des Königs Viktor Emanuel II. von Sardinien-Piemont, ein Meister der Diplomatie,[22] entschied sich für einen pragmatischeren, weniger idealistischen Kurs als Mazzini. Dieser galt Cavour als »eine größere Bedrohung des zu schaffenden Italien [...] als in den alten Mächten«.[23] Für Cavour war klar, dass neuerliche Revolutionen eher kontraproduktiv sein würden – bisher waren sie meist in repressiven Episoden gemündet, nicht zuletzt Frankreich war von einer demokratischen Ordnung weit entfernt. Es musste seiner Ansicht nach darum gehen, Österreich aus Norditalien zu vertreiben, selbst wenn es dazu der Kooperation mit einer weiteren Großmacht bedürfen sollte (etwas, das für Mazzini nicht denkbar gewesen wäre).[24] Cavour konzentrierte sich daher zunächst auf innenpolitische Reformen, um das Vertrauen möglicher Mitstreiter zu gewinnen. Zugleich unterstützte er im Jahr 1855 Großbritannien und Frankreich im Krim-Krieg – potenzielle Verbündete gegen die Österreicher. Die beiden Großmächte gestatteten dem kleinen Sardinien-Piemont denn auch bei den Friedensverhandlungen, die repressive Italienpolitik der Habsburger öffentlich anzuklagen. Intern warnte Frankreich zwar davor, die Einigungspolitik allzu forsch voranzutreiben. Cavour ließ sich allerdings nicht beirren, auch weil er überzeugt war, dass andernfalls revolutionäre Unruhen drohen könnten.

Mit dieser Taktik sollte er letztlich Erfolg haben, was vor allem daran lag, dass Napoleon III. sich bereit erklärte, die nationale Einigung zu unterstützen. Dieser Stimmungswechsel hing auch mit einem missglückten Attentat zusammen, das der italienische Nationalist Felice Orsini auf den französischen Potentaten verübt hatte: In einem an Napoleon III. adressierten Brief hatte der bald darauf zum Tode verurteilte Attentäter eindringlich gebeten, Italien zu befreien und die Unabhängigkeit zu gewähren: »Versagen Eure Majestät einem Patrioten auf den Stufen des Schafotts nicht die letzte Bitte, sondern befreien sie mein Land, und die Segenswünsche von 25 Millionen Bürgern werden Sie auf immer begleiten.«

Der offenkundig beeindruckte Napoleon III. sicherte Piemont daraufhin militärische Unterstützung in einem Konflikt mit Österreich zu, nahm diese Zusage jedoch zunächst zurück, als die anderen Großmächte – erschöpft vom zermürbenden Krim-Krieg – darum baten. Österreich missinterpretierte diese Rücknahme als Freibrief zur Festigung der eigenen Position in Norditalien und setzte Sardinien-Piemont faktisch ein Ultimatum zur umgehenden Abrüstung. Napoleon III. erneuerte daraufhin seine vorherige Zusage, was schnell zu Konsequenzen führte: Ende April 1859 kam es zu ersten militärischen Auseinandersetzungen zwischen Österreich und Frankreich, die anfangs im Sinne Cavours verliefen. Frankreich befürchtete allerdings ein baldiges Eingreifen Preußens zugunsten Österreichs – Preußen hatte mit der Mobilmachung seiner Truppen bereits begonnen – und sah daher vom letzten und entscheidenden militärischen Schlag ab.

Damit war es erneut nicht gelungen, Österreich aus Norditalien zu vertreiben, im Gegenteil: Die österreichische Herrschaft schien gefestigt. Dem italienischen Bund, der unter Führung des Papstes gegründet wurde, gehörte Österreich aufgrund seiner erheblichen Besitzungen sogar als vollwertiges Mitglied an.

Auch für Preußen hatte diese »italienische« Episode Folgen, denn es erkannte bei dieser Gelegenheit die Defizite der eigenen Militärorganisation. In dieser letztlich nicht zum Krieg führenden Mobilmachung lag der Grund für die durch den Monarchen eingeleitete preußische Heeresreform, die zum erwähnten Konflikt mit dem Parlament und der Rückkehr Otto von Bismarcks auf die preußische politische Bühne führen sollte.

Zurück zu Italien: Der »restaurative« Zustand war nur von kurzer Dauer. Vor allem in den Gebieten, die Österreich hatte aufgeben müssen, kam es zu dem Wunsch, sich mit Sardinien-Piemont zu vereinigen. Unter dem Schutz Napoleons III. und unter

Mitwirkung des an die Macht zurückgekehrten Cavour wurden entsprechende Plebiszite durchgeführt. Sardinien-Piemont konnte sein Territorium dadurch um die Gebiete Toskana, Romagna, Modena und Parma erweitern.

Diese Entwicklung ließ auch den Süden Italiens in Unruhe geraten, wobei erneut Garibaldi die politische Bühne betrat. Er eroberte Sizilien, wagte den Sprung auf das Festland und befreite schließlich Neapel. Cavour war von all dem nicht begeistert – er sah eher militärisches Harakiri als klare Strategie am Werk. Vor allem aber befürchtete er, dass Garibaldi Rom angreifen könnte, wo der Papst weiterhin unter französischem Schutz stand. Um dem zuvorzukommen, arrangierte er sich mit Napoleon III., holte sich die Erlaubnis, durch den Kirchenstaat gen Süden zu ziehen, den Mezzogiorno zu annektieren und schlimmstenfalls einen Bürgerkrieg gegen Garibaldi zu führen.[25] Die von ihm eroberten Gebiete sprachen sich schnell für eine Vereinigung mit Sardinien-Piemont aus. Garibaldi gab auf, und am 14. März 1861 wurde Italien – mit Ausnahme Roms und Venetiens – zum Königtum erklärt. Schon drei Tage später wurde König Viktor Emanuel II. von Piemont zum König Viktor Emanuel II. von Italien gekrönt (er behielt die piemontesische Namenszählung bei).[26] Hauptstadt war (zum Ärger Turins) zunächst Florenz: »Rom nämlich, heiß begehrt und von Garibaldi vergeblich berannt, ist nicht verfügbar; hier regiert, von französischen Truppen geschützt, im Windschatten der Geschichte der Papst.«[27]

Vollendet war die italienische Einigung erst mit der Eingliederung Venetiens und Roms. Ersteres gelang, als Österreich wegen einer Auseinandersetzung mit Preußen – wir werden darauf zurückkommen – militärisch nicht mehr in der Lage war, sich ausreichend zur Wehr zu setzen. Rom konnte eingegliedert werden, nachdem Frankreich sein Militär abziehen musste, um es gegen die Deutschen in den Krieg zu führen – der Krieg, der schließlich in der Gründung des Deutschen Reiches mündete (der Heilige Stuhl erkannte den italienischen Staat schließlich in den Lateranverträgen des Jahres 1929 an). Ende 1870 war die Einigung Italiens damit abgeschlossen. Mazzini, der in den fünfziger Jahren aus seinem Londoner Exil zurückgekehrt war, war dennoch enttäuscht. Mit seiner Idee einer weltoffenen Republik hatte all das wenig zu tun. Er starb zwei Jahre später und sollte die Errichtung der Italienischen Republik im Jahr 1948 – die Verfassung wurde von der Verfassunggebenden Versammlung am 22. Dezember mit großer Mehrheit angenommen – nicht mehr erleben.[28]

Die Verfassung Italiens

Die Verfassung Italiens beruhte auf dem Staatsgrundgesetz des Königreichs Sardinien von 1848 und ruhte, wie auch die meisten der deutschen Verfassungen, auf dem monarchischen Prinzip. So bestimmte Art. 2 zunächst ausdrücklich: »Der Staat wird regiert auf monarchischer konstitutioneller Grundlage, die Erbfolge des Thrones bestimmt das Salische Gesetz.« Das Gottesgnadentum bestand mithin fort, erhielt aber eine bedeutende Einschränkung: Nach der Königsformel wurde das Königtum »durch Gottes Gnade *und* durch den Willen des Volkes« übertragen.[29] Die Verfassungsordnung stand mit einem Bein auf dem alten und mit einem Bein bereits auf dem neuen Legitimationsfundament.

Die Gesetzgebung war aufgeteilt auf den König und zwei Kammern: dem Senat, der aus vom König auf Lebenszeit ernannten Mitgliedern bestand, sowie der Deputiertenkammer, deren Mitglieder gewählt wurden. Das Wahlrecht war ein Zensuswahlrecht, Frauen waren nicht wahlberechtigt. Der König hatte zudem das Recht, die Deputiertenkammer aufzulösen, und konnte die Sessionen beider Kammern jederzeit vertagen. Die Erhebung von Steuern setzte allerdings voraus, dass beide Kammern ihre Zustimmung gegeben hatten – eine dauerhafte Vertagung kam schon deshalb nicht in Betracht. Zudem hatten neben dem König auch beide Kammern ein eigenes Initiativrecht.

Die Exekutivgewalt lag nach Art. 5 allein beim König, der zugleich das Oberhaupt des Staates war, Krieg und Frieden erklärte, die Streitkräfte führte und völkerrechtliche Verträge abschloss. Verträge, die zu einer finanziellen Belastung führen konnten, bedurften der Zustimmung beider Kammern. Der König regierte durch Minister, die er nach Art. 65 zu berufen hatte; königliche Anordnungen bedurften der ministeriellen Gegenzeichnung.

Die Verfassung enthielt in den Art. 24–32 schließlich auch zentrale Grundrechte, wie etwa den Gleichheitssatz, die Unverletzlichkeit der Wohnung, die Gewährleistung des Eigentums sowie der Versammlungs- und der Pressefreiheit.

Diese Verfassung blieb formal bis zum Jahr 1946 in Kraft. Ein formales Verfassungsänderungsverfahren kannte sie jedoch nicht, so dass die Verfassung durch einfache Gesetzgebung zunehmend unterhöhlt wurde. Mit der faschistischen Machtergreifung durch Benito Mussolini im Jahr 1922 war sie ohnehin praktisch gegenstandslos geworden.[30] Erst nach dem Zweiten Weltkrieg wurde im Jahr 1948 die erste italienische (parlamentarische) Republik gegründet, die bis heute besteht. Auch hier zeigte sich in dem der Gründung vorangehenden Referendum die Nord-Süd-Spaltung: Während sich der Norden mit deutlicher Mehrheit für die Republik aussprach, votierte im Süden eine kaum kleinere Mehrheit für die Errichtung einer Monarchie. Erster Ministerpräsident wurde Alcide De Gasperi.

Der Weg zur deutschen Reichseinigung 1871

Die Ereignisse um die italienische Einigung und der Umstand, dass es dort durch revolutionäre, aber auch plebiszitäre Mittel zur Einigung gekommen war, machten auch in der deutschen Öffentlichkeit Eindruck. In den deutschen Staaten blieb der Wunsch nach einer nationalen Einigung daher auch nach der gescheiterten Revolution von 1848/49 auf der Tagesordnung. Bismarck, der ab 1851 als preußischer Gesandter im Bundestag vertreten war, hatte erkannt, dass eine Einigung Deutschlands nur ohne Österreich zu machen sein würde: zum einen, weil Österreich eine Führung Preußens (die Bismarck naturgemäß anstrebte) nicht akzeptiert hätte, zum anderen, weil Österreich als Vielvölkerstaat nicht in einen einheitlichen deutschen Nationalstaat zu integrieren gewesen wäre. Bismarck machte aus dieser Haltung in öffentlichen Debatten keinen Hehl und zog sich dadurch den Unmut seines Vorgesetzten Friedrich Wilhelm IV. und später auch von Wilhelm I. zu. Zu diesem frühen Zeitpunkt wollten beide trotz bestehender und wachsender Spannungen einen förmlichen Bruch mit Österreich nicht riskieren. Um diplomatischen Verwicklungen aus dem Weg zu gehen, wurde Bismarck mit Ausbruch des französisch-italienischen Krieges im Jahr 1859 aus Frankfurt abberufen und nach Petersburg (straf) versetzt. Bismarcks Karriere als bedeutender Politiker schien zu Ende, bevor sie begonnen hatte.

Doch der Schein trog, denn die Entwicklungen in Italien und der sich entwickelnde preußische Verfassungskonflikt bewirkten ein erstaunlich schnelles »Comeback« des späteren »eisernen Kanzlers«. Wie erwähnt, war dieser Konflikt den Besonderheiten des deutschen Konstitutionalismus mit seinem strengen Dualismus zwischen Monarchie und Parlament geschuldet – ähnliche Situationen traten daher auch in anderen deutschen Staaten auf.

Die Regierung war zwar formal unabhängig vom Parlament, es war allein der Monarch, der über die Regierung befand. Zugleich aber war die Regierung auf das Parlament angewiesen, wo es um Finanzen und Eingriffe in Grundrechte ging. In diesen Bereichen bedurfte es verfassungsrechtlich eines Gesetzes. Der Monarch hatte zwar die Möglichkeit, das Parlament aufzulösen. Das half aber wenig – das erforderliche Gesetz konnte dadurch nicht ersetzt werden. In der Weimarer Republik sollten die Präsidialkabinette ab dem Jahr 1930 das Notverordnungsrecht des Präsidenten gemäß Art. 48 WRV nutzen (bzw. missbrauchen), um trotz formaler Abhängigkeit vom Parlament weitestgehend eigenständig agieren und Recht setzen zu können. Ein solches »Notverordnungsrecht« des Monarchen kannten die damaligen Verfassungen nicht. Was also tun, wenn die monarchische Regierung keine Mehrheit im Parlament hatte, um die notwendigen Gesetze zu erlassen? »Unter dieser Voraussetzung ist festzustellen, dass es zur Zeit des Konflikts eine objektiv ›richtige‹ Lösung nicht gab.«[31] Bismarck zog aus dem Konflikt den Schluss, dass der strenge Dualismus nicht zu halten war. Eine Regierung musste, wenn auch hinter verschlossenen Türen, mit dem Parlament zusammenarbeiten. Blicken wir aber zunächst auf den konkreten Konflikt. Was war in Preußen geschehen?

Den Ausgangspunkt bildete die von Prinz Wilhelm nach den Erfahrungen mit der Mobilmachung gegen Frankreich angestrebte Heeresreform. Das Militär sollte professionalisiert werden, indem das Berufsheer zulasten des Bürgerheeres ausgeweitet wurde. Die Dienstzeit sollte bei drei Jahren verbleiben und nicht auf zwei gekürzt werden, wie Liberale es gefordert hatten. Das Problem des Königs war: Die Reform war teuer und bedurfte daher der Zustimmung der Zweiten Kammer des Parlaments.[32] Dazu war die mehrheitlich mit Liberalen besetzte Kammer nicht bereit. Zwar stimmten sie einem Kompromissvorschlag noch zu, mit dem die Mittel für das folgende Jahr unter der Prämisse bewilligt wurden, dass der König keine grundlegenden Reorganisationen vornehmen würde.[33] Als sich Prinz Wilhelm daran nicht hielt, verweigerte das Parlament endgültig die weitere Finanzierung. Der Streit eskalierte und der mittlerweile zum König ernannte Wilhelm I. reagierte, wie Monarchen es gewohnt waren: mit der Auflösung des Parlaments. Das eigentliche Problem blieb ungelöst.

Bei den anschließenden Wahlen erreichten die liberalen Kräfte trotz aller Repressalien einen überwältigenden Sieg. Enerviert dachte Wilhelm I. bereits an Abdankung, folgte schließlich aber dem Rat seiner Berater und holte den erzkonservativen (neurotischen und häufig kranken Hypochonder)[34] Otto von Bismarck aus dem politischen Exil zurück auf die preußische politische Bühne: »Mit 47 Jahren gelangte der Langzeitaspirant aus der Flanke ins stürmische Zentrum der preußischen Politik.«[35]

Am 23. September 1862 ernannte Wilhelm I. ihn zum preußischen Ministerpräsidenten und Außenminister. Bismarck versprach dem König, notfalls auch gegen die Mehrheit des Parlaments zu regieren. Und genau das tat er. Nachdem das frisch gewählte Parlament die finanziellen Mittel für die Heeresreform erneut verweigert hatte, hielt die »titanische Persönlichkeit«[36] Bismarck seine berüchtigte »Eisen und Blut-Rede«: »Nicht durch Reden und Majoritätsbeschlüsse werden die großen Fragen unserer Zeit entschieden – das ist der große Fehler von 1848 und 1849 gewesen – sondern durch Eisen und Blut.«

Bismarck regierte für die nächsten Jahre als etatloser »Konfliktminister«[37] und reizte die ihm von der Verfassung eingeräumten Möglichkeiten mehr als aus – ohne Zustimmung des Parlaments durfte er an sich weder Steuern eintreiben noch Geld ausgeben. Im Hintergrund suchte Bismarck anfangs nach einem Kompromiss, scheiterte damit aber auch an der Sturheit Wilhelms I.[38] Er griff daher alsbald auf die bewährten Mittel zurück und versuchte nicht zuletzt – wie viele andere monarchische Regierungen –, Wahlen in seinem Sinne zu beeinflussen. Nachdem das Parlament im Jahr 1863 abermals aufgelöst worden war (insgesamt kam es während des Verfassungskonflikts dreimal zu einer solchen Auflösung), drohte er u. a. Dorfbürgermeistern mit Geldstrafen und Amtsenthebungen, sofern sie gegen den Regierungskandidaten stimmen. Wählerlisten wurden von konservativen Wahlkommissaren angelegt, die so manche liberale Stimme unter den Tisch fallen ließen. Auch die Pressefreiheit wurde massiv eingeschränkt. Mit anderen Worten: Es wurde getrickst, wo es ging – in anderen Staaten wurden auch die Wahlkreise neu zugeschnitten, ein Verfahren, das sich bis heute großer Beliebtheit etwa in den USA erfreut (das sogenannte »Gerrymandering«). Wahlkämpfende liberale Abgeordnete wurden wegen Majestätsbeleidigung inhaftiert, auch das ein probates Mittel, das uns aus heutigen autoritären Regimen bekannt vorkommt. Bismarck war da kaum weniger zimperlich als seine Kollegen in anderen deutschen Staaten. Nutzen sollte es jedoch nichts bzw. wenig: Bei der Wahl im Jahr 1863 kamen die Liberalen trotz aller Widerstände auf eine Mehrheit von 258 der insgesamt 350 Abgeordneten. Mit einer parlamentarischen Mehrheit für die Reform konnte Bismarck also nicht rechnen: »Der tote Punkt bestand nach wie vor; der König wollte die Heeresreform nicht aufgeben, der Landtag lehnte das Budget ab, mit dem sie verwirklicht werden sollte; bei einem wichtigen Anlass im Mai kam eine überwältigende Mehrheit von 295 zu 5 Stimmen zustande.«[39]

Um gleichwohl regieren und Geld ausgeben zu können, benötigte Bismarck eine öffentliche Rechtfertigung für sein etatloses Vorgehen. Er fand diese in der sogenannten Lückentheorie. Danach sah die preußische Verfassung zwar in Art. 99 vor, dass die Ausgaben des Staates durch ein Haushaltsgesetz festgestellt werden mussten. Wie aber im Konfliktfall vorzugehen war, wenn ein Haushaltsgesetz nicht rechtzeitig erlassen wurde, war nicht geregelt. Das Grundgesetz kennt heute – vermutlich auch aufgrund dieser verfassungsgeschichtlichen Episode – mit Art. 111 GG eine explizite Bestimmung für den »etatlosen Zustand« und erlaubt der Regierung in begrenztem Umfang, gleichwohl Ausgaben zu tätigen. Das Staatsleben kann ohne formell verabschiedeten Haushalt partiell weitergehen. Zahlreiche andere parlamentarische Regierungssysteme enthalten heute ähnliche Bestimmungen. Anders ist dies in den USA, die – wie im deutschen Konstitutionalismus – strikt zwischen Exekutive und Parlament unterscheiden und gerade deshalb einer Regelung für den etatlosen Zustand bedürften. Tatsächlich aber steht das Staatsleben ohne rechtzeitige Einigung auf einen Haushalt vollständig still. Es kommt zum »Government-Shutdown«, eine Situation, die unter Donald Trump (wenig verwunderlich) mehrfach und für erstaunlich lange Zeiträume auftrat. Für Bismarck hingegen war Stillstand keine Alternative. Es musste weitergehen. Anstatt auf das monarchische Prinzip und die vorverfassungsrechtlich unbegrenzte Hoheitsgewalt des Königs zu rekurrieren, argumentierte er indes verfassungsrechtlich und berief sich auf die in der Verfassung zum Ausdruck kommende Notwendigkeit, das Staatsleben zu jedem Zeitpunkt (auch in Ausnahmesituationen) fortführen zu können. Im Januar 1863 führte Bismarck im Parlament aus:

> »Wird der Kompromiss dadurch vereitelt, dass eine der beteiligten Gewalten ihre eigene Ansicht mit doktrinärem Absolutismus durchführen will, so wird die Reihe der Kompromisse unterbrochen und an ihre Stelle treten Konflikte, und Konflikte, da das Staatsleben nicht stillzustehen vermag, werden zu Machtfragen. Wer die Macht in den Händen hat, geht dann in seinem Sinne vor, weil das Staatsleben auch nicht einen Augenblick stillstehen kann.«

Bismarck begründete seine erweiterten Exekutivbefugnisse also mit dem bestehenden Ausnahmezustand – ein Denkmuster, das sich bis heute (und immer häufiger)[40] auch in demokratischen Verfassungsstaaten großer Beliebtheit erfreut, wie zuletzt Günter Frankenberg gezeigt hat.[41] Im Jahr 2019 unterlief etwa Donald Trump unter Berufung auf vermeintliche Ausnahmezustände an der mexikanischen Grenze das Budgetrecht des Kongresses, um die nötigen Finanzmittel für den Bau seiner berüchtigten Grenzmauer zu erhalten.[42] In Frankreich wurde der Ausnahmezustand zwischen 2015 und 2017 insgesamt sechs Mal verlängert, in der Türkei nach dem Militärputsch ganze acht Mal (er endete erst 2018). Zwar wird verfassungstheoretisch heute versucht, den Ausnahmezustand normativ zu regeln und damit in die Verfassungs- und Rechtsordnung zu überführen[43] – erwähnt sei die im Jahr 1968 in das Grundgesetz integrierte »Notstandsverfassung«. Die Ausnahme wird dadurch Teil der Regel und damit (vermeintlich) normalisiert, zumindest normativ greif- und begrenzbar. Dies ändert freilich nichts daran, dass die erweiterten Exekutivbefugnisse, die mit der Ausrufung des Ausnahmezustands einhergehen und für die gute Gründe bestehen müssen,[44] jedenfalls dann problematisch werden, wenn ihr zeitliches Ende nicht feststeht, was sich auch in der Coronakrise bewahrheitet hat: »Sollte die Normsuspendierung zum neuen Paradigma demokratischen Regierens avanciert sein, droht der repräsentativen Demokratie eine signifikante Erosion.«[45] Hier liegt denn auch der Grund für das bekannte Diktum Carl Schmitts: »Souverän ist, wer über den Ausnahmezustand entscheidet.«[46]

Mit diesem Vorgehen jedenfalls trug Bismarck – ob gewollt oder nicht – trotz bzw. gerade wegen seiner Berufung auf den Ausnahmezustand zur Festigung des Verfassungsdenkens in Preußen und darüber hinaus bei: Die Ausnahme setzt die Regel voraus. Die Verfassung wurde in der Krisensituation nicht vollständig aufgehoben (wie noch in Hannover im Jahr 1837), sie wurde vielmehr in einer Weise interpretiert, die die Handlungsfähigkeit der Regierung sicherte, und bestand ansonsten mit all ihren Regelungen fort. Im Hintergrund liefen die Verhandlungen mit dem Parlament denn auch weiter, Debatten fanden statt, Bismarck trat vor dem Parlament auf und brachte Gesetzesvorlagen ein und bat um Zustimmung für seine Haushaltspläne. Die Verfassung als solche war nicht suspendiert, sie behielt ihre Geltung. Es war mit dem Historiker Fritz Stern insofern vielleicht ein »legaler Scheingrund«, auf den sich Bismarck stützte.[47] Aber es war eben nicht irgendein, sondern ein *legaler* Scheingrund. Bismarck riskierte mit seinem Vorgehen zudem viel: Nach einer Verfügung des Abgeordnetenhauses hafteten die Minister mit ihrem Besitz für nicht verfassungsmäßige Ausgaben.[48]

Inwieweit Bismarcks Argumentation überzeugen konnte, soll an dieser Stelle dahinstehen – völlig abwegig ist sie nicht, wenngleich sich gute Gründe gegen sie vorbringen lassen. Der Konflikt zeigt aber, dass die Machtfrage auch im Verfassungsstaat nicht vollständig gelöst werden kann. Eine Verfassung wird immer Lücken enthalten, die zu füllen dem politischen Prozess überlassen bleibt. Wie viele »Lücken« das sind, hängt von der Verfassung, aber auch der Verfassungskultur ab, mithin davon, was sich eine Gesellschaft von einer Verfassung im Hinblick auf die Ordnung des politischen Lebens verspricht. Bereits im dritten Kapitel wurde erwähnt, dass sich die Verfassungen und die Verfassungskultur etwa in den USA und in Deutschland deutlich voneinander unterscheidet. Das Grundgesetz ist nicht nur umfangreicher als die amerikanische Verfassung, es ist (nicht zuletzt durch die Rechtsprechung des Bundesverfassungsgerichts) in erheblich stärkerem Umfang materiell aufgeladen, enthält also nur wenige »Lücken«, die Raum für machtpolitische Spielchen liefern. Ein Beispiel für solche »Spielchen« zeigte sich zuletzt aber in der Europäischen Union, als es um die Möglichkeit der Parteien ging, bei der Wahl zum Europäischen Parlament sogenannte »Spitzenkandidaten« für das Amt des Kommissionspräsidenten aufzustellen. Die europäische »Verfassung« – es handelt sich mangels Verfassungsautonomie um keine moderne Verfassung – enthält zu dieser Frage keine eindeutige Regelung, überlässt den politischen Akteuren (dem Europäischen Rat einerseits und dem Parlament andererseits) Raum für politische Manöver. Im Jahr 2014 vermochte sich das Parlament gegen die Staats- und Regierungschefs durchzusetzen, der siegreiche parlamentarische Spitzenkandidat (Jean-Claude Juncker) wurde Kommissionspräsident. Etabliert hatte sich dieses Verfahren aber noch nicht, so dass sich im Jahr 2019 der Europäische Rat mit seiner Kandidatin (Ursula von der Leyen) durchsetzte. Wie dieser Konflikt bei den nächsten Wahlen ausgeht, ist offen – es dürfte sich langfristig aber eine der Interpretationen durchsetzen.

Die endgültige Lösung des vier Jahre schwelenden preußischen Konflikts wurde letztlich – wie so oft – durch kriegerische Auseinandersetzungen herbeigeführt: Zunächst versuchte der dänische König Friedrich VII. im März 1863, Schleswig enger an Dänemark zu binden, obwohl den beiden Herzogtümern im Londoner Protokoll des Jahres 1852 ein besonderer Status eingeräumt worden war. Die Lage eskalierte, und schließlich gingen Österreich und Preußen gemeinsam gegen Dänemark vor und waren schnell erfolgreich – allerdings hatte Bismarck erhebliche Mühe, die Finanzmittel für den Krieg aufzubringen, da das Parlament die Gewährung einer Kriegsanleihe wiederum verwehrte.[49] Und auch im Anschluss gab das preußische Parlament dem Bitten des Königs und Bismarcks nicht nach:

> »Am 27. März wies der Landtag mit überwältigender Mehrheit das Budget für 1865 zurück und nahm einen Kompromissentschluss an, wonach die vorgeschlagenen Zuwendungen an

das Heer zunächst gekürzt werden sollten, da die Ausgaben für Soziales und das Bildungswesen dringend erhöht werden müssten. Einen Monat danach verwarf der Landtag die Heeresreformvorlage in ihrer Gesamtkonzeption.«[50]

Bismarck war also keinen Schritt weiter, und dennoch sollte er bald erfolgreich sein. Denn der gemeinsame Sieg Österreichs und Preußens war nur der Ausgangspunkt für das Auseinanderbrechen des Deutschen Bundes: Die beiden deutschen Großmächte konnten sich nicht einigen, wie mit den Elbherzogtümern verfahren werden sollte.

Im Jahr 1866 war es so weit. Es kam zu einer militärischen Auseinandersetzung zwischen den beiden deutschen Großmächten, die am 3. Juli 1866 durch Helmuth von Moltke persönlich in der Schlacht bei Königgrätz für Preußen entschieden wurde. Für die erneut alles andere als einfache Finanzierung des Krieges sorgte im Wesentlichen »der Bankier des Kanzlers«,[51] Gerson Bleichröder. Preußen erhielt die Gebiete Hannover, Kurhessen, Hessen-Nassau und Frankfurt am Main, verzichtete aber darauf, österreichisches Gebiet zu annektieren, um Österreich als späteren Bündnispartner nicht zu verprellen.[52] Im Frieden von Prag (23. August 1866) blieb das Territorium Österreichs unangetastet, allerdings musste Österreich einer Neuordnung Deutschlands ohne eigene Beteiligung und der Auflösung des Deutschen Bundes zustimmen.

Der endgültige Verzicht auf die großdeutsche Lösung wurde Bismarck von Zeitgenossen aber auch später bisweilen vorgeworfen. Indes: Österreich hätte in einen deutschen Nationalstaat nur mit seinem deutschen Teil integriert werden können. Das aber hätte zu erheblicher Instabilität auf dem Balkan führen können, wo Österreich als anerkannter Vielvölkerstaat eine wichtige Beruhigungs- und Befriedungsfunktion erfüllte. Die kleindeutsche

Lösung war daher (gerade aus preußischer Perspektive) die einzig realistische und nachhaltige – wenn man denn eine nationale Einigung in Form eines Nationalstaates überhaupt für erforderlich hielt.

Mit diesen »außenpolitischen« Erfolgen ergab sich auch innenpolitisch eine veränderte Lage: »Der Triumph Preußens, scheinbar mühelos erreicht, verschaffte Bismarck plötzlich eine noch nie dagewesene Popularität. Der verhasste Tyrann war zum höchsten Idol der Nation geworden.«[53] Das zeigte sich bei den Parlamentswahlen, die ausgerechnet am Tag der Schlacht bei Königgrätz abgehalten wurden. Die Liberalen erlitten eine Niederlage, das preußische Volk schien sich hinter Bismarck zu vereinen, auch finanziell wurde er alsbald »fürstlich« entlohnt.[54] Es war kaum noch vermittelbar, dass die liberalen Abgeordneten ihren Widerstand ausgerechnet auf das Heer bzw. die Heeresreform richteten. Dieses Heer fuhr unter königlicher Führung Sieg um Sieg ein – wie konnte man da so kleinlich sein? Einige liberale Stimmen sprachen resigniert von einer »Anbetung der militärischen Macht«, die sich in Preußen breit gemacht habe.

In dieser Situation hätte Bismarck versuchen können, das Parlament endgültig zu entmachten und damit auch der Verfassung einen schweren Schlag zuzufügen. Er hielt sich jedoch zurück, auch weil unklar war, ob ein solches Vorgehen langfristig erfolgreich sein würde. Bismarck hatte die Situation der Liberalen schon in der Vergangenheit falsch eingeschätzt. Statt eines radikalen Weges legte er dem Parlament daher die sogenannte Indemnitätsvorlage vor, durch die sein etatloses Regieren nachträglich durch das Parlament sanktioniert werden sollte. Damit aber versöhnte er konservative und liberale Abgeordnete zugleich: Einerseits konnte dadurch die etatlose Regierungspolitik gerechtfertigt werden, andererseits aber klang an, dass diese Politik nicht umfassend auf dem Boden der Verfassung gestanden hatte – warum bedurfte es sonst einer ausdrücklichen Indemnität Bismarcks? Außerdem akzeptierte er das Parlament damit als verfassungsmäßig legitimiertes Staatsorgan.

Die Vorlage wurde mit großer Mehrheit angenommen. Auch die Hälfte der bisherigen liberalen Opposition stimmte für sie, was langfristige Folgen für die deutsche Parteienlandschaft und die weitere Verfassungsentwicklung haben sollte. Ein Auseinanderbrechen der liberalen Fraktion war dadurch (wie wohl von Bismarck bezweckt)[55] nicht mehr zu verhindern. Die neue nationalliberale Partei erklärte sich zur künftigen Zusammenarbeit mit Bismarck bereit. Gemeinsam mit der Freikonservativen Vereinigung, einer Abspaltung der konservativen Fraktionen – die konservativen Hardliner wollten Bismarcks »Kuschelkurs« mit den Liberalen nicht mittragen –, sollte sie Bismarck im Norddeutschen Bund und später im Deutschen Reich die notwendigen Mehrheiten sichern.

Die durch diese Vorgänge möglich gewordene kleindeutsche Einigung vollzog sich in zwei Etappen. Im Jahr 1866 führte Bismarck die deutschen Staaten nördlich des Mains zunächst im Norddeutschen Bund zusammen, dessen Verfassung bereits in vielen Punkten derjenigen des späteren Deutschen Kaiserreichs entsprach. Der vorläufige Verzicht auf die süddeutschen Staaten war einer Vereinbarung mit Napoleon III. geschuldet, auf die Bismarck sich eingelassen hatte, um ein französisches Eingreifen in den preußisch-österreichischen Konflikt zu verhindern. Im Norddeutschen Bund kamen neben Preußen damit 21 weitere Staaten zusammen. Die Verfassung beruhte auf einem von Bismarck angefertigten Entwurf. Dieser wurde zuvor einem nach allgemeinem Wahlrecht gewählten verfassungsberatenden norddeutschen Reichstage vorgelegt (man beachte die Terminologie: nicht verfassungs*gebend*, sondern verfassungs*beratend*). Dieser Reichstag nahm nur wenige Änderungen vor, allerdings wurde das Amt des

Bundeskanzlers etwas gestärkt. Die in dieser Form beratene Verfassung wurde in den 22 Staaten beschlossen, als Gesetz verkündet und trat am 1. Juli 1867 in Kraft.

Mit den drei süddeutschen Staaten schloss Bismarck umgehend militärische Schutz- und Trutzbündnisse, zudem wurde der Deutsche Zollverein bereits am 8. Juli 1867 auf das gesamte spätere Reichsgebiet ausgeweitet – das deutsche Zollparlament war damit das erste gesamtdeutsche nationale Parlament.[56] Schließlich und sehr zum Ärger Frankreichs enthielt die Verfassung des Norddeutschen Bundes bereits eine Regelung, nach der die süddeutschen Staaten diesem jederzeit »im Wege der Bundesgesetzgebung« beitreten konnten. Bismarck war sich des französischen Widerstands gegen eine entsprechende Ausdehnung bewusst und sah daher zunächst von weiteren Provokationen ab. Wenn die Deutschen aber beschließen sollten, sich aus freien Stücken zu vereinigen, dann war das aus seiner Sicht nichts, was Frankreich etwas anging. In Frankreich traute man Bismarck allerdings nicht, schon Königgrätz »wurde als Affront begriffen«.[57] Die Stimmung war damit schon unmittelbar nach Gründung des Norddeutschen Bundes angespannt. Die Franzosen sahen sich zunehmend in ihrer Ehre verletzt, nachdem Bismarck auch noch Verhandlungen mit den Niederlanden über einen Verkauf Luxemburgs an Frankreich hintertrieben hatte.[58]

Zwar glaubte Bismarck zu Anfang, dass die Reichseinigung ohne kriegerische Auseinandersetzung würde glücken können. Der von ihm erhoffte Autoritätsverlust Napoleons III. trat jedoch nicht ein, im Gegenteil: Napoleon III. hatte seine Position in einer Volksabstimmung noch im Mai 1870 wieder gefestigt. Ohnehin ist nicht ganz klar, wie erpicht Bismarck darauf war, den bestehenden Bund schon zu diesem Zeitpunkt um die süddeutschen Staaten zu erweitern. Aus preußischer Sicht waren die wesentlichen Ziele vorerst erreicht, es waren eher die nationalliberalen Kräfte, die auf eine Erweiterung drangen.[59] Bismarck war diesem Ziel gewiss nicht abgeneigt, er stellte allerdings noch im Jahr 1869 fest, dass »die deutsche Einheit in diesem Augenblick keine reife Frucht ist«.

Dass ein neuerlicher Disput zwischen Preußen und Frankreich wenig später den Reifeprozess beschleunigen sollte, war von Bismarck wohl nicht geplant; er wusste die sich ihm bietende Gelegenheit allerdings geschickt für seine Zwecke zu nutzen. Den Hintergrund bildete die Nachfolge der spanischen Königin Isabella II., die im Zusammenhang mit der Revolution von 1868 ihren Thron endgültig verloren hatte.[60] Diese Nachfolge trug die spanische Regierung Prinz Leopold von Hohenzollern-Sigmaringen an, der wiederum entfernt mit dem preußischen König Wilhelm I. verwandt war. Aus französischer Sicht schien diese Lösung unmöglich – Frankreich wäre von Hohenzollern beinahe umschlossen. Gleichwohl entschied sich Leopold dazu, die ihm angetragene Nachfolge anzunehmen. Bismarck begann umgehend mit der Mobilmachung. Ein Krieg, so seine Annahme, war nicht mehr zu verhindern. Doch erneut kam es anders: Nach einer deutlichen französischen Drohung zog Leopold seine Zusage in Absprache mit Wilhelm I. zurück, der Frieden schien gesichert – zum Leidwesen Bismarcks, der kurz sogar an Rücktritt dachte.[61]

Frankreich aber war noch nicht zufrieden und verlangte eine förmliche Zusicherung von Wilhelm I.› dass auch in Zukunft kein Hohenzoller für den spanischen Thron kandidieren würde. Dem wiederum konnte der preußische König nicht zustimmen, was er den französischen Diplomaten, Graf Benedetti, bei einem Treffen in Bad Ems wissen ließ. Bismarck wurde über den Verlauf des Gesprächs per Telegramm (sogenannte Emser Depesche) informiert. Er veröffentlichte dann aber eine Version, die deutlich kürzer war und von französischer Seite als Affront angesehen werden musste. Was folgte, war von Bismarck ebenso vorhergesehen wie erwünscht: Frankreich erklärte Preußen den Krieg – sowohl die Regierung als auch die Öffentlichkeit in Frankreich waren sich einig, dass diese ungeheure Zahl an Demütigungen nur noch mit Waffengewalt aus der Welt geschaffen werden konnte.[62] Allerdings hatte die französische Regierung, wie der Kaiserreich-Spezialist Michael Epkenhans festhält, die Weichen schon auf Krieg gestellt, bevor sie die Emser Depesche erreichte – die Nachricht von Benedettis Scheitern war bereits durchgesickert.[63] Die Emser Depesche beschleunigte also den Weg in den »Bruderkrieg«[64], war aber nicht seine eigentliche Ursache, denn auch die Zeitgenossen sahen hierin kein Bismarck'sches Werk: »Wenige glaubten, dass dieses Ergebnis für Bismarck ausgemachte Sache war.«[65]

Die süddeutschen (und noch nicht zum Norddeutschen Bund) zählenden Staaten kämpften angesichts der bestehenden Schutz- und Trutzverträge schnell an der Seite Preußens, auch wenn diese Entscheidung gerade dem bayerischen König nicht leicht fiel.[66] Österreich wurde durch Russland an einem Eingreifen zugunsten Frankreichs gehindert. Die französischen Truppen hatten den preußischen daher nur wenig entgegenzusetzen. Schon am 2. September 1870 geriet Napoleon III. nach der Schlacht von Sedan in deutsche Gefangenschaft (er wurde nach Kassel gebracht und durfte später ins Exil nach England), zwei Tage später wurde Frankreich erneut zur Republik. Damit war der Weg zur deutschen Einheit bereitet.

Der Krieg allerdings war nicht vorbei, er trat vielmehr in eine neue Phase ein: »Der Kabinettskrieg entwickelte sich zum Volkskrieg«,[67] und »eine unsichere Republik lehnte die deutschen Friedensbedingungen in der Befürchtung ab, ein schmählicher Friede könnte in der Bevölkerung die revolutionären Leidenschaften von 1793 wiederaufleben lassen«.[68] Erst am 28. Januar 1871 – also nach der Reichsgründung – folgte nach weiteren blutigen Kämpfen und der Belagerung von Paris die französische Kapitulation, am

10. Mai 1871 wurde der endgültige Friedensvertrag unterzeichnet. Insgesamt waren mehr als 165.000 Soldaten gefallen und Tausende verwundet. Hinzu kamen etliche Tote »aufgrund von Krankheiten wie Ruhr, Typhus und Pocken«.[69] Richard J. Evans spricht von insgesamt 185.000 Toten:[70] »Kriege eröffnen von jeher den wenigen großen Möglichkeiten, wie sie den vielen Elend und Entbehrung bringen. Der Deutsch-Französische Krieg, den der Historiker Michael Howard als den ersten totalen bezeichnet, machte da keine Ausnahme.«[71] Anders als noch im Krieg gegen Österreich hielt Bismarck sich auch mit Gebietsveränderungen nicht zurück und entriss den Franzosen Elsass-Lothringen. Den Hintergrund bildete vermutlich die militärische Bedeutung dieses Gebietes im Falle eines von Bismarck befürchteten französischen Revanchekrieges. Damit allerdings begründete Bismarck zugleich das Fundament für die »Erbfeindschaft« zwischen Deutschen und Franzosen. Bismarck bezeichnete den Schritt später selbst als Fehler.[72]

Bereits im November 1870 einigte man sich in Deutschland auf die Errichtung des Deutschen Reiches (mittels der sogenannten Novemberverträge), die Verfassung des Norddeutschen Bundes wurde dazu partiell modifiziert. Bayern und Württemberg erhielten gewisse Reservatsrechte, um ihren Befürchtungen einer völligen »Verpreußung« des Deutschen Reiches entgegenzukommen. Bismarck ging über die Interessen der süddeutschen Staaten insofern keineswegs hinweg, verfuhr stattdessen, wie Sebastian Haffner es formulierte, »plötzlich wie ein Staatsmann der Metternichzeit«.[73] In dieser Form trat die Verfassung des Deutschen Reiches am 1.1.1871 in Kraft. Am 18. Januar 1871, einem Mittwoch, wurde der preußische König Wilhelm I. bei schönstem Sonnenschein – Michael Epkenhans spricht von Kaiserwetter[74] – im Spiegelsaal zu Versailles zum deutschen Kaiser proklamiert (ein Titel, an dem er sich störte, er hätte sich lieber als »Kaiser von Deutschland« bezeichnet).[75] Immerhin konnte er die ausgewählten Reichsfarben akzeptieren: Diese waren Schwarz, Weiß und Rot und nicht Schwarz, Rot und Gold, die, wie er sich ausdrückte, »aus dem Straßenschmutz erstiegen« wären. Versailles wurde zum Ort der Kaiserkrönung im Übrigen nicht gewählt, um die Franzosen zusätzlich zu demütigen. Wilhelm I. hatte hier sein militärisches Hauptquartier errichtet. Der Krieg war noch nicht vorbei, eine Zeremonie im fernen Berlin erschien nicht opportun. Bismarck aber war am Ziel.

Juristisch umstritten war das Verhältnis des geeinten Deutschen Reiches zum vorherigen Norddeutschen Bund.[76] Der Staatsrechtler Paul Laband vertrat zeitgenössisch die Auffassung, dass beide ein und dasselbe seien: Die süddeutschen Staaten seien durch die Novemberverträge einem bereits bestehenden Bundesstaat beigetreten, der ansonsten unverändert geblieben sei (sogenannte »Identitätstheorie«) – vergleichbar dem Beitritt der ostdeutschen Länder zum Geltungsbereich des Grundgesetzes nach Art. 23 GG a.F. knapp 120 Jahre später. Tatsächlich fand sich in den Novemberverträgen keine Bestimmung über die formale Beendigung des Norddeutschen Bundes. Allerdings war der Wille der Vertragschließenden erkennbar auf die Errichtung von etwas Neuem gerichtet, und so lassen sich denn auch die Ratifikationsgesetze lesen. Schaut man auf das berühmte Bild Anton von Werners aus dem Jahre 1883, das die Kaiserkrönung in Versailles zeigt, sieht das nicht nach der Feier eines schnöden und technischen Beitritts aus. Nein, das Reich war auch juristisch etwas Neues, ein Aliud zum Norddeutschen Bund, mit diesem nicht identisch, vielmehr dessen umfassender Rechtsnachfolger.[77]

Die Verfassung des Deutschen Reiches

Wie sah sie aus, die Verfassung des geeinten Deutschen Reiches? Auch sie hielt zwar nicht am strikten monarchischen Prinzip, sehr wohl aber am Dualismus von Monarchie und Regierung fest. Die Regierung war in ihrem Bestand weiterhin nicht vom Parlament abhängig. Bismarck hatte allerdings im preußischen Verfassungskonflikt gelernt, dass auch eine monarchische Regierung nur funktionsfähig sein konnte, wenn sie mit dem Parlament kooperierte und sich entsprechende Mehrheiten sicherte.[78] Unterdrückung und Wahlbeeinflussung hatten liberale Mehrheiten nicht dauerhaft verhindern können. Auch wenn Bismarck kein Demokrat oder Anhänger von Parlamenten gewesen war, arbeitete er daher mit dem Parlament zusammen. Ohne es zu wollen, brachte Bismarck damit (hinzu kam das moderne allgemeine Wahlrecht) die Parlamentarisierung voran. Dass das Kaiserreich »ein zu der allgemeinen Parlamentarisierungsentwicklung quer liegendes Gebilde« gewesen wäre, wird man insofern nicht (mehr) sagen können.[79] Nein, das Parlament »errang im Chor der Verfassungsorgane die Rolle der Primadonna«.[80] Auch insoweit lässt sich die Sonderweg-These nicht aufrechterhalten.

So lassen sich gar Parallelen zur britischen Entwicklung aufzeigen. Die Sicherung einer stabilen Regierung war auch dort das zentrale Problem des politischen Systems. Die Regierung war zwar formal vom Parlament abhängig und konnte vom Parlament gestürzt werden. Um zu gewährleisten, dass die königliche Regierung dadurch nicht in allzu große Probleme geraten würde, bestand zwischen Monarch, Ober- und Unterhaus aber eine Art Vereinbarung darüber, wer ins Unterhaus gewählt werden sollte. Etwas deutlicher ließe sich auch von institutionalisierter Korruption sprechen. Über entsprechende Wahlkreiseinteilungen (sogenannte »wrotten boroughs«) und sonstige Beeinflussungen wurde sichergestellt, dass es einen ernsthaften Konflikt zwischen Krone, Adel und Unterhaus nicht geben würde.

Ab Ende des 18. Jahrhunderts geriet dieses System zunehmend in Verruf und wurde auch in der Presse diskutiert; zudem fehlte immer häufiger das Geld, um die Unterhausmitglieder im Sinne der Krone zu beeinflussen. Im Jahr 1832 kam es zu einer ersten Wahlrechtsreform, die die Zahl der Wähler leicht erhöhte, vor allem aber den Einfluss der Krone auf die Zusammensetzung des Unterhauses verringerte. Die Abgeordneten entwickelten ein eigenes Selbstbewusstsein, waren aber noch nicht in festen Fraktionen organisiert, wodurch die Errichtung einer stabilen Regierung immer schwieriger wurde. Regierungen wurden häufiger gestürzt, ohne dass Wahlen vorangegangen wären.

Eher zufällig und keineswegs vom Wunsch nach Demokratisierung getragen, kam es in England im Jahr 1867 zu einer neuerlichen Reform und Ausweitung des Wahlrechts, die, zusammen mit der bereits zuvor eingeführten Registrierungspflicht für Wähler, dazu führte, dass Wahlen fortan eine größere Bedeutung für die Regierungsbildung hatten. Die sich herausbildenden Parteien machten Wahlkampf vor Ort, innerhalb des Parlaments kam es zur Fraktionsdisziplin und am Ende stand das demokratische Regierungssystem Englands, wie wir es heute kennen. Wie die Historikerin Ute Daniel skizziert hat, hatten die Wahlrechtserweiterungen damit aber auch in England vornehmlich den Zweck, stabile Regierungen zu ermöglichen.[81] Dass damit auch das parlamentarische und demokratische System gefördert wurde, war eher eine nicht geplante, aber zweifellos folgenreiche Nebenerscheinung.

Zurück zur Verfassung des Deutschen Kaiserreiches: Sie bestand aus 14 Abschnitten mit insgesamt 78 Artikeln und war ein reines Organisationsstatut. Sie enthielt keine Grundrechte, die als Angelegenheit der 25 Gliedstaaten angesehen wurden[82] (allerdings wurden im Wege der einfachen Gesetzgebung einheitliche Grundrechtsbestimmungen erlassen).[83] Nach der Vorrede zur Verfassung schlossen die Staaten einen »ewigen Bund«. Doch sollten daraus keine falschen Schlüsse gezogen werden. Das Deutsche Reich war kein bloßer Staatenbund (oder Fürstenbund, wie Bismarck bisweilen verbreiten ließ),[84] sondern ein moderner Bundesstaat, der in seiner Ausgestaltung in vielem dem heutigen Grundgesetz ähnelte.[85] Das folgte u. a. aus Art. 78, der das Verfassungsänderungsverfahren normierte: Eine solche Änderung erfolgte im Wege der Reichsgesetzgebung und war prinzipiell unbegrenzt möglich. Damit aber lagen die »Souveränität« bzw. die Verfassungsautonomie (die »Kompetenz-Kompetenz«) – anders als in einem Staatenbund – beim Reich und nicht bei den Gliedstaaten, die an der Souveränität des Reiches nach Maßgabe der Reichsverfassung partizipierten. Die Gliedstaaten waren aber insoweit geschützt, als Verfassungsänderungen durch eine Sperrminorität von 14 Stimmen im Bundesrat verhindert werden konnten. Preußen, das im Bundesrat auf 17 Stimmen kam, konnte dadurch jede Verfassungsänderung zu seinen Ungunsten verhindern. An der theoretischen Souveränitätszuordnung zum Reich änderte dieser Befund jedoch nichts.

Wie im Grundgesetz wurden die Zuständigkeiten des Reiches in der Verfassung ausdrücklich geregelt. Alle anderen Kompetenzen verblieben bei den Gliedstaaten. Im Katalog der Gesetzgebungskompetenzen des Reiches fanden sich viele Titel, die auch in den heutigen Art. 73 und 74 GG aufgelistet werden. Das Bundesverfassungsgericht hat daraus später den Schluss gezogen, dass der historischen Auslegung im Bereich der Gesetzgebungskompetenzen eine besondere Bedeutung zukommt – auch insoweit wirkt die Verfassung des Deutschen Kaiserreiches bis heute fort. Im sechsten, siebten und achten Abschnitt der Verfassung wurden weitere Reichskompetenzen (zum Handelswesen, zum Eisenbahnwesen, Post- und Telegraphenwesen) detailliert ausbuchstabiert, was letztlich wohl auf – wie Hans Boldt es formulierte – »bürokratischen Perfektionismus« der am Entwurf beteiligten preußischen Ministerien zurückging.[86]

Das in dieser Form erlassene Reichsrecht ging dem Landesrecht vor, auch wenn Art. 2 der Verfassung das noch nicht so eingängig formulierte wie der heutige Art. 31 GG (»Bundesrecht bricht Landesrecht«). Auch im Hinblick auf den Vollzug der Reichsgesetze nahm die Reichsverfassung wesentliche Elemente des heutigen Grundgesetzes vorweg. Die Reichskompetenzen waren hier außerordentlich spärlich, so dass der Vollzug in der Regel den Gliedstaaten oblag. Alsbald zeigten sich im Bereich der Gesetzgebung Unitarisierungstendenzen. Das Reich nahm nicht nur die ihm in der ursprünglichen Fassung der Verfassung zugewiesenen Kompetenzen in Anspruch, die Zuständigkeiten wurden durch Verfassungsänderungen auch stetig erweitert – ein Effekt, der sich unter dem Grundgesetz fortsetzte (Konrad Hesse prägte dafür den Begriff des »unitarischen Bundesstaates«). Erst durch diese Erweiterungen wurden die großen Kodifikationen der Jahrhundertwende möglich: die Reichsjustizgesetze und im Jahr 1900 das (bis heute bestehende) Bürgerliche Gesetzbuch. Gleichwohl blieb den Gliedstaaten stets ein ausreichender Bereich zur eigenen Gestaltung erhalten – das Reich wurde nicht zum Zentralstaat, schon weil die Vollzugstätigkeit und auch der Kern der Rechtsprechung (wie unter dem Grundgesetz) Sache der Gliedstaaten blieben. Das zeigte sich auch im Bereich des Wahlrechts – das preußische Dreiklassenwahlrecht war nicht die Regel: »Länder wie Württemberg oder Baden nutzten in den folgenden Jahrzehnten ihre Kompetenzen zur Liberalisierung, demokratisierten das Wahlrecht, integrierten die Sozialdemokratie, öffneten die Tore weit für die Massenpolitisierung.«[87]

In organisationsrechtlicher Sicht war der Bundesrat das höchste Organ des Reiches, in das jeder der 25 Bundesstaaten eine bestimmte Anzahl an Vertretern zu entsenden berechtigt war. Die Anzahl der Vertreter richtete sich nach Größe und Bedeutung des Bundesstaates. Preußen hatte mit 17 Vertretern am meisten, Hamburg mit nur einem Vertreter am wenigsten Mitglieder. Insgesamt hatte der Bundesrat 58 Vertreter. Der Anzahl der Vertreter entsprach der Anzahl der Stimmen, wobei diese Stimmen jedoch – wie heute noch beim Bundesrat unter dem Grundgesetz – nur einheitlich abgegeben werden konnten (Art. 6 der Verfassung). Die Dominanz Preußens wurde hier deutlich, allerdings hätte die territoriale Ausdehnung Preußens eine noch größere Stimmenanzahl gerechtfertigt. Um die politische Ausgewogenheit nicht zu stark zu beeinträchtigen, blieb es bei den 17 Stimmen. Der Bundesrat beschloss nach Art. 7 mit einfacher Mehrheit. Damit aber bedurfte Preußen nur 13 weiterer Stimmen, um einen Beschluss in seinem Sinne zu fassen. Verfassungsänderungen konnte Preußen auch ohne fremde Unterstützung verhindern: Nach Art. 78 galt eine Verfassungsänderung als abgelehnt, wenn sie im Bundesrat 14 Stimmen gegen sich hatte. Insgesamt war der Bundesrat damit keine klassische Erste Kammer, orientierte sich in seiner Ausgestaltung vielmehr am Bundestag des Deutschen Bundes bzw. dem Reichstag des Heiligen Römischen Reiches – eine Tradition, die sich bis heute im grundgesetzlichen Bundesrat gehalten hat.

Zentrale Aufgabe des Bundesrates war nach Art. 5 (gemeinsam mit dem Reichstag) die Gesetzgebung. Darüber hinaus war er an der auswärtigen Gewalt beteiligt, nicht zuletzt der Kriegserklärung. Sofern Gliedstaaten ihren Verpflichtungen nicht nachkamen, konnte er nach Art. 19 die vom Kaiser zu vollstreckende Reichsexekution beschließen, zudem konnte er mit Zustimmung des Kaisers den Reichstag auflösen. Nach Art. 76 und 77 hatte der Bundesrat schließlich gewisse Streitschlichtungskompetenzen, etwa bei Streitigkeiten zwischen Gliedstaaten. In der Verfassungswirklichkeit spielte der Bundesrat allerdings keine bedeutende Rolle: »Die

Kammer kam den Anforderungen der aufmerksamen Zivilgesellschaft nicht nach, sie veröffentlichte keine Protokolle, wurde oft von mediokren Bevollmächtigten bespielt und nicht von Männern, die in Wahlkämpfen gekürt worden waren.«[88] Die großen Debatten, die die stetig wachsende Öffentlichkeit bewegten (u.a. auch die skandalösen kolonialen Gewaltexzesse), wurden im Reichstag geführt.

Das Präsidium war in den Art. 11ff. geregelt. Es stand dem preußischen König zu, der den Titel »Deutscher Kaiser« führte. Von einem Präsidium sprach in der Folge allerdings kaum jemand. Zentrale Aufgabe des Kaisers war nach Art. 15 die Ernennung des Reichskanzlers. Er berief, eröffnete, vertagte und schloss außerdem Bundesrat und Reichstag. Letzteren konnte er gemeinsam mit dem Bundesrat auflösen. Der Kaiser fertigte die Reichsgesetze aus und verkündete diese, zudem überwachte er die Ausführung derselben. Seine Anordnungen bedurften indes der Gegenzeichnung durch den Reichskanzler.

Das Verhältnis des Kaisers zum Reichskanzler blieb verfassungsrechtlich nebulös. Beide arbeiteten eng zusammen, hinzu kam eine doppelte Verflechtung mit Preußen: Der Kaiser war preußischer König, der Reichskanzler führte im Bundesrat den Vorsitz, war daher zumindest preußischer Außenminister, in der Regel aber preußischer Ministerpräsident. Diese Verflechtung zeigte sich bei manchen politischen Kompromissen, die Bismarck mit den auch in Preußen wirkenden Parteien knüpfte: Reichsinteressen wurden mit preußischen Interessen mehr oder weniger unverblümt verknüpft. Formal war der Kaiser dem Reichskanzler übergeordnet – erneut sei an das Bild der Kaiserproklamation erinnert, wo der Kaiser an höchster Stelle thront –, gleichwohl bestand aufgrund des Erfordernisses der Gegenzeichnung faktisch eine gleichberechtigte Kooperation im Bereich der Regierungsgewalt. Man sprach daher bisweilen auch von einer Dyarchie (in Abgrenzung zu einer Monarchie).

Der Reichskanzler war nicht vom Vertrauen des Parlaments abhängig, der Kaiser konnte ernennen, wen er wollte – hier lag der entscheidende Unterschied zum parlamentarischen System Englands. Der Sache nach war Bismarck aber von Anfang an bewusst, dass die monarchische Regierung auf eine Zusammenarbeit mit dem Reichstag angewiesen war. Dennoch: Welcher Art die Verantwortlichkeit war, die der Reichskanzler nach Art. 17 mit der Gegenzeichnung übernahm, blieb diffus. Letztlich konnte es nur eine politische Verantwortlichkeit sein, die sich darin erschöpfte, dass der Reichskanzler seine Politik vor dem Reichstag zu vertreten hatte. Das musste er aber ohnehin, da er andernfalls keine Zustimmung für seine Gesetzesvorlagen erhalten würde. Insofern führte die formale Verantwortlichkeit eher zu einer Aufwertung des Reichskanzlers gegenüber dem Monarchen, was Bismarck gewiss nicht ganz unrecht war. Der Monarch wuchs so trotz seiner formalen Kompetenzen zu einer Integrationsfigur des gesamten Deutschen Reiches heran und half, »eine multiple nationale Identität zu entwickeln: als Bayer oder Sachse – und zugleich als Deutscher.«[89]

Minister kannte die Reichsverfassung (wie die amerikanische Verfassung) keine. Die Regierung bestand aus dem Kaiser und dem Reichskanzler. Faktisch gab es eine wachsende Zahl an Reichsämtern, deren personelle Leitung dem Reichskanzler untergeordnet war. Das Stellvertretergesetz aus dem Jahre 1878 führte zwar ein gewisses Ressortprinzip ein, ein kollegial beratendes und entscheidendes Kabinett bildete sich im Deutschen Reich hingegen nicht heraus – es war alles auf den Kanzler ausgerichtet, der den Begriff »Kabinett« bis zuletzt ablehnte.

Der Regierung stand – dem dualistischen Modell entsprechend – der Reichstag[90] mit insgesamt 397 Abgeordneten gegenüber, die zunächst für drei, ab 1888 für fünf Jahre gewählt wurden (der Kaiser sollte den Reichstag tatsächlich nie betreten). Bemerkenswert war die in Art. 20 der Verfassung vorgesehene allgemeine, direkte und geheime Wahl, deren Einführung Bismarck ein besonderes Anliegen war – das Wahlrecht im Reich war dadurch weit »demokratischer« als im damaligen England. Allerdings blieb Bismarck dem Parlament gegenüber skeptisch und ließ auch von repressiven Maßnahmen nicht ab. Ute Daniel formuliert es so: »Das Ertricksen und Erzwingen hat Bismarck darüber allerdings nicht verlernt, sondern beides sowohl in Preußen als auch auf Reichsebene im sogenannten Kulturkampf gegen das katholische Zentrum und später mit dem Sozialistengesetz gegen die Sozialdemokratie auf ganz neue Eskalationsstufen getrieben.«[91] Dennoch: Bismarck und auch spätere Regierungen mussten einsehen, dass sie in den großen politischen Fragen am Parlament nicht vorbeikamen. Ein Regieren ohne oder auch nur gegen das Parlament kam angesichts seiner Kompetenzen im Bereich der Gesetzgebung und vor allem der Finanzen nicht in Betracht: »Es war nahezu unmöglich, gegen eine Mehrheit im Parlament den Staat zu lenken, denn die Macht von Kanzler, Monarch und Bundesrat, den Reichstag aufzulösen und Neuwahlen anzuordnen, ließ sich nur beschränkt ausspielen.«[92] Das Parlament wurde dadurch schon im Deutschen Kaiserreich zum zentralen Austragungsort großer öffentlicher Debatten.

In den Wahlkreisen galt das absolute Mehrheitswahlrecht.[93] Kam im ersten Wahlgang kein Kandidat auf eine absolute Mehrheit, bedurfte es einer Stichwahl. Meistens kam es dann zu Wahlabsprachen, bei denen die Sozialdemokratie als Verlierer vom Platz ging. Die Wahlkreise waren zudem von einer zunehmenden Ungleichheit geprägt, was vor allem in der stetig wachsenden (städtischen) Bevölkerung begründet lag.

Im Hinblick auf die Rechtsprechung enthielt die Verfassung erstaunlich wenige Bestimmungen, sie wurde im Kern als Angelegenheit der Länder angesehen.[94] Im 13. Abschnitt, der mit

»Schlichtung von Streitigkeiten und Strafbestimmungen« überschrieben war, wurden dem Bundesrat gewisse Streitschlichtungskompetenzen zugewiesen. Ein spezielles Verfassungsgericht kannte die Reichsverfassung hingegen nicht (insoweit blieb sie hinter der Paulskirchenverfassung zurück). Mangels Grundrechten fehlte es der Verfassung allerdings auch an materiellen Maßstäben, an denen etwa Parlamentsgesetze hätten gemessen werden können. Es war daher nicht überraschend, dass das erst im Jahr 1877 einfach-rechtlich durch die Reichsjustizgesetze errichtete Reichsgericht eine Überprüfung der Reichsgesetze am Maßstab der Verfassung nicht durchführte, ohne diese Option allerdings vollständig zu verwerfen.[95] Landesgesetze wurden hingegen ebenso auf ihre Verfassungsmäßigkeit überprüft wie Landes- und Bundesverordnungen. Auf Reichsebene bestand nach überwiegender Auffassung kein eigenständiges, sondern nur ein gesetzesabhängiges Verordnungsrecht. Maßstab der Überprüfung bildeten in diesen Fällen also die parlamentarischen Gesetze. Vom Fehlen einer Verfassungsgerichtsbarkeit zu sprechen ginge damit gewiss zu weit. Weil Verordnungen »als gleichberechtigtes Mittel der Staatsorganisation neben dem Gesetz betrachtet werden« mussten, »für weite Bereiche des Verwaltungsstaats sogar als alleinige Orientierungsgröße«, »war das Prüfungsrecht in einen Kernbereich der Staatlichkeit erstreckt«.[96] Die ausgeprägte verfassungsgerichtliche Kontrolle unter dem Grundgesetz kann historisch damit an diese Entwicklung im Kaiserreich anknüpfen, dem auch insoweit ein allgemeines Demokratiedefizit nicht zu attestieren ist.[97]

Bezüglich der Finanzierung des Reiches konzentrierte sich die Reichsverfassung auf das Militärbudget. Art. 70 sah Einnahmen aus Zöllen, bestimmten Verbrauchssteuern sowie Einkünfte aus Post und Telegraphie vor. Im Übrigen waren die Gliedstaaten verpflichtet, Matrikularbeiträge zu erbringen. Von der Möglichkeit nach Art. 4, weitere direkte Reichssteuern einzuführen, wurde erst im 20. Jahrhundert Gebrauch gemacht. Insgesamt blieb das Reich finanziell damit Kostgänger der Gliedstaaten. In Weimar sollte man dieses Verhältnis umkehren, das Grundgesetz hat versucht, aus diesen beiden Extremen einen Mittelweg zu konstruieren.

Wie war das Deutsche Kaiserreich staatstheoretisch einzuordnen? Handelte es sich um eine Monarchie, eine Demokratie oder etwas Drittes? Die Antwort fällt schwerer als man vermuten würde, die Verfassung selbst ließ sie unbeantwortet. Gegen die Einordnung als »reine« Monarchie spricht der Umstand, dass die Verfassung den Kaiser nicht als Träger sämtlicher Staatsgewalt auswies. Ihm standen nur die Befugnisse zu, die ihm die Verfassung verliehen hatte. In Preußen war das anders, im Reich aber wird man der Verfassung eine herrschaftsbegründende Funktion nicht absprechen können – das enge (frühe) monarchische Prinzip war überwunden. Das wurde auch in der besonderen Stellung des Bundesrates deutlich, der in der Verfassung noch vor dem Kaiser behandelt wurde. Dem Kaiser kamen zwar wichtige und klassische monarchische Zuständigkeiten zu. Andererseits war der Bundestag bereits Teil der Staatsgewalt und wirkte an dieser nicht lediglich mit.

Von einer Demokratie wird man aber nicht sprechen können, die Staatsgewalt ging gewiss nicht umfassend vom Volk aus. Paul Laband hat diesen Begriff einmal für das Reich benutzt, stellte dabei allerdings auf die Gleichheit der Mitglieder des Reiches – also die Gliedstaaten – ab. Christian-Friedrich Menger charakterisierte das Reich als eine »Aristokratie von Regierungen«[98] – und dazu passt das erwähnte Gemälde Anton von Werners: Vom Volk ist bei der Proklamation jedenfalls nichts zu sehen. Die Staatsrechtler Werner Frotscher und Bodo Pieroth sprechen von einer »eingeschränkten Monarchie«, »um das Übergewicht des monarchischen über das demokratische Element zu betonen«.[99]

Die konkrete staatstheoretische Einordung fällt insofern nicht ganz leicht.[100] Dessen ungeachtet muss man sich bewusst sein, dass die Reichseinigung (aber auch die Niederlage Frankreichs) in vielen Teilen des Landes einen Sturm der Begeisterung auslöste: »Die Ereignisse stiegen zu Kopf, der Jubel war allgemein. Er fühle sich, als sei alle Tage Sonntag«, wie ein junger Wissenschaftler in seinem Tagebuch festhielt.[101] Man konnte sich fortan in allen 25 Bundesstaaten als Deutscher bezeichnen, und in der Tat: Art. 3 begründete die einheitliche Staatsbürgerschaft und stellte für alle Deutschen fest, dass diese in sämtlichen Bundesstaaten die gleichen Rechte genossen. Zeitgenössisch brachte der Historiker Heinrich von Sybel die Stimmung zahlreicher nationalliberaler Stimmen treffend zum Ausdruck, als er ausführte: »Was zwanzig Jahre der Inhalt allen Wünschens und Strebens gewesen, das ist nun in so unendlich herrlicher Weise erfüllt! Woher soll man in meinen Lebensjahren noch einen neuen Inhalt für das weitere Leben nehmen?«[102] Im ganzen Reich, in jeder Stadt kam es zu Feierlichkeiten, wobei Berlin zwangsläufig eine besondere Rolle zukam, denn: »Über Nacht war die Stadt zum politischen Mittelpunkt Europas geworden.«[103]

Doch gab es auch kritische Stimmen. Von einer ungeteilten Euphorie über die Einigung zur deutschen Nation kann daher nicht die Rede sein.[104] Befürchtet wurde von einigen, wie etwa dem Staatsrechtler Johann C. Bluntschli, eine stramme und antiliberale Regierung Bismarcks. Vor allem in den süddeutschen Staaten kritisierte man die »Verpreußung« des Reiches – ein Umstand, über den sich Bismarck durchaus im Klaren war. Dass Preußen mit lediglich 17 Stimmen zwar am meisten, jedoch vor dem Hintergrund seiner Größe relativ noch zu wenig Stimmen im Bundesrat hatte, dürfte auf diese Kritik ebenso zurückgehen wie die angesprochenen Reservatsrechte Bayerns und Württembergs. Letztlich sicherte sich Bismarck die bayerische Loyalität zum Reich durch einen politischen Trick: Er brachte den bayerischen König Ludwig II. dazu, den preußischen König im Namen aller Fürsten um die Annahme der ihm angetragenen Kaiserkrone zu bitten. Ob Bismarck diesen Schritt mit finanziellen Versprechungen möglich machte, ist historisch umstritten. Bekannt ist allerdings, dass Ludwig II. wegen zahlreicher Prachtbauten – u.a. das Schloss Neuschwanstein – zu diesem Zeitpunkt in erheblichen finanziellen Schwierigkeiten steckte.[105]

10. Staatsgründungen in anderen Weltregionen

Schaut man heute um sich, entdeckt man weltweit praktisch nur noch »westliche« Nationalstaaten, wie sie sich in den USA und in Frankreich seit dem Ende des 18. Jahrhunderts herausgebildet haben. Viele dieser Staaten entstanden im Laufe des 19. Jahrhunderts, als zahlreiche Kolonien, besonders in Südamerika, ihre Unabhängigkeit erkämpften. Aber auch einige Staaten Südosteuropas entstanden als Nationalstaaten in dieser Epoche. Andere sollten, wie etwa Indien, die Türkei und Polen, aber auch viele Staaten auf dem afrikanischen Kontinent, erst im Laufe des 20. Jahrhunderts endgültig auf den Landkarten erscheinen. Betreiben wir also ein wenig europäische und außereuropäische Staatsgeschichte, die stets auch Verfassungsgeschichte ist. Denn bis auf Neuseeland kennen alle diese Staaten selbstverständlich eine Verfassung, die das politische Leben ordnet.

Ost- und Südosteuropa

Blicken wir zunächst auf Ost- und Südosteuropa und beispielhaft auf Russland und Griechenland. Das heutige Russland, aus der Kiewer Rus und dem späteren Fürstentum Moskau entstanden, war auch vor Peter dem Großen selbstverständlich kein herrschaftsfreier Raum. Im Einzelnen kann die ereignisreiche Geschichte Russlands hier nicht nachgezeichnet werden. Es stand zunächst lange unter mongolischer Fremdherrschaft, die schließlich von Iwan III. abgeschüttelt werden konnte. Sein Enkel, Iwan der Schreckliche, ließ sich 1574 zum »Zar aller Russen« küren – das russische Zarenreich war geboren. Dieses Zarenreich war von europäischen Einflüssen – jedenfalls im Hinblick auf die Art der Herrschaft – noch weitgehend frei, wenngleich es aufgrund der Eroberung neuer Landstriche zunehmend absolutistisch, aber gewissermaßen »orientalisch-absolutistisch« organisiert war, eine Entwicklung, die unter Zar Peter I., dem Großen, mit der Unterwerfung der Kirche ihren Abschluss finden sollte. Zar Peter der Große war es auch, der die allmähliche Europäisierung des russischen Herrschaftssystems einleiten sollte. Russland wurde insofern nicht von Europa erobert, verwestlichte sich ab diesem Zeitpunkt aber zunehmend selbst.

Auch dabei handelte es sich um einen langwierigen Prozess. Nicht zuletzt die aus Stettin stammende Zarin Katharina II., die Große (1762–1796), trug zu dieser Entwicklung bei – unter ihrer Führung kam es zu ersten Ansätzen einer »modernen« Verwaltungsstruktur. Gleichwohl: Die byzantinischen Rechtstraditionen hielten sich noch lange und waren auch noch prägend, als Russland spätestens mit dem Wiener Kongress 1815 – auch aufgrund seiner kriegerischen Erfolge – zum europäischen Mächtekonzert gezählt wurde. Es kam trotz Territorialisierung zu keiner wirklichen Entpersonalisierung der Herrschaft. Erst Ende des 19. Jahrhunderts wurden die staatlichen Einnahmen von denjenigen des Herrschers unterschieden, und dessen Herrschaft selbst blieb bis Mitte des 19. Jahrhunderts überaus willkürlich. Erst um 1860 wurden Judikative und Exekutive getrennt und erst zu diesem Zeitpunkt begann auch die förmliche Gesetzgebung die Rolle zu spielen, die sie in den bereits bestehenden modernen (»westlichen«) Staaten seit mehr als einem Jahrhundert spielte: »In effect, until as late as the mid-nineteenth century, Russia did without systematized laws, a legal profession, and the law-boundedness that was the essential characteristic of the western state tradition«, wie S. E. Finer es ausdrückte.[1] Und es war auch erst im Jahr 1861 unter der Herrschaft Zar Alexanders II., dass schließlich mehr als 40 Millionen Leibeigene aus dem Privateigentum oder dem des Hofes befreit wurden – eine Entwicklung, die im Kerneuropa früher abgelaufen war, wie wir gesehen haben. Dadurch kam es ab 1870 allmählich zu einer Verstädterung, was wiederum den wirtschaftlichen Aufschwung Russlands ermöglichte. Auch wenn Katharina die Große Russland schon im Jahr 1762 zum europäischen Staat erklärt hatte:[2] Abgeschlossen war die Selbstverwestlichung wohl erst mit der autokratischen Verfassung von 1906. Ab dann aber wird man sagen müssen: Mit seiner Ausdehnung über den gesamten asiatischen Kontinent war Russland zum europäischen Verfassungsstaat geworden, das vorherige russische Patrimonialreich war Geschichte.

Von besonderer Bedeutung für die Ausbreitung des europäischen Staats- und Verfassungsmodells in Osteuropa war schließlich der langsame Zerfall des Osmanischen Reiches im Laufe des 19. Jahrhunderts – ein Prozess, der eng mit dem aufkommenden Nationalismus und Nationalstaatsgedanken verknüpft war. Bisherige im Osmanischen Reich vereinte Kulturnationen wollten sich aus der herrschaftlichen Umklammerung der Osmanen lösen und sehnten sich nach dem eigenen Staat auf dem eigenen Territorium, einem Staat westlicher Prägung – dem nationalen Verfassungsstaat. In der Folge kam es zur keineswegs friedlichen Sezession Griechenlands (1830), Rumäniens, Serbiens und Montenegros (jeweils 1878), Bulgariens (1908) sowie Albaniens (1913).[3] Zypern hatte das Osmanische Reich bereits 1878 mehr oder weniger freiwillig an Großbritannien verpachten müssen. Es wurde nach dem Ersten Weltkrieg durch den Vertrag von Lausanne (1923) rückwirkend zum Jahr 1914 britische Kronkolonie und schließlich 1960 in die Unabhängigkeit als ‹moderner Staat› entlassen. Der Einfluss westlicher Staatsvorstellungen war jeweils beachtlich und wird am Beispiel Griechenlands sichtbar.[4] Hier setzten die führenden Großmächte nicht nur durch, dass organisatorisch allein eine Monarchie in Betracht kam – die Idee des Republikanismus wurde in den Königshäusern nicht sonderlich goutiert, wir befinden uns mitten in der Zeit der Restauration –, sie bestimmten auch, wer der neue Monarch sein sollte: der bayerische Prinz Otto, Sohn König Ludwigs I. von Bayern. Als Otto I. bestieg er im Jahr 1832 den griechischen Thron und hatte die europäische (absolutistische) Staatstradition in Gestalt Hunderter bayerischer Beamter und einem 3.500 Mann starken Militärkontingent im Gepäck. Aufgrund fehlender Volljährigkeit wurde die Herrschaft bis zum 1. Juni 1835 jedoch von einer dreiköpfigen Regentschaft ausgeübt.

Griechenland musste sich diesen Vorgaben der Großmächte vor allem aufgrund seiner enormen Verschuldung fügen, die sich während des Unabhängigkeitskrieges gegen das Osmanische Reich angehäuft hatte. Die Reorganisation der Staatsfinanzen und der absolutistische Regierungsstil Ottos muteten der Bevölkerung viel zu. Bereits 1843 wurden die bayerischen Staatsbeamten des Landes verwiesen und eine konstitutionelle Monarchie errichtet. Nur wenig später war Griechenland zum ersten Mal bankrott – es sollte, wie wir wissen, nicht das letzte Mal gewesen sein.

Außereuropäische Regionen: Nord- und Südamerika

Blicken wir nun erstmals auf außereuropäische Regionen, namentlich Nord- und Südamerika, in denen die Ausbreitung des europäischen Staats- und Verfassungsmodells eine Folge der europäischen Kolonisierung war. Die Art derselben unterschied sich im Norden allerdings deutlich von derjenigen des Südens: Während es im Norden, also in den späteren USA und Kanada, um Besiedlung ging, dominierten im Süden Beherrschungskolonien.

Britisch-Nordamerika, das spätere Kanada, war noch bis in das 18. Jahrhundert hinein französisches Einflussgebiet, ging dann jedoch – als Folge kaum zu überblickender und praktisch weltweit ausgetragener kriegerischer Auseinandersetzungen – in britische Hände über. Den vorläufigen Schlusspunkt bildete der Frieden von Paris, der den »ersten Weltkrieg der Geschichte«, den Siebenjährigen Krieg, beendete: »Französisch-Nordamerika war zu Ende, die verbliebenen Franzosen wurden britische Untertanen.«[5] Mit der Unabhängigkeit der USA stand die neue britische Herrschaft zunächst unter einer konstanten Bedrohung. Nachdem ein Invasionsversuch der USA im Zusammenhang mit dem zweiten Unabhängigkeitskrieg (1812–1815) gescheitert war, verlegten sich diese fortan allerdings auf ihre Expansion nach Westen. Aufkommende territoriale Streitigkeiten mit dem späteren Kanada wurden nunmehr auf friedlichem Wege gelöst. Innerhalb des britischen Territoriums führte die Amerikanische Revolution allerdings zu einer Durchmischung der dortigen Bevölkerung aus französischen und zunehmend englischen Siedlern mit aus den USA emigrierenden Personen (ehemalige Söldner, aber auch Sklaven und Indianer). Diese heterogene Mischung barg durchaus Konfliktpotenzial, dem erst durch eine Teilung der Provinz Québec und schließlich im Jahr 1867 durch die Errichtung eines umfassenden föderalen »Quasistaates« erfolgreich begegnet wurde – dem heutigen Kanada. Kanada blieb formal weiterhin eine Kolonie, wurde aber mit erheblichen Selbstverwaltungsrechten ausgestattet (was allerdings zu einem großen Teil auch einen finanziellen Hintergrund hatte). Indem künftig (mehr oder weniger streng) zwischen inneren Angelegenheiten der Kolonie und Angelegenheiten des Empire unterschieden wurde, vermied die britische Regierung erfolgreich die Fehler, die zum Abfall der amerikanischen Kolonien geführt hatten – wir sprachen im dritten Kapitel davon. Das nun vergleichsweise selbstständige »Dominion of Canada« expandierte in der Folge unter Verdrängung dort lebender Einheimischer zügig nach Westen, erwarb Landmassen der ehemaligen Hudson Bay Company und war schließlich bereits 1871 mit dem Erreichen der Pazifikküste der zweitgrößte Flächen-»Staat« nach Russland. Vollständige gesetzgeberische Unabhängigkeit erreichte Kanada zwar erst durch das »Statute of Westminster« aus dem Jahr 1931, und erst seit 1982 mussten Verfassungsänderungen nicht mehr vom britischen Parlament bestätigt werden. Immerhin schon 1920 entsandte Kanada aber bereits den ersten diplomatischen Vertreter nach Washington. Insgesamt wird man Kanada wohl schon zum Ende des 19. Jahrhunderts und trotz der bestehenden Souveränitätseinbußen als modernen Territorialstaat westlicher Prägung ansehen können. Formelles Staatsoberhaupt des als Bundesstaat organisierten parlamentarischen Regierungssystems – dem Westminster-Modell – ist aber weiterhin der englische Monarch.

In Südamerika errichteten Portugal und Spanien hingegen keine »reinen« Siedlungskolonien. Zwar kam es auch hier zu einer erheblichen europäischen Einwanderung, die Besiedlung war jedoch zu keinem Zeitpunkt der primäre Zweck der Kolonialpolitik, der es vornehmlich um Ausbeutung und Beherrschung ging. Die Ureinwohner wurden nicht systematisch verdrängt, wenngleich die Durchsetzung der neuen Herrschaftsansprüche mit erheblicher Gewalt und körperlicher Ausbeutung einherging – auch die missionarische Verbreitung des Christentums geschah häufig »durch planmäßige Vernichtung der bisherigen Religionen, durch Zerstörung ihrer Kultstätten und Kultgegenstände und durch Unterdrückung des Kultes«.[6] Dennoch pochte die spanische Krone bereits im Laufe des 16. Jahrhunderts darauf, als legitime Nachfolgerin der bisherigen Herrschaftsverhältnisse oder – als die letzte Inkaherrschaft beseitigt war – sogar als Befreier der vormals unterdrückten Völker angesehen zu werden. Entsprechende Legitimitätslegenden hatte es in den nordamerikanischen Kolonien nie gebraucht. In Spanisch-Amerika waren sie auch deshalb nötig, um die Indígenas vom gemeinsamen Aufstand gegen die europäischen Kolonisierer abzuhalten. Die politische Macht in den Kolonien ging eindeutig von den Städten aus, in denen sich die große Zahl der Einwanderer sammelte und die von Seiten der spanischen Krone entsprechend gefördert wurden, die zugleich die Entstehung feudaler Strukturen zu verhindern wusste. In diesen Städten kam es zur Herausbildung »einer sich demographisch selbst reproduzierenden ›kreolischen‹ Bevölkerungsschicht«,[7] die sich zu einer Art lateinamerikanischen Mittelschicht entwickeln und die schließlich – ermutigt und inspiriert durch die erfolgreiche Amerikanische Revolution – auch die Führerschaft in den zahlreichen Unabhängigkeitskriegen übernehmen sollte. Diese Unabhängigkeitskriege, die ihren konkreten Ursprung in einem Konflikt mit dem zurückgekehrten spanischen König hatten (er war zuvor von Napoleon verdrängt worden, was mit erheblichen Freiheiten der Kolonien einherging), sollten zu zahlreichen Staatsgründungen in den zuvor von den Kolonialmächten mehr oder weniger willkürlich gezogenen Grenzen der Verwaltungsprovinzen führen. Bei diesen war der jahrhundertelange Einfluss Europas und der neu entstandenen USA prägend: »Die zwischen 1810 und 1830 geschaffenen unabhängigen Staaten Lateinamerikas gehören trotz ihrer schmalen sozialen Basis doch derselben politischen Kultur an, die den modernen europäischen Staat hervorgebracht hat.«[8] Es handelte sich daher meist um präsidentielle Regierungssysteme, die demjenigen der USA nachgebildet waren.

Das portugiesische Brasilien war im Hinblick auf seine Staatswerdung insofern eine Besonderheit, als die portugiesische Krone ihren Hauptsitz aufgrund der französischen Angriffe im Jahr 1808 sogar formal von Lissabon nach Rio de Janeiro in Übersee verlegte. Die ehemalige Kolonie wurde dadurch bereits 1815 zu einem gleichberechtigten Königreich erklärt. Als der König 1821 nach Europa zurückkehrte, konnte dieser die Rückstufung Brasiliens auf den Status einer gewöhnlichen Kolonie aus diesem Grund nicht mehr durchsetzen.[9] Stattdessen erklärte der portugiesische Thronfolger Pedro bereits 1822 die Unabhängigkeit der nach europäischem Muster errichteten brasilianischen Monarchie.[10] Erst 1889 sollte Brasilien durch einen Militärputsch zu einer präsidentiellen Republik nach amerikanischem Vorbild werden und dies bis heute bleiben.[11]

Ab Mitte des 19. Jahrhunderts war damit der gesamte südamerikanische Kontinent in moderne Territorial- und Nationalstaaten nach europäischem Vorbild aufgeteilt. Angesichts des schon in zeitlicher Hinsicht erheblichen Einflusses und der engen Verknüpfung der kreolischen Bevölkerung mit europäischen Vorstellungen sowie des sich weltweit entwickelnden Nationalismus war an eine Rückkehr zu vorstaatlichen Herrschaftsstrukturen – man denke an das aztekische Modell oder Formen des Tribalismus – nicht zu denken. Freilich wirkte es sich im Hinblick auf die Stabilität der neu errichteten Gemeinwesen aus, dass der Staatsbildungsprozess meist überstürzt erfolgte und die spanische Krone dadurch nicht rechtzeitig durch eine »neue konsensfähige Autorität« ersetzt werden konnte. Die internen Verhältnisse waren am Ende des 19. Jahrhunderts praktisch überall fragil, auch weil dem Nationalstaat »ein traditionsbefestigter ethnischer Unterbau« fehlte – allenfalls die kreolische Oberschicht konnte sich glaubwürdig als Nation definieren: »Beim Eintritt in das letzte Viertel des 19. Jahrhunderts waren viele lateinamerikanische Staaten nur dem Namen nach Staaten.«,[12] hielt etwa der Militärhistoriker Martin van Creveld fest. Die offene Autoritätsfrage und die mangelnde »stabilisierende Vergangenheit« führten zu erheblichen gewalttätigen Auseinandersetzungen bis hin zu Bürgerkriegen, in denen sich rivalisierende Familienclans gegenüberstanden, die sich mit erheblicher Unterstützung des seit den Unabhängigkeitskämpfen präsenten Militärs oftmals an der Macht abwechselten – teilweise ist das bis heute so (man denke an Venezuela oder Bolivien). Auch Militärputsche stehen zwar nicht auf der Tagesordnung, erfolgen aber mit einer gewissen Regelmäßigkeit; charismatischen Führerpersönlichkeiten kommt weiterhin eine besondere Rolle zu. Eine soziale Integration gerade der dörflichen, aber auch der randstädtischen Bevölkerung konnte so nicht gelingen, wozu auch beitrug, dass es durch die fortgesetzte wirtschaftliche Ausbeutung durch die europäischen Handelspartner anfangs zu praktisch keiner Industrialisierung kam. Eine Demokratisierung der Staatsstrukturen ist denn nur partiell eingetreten. Im aktuellen »Democracy Index« des *Economist* nimmt allein Uruguay einen Rang unter den vollwertigen Demokratien ein, Chile wird auf Platz 26 bereits als »beschädigte Demokratie« (»flawed democracy«) eingeordnet. Die anderen Staaten Südamerikas folgen deutlich dahinter: Argentinien rangiert auf Platz 48, Brasilien auf 49 und Peru auf 61. Ecuador nimmt unter den beschädigten Demokratien auf Platz 76 den letzten Rang ein, Venezuela findet sich bereits als autoritäres Regime auf Platz 117. Hier zeigen sich damit die signifikanten Unterschiede zu Nordamerika: »In deutlichem Gegensatz zur Lage in den USA und den britischen Dominions ist der Aufbau von Staaten in Lateinamerika nur bis zu einem gewissen Punkt gelungen.«[13]

In Sonderheit: Haiti

Zuletzt soll der Blick noch auf einen Staat gerichtet werden, der sich seine Unabhängigkeit früh erkämpfte und in diesem Zusammenhang dem französischen Kaiser Napoleon lange vor Waterloo eine herbe und peinliche militärische Schlappe bescherte.

Die Sprache ist von Haiti, also dem westlichen Teil der Karibikinsel, dessen östlicher Teil von der Dominikanischen Republik gebildet wird. Zuletzt ist dieser Inselstaat durch einige Naturkatastrophen in den Medien präsent gewesen, die das »bergige Land« – so die Übersetzung des aus der Sprache der Ureinwohner stammenden Namens – hart trafen und die prekäre Situation der BewohnerInnen öffentlich machten. Diese prekäre Situation ist auch eine Folge der französischen Kolonialpolitik, die das Land in erhebliche, nicht zuletzt finanzielle Abhängigkeiten geführt hat, nachdem der Großteil der Ureinwohner praktisch vernichtet und mit afrikanischen Sklaven wiederbevölkert wurde. Haiti sollte durch den mit diesen Sklaven betriebenen Zuckeranbau zunächst zu einer der profitabelsten Kolonien Frankreichs werden.

Haiti war eine der frühesten kolonialen Besitzungen überhaupt, wurde bereits im Jahr 1492 durch Kolumbus »entdeckt« und stand schnell vollständig unter spanischer Herrschaft. Weil der Westteil der Insel allerdings wenig brauchbar erschien – die Hoffnung auf vielfältige Goldfunde sollte sich nicht bewahrheiten –, trat Spanien diesen Teil der Insel im Jahr 1697 an Frankreich ab. Was folgte, war ein beachtlicher wirtschaftlicher Aufschwung. Die Sklaven hatten von dem damit einhergehenden Reichtum allerdings wenig und sollten schon im Jahr 1791 den Aufstand wagen, woraus sich ein blutiger Befreiungskrieg mit sehr unterschiedlichen Parteien ergab. Nicht zuletzt Spanien und England beteiligten sich – allerdings nicht auf der Seite Frankreichs, dem sie angesichts der Vorgänge um Ludwig XVI. (er war von den Revolutionären in Frankreich gerade geköpft worden) den Krieg erklärt hatten.

Letztlich gingen die ehemaligen Sklaven erfolgreich aus diesem Gemetzel hervor und das Bemerkenswerte war, dass selbst eine von Kaiser Napoleon entsandte Armee die Insel als Verlierer wieder verlassen musste. Zum 1. Januar 1804 erklärte sich das unter Frankreich noch als Saint-Domingue bezeichnete Gebiet für unabhängig und änderte seinen Namen in den bis heute bestehenden: Haiti, das bergige Land. Haiti war damit eine der ersten Kolonien, die ihre Unabhängigkeit erkämpften, und sollte im Anschluss auch in anderen Unabhängigkeitsbewegungen mitwirken (etwa in Venezuela, Peru und Kolumbien). Die ersten Verfassungen Haitis waren zwar nur vergleichsweise kurz in Kraft, aber: »Trotz ihrer jeweils kurzen Lebensdauer verdienen sie mehr Beachtung als eindrucksvolle Nachweise der weltweit ersten erfolgreichen Revolte gegen Sklaverei und Kolonialismus sowie als Beispiele eines vom liberalen Paradigma abweichenden egalitären Konstitutionalismus in autoritär-liberalem Rahmen.«[14] Die Sklaverei wurde bereits in der Verfassung von 1801 abgeschafft, betont wurden die egalitäre Gesellschaft und die Gleichheit vor dem Gesetz: »Es soll keine anderen Unterschiede geben als solche, die auf Tugend und Talent beruhen, und anderen vom Gesetz gestatteten Vorrang bei der Ausübung einer öffentlichen Aufgabe. Das Gesetz ist das gleiche für alle, ob bei Bestrafung oder zum Schutz.«[15] Zur Erinnerung: In Europa und den USA wurde die Abschaffung der Sklaverei zu diesem Zeitpunkt allenfalls halbherzig (wenn überhaupt) betrieben. In den französischen Territorien wurde sie erst im Jahr 1848 endgültig verboten.

Verfassungsrechtlich schlug Haiti jedoch nicht den Weg zum eingehegten demokratischen Verfassungsstaat ein. In Anlehnung an Napoleon rief sich der erste Herrscher vielmehr zum Kaiser aus, er wurde allerdings bereits im Jahr 1806 getötet. Die Insel wurde in der Folge in ein nördliches Königreich und eine südliche Republik geteilt und erst 1820 unter Präsident Boyer wiedervereinigt.

Die politische Situation blieb in den folgenden Jahrzehnten instabil, und das lag nicht zuletzt an Frankreich: Mit der Niederlage zogen sie sich zwar aus Haiti zurück. Dadurch brachen jedoch auch die wirtschaftlichen Beziehungen Haitis zu anderen Staaten ein. Frankreich erkannte die Unabhängigkeit nicht an, was den Exportmarkt erheblich einschränkte. Hinzu kam, dass die großen Plantagen unter den siegreichen Sklaven aufgeteilt worden waren, wodurch allerdings deren Produktivität erheblich sank. Im Jahr 1825 schließlich bot Frankreich an, Haiti als unabhängigen Staat anzuerkennen – es verlangte im Gegenzug allerdings Entschädigungsleistungen für die im Jahr 1804 enteigneten Plantagenbesitzer. *Nolens volens* ließ sich Haiti auf dieses »Angebot« ein. Haiti sollte auch deshalb bis heute wirtschaftlich nur schwer auf eigene Beine kommen. In der Folge erlebte Haiti immer wieder diktatorische Episoden, wurde zwischenzeitlich von den USA besetzt, worauf alsbald eine erneute Diktatur unter Papa Doc Duvalier folgte, die von seinem Sohn Baby Doc Duvalier fortgesetzt wurde. Nach seiner Vertreibung aus dem Land im Jahr 1986 erhielt Haiti schließlich 1987 eine demokratische Verfassung, die formal bis heute gilt und die an das semi-präsidentielle französische Regierungssystem angelehnt war. Schon ein Jahr später putschte sich allerdings das Militär an die Macht, zwischen 1995 und 1997 stand Haiti unter einem UN-Mandat, ab 2000 regierte der Präsident wegen unterbliebener Wahlen fast ausschließlich per Dekret, und schon bald kam es unter dem neuen Präsidenten Aristide wegen massiver Korruptionsvorwürfe zum Zusammenbruch des innerstaatlichen Systems. Erst durch eine Militärintervention der USA, Frankreichs, Kanadas und Chiles konnte die Lage beruhigt werden. Die politischen Zustände blieben angesichts der massiven Armut im Land aber weiter prekär – nicht zuletzt wegen steigender Weltmarktpreise für Reis und Mais. Im Jahr 2010 schließlich wurde Haiti von einem der schwersten Erdbeben überhaupt getroffen. Mehr als 300.000 Menschen starben, und die Hauptstadt wurde fast vollständig zerstört. Auch die aktuelle Regierung sieht sich Korruptionsvorwürfen ausgesetzt, das weiterhin bestehende semi-präsidentielle Regierungssystem hat insofern oftmals nur formale Geltung. Ende Februar 2020 kam es erneut zu blutigen Auseinandersetzungen mit vielen Toten.

Frankreich wird man für diese Zustände nicht allein verantwortlich machen können. Zu suggerieren, man hätte mit all dem nichts oder nur wenig zu tun, ist allerdings ebenso verfehlt wie (leider) typisch für die meisten Kolonialmächte, einschließlich Deutschlands. Erst langsam beginnt sich ein Bewusstsein für die damaligen kolonialen und die folgenden wirtschaftspolitischen Taten zu entwickeln – in Frankreich spricht man zuletzt häufiger über die Verbrechen der eigenen Kolonialzeit, vornehmlich allerdings im Hinblick auf Algerien, weniger mit Bezug auf Haiti. In Deutschland zeigt die Debatte um die Umbenennung von Straßennamen und den Umgang mit fragwürdigen Kolonialdenkmälern, insbesondere aber die Frage der Entschädigung der Herero und Nama, die einem der ersten Völkermorde der Geschichte zum Opfer fielen, dass man seiner Geschichte nicht dauerhaft entfliehen kann. Allerdings gibt die Bundesregierung hier kein glückliches Bild ab. Haiti spielt bei all dem bislang noch keine besondere Rolle. Das könnte auch an dem frühen Zeitpunkt der Unabhängigkeit liegen, der es Frankreich leichter macht, die Schuld von sich zu weisen (zum Vergleich: Algerien errang seine Unabhängigkeit erst im Jahr 1962). Umso wichtiger ist es, dass Haiti und der erfolgreiche Aufstand der schwarzen Bevölkerung in dieser Einführung zur Verfassungsgeschichte nicht vergessen werden. Denn Geschichte haben diese Männer und Frauen mit ihrem Sieg über Napoleon und ihren ersten Verfassungen zweifellos geschrieben.

11. Verfassungsentwicklung im Deutschen Kaiserreich

Die Anfangszeit des Deutschen Kaiserreiches und die hier interessierende Verfassungspolitik standen ganz unter dem Einfluss des ersten Reichskanzlers, faktischen Reichsgründers und ehemaligen Göttinger Studenten Fürst Otto von Bismarck. Er dominierte das politische Geschehen. Die Zeit des Deutschen Kaiserreiches lässt sich damit in die Bismarckzeit bis 1890 und die wilhelminische Zeit, also die Amtszeit Kaiser Wilhelms II., unterteilen.[1] Der junge Kaiser Wilhelm II. nahm im Vergleich zu seinem Großvater eine politischere Position für sich in Anspruch, das Bismarckreich wurde zum Kaiserreich. Diese Transformation erfolgte im Rahmen der unveränderten Reichsverfassung, was erneut belegt: Für die konkreten Machtverhältnisse in einer Verfassungsordnung kommt es zu einem wesentlichen Teil auf die handelnden Personen an. Bei der Betrachtung der Weimarer Reichsverfassung wird das erneut sichtbar werden. Auch die Interpretation des Grundgesetzes, etwa hinsichtlich des Verhältnisses des Bundeskanzlers zum Bundespräsidenten, wurde durch die politische Praxis der ersten Amtsträger Konrad Adenauer und Theodor Heuss entscheidend geprägt. Mit anderen Worten: Der Verfassungstext ist das eine, die politische Praxis und die beteiligten Personen sind das andere. Weil Verfassungstexte vielfach offen formuliert sind, sind es die Akteure, die den sich dadurch bietenden Spielraum einmal in die eine und einmal in die andere Richtung ausfüllen.

Das Bismarck-Reich: 1871–1890

Zurück zu den ersten Jahren des Deutschen Reiches unter Otto von Bismarck. Die Verfassung war ganz auf den Reichskanzler ausgerichtet. Gleichwohl hatte Bismarck erkannt, dass er auf eine Zusammenarbeit mit dem Parlament angewiesen war.[2] Der mit der Einführung des allgemeinen Wahlrechts verbundene Wunsch nach einer stabileren Regierung sollte sich für Bismarck allerdings nur teilweise erfüllen. Auch deshalb lehnte Bismarck im Anschluss und bis zuletzt die Abschaffung des Dreiklassenwahlrechts in Preußen ab.

Als parteipolitische Gegenspieler im Parlament traten zunächst das katholische Zentrum und später die Sozialdemokratie auf. In beiden Fällen ging Bismarck offensiv gegen diese Strömungen vor; er sollte diesen »Vernichtungskrieg«[3] aber nicht gewinnen. Sowohl das Zentrum als auch die Sozialdemokratie erlangten immer größeren parlamentarischen Einfluss. Dass die Oppositionsparteien solch enorme Wahlerfolge erzielen konnten, ist zugleich ein weiterer Beleg gegen die lange Zeit gehegte Annahme vom ausgeprägt obrigkeitlichen Denken der Deutschen im Kaiserreich. Die Wähler stimmten bisweilen offen gegen ihre materiellen Interessen und nahmen sogar die (legale) Drohung mit dem Verlust des Arbeitsplatzes in Kauf.[4] Passt das zu einem allgemein unterwürfigen Charakter?

Auf Seiten des katholisch-konservativen Zentrums, dem es geschickt gelang, nicht zuletzt die Landbevölkerung gegen vielfältige liberale Politiken (etwa die Schul- und Kirchenpolitik), vor allem aber die ökonomische Liberalisierungspolitik zu mobilisieren, avancierte Ludwig Windthorst zum parlamentarischen Gegenspieler Bismarcks.[5] Für die Oppositionsrolle war Windthorst (bzw. das Zentrum) aufgrund der von Bismarck betriebenen Katholikenverfolgung, die unter dem verharmlosenden Stichwort

»Kulturkampf« in die Geschichte eingehen sollte, nachgerade prädestiniert. Bismarck misstraute der katholischen Kirche vor allem aufgrund ihrer weltweiten Organisation mit dem Papst an der Spitze. Sie stellte damit eine ernstzunehmende Gefahr für den gerade errichteten Nationalstaat dar. Katholische Geistliche wurden kriminalisiert, der Kanzelparagraph stellte die Behandlung staatlicher Angelegenheiten bei der Verkündung unter Strafe, etliche Geistliche wurden verhaftet oder gingen ins Exil. Das Zentrum war dabei nicht nur der politische Arm Roms, sondern vor allem die erste Volkspartei – es war an keine Klasse gebunden. Das war neu, und Bismarck misstraute einem solchen Zusammenschluss: »Aber eine Partei, die keine Klasse vertrat, schien ihm ein Staat im Staate zu sein, ein ›Reichsfeind‹; und er hat in den siebziger Jahren versucht, das Zentrum – anders als vorher die Liberalen in den sechziger Jahren – nicht durch Kampf zum Frieden zu führen, sondern es zu vernichten, zu zertrümmern.«[6] Es sollte ihm nicht gelingen. Das Zentrum wurde stärker, war ab dem Jahr 1881 gar die größte Fraktion im Reichstag und damit faktisch an der Regierung beteiligt – schon seit dem Jahr 1879 konnte keine parlamentarische Mehrheit gegen das Zentrum gebildet werden. Bismarck stellte den aussichtslosen Kulturkampf im Jahr 1878 wieder ein. In der Zwischenzeit hatte er einen neuen Gegner ausgemacht, der im Zusammenhang mit der Industrialisierung immer stärker, ihm dadurch aber auch immer gefährlicher wurde: die Sozialdemokratie.

In institutioneller Hinsicht hatte sich zuvor gezeigt, dass die Ausrichtung auf den Reichskanzler und das Fehlen eines arbeitsteiligen Kabinetts angesichts der vielfältigen Regierungsaufgaben nicht mehr zeitgemäß waren. Im Jahr 1878 kam es zum Erlass des Stellvertretergesetzes. Es sah vor, dass die notwendige Gegenzeichnung der kaiserlichen Anordnungen auch durch Stellvertreter des Reichskanzlers vorgenommen werden konnte. Diese Stellvertreter – es handelte sich um die dem Reichskanzler untergeordneten Vorstände der obersten Reichsämter – konnten eigenständig beim Kaiser vortragen. Faktisch agierten sie damit als Minister, aus der monokratischen war eine kollegiale »Reichsregierung« geworden – ein Begriff, den Bismarck vermied und für den Amtsgebrauch untersagte. Dennoch wurde die Kollegialregierung für die weitere deutsche Verfassungsgeschichte prägend. Sowohl die Weimarer Reichsverfassung als auch das Grundgesetz etablierten Regierungskabinette.

Bismarck, so könnte man sagen, hatte mit dieser Stellvertreterregelung mehr Zeit, sich auf die Verfolgung der Sozialdemokratie zu fokussieren. Ab dem Jahr 1878 erfolgte insoweit eine Art konservative Wende in der Bismarck'schen Politik, die ihn einerseits mit dem katholischen Zentrum versöhnte, andererseits von den Nationalliberalen entfremdete. Gegen die Sozialdemokratie ging Bismarck mit »Zuckerbrot und Peitsche« vor.

Die »Peitsche« war in diesem Fall das Sozialistengesetz. Der Sozialdemokratie wurde nach einigen Hochverratsprozessen pauschal unterstellt, dass sie den gewaltsamen Umsturz anstrebte. Die im Jahr 1875 gegründete Sozialistische Arbeiterpartei Deutschlands wurde daher schon im Jahr 1877 in Preußen und ein Jahr später – nach zwei gescheiterten Attentatsversuchen auf Kaiser Wilhelm I.,[7] die Bismarck den Sozialdemokraten in die Schuhe schob[8] – im gesamten Reich verboten. Das Sozialistengesetz wandte sich allgemein gegen »sozialdemokratische, sozialistische oder kommunistische Bestrebungen«, die umfassend durch die zuständigen Stellen zu verbieten waren. Rechtsschutz war in Form einer Beschwerde zwar vorgesehen, von *effektivem* Rechtsschutz wird man allerdings nicht sprechen können. Möglich waren auch strafrechtliche Sanktionen bis hin zur Freiheitsstrafe, die nicht selten ausgesprochen wurden.

In ihrer ursprünglichen Version sollten diese Regelungen im Jahr 1881 auslaufen. Sie wurden jedoch viermal verlängert und blieben bis zum Jahr 1890 in Geltung. In diesem Jahr scheiterte eine weitere Verlängerung im Reichstag gegen den ausdrücklichen Wunsch Bismarcks. Zwei Jahre nach Amtsantritt des Kaisers Wilhelm II. war das ein Zeichen seines politischen Bedeutungsverlustes. Der »Lotse« Bismarck musste das Staatsschiff denn auch im Anschluss verlassen, Wilhelm II. hatte sich gegen die Verlängerung der Sozialistengesetze ausgesprochen und entließ den »Eisernen Kanzler«.

Neben der Sozialistenverfolgung gab es unter Bismarck noch das »Zuckerbrot« in Form der bis heute nachwirkenden Sozialversicherungssysteme. Auch hier zeigte sich die Abwendung Bismarcks von klassischen liberalen Vorstellungen. Diese verwiesen zur Lösung der sozialen Frage weiterhin auf die wundersamen Heilkräfte des freien Marktes. Bismarck hatte aber weniger seine soziale Seite entdeckt, eher dürfte es ihm um die Sicherung seiner Macht gegangen sein. Indem er mit der sozialen Frage eine klassisch sozialdemokratische adressierte, wäre es für Arbeiter unnötig, der Sozialdemokratie ihre Stimme zu geben – ein taktisches Vorgehen, das später auch der Bundeskanzlerin Angela Merkel im Verhältnis zur SPD unterstellt werden würde. Langfristig sollte das (Bismarck) jedoch nicht gelingen: »Die Arbeiter nahmen die sozialpolitischen Wohltaten hin, aber sie ließen sich nicht bestechen, sie blieben Sozialdemokraten.«[9]

Bei Bismarck kam darin freilich auch ein traditionell konservativ-paternalistisches Staatsverständnis zum Ausdruck.[10] Er bekannte sich denn auch offen zur Notwendigkeit staatlich-sozialer Interventionen, sah sich deswegen aber beileibe nicht als Sozialist. Am 2. April 1881 begründete er sein Vorgehen in einer Rede vor dem Reichstag:

> »Ich habe das Gefühl, dass der Staat auch für seine Unterlassungen verantwortlich werden kann. Ich bin nicht der Mei-

nung, dass das ›laisser faire, laisser aller‹, ›das reine Manchesterthum in der Politik‹, ›Jeder sehe, wie er's treibe, Jeder sehe, wo er bleibe‹, ›wer nicht stark genug ist zu stehen, wird niedergerannt und zu Boden getreten‹, ›wer da hat, dem wird gegeben, wer nicht hat, dem wird genommen‹ – dass das im Staat, namentlich in dem monarchischen, landesväterlich regierten Staat Anwendung finden könne; im Gegentheil [...]. Nennen Sie das Sozialismus oder nicht, es ist mir das ziemlich gleichgültig.«

Bismarck führte im Jahr 1883 zunächst die Krankenversicherung, im Jahr 1884 die Unfallversicherung und schließlich im Jahr 1889 die Invaliditäts- und Altersversicherung ein. Die Arbeitslosenversicherung folgte erst unter der Weimarer Verfassung im Jahr 1927. Die soziale Absicherung gegen die Härten der »freien Marktwirtschaft« war zu diesem Zeitpunkt einzigartig in der Welt und sollte als Vorbild für viele andere Staaten dienen: »Deutschland war führend in der Sozialpolitik, seine Expertise allgemein anerkannt, und die Vertreter des Reichs rühmten sich gerne dieser Fortschrittlichkeit.«[11] Mit ihrer Aufteilung der finanziellen Last zwischen Arbeitgeber und Arbeitnehmer brachten die Regelungen die gemeinsame Verantwortung der am Wirtschaftsleben Beteiligten für die sozialen Härten zum Ausdruck. Im Kern und ihren Grundstrukturen bestehen diese Sozialversicherungen in Deutschland bis heute. Das zeigt: Auch demokratische Ordnungen sind von Pfadabhängigkeiten geprägt, die historisch weit vor den Zeitpunkt ihrer Errichtung zurückreichen können. Die umfassende Gestaltung eines Gemeinwesens wäre in den kurzen Intervallen der Legislaturperioden auch gar nicht möglich. Demokratien haben eine fortwirkende Geschichte und können ihre Vergangenheit nicht alle vier (oder fünf) Jahre abstreifen.

Wenn heute an Bismarck erinnert wird, ist es neben der Reichseinigung meist diese Leistung, auf die verwiesen wird. Allerdings sollten im Rahmen dieser Erinnerung weder der aggressive Kulturkampf noch die Sozialistengesetzgebung oder die zahlreichen kriegerischen Auseinandersetzungen unter den Tisch fallen. Wie so häufig in der Geschichte war auch Otto von Bismarck eine ambivalente Person und taugt nicht zum unumstrittenen Helden. Ob die bis heute zu besichtigenden Bismarck-Denkmäler vor diesem Hintergrund angemessen sind, muss jede Generation für sich entscheiden. Entsprechende Debatten sind in einer offenen Demokratie wichtig, dürfen aber nicht mit dem Versuch verwechselt werden, historische Figuren nachträglich zu beschädigen oder pauschal an heutigen Moralvorstellungen zu messen. Erinnerungsorte sind öffentliche Orte. In einer Demokratie ist die Gestaltung solcher Orte nicht feststehend und gesetzt, sondern Teil des nie endenden Diskurses.

In Bezug auf Bismarck ist im Rahmen dieses Diskurses auch die gewalttätige deutsche Kolonialgeschichte zu berücksichtigen, die unter dem »Eisernen Kanzler« ihren Anfang nahm, auch wenn sie erst unter Kaiser Wilhelm II. ihren Höhepunkt erreichte. Gleichwohl: »In zwei Jahren erwarb er mehr Territorium als der ungestüme Wilhelm II. mit seiner großsprecherischen ›Weltpolitik‹.«[12] Ausgangspunkt dafür war ein sich plötzlich entwickelndes, teils wirtschaftlich, teils machtpolitisch und teils sozialdarwinistisch motiviertes Interesse europäischer Staaten (bzw. von den Staaten unterstützter oder nicht gehinderter Privater) am afrikanischen Kontinent,[13] das die bestehende informelle Hegemonie Großbritanniens an den afrikanischen Küsten in Frage stellte. Dieser Expansionswunsch wurde in praktisch allen europäischen Großmächten zur neuen politischen Maxime,[14] die in Deutschland nicht nur bei den Intellektuellen der Zeit (wie Max Weber), sondern alsbald parteiübergreifend geteilt wurde. Es galt, wie Sebastian Haffner es ausdrückte, »das europäische Gleichgewicht in ein um Europa zentriertes Weltgleichgewicht«[15] zu überführen. Dafür brauchte es Kolonien.

Zu den imperialistischen (und rassistischen) Akteuren dieses beginnenden Wettbewerbs um Kolonien gehörten neben den bereits dort Engagierten, also Großbritannien, Portugal und Frankreich, nun auch Spanien, Italien, Belgien und das im Jahr 1871 errichtete Deutsche Reich, das unter Bismarck ab Anfang der 1880er Jahre erpicht war, sich seinen »Platz an der Sonne« zu sichern, wie es der spätere Reichskanzler Bülow ausdrückte. Nachdem Bismarck zunächst wenig Interesse an kolonialer Expansion gezeigt hatte und die Initiative gern privaten Kaufleuten überließ, sah er sich zum Schutz sich daraus entwickelnder wirtschaftlicher Interessen gezwungen, seine Politik zu ändern und die Herrschaft über die deutschen Einflussgebiete für das Deutsche Reich formal zu übernehmen. Hinzu kam vermutlich ein innenpolitischer Grund: Bismarck glaubte an den baldigen Tod des Kaisers und die Übernahme der Kaiserkrone durch Friedrich III. Dieser war nicht nur liberal, sondern auch mit einer Engländerin verheiratet. Bismarck fürchtete einen erheblichen britischen Einfluss auf den neuen Kaiser und zudem seine baldige Ersetzung. In der Kolonialpolitik sah er eine Chance zur Erzeugung einer antienglischen Stimmung in der Bevölkerung, die seine Position sichern helfen könnte.[16] Die zu dem Zeitpunkt schwierige außenpolitische Lage Großbritanniens ausnutzend, gelang es Bismarck auf diese Weise (unter Aufgabe vereinzelter Stützpunkte im heutigen Somalia und Kenia zugunsten der Briten), Togo, Kamerun, Südwestafrika und Deutsch-Ostafrika als deutsche Kolonien zu errichten.

Den eigentlichen Startschuss für die Kolonialisierung Zentralafrikas brachte die internationale Kongokonferenz, die von Ende 1884 bis Anfang 1885 in Berlin und damit unter Bismarcks Führung tagte.[17] Formal ging es zwar um die Kongofrage: Nachdem das Königreich Kongo auch aufgrund des Sklavenhandels und der Ausbeutung durch Europäer (Briten und Portugiesen) beinahe vollständig zerfallen war, hatte Leopold II. von Belgien die Gunst der Stunde und die Weigerung Großbritanniens, das Gebiet in das eigene Kolonialreich zu übernehmen, genutzt und Kongo seinem »Privatbesitz« einverleibt. In Berlin wurde dieser Anspruch unter der Prämisse bestätigt, dass der formal unabhängige Kongostaat als allgemeine Freihandelszone genutzt werden konnte. Die Konsequenzen für das Kongo-Gebiet und die dort lebenden Menschen waren grausam, erst im Jahr 1908 wurde der Freistaat offizielle belgische Kolonie. Darüber hinaus wurde auf dieser Konferenz vereinbart, dass überseeische Gebiete anderer Staaten als völkerrechtlich zulässig anzusehen seien, soweit ihr Besitz offiziell bekannt gemacht und durch effektive Okkupation – mithin durch Aufrechterhaltung der öffentlichen Ordnung, aber auch durch Errichtung von Handelsstrukturen – faktisch gesichert war.

Damit war klar, dass es für die europäischen Mächte darum gehen musste, solche Einflussgebiete durch präzise (und die späteren Nationalstaaten meist vorwegnehmende) Grenzverläufe zu sichern: »Der Imperialismus hat sich in Berlin Verfahrensgrundsätze gegeben; jetzt konnte die Teilung erst richtig beginnen«, formulierte es der Historiker Wolfgang Reinhard.[18] Und so sollte es kommen: Innerhalb weniger Jahre wurde Afrika bis auf Liberia und das christliche Kaiserreich Äthiopien mehr oder weniger gewaltsam in Kolonien, Protektorate und sonstige koloniale Territorien aufgeteilt. Den größten Kolonialbesitz hatte sich mit 24 Kolonien und Protektoraten Großbritannien gesichert, es folgte Frankreich mit 18 Kolonien. Der deutsche Kolonialbesitz nahm sich mit Deutsch-Ostafrika (Tanganjika), Ruanda und Burundi, Deutsch-Südwest-Afrika (Namibia), Kamerun und Togo im Vergleich beinahe mickrig aus. Es handelte sich zudem um wirtschaftlich eher unattraktive Gebiete. Portugal hatte sechs Kolonien erwerben können, für Belgien blieb es bei der Kongo-Kolonie, die jedoch in ausgesprochen bestialischer Weise ausgebeutet wurde. Italien errichtete Kolonien in Somalia und in Eritrea, spätere Versuche unter Mussolini, das Äthiopische Kaiserreich zu erobern, scheiterten, obwohl zeitweise erhebliche Teile dieses Gebiets unter italienischer Kontrolle standen. Hinzu kamen zunächst einzelne Teile Libyens, die 1935 vereinigt werden konnten.

Auf Stammes- und sonstige soziale Grenzen nahmen die Europäer bei der Absteckung ihrer Einflussgebiete keine Rücksicht. Deutlich wurde das bei der Vierteilung des ehemaligen Siedlungsgebiets der Somali, wobei hier allerdings auch das Äthiopische Kaiserreich als nicht-europäische Kolonialmacht mitwirkte: »Diese ›Balkanisierung‹ (Zerstückelung in zahlreiche kleinere Territorien) des Siedlungsgebiets der Somali (überwiegend Nomaden) ist nur ein besonders markantes Beispiel für die Praxis der Kolonialherren, willkürlich Grenzen zu ziehen – unabhängig von organisch gewachsenen Lebensräumen der Einheimischen.«[19]

Die Eroberungen und Aufteilungen verliefen daher nicht gewaltfrei. In der Anfangszeit der Kolonisation handelte es sich um eher kleinere Aufstände, die erst heftiger wurden, als den Einheimischen bewusst wurde, dass es bei der Kolonisation nicht nur um einen Austausch der Herrschaftspersonen, sondern um eine grundsätzliche Veränderung ihrer bisherigen Lebensformen gehen würde. Auslöser dieser »Sekundärwiderstände« war nicht selten die Einführung einer nicht-progressiven Kopf- oder Hüttensteuer, die die ärmeren Bevölkerungsteile hart traf. Auch diese Widerstände wurden von den Europäern zwar niedergerungen, was auch dadurch erleichtert wurde, dass normative Grenzen in den Kolonien praktisch keine Rolle spielten. Nach überwiegender Ansicht der damaligen deutschen Staatsrechtslehre galten in den Kolonien weder die Reichsverfassung noch die Reichsgesetze.[20] Die eroberten Territorien wurden als »Schutzgebiete« angesehen, was allerdings die rechtlichen Konsequenzen offen ließ und damit die faktische Rechtlosigkeit der EinwohnerInnen ebenso nach sich zog wie die Skrupellosigkeit der Kolonialherren.

Für die spätere Entstehung afrikanischer Nationalstaaten hatten die Aufstände dennoch Bedeutung, da das Zusammenwirken verschiedener Volks- und Stammesgruppen gegen den gemeinsamen europäischen Gegner als Grundlage für (nicht immer sonderlich überzeugende)[21] nationale Narrative genutzt werden konnte. Der Maji-Maji-Aufstand in Deutsch-Ostafrika[22] mit bis zu 300.000 afrikanischen Opfern (und gerade einmal 15 deutschen!) ist hier ebenso zu nennen[23] wie der Herero- und Nama-Aufstand in Südwestafrika, bei dem »rund drei Viertel der Herero bzw. die Hälfte der Nama«[24] ums Leben kamen.[25] Es waren die ersten Völkermorde des 20. Jahrhunderts, für die Bismarck allerdings nicht mehr verantwortlich zeichnete. Interessanterweise war es der damalige Reichstag, der durch öffentliche Debatten zu einer ersten Skandalisierung der gewaltsamen Vorgänge beitrug: »In den Kolonialdebatten bewies das Parlament seine Macht, seinen Einfluss und auch seine moralische Kompetenz.«[26] Zu betonen ist freilich, dass es mit der gesetzlichen Übertragung der Ausübung der »Schutzgewalt« für die Kolonien auf den Kaiser die Gewaltexzesse zumindest erleichtert hatte.[27] Die historische und politische Aufarbeitung dieser schrecklichen Vorgänge steht weiterhin am Anfang: »Daher ist die deutsche Kolonialgeschichte noch nicht zu Ende.«[28]

Bei seinem Vorgehen war Bismarck stets auf Mehrheiten im Reichstag angewiesen. Diese Mehrheiten zu organisieren war nicht leicht, jedenfalls schwerer, als Bismarck sich das vorgestellt oder erhofft hatte.[29] Die Folge war eine Kooperation zwischen Bismarck und dem Reichstag, später vor allem mit den relevanten Parteiführern (wobei es, wie erwähnt, zu einer Vermischung der Reichs- mit preußischen Interessen kam). Formal war eine solche Kooperation in der Verfassung nicht vorgesehen. Der Aushandlung von Kompromissen mit den politischen Parteien haftete dadurch etwas Systemfremdes an, wurde von den Akteuren jedenfalls nicht als zwingende Notwendigkeit kommuniziert.

Das Vorgehen der Parteien wurde in der Öffentlichkeit entsprechend interpretiert: nämlich als übergriffige Art, sich Macht zu ergattern, die bei der »unabhängigen« Regierung lag. Das Problem war auch, dass die Parteien dem nicht durch eine formale Regierungsbeteiligung entgegenwirken konnten: Wo Kompromisse geschlossen wurden, spiegelte sich das also nicht – wie in Großbritannien – in einer Beteiligung an der Regierung durch entsprechende Posten. Diese Entwicklung dürfte zum negativen Parteienbild in Deutschland beigetragen haben[30] – was nicht heißen soll, dass Parteien nicht auch in vielen anderen Systemen negativ konnotiert waren und sind (auch hier beschritt Deutschland keinen Sonderweg).[31]

Das Reich unter Wilhelm II. bis zu seiner Abdankung

Mit dem Dreikaiserjahr 1888 wurde das Ende des »Systems Bismarck« eingeleitet. Wilhelm I., mit dem Bismarck sich stets gut verstanden hatte und auf dem seine eigentliche Autorität fußte,[32] verstarb im März. Sein Sohn Friedrich Wilhelm III. (die große Hoffnung der Liberalen) war bei der Amtsübernahme schwer krank und verstarb nach nur 99 Tagen Regentschaft. Es folgte sein Sohn, der als Wilhelm II. am 15. Juni 1888 den Thron bestieg und die Geschicke als Deutscher Kaiser bis zum Ende des Deutschen Kaiserreiches im Jahr 1918 übernehmen sollte. Wilhelm II., zugleich Enkel der englischen Königin Victoria, war bei Übernahme der Amtsgeschäfte gerade 29 Jahre alt und hatte noch eigene Ambitionen: Er war »rastlos, bombastisch und labil,«[33] was sich auch in seiner ausgeprägten Reiselust zeigte – im Volksmund wurde er bald als »Reisekaiser« verspottet. Der Bruch mit dem mittlerweile in die Jahre gekommenen Bismarck war daher programmiert: »Bismarck und Wilhelm II. waren in ihrer Gedankenwelt, ihrer Lebenserfahrung, ihrem Charakter gänzlich verschieden.«[34] In den Worten Ernst Rudolf Hubers strebte Wilhelm II. an, »sein eigener Minister und Kanzler« zu sein. Er wollte die Geschicke des Reiches bestimmen, was voraussetzte, den »Eisernen Kanzler« loszuwerden. Wilhelm II. entließ Bismarck schließlich im Zusammenhang mit der abgelehnten Verlängerung des Sozialistengesetzes – eine Demütigung, die Bismarck niemals verwand, weshalb er in der Folge immer wieder Stimmung gegen den Kaiser machte. Dass Bismarck die spätere Kolonialpolitik Wilhelms II. kritisierte, ist auch deshalb wenig überraschend, muss allerdings vor diesem Hintergrund bewertet werden.

Den Kaiser tangierte das wenig, es begann die Zeit seines persönlichen Regiments, das an Kuriositäten im Umgang mit Regierungsmitgliedern und ausländischen Würdenträgern nicht arm war.[35] Die Reichskanzler wurden zu »Handlangern des Kaisers« degradiert – sichtbar vor allem bei Chlodwig zu Hohenlohe-Schillingsfürst, der bei Amtsantritt bereits älter als Bismarck zum Zeitpunkt von dessen Entlassung war. Der Reichskanzler sollte nicht mehr sein als der erste Gehilfe des Kaisers. Mit der Verfassungsordnung war das trotz des darin vorgesehenen Erfordernisses der Gegenzeichnung nicht *per se* unvereinbar. Das Verhältnis des Kaisers zum Reichskanzler war darin (wie oben erwähnt) kaum näher ausgestaltet. Allerdings gewährte die Verfassungsrealität dem Kaiser weniger Einfluss. Es war vor allem die mittlerweile kollegial tagende Regierung, die mit dem Reichstag die sich innenpolitisch beruhigende Politik[36] bestimmte. Mit anderen Worten: Der unter Bismarck einsetzende Prozess der Parlamentarisierung der Regierung setzte sich fort und institutionalisierte sich – dass es am Ende des Ersten Weltkriegs zu einer formalen Parlamentarisierung kam, war angesichts dieser Entwicklung weniger überraschend, als es bisweilen dargestellt wird. Beleg dafür sind die zahlreichen Kodifikationen wie das bis heute gültige Bürgerliche Gesetzbuch, das am 1. Januar 1900 in Kraft trat. Auch im Übrigen »gab es in Deutschland zweifellos eine lebendige politische Kultur mit angeregten Debatten in der politischen Presse, Parteien mit hohen Mitgliederzahlen und einer starken Wahlbeteiligung«[37] – von einem deutschen Sonderweg keine Spur.

Außenpolitisch begannen mit dem jungen Kaiser turbulente Zeiten. Bekanntlich war es Wilhelm II., der nicht nur das deutsche Kolonialreich gewaltsam ausweitete – er hatte dieses Ziel bei seiner Jubiläumsrede zum 25-jährigen Bestehen des Deutschen Reichs ausdrücklich betont –, sondern das Kaiserreich in den Ersten Weltkrieg führte. Inwieweit auch die anderen Staaten, namentlich Großbritannien und Russland, eine Mitverantwortung traf, ist umstritten, wird mittlerweile aber weitgehend bejaht. Im Jahr 2013 legte der australische, in Cambridge lehrende Historiker Christopher Clark eine vielbeachtete Monographie mit dem Titel *Die Schlafwandler* vor, in der er darlegte, dass der Ausbruch des Krieges eine Kette zahlreicher Entscheidungen einer Vielzahl von Akteuren und damit vermeidbar war.[38] Der Krieg war »weniger Verbrechen, denn Tragödie«. Diese weiterhin umstrittene Kriegsschuldfrage[39] soll hier nicht vertieft werden, wenngleich sie auch im Vertrag von Versailles prominent behandelt wurde. Der berüchtigte »Kriegsschuldartikel 231« spielte beim Aufstieg der Nationalsozialisten durchaus eine Rolle. Ebenso wenig kann im Rahmen dieser Verfassungsgeschichte auf den Verlauf des Ersten Weltkriegs eingegangen werden.[40]

Von Interesse sind dagegen die am Ende des Krieges, genauer am 28. Oktober 1918, vollzogenen Reformen der Reichsverfassung, mit denen das faktisch bereits bestehende parlamentarische Regierungssystem formalisiert wurde (seit dem Jahr 1917 hatte sich die Praxis etabliert, dass die Reichsregierung im Einvernehmen mit der Reichstagsmehrheit zu bilden war). Schon Mitte des Jahres 1918 hatte es kleinere Demokratisierungsschübe gegeben, nicht zuletzt der Zuschnitt der Wahlkreise war angepasst worden – im Laufe der Zeit war es angesichts der Bevölkerungsentwicklung in den Städten zu erheblichen Verzerrungen gekommen, unter denen vornehmlich die Sozialdemokratie zu leiden hatte. Das auch aus diesem Grund von der Sozialdemokratie, namentlich Friedrich Ebert, geforderte Verhältniswahlsystem ließ aber weiter auf sich warten. Auch ein Frauenwahlrecht wurde zu diesem Zeitpunkt (noch) nicht eingeführt.

In den Oktoberreformen wurde aber Art. 15 der Verfassung modifiziert. Sein Absatz 1 lautete fortan: »Der Reichskanzler bedarf zu seiner Amtsführung des Vertrauens des Reichstags.« Gleichzeitig wurde die Pflicht zur Gegenzeichnung der Verordnungen und Akte des Kaisers auf den Bereich der Kommandogewalt ausgedehnt, das parlamentarische System galt nun auch in militärischen Angelegenheiten. Das Recht zur Kriegserklärung lag weiterhin beim Kaiser, er konnte dieses Recht aber nur mit Zustimmung des Bundesrates und des Reichstages ausüben. Die Reformen beruhten auf einer Idee des damaligen Außenministers Paul von Hintze, die dieser präsentiert hatte, als er von der 3. Obersten Heeresleitung, bestehend aus Erich Ludendorff und dem späteren Reichspräsidenten der Weimarer Republik Paul von Hindenburg, über die aussichtslose militärische Lage informiert wurde. Durch die formale Parlamentarisierung sollte der Eindruck vermittelt werden, dass »man nicht wegen des drohenden militärischen Zusammenbruchs, sondern aus dieser demokratischen Erneuerung heraus jetzt den Frieden suchte«.[41] Nicht zuletzt den amerikanischen Präsidenten Woodrow Wilson hoffte man auf diese Weise wohlwollend zu stimmen. Nicht das Militär, sondern eine parlamentarische Regierung sollte daher den Waffenstillstand und Friedensgespräche vorschlagen. Der Obersten Heeresleitung war das nur recht – sie hatte den Krieg verloren, jetzt konnte die Politik die Verantwortung übernehmen. So kam es. Weil die Kämpfe weitergingen und die militärische Niederlage sich entgegen den Annahmen der Obersten Heeresleitung noch hinzog, konnte auf diesen Vorgängen die spätere »Dolchstoßlegende« gedeihen. Der darin formulierte Vorwurf: Das deutsche Heer sei nicht auf dem Schlachtfeld, sondern durch den politischen Verrat im Reichstag, vor allem durch die Sozialdemokratie geschlagen worden. Auch Paul von Hindenburg (ausgerechnet!) verbreitete diese Legende später öffentlich, die mit den tatsächlichen Abläufen nichts zu tun hatte, für die junge Weimarer Republik aber eine schwere Bürde darstellte. Verfassungsrechtlich aber hatte sich das Deutsche Reich durch wenige Federstriche von einer konstitutionellen Monarchie zur parlamentarischen Demokratie mit monarchischer Spitze verwandelt.

Das bisherige Deutsche Kaiserreich war damit am Ende, auch wenn es als konstitutionell-demokratische Monarchie theoretisch hätte fortbestehen können. Auch Großbritannien war eine demokratische Monarchie. Die immer größer werdenden revolutionären Unruhen und Aufstände – bereits am 30. Oktober 1918 hatten Matrosen u. a. das militärisch einem Selbstmordkommando gleichkommende Auslaufen der Hochseeflotte verhindert – bereiteten der jahrhundertealten Hohenzollern-Monarchie jedoch ein jähes und wenig würdevolles Ende: Der Kaiser *wurde* am 9. November 1918 abgedankt.[42] Zwar erklärte er sich in einem Schreiben nach mehrfachem Drängen schließlich zur Abdankung bereit. Schon zwei Stunden bevor dieses Schreiben den Reichskanzler Max von Baden erreichte, ließ dieser aber die erfolgte Abdankung in der Öffentlichkeit verbreiten. Nur eine halbe Stunde später empfing Max von Baden eine sozialdemokratische Delegation und schlug Friedrich Ebert als neuen Reichskanzler vor. Ebert nahm nach kurzer Bedenkzeit an.

Und Kaiser Wilhelm II.? Im belgischen Spa weilend dachte er darüber nach, an der Spitze seines Heeres in die deutsche Heimat zurückzukehren. Dort hatte man den Kaiser allerdings bereits als Schuldigen für die miserable Situation ausgemacht. Die Heeresleitung teilte ihm daher mit, dass sich das Heer tatsächlich gen Heimat aufmachen würde – jedoch nicht mehr unter kaiserlicher Führung. Als verbitterter Mann folgte Wilhelm II. am nächsten Morgen dem Rat seiner Entourage und floh in seinem prächtig ausgestatteten Hofzug mit erheblichen Vermögenswerten ins Exil in die Niederlande. Seine offizielle Abdankung erfolgte schließlich am 28. November 1918. Bis zu seinem Tod im Jahr 1941 gab er die Hoffnung nicht auf, eines Tages als Monarch nach Deutschland zurückzukehren. Noch heute streitet die Bundesregierung mit seinen Nachfahren über den Umgang mit dem (finanziellen und kulturellen) Erbe des Kaisers.

12. Die Weimarer Republik und die Weimarer Reichsverfassung

Der Weg zur Nationalversammlung und zur Verfassung

In Deutschland indes überschlugen sich die Ereignisse. Nachdem das Gerücht die Runde gemacht hatte, dass Karl Liebknecht die Ausrufung einer sozialistischen Räterepublik geplant hatte, rief Philipp Scheidemann aus einem Fenster des Reichstages spontan bereits am frühen Nachmittag des 9. November 1918 mit folgenden Worten die Deutsche Republik aus:

> »Das deutsche Volk hat auf der ganzen Linie gesiegt; das Alte, Morsche ist zusammengebrochen. Der Militarismus ist erledigt. Die Hohenzollern haben abgedankt. Ebert bildet die neue Regierung. Alle sozialistischen Richtungen werden ihr angehören. Jetzt besteht unsere Aufgabe darin, diesen glänzenden Sieg, diesen vollen Sieg des deutschen Volkes, nicht beschmutzen zu lassen. [...]. Es lebe die deutsche Republik.«

Zwei Stunden später folgte vom Berliner Stadtschloss aus die Ausrufung der »freien, sozialistischen Republik Deutschland« durch Karl Liebknecht. Friedrich Ebert war von dem unabgesprochenen Vorgehen Scheidemanns nicht angetan, sogar verärgert. Er war zwar gewiss kein Monarchist. Formal wollte er die Entscheidung über die künftige Staatsform aber einer frei zu wählenden verfassungsgebenden Versammlung überantworten. Denn so viel war sicher: Die bestehende Ordnung des Deutschen Kaiserreiches war am Ende, es bedurfte einer neuen Verfassung. Damit begann ein maßgeblich von Friedrich Ebert – dem späteren ersten Reichspräsidenten – gesteuerter Prozess der Verfassungsgebung, der am 11. August 1919 in den Erlass der Weimarer Reichsverfassung mündete: die erste demokratische Verfassung Deutschlands.

Die Übergabe des Amtes des Reichskanzlers an Friedrich Ebert fand in der noch geltenden Verfassung keine Grundlage. Allein der Kaiser war befugt, den Reichskanzler zu ernennen. Die formale Übergabe durch Max von Baden sollte zwar den Anschein eines geordneten Übergangs erzeugen, begründete aber bereits einen extralegalen Zustand: »Aber Legalitätseffekte haben manchmal größere politische Wirkung als die Legalität selbst, und politische Plausibilität besaß der Vorgang zweifellos [...].«[1] Im Übrigen ist eine solche Illegalität beim Übergang von einer Verfassungsordnung zur nächsten keine Seltenheit. Gerade in revolutionären Situationen – und um eine solche handelte es sich im November 1918 – lässt sich ein umfassend legaler Weg der Verfassungsneugebung kaum einschlagen, schon gar nicht ein demokratischer, der die Freiheit und Gleichheit aller Bürgerinnen und Bürger respektiert. Auch demokratische Verfassungen ruhen meistens auf einem mehr oder weniger undemokratischen Fundament. Ihre Legitimation und Legitimität generieren Verfassungen nicht durch ihren Erlass, sondern durch ihre Anerkennung im politischen Prozess und der Gesellschaft und damit gewissermaßen »in der Zeit«.

Wie die neue Ordnung aussehen sollte, war freilich nicht klar. Einigkeit bestand zwar schnell in der Ablehnung der Monarchie und der bisherigen Ordnung. Das »antimonarchische Moment« der Revolution offenbarte sich u.a. im beinahe umgehenden Niedergang sämtlicher monarchischer Ordnungen in den Ländern, durch die im Übrigen auch das traditionelle landesherrliche Kirchenregiment zusammenbrach.[2] Der Historiker Karl Dietrich Erdmann beschrieb es einst so: »In allen deutschen Staaten verschwand die Monarchie, ohne dass sich irgendwo eine Hand zu ihrer Verteidigung gerührt hätte.«[3] Eine Republik musste es schon sein. Aber ob diese eher nach dem westlich-parlamentarischen Modell oder nach dem Vorbild der sowjetischen Räterepublik organisiert werden sollte, war nicht geklärt. Diese divergierenden Vorstellungen waren bereits in den unterschiedlichen Republikproklamationen von Scheidemann und Liebknecht erkennbar geworden.

Ebert war angesichts dieser Ausgangslage klar, dass die Übernahme der Regierungsgeschäfte wie auch die Ausarbeitung einer weitgehend akzeptierten Verfassung die Integration der revolutionären Kräfte der Arbeiter- und Soldatenräte – und das hieß vor allem der USPD – erforderten. Andernfalls drohte eine gewalttätige Spaltung der Gesellschaft. Schon am 10. November 1918 einigte sich die SPD mit der USPD auf die Errichtung eines Rates der Volksbeauftragten, der, mit sechs Personen paritätisch besetzt, die Regierungs-, aber auch die zentrale Legislativgewalt übernehmen sollte. Damit war der revolutionäre Übergang auch nach außen institutionell sichtbar. Erneut sei Karl Dietrich Erdmann zitiert: »Drei Monate lang, vom 10. November 1918 bis 11. Februar 1919 hat Deutschland eine sozialistische Regierung mit revolutionärer Legitimierung gehabt.«[4]

Wenngleich der Rat der Volksbeauftragten prinzipiell auch von den bestehenden lokalen Arbeiter- und Soldatenräten als zentrale Regierungsgewalt anerkannt wurde, blieb die politische Lage prekär. Dabei wurde nicht nur um Zuständigkeiten gerangelt, es brach auch immer wieder handfeste Gewalt aus. Das offenbarte sich im Rat der Volksbeauftragten, wo die unterschiedlichen Vorstellungen immer deutlicher zu Tage traten. Je mehr es darum ging, nicht das chaotische Leben in der Revolution zu ordnen, sondern die Weichen für die künftige Ordnung zu stellen, umso weniger gelang eine Kooperation der beiden Seiten. Während Ebert und die Sozialdemokratie auf die zügige Errichtung einer Nationalversammlung drängten, wollte die USPD zuvor noch gesellschaftliche, namentlich sozialistische Reformen durchführen und damit Fakten schaffen.

Wie die Mehrheitsverhältnisse in dieser Frage aussahen, zeigte sich freilich beim »Allgemeinen Kongress der Arbeiter- und Soldatenräte«, in dem Delegierte aus dem gesamten Reich zusammenkamen. Diese »Räte« bildeten das Fundament, von dem auch der Rat der Volksbeauftragten seine revolutionäre Legitimation ableitete. Die Mehrheitssozialdemokratie konnte eine souveräne Mehrheit von rund 60 Prozent der insgesamt 500 Delegierten hinter sich vereinen. Es war daher wenig überraschend, dass der Antrag der USPD, vor der Wahl zu einer Nationalversammlung zunächst die Weichen für die Errichtung einer sozialistischen Räterepublik zu stellen, klar abgelehnt wurde. Wie Gerhard Anschütz es formulierte: »Damit war das Rätesystem von den Räten selbst verworfen.«[5] Das mag paradox erscheinen, entsprach aber den Mehrheitsverhältnissen, weshalb man sich, wie Horst Dreier betont, durch die an die bolschewistische Sowjetunion angelehnte Selbstbezeichnung nicht täuschen lassen sollte.[6] Die deutschen Räte zielten mehrheitlich auf eine demokratische Ordnung, waren nicht sozialistisch geprägt und wiesen auch in organisatorischer Sicht eine beachtliche Vielfalt auf. Sie teilten mit ihren sowjetischen Pendants wenig mehr als ihren Namen.

Der Kongress beschloss, schon am 19. Januar 1919 Wahlen zu einer verfassungsgebenden Nationalversammlung abzuhalten und übertrug dem Rat der Volksbeauftragten bis dahin auch formal die gesetzgebende und die vollziehende Gewalt. Damit machte der Kongress deutlich, dass er sich als Träger der Staatsgewalt ansah. Für die revolutionäre sozialistische Linke war das eine herbe Niederlage, die sie nicht auf sich sitzen lassen konnte. Schon wenige Tage später verließen die Vertreter der USPD den Rat der Volksbeauftragten, verstanden sich fortan als radikale Opposition zum eingeschlagenen Kurs und brachten Deutschland an den Rand eines Bürgerkriegs. In den ersten Monaten der Revolution ging die Gefahr für das politische System damit eher von dieser extremen Linken aus.

Es kam immer wieder zu heftigen und gewaltsamen Auseinandersetzungen, die im Spartakusaufstand Anfang des Jahres 1919 ihren Höhepunkt erreichten. Die neu gegründete Kommunistische Partei Deutschlands (Spartakusbund) hatte sich die Verhinderung der Nationalversammlung und der Regierung Ebert zum Ziel gesetzt, was man anfangs gewaltfrei durch Generalstreiks und sonstige Proteste erreichen wollte. Die Situation geriet indes schnell außer Kontrolle. Es kam zu gewalttätigen Unruhen. Zu deren Niederschlagung griff die Regierung Ebert auch auf Truppen der Obersten Heeresleitung zurück. Die Unterstützung der Obersten Heeresleitung hatte sich Ebert unmittelbar nach seinem Amtsantritt telefonisch zusichern lassen. Dieser »Pakt mit dem alten System« wurde schnell als Verrat an der Revolution bezeichnet, zumal im Januar 1919 Rosa Luxemburg und Karl Liebknecht nach ihrer Gefangennahme von Freikorpsmitgliedern getötet wurden. Allerdings: Wie hätte Ebert reagieren sollen? Die Übernahme der Regierungsgewalt in einer solch explosiven Situation ohne jede (militärische) Machtbasis wäre kaum von Erfolg gekrönt gewesen – die Revolution von 1848/49 war auch an der fehlenden militärischen Macht gescheitert. Insofern blieb ihm vermutlich keine andere Wahl, als sich darauf einzulassen, um den antidemokratischen Aufstand abzuwehren. Das heißt nicht, dass das Vorgehen Eberts in jeder Hinsicht unangreifbar gewesen wäre. Nicht zuletzt die erwartbar milde Verurteilung der Mörder Luxemburgs und Liebknechts durch ein Militärgericht trug Ebert

Misstrauen ein – ein ziviles Urteil wäre nicht nur härter ausgefallen, es hätte auch besser zum Selbstverständnis einer entmilitarisierten Republik gepasst.

Die Wahl zur Nationalversammlung konnte letztlich wie geplant stattfinden – eine Wahl, bei der erstmals auch Frauen wahlberechtigt waren. Dass die spätere Weimarer Republik diese erste stürmische Phase trotz dieser widrigen Umstände, zu denen die als demütigend empfundenen Bestimmungen des Versailler Vertrags noch hinzukamen, vergleichsweise unbeschadet überstand, grenzt rückblickend beinahe an ein Wunder. Es bestätigt aber, dass Verfassungsgebungen gerade im Nachgang kriegerischer Niederlagen alles andere als einfach sind. Meist zeigt der Blick zurück, dass die Dinge auch anders hätten ausgehen können. Das gilt für die amerikanische Verfassung ebenso wie für das Grundgesetz.

Die Wahlen zur Nationalversammlung, die mit einer erfreulichen Wahlbeteiligung von 83 Prozent abgehalten werden konnten, ergaben eine deutliche Mehrheit für die »Weimarer Koalition« aus Mehrheitssozialdemokraten, Zentrum und liberaler DDP, der, wie Horst Dreier sie genannt hat, »Friedensmehrheit aus Kriegstagen«.[7] Mit dieser Mehrheit konnte das demokratische Verfassungswerk geschaffen werden. Wegen der anhaltenden Unruhen in der Hauptstadt trat die Nationalversammlung am 6. Februar 1919 in Weimar zusammen und erließ schon am 10. Februar das Gesetz über die vorläufige Regierungsgewalt. Friedrich Ebert wurde einen Tag später zum ersten Reichspräsidenten gewählt und ernannte am Tag darauf Philipp Scheidemann zum ersten Ministerpräsidenten des Reiches, der an der Spitze der ersten Weimarer Koalition stand. Am 31. Juli 1919 nahm die Nationalversammlung den im Wesentlichen von dem Staatsrechtler Hugo Preuß erarbeiteten Entwurf der Verfassung mit 262 zu 75 Stimmen bei einer Enthaltung an. Allerdings fehlten bei der Abstimmung

67 Abgeordnete der Koalition, worin die Unzufriedenheit durchaus gewichtiger Teile der Sozialdemokraten über den gefundenen Kompromiss zum Ausdruck kam. Gleichwohl: Die Nationalversammlung zeigte eine erstaunliche Tatkraft, was auch an der beeindruckenden Diskurskultur und Kompromissfähigkeit lag, die die Abgeordneten an den Tag legten – diese besondere parlamentarische Kultur hat Thomas Mergel in seiner umfassenden Studie geschildert.[8] Angesichts der Vorgänge im restlichen Land war das alles andere als selbstverständlich, aber gerade deshalb umso bemerkenswerter. Im Parlamentarischen Rat sollte es bei der Erarbeitung des Grundgesetzes übrigens kaum anders sein.

Der Reichspräsident fertigte die Verfassung am 11. August 1919 aus und verkündete sie: Deutschland war zur Demokratie geworden. Die Öffentlichkeit interessierte all das jedoch zunächst erstaunlich wenig. Dort ging es um die Bewältigung des schweren Nachkriegsalltags, politisch dominierten die große europäische Friedenskonferenz in Paris und vor allem der Versailler Vertrag die Tageszeitungen. Bereits im Juni 1919 war Scheidemann aus Protest gegen die Bedingungen der Siegermächte zurückgetreten, der Versailler Vertrag wurde erst durch das Kabinett Bauer unterzeichnet. Das Versailler Friedensdiktat, wie es zeitgenössisch genannt wurde, sollte für die junge Republik eine erhebliche Belastung darstellen und trug zu ihrem Untergang zweifellos bei. Es hätte allerdings, wie zuletzt die Historikerin Birte Förster betont hat, noch schlimmer kommen können: »Festzuhalten bleibt: Der Vertrag von Versailles hätte viel strenger ausfallen können, er wurde weniger zur Demütigung der Besiegten denn zur Absicherung des Friedens konzipiert.«[9]

Die Weimarer Verfassung

Werfen wir einen Blick auf den Aufbau und den Inhalt der Weimarer Reichsverfassung.[10] Wie sah sie aus, die erste in Kraft getretene demokratische Verfassung Deutschlands?[11] War sie wirklich so schlecht, wie es ihr in der Nachkriegszeit bisweilen vorgehalten wurde? Vor allem in den Anfangsjahren der Bundesrepublik wurde auch die Ausgestaltung der Weimarer Verfassung als ein Grund für den späteren Untergang der Weimarer Republik angesehen. Diese Einschätzung entsprang allerdings, wie der Staatsrechtler Christoph Gusy zu Recht betont, »nicht allein wissenschaftlichen Erklärungs-, sondern mindestens auch politischen Rechtfertigungsbedürfnissen.«[12] Mittlerweile überwiegt jedoch die Ansicht, die der Weimarer Verfassung einen modernen und für die Anforderungen des frühen 20. Jahrhunderts passenden Zuschnitt attestiert. Sie etablierte eine föderale Ordnung, beruhte auf dem Grundsatz der Repräsentation mit einem starken Präsidenten an der Spitze. Gerade letzteres ist ihr immer wieder als Defizit vorgeworfen worden, aber einen starken Präsidenten kennt auch die US-Verfassung, wenngleich sich das unbegrenzte Recht, den Reichstag aufzulösen, gewiss als verfassungsrechtlicher Schwachpunkt darstellte. Dennoch: Die pauschale Kritik an der Weimarer Verfassung greift gewiss zu kurz, zumal diese nicht nur auf der Idee der Gewaltenteilung beruhte, sondern auch den demokratischen Willensbildungsprozess rechtsstaatlich einhegte und einen umfangreichen Grundrechtskatalog enthielt, der alle modernen Grundrechte umfasste. In dieser Form aber war sie gewiss »eine Verfassung für die staatliche Normallage«.[13] Eine solche kannte die Weimarer Republik jedoch allenfalls in der Mitte der 20er Jahre. Mit dem zur Normalität gewordenen Ausnahmezustand kam die Weimarer Verfassung letztlich nicht zurecht. Aber welche Verfassung wäre dazu schon in der Lage gewesen?

Die WRV bestand aus insgesamt 181 Artikeln und machte den Bruch mit der bisherigen (monarchischen) Verfassungstradition bereits in ihrem ersten Artikel deutlich: »Das Deutsche Reich ist eine Republik. Alle Staatsgewalt geht vom Volke aus.« Staatskirchenrechtlich ging damit das Ende des landesherrlichen Kirchenregiments einher, Art. 137 WRV formulierte knapp: »Es besteht keine Staatskirche« (das Grundgesetz hat diese fundamentalen staatskirchenrechtlichen Neuregelungen umfassend inkorporiert).[14] Wenngleich sich die Weimarer Republik als Rechtsnachfolgerin des Kaiserreichs ansah, stand sie nicht in seiner, sondern in der Tradition von 1848. Das zeigte sich in den in Art. 2 WRV aufgeführten Landesfarben: Diese waren schwarz-rot-gold – eine Neuregelung, die allerdings umstritten war. Die alten Reichsfarben sollten daher weiterhin die deutsche Handelsflotte schmücken – auch das war sichtbarer Ausdruck der inneren Zerrissenheit der ersten gesamtdeutschen Republik. Die Staatsgewalt wurde im Kern durch allgemeine, gleiche und geheime Wahlen ausgeübt – ausdrücklich waren nunmehr auch Frauen wahlberechtigt –, zudem wurde, anders als im Grundgesetz, das Verhältniswahlsystem bereits in der Verfassung etabliert. Damit sollten die Ungerechtigkeiten des Mehrheitswahlrechts, die angesichts der Wahlkreiseinteilung vornehmlich die Sozialdemokratie getroffen hatten, endgültig beseitigt sein. Zusätzlich fanden sich allerdings auch direkt-demokratische Elemente. Nicht nur wurde der Reichspräsident nach Art. 41 WRV unmittelbar vom Volk gewählt, daneben sahen die Art. 73–76 WRV die Möglichkeit von Volksbegehren und Volksentscheiden vor. Auch dieser Umstand wurde später vielfach kritisiert, da er zur Destabilisierung des Systems beigetragen habe. Das Reich war ein moderner Bundesstaat, knüpfte insoweit an eine deutsche Tradition an und setzte sich zunächst aus 24, später aus 17 Gliedstaaten zusammen. Das Reich war den Gliedstaaten übergeordnet, Reichsrecht brach Landesrecht, zudem gab es keinen so dominierenden Gliedstaat, wie dies mit Preußen noch im Deutschen Kaiserreich der Fall gewesen war. Auch die institutionelle Verflechtung Preußens mit den Reichsinstitutionen wurde beseitigt.

Wie im Kaiserreich wurden die Zuständigkeiten des Reiches in der Verfassung explizit aufgelistet; ansonsten waren die Länder zuständig, deren Verfassungen allerdings nach Art. 17 WRV gewissen Anforderungen genügen mussten. Sie mussten danach freistaatlich organisiert sein, was letztlich bedeutete: Eine Monarchie war untersagt. Heute kennt auch das Grundgesetz in Art. 28 Abs. 1 GG eine solche Homogenitätsklausel, die den Landesverfassungen gewisse Vorgaben macht.

Die Weimarer Reichsverfassung kannte vier Reichsorgane: den Reichstag, den Reichspräsidenten, die Reichsregierung und den Reichsrat. Daneben bestand ein Staatsgerichtshof, dessen Zuständigkeiten allerdings weniger stark ausgeprägt waren, als das in der Paulskirchenverfassung beim Reichsgericht der Fall war. Eine Verfassungsbeschwerde war nicht vorgesehen.

Dass das Parlament, der Reichstag, fortan an der Spitze der neuen politischen Ordnung stehen sollte, wurde schon dadurch sichtbar, dass es als erstes Staatsorgan in den Art. 20–40 WRV behandelt wurde, ergab sich aber insbesondere aus der in Art. 54 WRV vorgesehenen Abhängigkeit der Regierung in ihrem Bestand vom Vertrauen des Parlaments. Die Weimarer Reichsverfassung etablierte mithin ein semi-präsidentielles Regierungssystem, das dem heutigen französischen System ähnelte: Das Misstrauen aussprechen konnte das Parlament nur der Regierung und ihren Mitgliedern, nicht aber dem Reichspräsidenten, der den zweiten Teil der dualistischen Exekutive bildete. Von der Option des Misstrauensantrags machte das Parlament denn auch häufig Gebrauch: In 14 Jahren mussten nicht weniger als 20 Regierungen zurücktreten. Weil die Ernennung des Reichskanzlers nach Art. 53 WRV dem Reichspräsidenten oblag, handelte es sich dabei allerdings um ein destruktives Misstrauensvotum. Der Reichstag konnte die Regierung stürzen, musste sich aber auf keine neue Regierung einigen. An sich sollte der Reichspräsident dabei nur einen solchen neuen Reichskanzler ernennen, der sich auf eine Mehrheit im Reichstag stützen konnte, und so sollte es bis zum Jahr 1930 auch sein. Mit den ab diesem Zeitpunkt eingesetzten Präsidialkabinetten war das indes nicht mehr der Fall. Mit der normativen Leitidee der Verfassung hatte dieses Vorgehen nicht mehr viel zu tun.

Tatsächlich kam dem Reichspräsidenten insofern eine durchaus beachtliche Machtfülle zu, was allerdings auch seiner besonderen Legitimation entsprach – er wurde immerhin direkt vom Volk gewählt (anders als der heutige Bundespräsident in Deutschland). So konnte er, wie soeben erwähnt, nach Art. 25 Abs. 1 WRV den Reichstag auflösen, allerdings nur einmal aus dem gleichen Anlass. Eines besonderen Grundes aber bedurfte er für diese Auflösung nicht – nicht zuletzt der spätere Präsident Hindenburg hat von dieser Möglichkeit immer wieder Gebrauch gemacht. Zum ernsthaften Problem wurde dieses Auflösungsrecht allerdings nur aufgrund einer extensiven Interpretation des Notverordnungsrechts des Art. 48 WRV. Denn an sich konnte auch der Reichspräsident kein Interesse an einer ständigen Auflösung des Reichstages haben. Wer sollte dann die Gesetze erlassen? Dieses Defizit wurde in der Praxis der späten Weimarer Republik – allerdings in einer allzu extensiven Form – durch Art. 48 WRV aufgefangen. Diese Regelung erlaubte dem Reichspräsidenten, im Falle einer erheblichen Störung oder Gefährdung der öffentlichen Sicherheit und Ordnung, die zur Wiederherstellung nötigen Maßnahmen zu treffen. Diese Bestimmung war an sich als eng zu interpretierende Notstandszuständigkeit gedacht und hatte insoweit durchaus ihre Berechtigung. Allerdings durften politische Dispute und Schwierigkeiten bei der demokratischen

Mehrheitsfindung offenkundig nicht als eine solche Störung angesehen werden. Kompromissfindung und harte Debatten sind wesentlicher Bestandteil demokratischer Entscheidungsverfahren und keine Gefahr, sondern ausdrücklich erwünscht. In der späten Phase der Weimarer Republik passierte aber genau das: Der Reichspräsident entnahm Art. 48 WRV ein praktisch umfassendes und inhaltlich unbegrenztes Notverordnungsrecht, umging damit den Reichstag und stellte seiner Regierung Blankovollmachten aus, die diese mit den jeweils opportunen Regelungen füllte. Zwar waren die Maßnahmen nach Art. 48 Abs. 3 WRV auf Verlangen des Reichstages zu beenden – dieser Kontrolle konnte sich der Reichspräsident aber durch Auflösung des Reichstages ohne größere Schwierigkeiten entziehen. Heute findet sich im Grundgesetz keine solche Bestimmung. Zusätzlich stellt Art. 80 GG klar, dass exekutivische Rechtsverordnungen stets einer ausdrücklichen gesetzlichen Ermächtigung bedürfen und zudem keine wesentlichen Regelungen enthalten dürfen. Vor allem Entscheidungen, die wesentlich für die Verwirklichung der Grundrechte sind, müssen daher unter dem Grundgesetz stets vom Parlament getroffen werden.

Damit entstand unter der Weimarer Verfassung eine Art Dualismus zwischen Parlament auf der einen und starkem Reichspräsidenten (und Reichsregierung) auf der anderen Seite, die langfristig nur schwer tragbar erschien – der Zeithistoriker Horst Möller spricht von einem fragwürdigen Kompromiss zwischen parlamentarischem und Präsidialsystem.[15] Die Regierung war zwar vom Vertrauen des Parlaments abhängig. Dieses »Problem« konnte aber durch dessen Auflösung umgangen werden, der Reichspräsident konnte anschließend wen auch immer zum Reichskanzler ernennen und mit Hilfe des Notverordnungsrechts faktisch an dessen Stelle treten: »Die Kombination dieser Rechte verlieh dem Reichspräsidenten eine ungewöhnliche Machtfülle.«[16] Man rettete gewissermaßen »ein Stück Monarchie in die Republik – und das bekam dieser schlecht.«[17]

Es sprechen rückblickend gute Gründe dafür, diese extensive Interpretation des Art. 48 WRV, die sich ab dem Jahr 1930 unter den Präsidialkabinetten zur Regel entwickelte, als verfassungsrechtlich unzulässig anzusehen. Unabhängig davon aber, wie man das konkrete Vorgehen Hindenburgs normativ bewertet, zeigt sich, dass der moderne demokratische Verfassungsstaat stets auf eine Kooperation der Staatsorgane und ihre wechselseitige Anerkennung angewiesen ist. Das gilt für alle Verfassungen. Wo jedes Organ seine Befugnisse bis zum Letzten ausreizt, kann ein demokratischer Verfassungsstaat nicht gedeihen. Einfache Überlegungen zu den USA belegen das: Wenn der Präsident bei jedem Gesetz des Kongresses sein Veto einlegt, steht die Gesetzgebung bei knappen Mehrheiten still – das Veto kann dann faktisch nicht überwunden werden. Obwohl das Vorgehen des Präsidenten von der Verfassung gedeckt ist, bringt es das verfassungsrechtliche Leben und damit den Staat selbst zum Stillstand. Umgekehrt ist effektive Regierungstätigkeit nicht möglich, wenn der Senat jeden Kandidaten des Präsidenten für ein Regierungsamt pauschal ablehnt – obwohl auch das von der Verfassung formal gedeckt ist. Insofern mag man auch der Weimarer Verfassung vorwerfen, dass sie einzelnen Organen, vor allem dem Reichspräsidenten, eine gewisse »überschießende Kompetenz« eingeräumt hat, die letztlich zum Untergang beigetragen hat. Aber: Das ist wohl bei jeder Verfassung der Fall, jedenfalls nur schwer zu vermeiden. Am Ende kommt es für ihren Bestand also auch auf eine bestimmte Form der Verfassungskultur an, auf die Einigung darauf, bestimmte formal erlaubte Dinge gleichwohl nicht zu tun. Oder anders: Am Ende sind es die Menschen, die eine Verfassung mit Leben füllen und sie am Leben halten. Wo die zentralen Entscheidungsträger das nicht wollen, wird keine Verfassung überleben können. Und im Falle der Weimarer Republik waren es ihre beiden Reichspräsidenten, die diese heteronomen Verfassungsvoraussetzungen in besonderer Weise durch ihren unterschiedlichen Umgang mit den ihnen formal eingeräumten Kompetenzen sichtbar machen: »Zwei Reichspräsidenten hatte die Republik, Friedrich Ebert und Paul von Beneckendorff und von Hindenburg. Verkörpert der eine die Chance der Republik, so der andere ihr Scheitern.«[18]

Der Reichsrat als viertes Reichsorgan setzte sich nach Art. 63 Abs. 1 WRV aus Ländervertretern zusammen, die von der jeweiligen Regierung entsandt wurden; sie hatten dementsprechend ein imperatives Mandat (wenn man von bestimmten preußischen Vertretern absieht). Im Vergleich zum Bundesrat im Kaiserreich war sein Einfluss aber deutlich geringer. Gegen vom Reichstag beschlossene Gesetze konnte er allein Einspruch erheben, der wiederum vom Reichstag mit einer Zwei-Drittel-Mehrheit verworfen werden konnte. Seine Zustimmung war in keinem Fall erforderlich, anders als dies heute beim Bundesrat unter dem Grundgesetz bei den sogenannten Zustimmungsgesetzen der Fall ist.

Bestimmungen zum Staatsgerichtshof fanden sich in der Weimarer Verfassung praktisch nicht. In Art. 108 WRV wurde lediglich bestimmt, dass ein solcher nach Maßgabe eines Reichsgesetzes zu errichten war. Seine Zuständigkeiten wurden teilweise in der Weimarer Verfassung genannt (etwa Art. 19 WRV), ergaben sich im Übrigen aber aus diesem einfachen Reichsgesetz und fielen im Vergleich zum Reichsgericht der Paulskirchenverfassung und zum heutigen Bundesverfassungsgericht geringer aus. Im Mittelpunkt befanden sich staatsorganisationsrechtliche Zuständigkeiten bei Streitigkeiten zwischen den Ländern oder dem Reich und den Ländern. Hier gab der Staatsgerichtshof vor allem bei seiner Entscheidung zum sogenannten »Preußenschlag« kein sonderlich glückliches Bild ab, wie wir im folgenden Kapitel sehen werden. Landesrecht konnte zudem durch die Gerichte auf seine Vereinbarkeit mit der Verfassung überprüft werden (vgl. Art. 13 Abs. 2 WRV).

Formal fehlte es an einer abstrakten Normenkontrolle ebenso wie an einer Verfassungsbeschwerde. Das hinderte den Staatsgerichtshof allerdings nicht, im Laufe der kurzen Zeit seines Bestehens zumindest eine inzidente Verfassungsmäßigkeitsprüfung auch für Reichsgesetze für sich in Anspruch zu nehmen. So führte er im Jahr 1928 explizit aus: »Zur Prüfung abstrakter Rechtsfragen ist der Staatsgerichtshof nicht berufen, doch ist er befugt, in einem konkreten Rechtsstreit die Verfassungsmäßigkeit eines Reichsgesetzes nachzuprüfen.« Nicht zuletzt Gerhard Anschütz – der führende Kommentator der Reichsverfassung – stützte diese Kompetenzausweitung, nachdem er ein solches Prüfungsrecht zuvor noch abgelehnt hatte.[19] Insofern befanden sich die Zuständigkeiten des Staatsgerichtshofs, aber auch die der anderen Gerichte im Fluss. Weimar, so fasste es jüngst Horst Dreier zusammen, war nicht auf dem Weg zur Verfassungsgerichtsbarkeit, Weimar hatte spätestens ab dem Jahr 1928 eine solche.[20] Das Bundesverfassungsgericht kann gewiss mehr. Aber das Bundesverfassungsgericht ist zu mehr in der Lage als die meisten Verfassungsgerichte der Welt, und insofern ist dieser Vergleich ein wenig ungerecht. Gerade für die damalige Zeit dürfte es hingegen in Europa kaum ein Verfassungssystem gegeben haben, in dem die Verfassungskontrolle so stark ausgeprägt war wie in Weimar.

Das Fehlen einer Verfassungsbeschwerde war allerdings deshalb misslich, weil die Weimarer Verfassung in ihrem zweiten Hauptteil ab Art. 109 WRV einen umfassenden Katalog an Grundrechten und Grundpflichten enthielt, deren Durchsetzung in der politischen Praxis dadurch schwieriger war. Zu Beginn stand in Art. 109 Abs. 1 WRV der Grundsatz der Gleichheit, wobei allerdings umstritten blieb, ob dieser nur die Rechtsanwendungs- oder auch die Rechtssetzungsgleichheit forderte, sich also auch an den Gesetzgeber richtete.[21] Im Vergleich zum heutigen Grundrechtskatalog des Grundgesetzes war der Umfang dieses Abschnitts beachtlich und enthielt u. a. zahlreiche soziale Grundrechte. Gleichwohl fanden sich dort viele Formulierungen, die später auch im Grundgesetz verwendet werden sollten. Der Abschnitt über das Verhältnis von Kirche und Staat (Art. 135 ff. WRV) wurde zu einem großen Teil sogar wortgleich ins Grundgesetz überführt (vgl. Art. 140 GG) und bildet dadurch bis heute gültiges Verfassungsrecht. Den Grundrechten kam, wenngleich zwangsläufig nicht allen, durchaus eine normative Relevanz zu. Die immer wieder zu hörende Aussage, dass diese eher als unverbindliche Programmsätze anzusehen gewesen seien, ist in dieser pauschalen Form nicht haltbar. Darauf werden wir gleich noch einmal zurückkommen.

Insgesamt handelte es sich damit um eine moderne Verfassung, die weit besser war als ihr Ruf.[22] Gerade in der Anfangszeit der jungen Bundesrepublik musste die Weimarer Verfassung auch als Mitschuldige für den Untergang der Republik herhalten, auch um davon abzulenken, dass die wahren Schuldigen ganz woanders zu suchen waren – wobei mit »Schuldigen« nicht insinuiert werden soll, dass der Aufstieg des Nationalsozialismus lediglich einigen wenigen zentralen Akteuren in die Schuhe geschoben werden könnte, eine Legende der »kollektiven Unschuld«, die immer wieder verbreitet wurde. Wie der Antisemitismusforscher Samuel Salzborn gezeigt hat, ist dieses Entschuldigungsnarrativ auch heute noch präsent.[23] Hier bleibt viel zu tun.

An dieser Stelle sollte lediglich eine Lanze für die Weimarer Verfassung gebrochen werden. Gewiss, sie war nicht perfekt. Aber welche Verfassung kann das von sich behaupten? Gewagt sei daher die These, dass wir unter heutigen Verhältnissen mit der Weimarer Verfassung gut und friedlich leben könnten und – vielleicht provokanter: Die Weimarer Republik hätte wohl auch mit dem heutigen Grundgesetz den antidemokratischen Angriffen nicht allzu lange standgehalten, denn: »Und doch kann keine noch so kluge Verfassung vor dem Versagen der Demokratie, vor ihrer Selbstzerstörung schützen.«[24] Ähnlich hielt zuletzt auch der Politikwissenschaftler Adam Przeworski fest: »Die Konflikte in diesen beiden Demokratien waren möglicherweise so intensiv, dass sie in keinem institutionellen Rahmen friedlich hätten gelöst werden können.«[25] Die Weimarer Republik ist im Kern nicht wegen, sondern trotz ihrer Verfassung gescheitert.[26]

Drei Irrtümer über die Weimarer Reichsverfassung

Bevor wir uns im nächsten Kapitel die wenigen Schritte anschauen, die zum Untergang der Weimarer Republik und ihrer Verfassung und zum nationalsozialistischen Terrorregime führten, sollen noch drei Irrtümer über die Weimarer Reichsverfassung beleuchtet werden, die sich im öffentlichen Diskurs weiterhin hartnäckig halten. Es sind nicht zuletzt diese Irrtümer, die die moderne Weimarer Verfassung in ein schlechteres Licht rücken, als sie es verfassungshistorisch und -theoretisch verdient hat. Horst Dreier hat immer wieder versucht, diesen Irrtümern die historischen, aber auch normativen Fakten entgegenzusetzen,[27] und auf seinen Ausführungen beruht die folgende kurze Passage. Um welche Irrtümer geht es?

Erster Irrtum: »Die Grundrechte waren unverbindliche Programmsätze.« Es ist dies der bereits angesprochene Irrtum hinsichtlich der Wirkung der im zweiten Hauptteil der Weimarer Verfassung normierten Grundrechte. Die Grundrechte seien danach allein Aufträge an den Gesetzgeber, aber nicht justiziabel gewesen und hätten daher keine normative Verbindlichkeit entfaltet.[28] Erst das Grundgesetz habe mit der Regelung des Art. 1 Abs. 3 GG dieses zentrale Defizit der Weimarer Verfassung beseitigt und die Bindung aller drei Staatsgewalten an die Grundrechte klargestellt. Bei dieser bis heute immer wieder zu hörenden Aussage wird jedenfalls nicht hinreichend differenziert. Sie trifft – wenn überhaupt – auf die zahlreichen sozialen Grundrechte der Weimarer Verfassung zu. Daneben fanden sich aber auch klassische Grundrechte, die in ihrem Wortlaut bisweilen nur marginal von demjenigen des Grundgesetzes abwichen. In dieser Form waren die Grundrechte selbstverständlich einklagbar, wobei sie in der Praxis vornehmlich gegenüber der Reichsverwaltung geltend gemacht wurden (so wie das übrigens auch heute noch der Fall ist – die wahren Grundrechtsgerichte sind schon rein quantitativ die Verwaltungsgerichte und nicht das Bundesverfassungsgericht). Immerhin stellt Art. 1 Abs. 3 GG aber auch die Bindung des Gesetzgebers an die Grundrechte dar, und zumindest daran, so der Vorwurf, habe es in Weimar gefehlt. Der Gesetzgeber habe also machen können, was er wolle. Auch dieser Vorwurf ist jedoch allzu pauschal. So wurde der *Landes*gesetzgeber ausdrücklich an bestimmte Vorgaben gebunden, und auch im Übrigen galt der Vorrang der Verfassung. In Art. 13 WRV wurde der Vorrang des Reichsrechts festgehalten und für justiziabel erklärt. Und natürlich gehörte auch die Reichsverfassung mit ihren Grundrechten zu diesem vorrangigen Reichsrecht. Aber auch der Reichsgesetzgeber war etwa an das Rückwirkungsverbot gebunden, und auch die Garantie des gesetzlichen Richters wandte sich nach Ansicht des führenden Kommentators der Reichsverfassung, Gerhard Anschütz, selbstverständlich ebenso an den Gesetzgeber. Allerdings kannte die Staatsrechtslehre damals noch keinen Grundsatz der Verhältnismäßigkeit. Insofern ist es zutreffend, dass dem Gesetzgeber bei der Einschränkung der Grundrechte im Vergleich zu heute weniger Grenzen gesetzt waren. Allerdings entwickelte die Weimarer Staatsrechtslehre andere Wege, um den Gesetzgeber einzuhegen: zum einen die sogenannten Institutsgarantien (etwa Ehe oder Eigentum), die den Gesetzgeber dazu verpflichteten, diese Institute in ihrem Wesenskern nicht anzutasten – eine Lehre, die auch unter dem Grundgesetz noch eine (gewisse) Rolle spielt. Zum anderen entwickelte die Staatsrechtslehre für bestimmte Grundrechte, wie die Meinungs- und die Religionsfreiheit, ausgehend vom Wortlaut dieser Bestimmungen besondere Schrankenregelungen, die den Gesetzgeber in seiner Einschränkungsfreiheit begrenzten. Insofern wird man festhalten können: Die Grundrechte, die ihren Weg ins Grundgesetz fanden, waren auch schon in Weimar geltendes Recht, banden prinzipiell alle drei Staatsgewalten einschließlich des Gesetzgebers und waren damit keine unverbindlichen Programmsätze. Bei den anderen Grundrechten wird man differenzieren müssen. Aber auch da wurde in der Staatsrechtslehre alsbald eine Lesart bevorzugt, die ihre normative Geltung im Zweifel eher hervorhob denn leugnete. Dass die Grundrechte keine annähernd vergleichbare Wirkung wie unter dem Grundgesetz entfalten konnten, lag insofern weniger an der mangelnden normativen Geltungskraft als an den Umständen, die schon bald zum Untergang der Republik führten und eine umfassende justizielle Grundrechtsdogmatik nicht entstehen ließen – auch unter dem Grundgesetz hat das Jahrzehnte gedauert. Die »Grundrechtsrepublik Weimar«[29] hingegen existierte gerade einmal 14 Jahre.

Zweiter Irrtum: »Weimar ist an der direkten Demokratie gescheitert, weshalb das GG weitgehend auf entsprechende Instrumente verzichtet.« Auch diese These hört man immer wieder. Selbst Theodor Heuss, der spätere erste Bundespräsident, sprach bei den Beratungen zum Grundgesetz vom Volksbegehren als einer »Prämie für jeden Demagogen«. Aber war die Möglichkeit direkter Demokratie tatsächlich so zentral für den Untergang der Weimarer Republik? Und kann man das Grundgesetz wirklich als Gegenentwurf sehen? Hier spricht schon eine rein zahlenmäßige

Betrachtung gegen die erste These: Insgesamt wurden lediglich acht Volksbegehren durchgeführt, von denen die meisten scheiterten.[30] Lediglich in zwei Fällen kam es zu Volksentscheiden – einmal gegen die Fürstenenteignung und einmal, im Jahr 1929, gegen den sogenannten Young-Plan zur künftigen Regelung der deutschen Reparationszahlungen. Kein Volksentscheid war allerdings erfolgreich, bei der Abstimmung zum Young-Plan lag die Wahlbeteiligung bei lediglich 15 Prozent. Lässt sich damit begründen, dass man von direkt-demokratischen Elementen absehen sollte? Gewiss: Die Sachdebatten während der beiden Volksentscheide wurden mit großer Emotion und Propaganda geführt. Aber ist das bei der Debatte großer politischer Fragen im und außerhalb des Parlaments anders? Etwa in Zeiten des Wahlkampfs? Gegen eine erfahrungsbasierte Abwendung des Grundgesetzes von der direkten Demokratie spricht auch der Umstand, dass praktisch sämtliche Landesverfassungen direkt-demokratische Instrumente kannten – und diese demokratischen Verfassungen wurden zeitlich vor dem Grundgesetz verabschiedet. Warum aber war das so, wenn die Erfahrung aus Weimar so eindeutig gewesen war? Oder hatten sämtliche Bundesländer das schlicht nicht erkannt? Unzweifelhaft ist allerdings auch, dass das Grundgesetz tatsächlich weitgehend auf entsprechende Instrumente verzichtet. Allein wird man den Grund dafür weniger in der Weimarer Verfassung finden können. Letztlich dürften der aufkommende Ost-West-Konflikt und die Teilung Deutschlands bedeutender gewesen sein – Volksentscheide in nur einem Teil Deutschlands hätten die Teilung perpetuieren können. Und das wollte man unbedingt vermeiden.

Dritter Irrtum: »Das Ermächtigungsgesetz ebnete den legalen Weg zum Ende der Republik.« Nicht zuletzt die Nationalsozialisten waren darauf bedacht, ihre Machtübernahme als »legale Revolution« hinzustellen. Das Ermächtigungsgesetz unterstreicht in dieser Legende vor allem die inhaltliche Beliebigkeit der Weimarer Verfassung, die letztlich alles möglich gemacht habe. Unter dem Grundgesetz, so die damit einhergehende Behauptung, sei die Übertragung der zentralen Gesetzgebungsbefugnisse auf die Regierung wegen Art. 20 Abs. 2 GG nicht möglich, eine Verfassungsänderung in diesem Sinne wegen der Ewigkeitsgarantie des Art. 79 Abs. 3 GG ausgeschlossen. Auch dieser These geht es somit darum, die Defizite der Weimarer Verfassung deutlich zu machen, um das Grundgesetz umso heller strahlen zu lassen. Allerdings ist diese Legalitätsthese zumindest für das Ermächtigungsgesetz nicht haltbar. Das Ermächtigungsgesetz war keine legale Revolution, es war illegal und verfassungswidrig[31] – der Umstand, dass es keinen erfolgreichen parlamentarischen Widerstand gab, darf nicht mit der Legalität des Vorgehens verwechselt werden. Auch unter der Weimarer Verfassung war der Mehrheit nicht alles gestattet. Die Weimarer Verfassung war nicht so beliebig wie unterstellt. Rein formal war zwar die erforderliche Zwei-Drittel-Mehrheit erreicht worden. Aber auch die Weimarer Verfassung setzte eine freie Abstimmung voraus. Und eine solche war eindeutig nicht gewährleistet. Die gewählten Abgeordneten der KPD fehlten, nicht etwa aus Desinteresse, sondern weil sie entweder in »Schutzhaft« genommen worden, aus Angst untergetaucht oder geflohen waren. Der SA-Mob machte auch den anwesenden Parlamentariern deutlich, wie sie abzustimmen und was sie andernfalls zu erwarten hatten. Zudem war auch der Reichsrat nicht ordentlich besetzt. Im Übrigen hatte der Reichstagspräsident auch im Hinblick auf ein mögliches Unterschreiten des Anwesenheitsquorums vorgesorgt (wozu es letztlich allerdings nicht kommen sollte). Nach der noch am selben Tag geänderten Geschäftsordnung galten auch diejenigen Abgeordneten als anwesend, die ohne Urlaub oder infolge einer Erkrankung an Sitzungen nicht teilnahmen – mithin auch die inhaftierten und geflohenen Abgeordneten. Ob ein solcher Fall gegeben war, entschied der Reichstagspräsident: Hermann Göring. Mit legalem Vorgehen hatte das nichts zu tun.

Exkurs: Weimarer Staatsrechtslehre und Methodenstreit

Für die Lehre vom Staat, die deutsche Staatsrechtslehre, waren das Ende des Kaiserreichs und die Errichtung der ersten deutschen demokratischen Verfassungsordnung eine besondere Herausforderung. Die prominenten Vertreter des Faches waren wissenschaftlich im späten 19. Jahrhundert sozialisiert worden, einer Zeit also, in der das monarchische Prinzip, zumindest aber der strenge Dualismus zwischen Monarch und Parlament die Vorstellung von Staatlichkeit geprägt hatte. Der Staat war vorverfassungsrechtlich existent, die Verfassungen begrenzten die Herrschaft, begründeten sie aber nicht: »Das bedeutet: Der Staat war für den Mainstream der juristischen Staatstheorie des 19. Jahrhunderts nichts anderes als ein Synonym für die monarchische Exekutive, die sich im Medium des Rechtsstaates bestimmten Selbstbindungen unterwarf, von denen sie sich im politischen Normalfall schnell wieder befreien konnte.«[32] Mit der Weimarer Verfassung waren diese staatstheoretischen Fundamente erschüttert, die Staatsrechtslehre musste sich erstmals aus eigener Betroffenheit (und nicht nur als außenstehender »neutraler« Beobachter) mit dem herrschaftsbegründenden demokratischen Verfassungsstaat beschäftigen.[33] Diese »allgemeine Unsicherheit über Wert und Bedeutung einer demokratischen Verfassungsordnung führte zu einer unbekannten und unwiederholten Blüte der juristischen Staatstheorie«[34] – mit Protagonisten, die bis heute jedem ein Begriff sind, der sich mit Fragen von Staatlichkeit und Verfassungsrecht beschäftigt: »Die kanonisierten Weimarer Texte, die mit Hans Kelsens *All-*

gemeiner Staatslehre (1925) beginnen, auf welche Rudolf Smend (1927), Carl Schmitt (1928)[35] und Hermann Heller (1934) kritisch reagieren, beeindrucken – bei aller notwendigen Kritik und Historisierungsbedürftigkeit – bis heute durch die Selbstverständlichkeit, mit der sie methodenbewusst, interdisziplinär und rechtsvergleichend argumentieren, ohne konkrete Rechtsprobleme aus dem Auge zu verlieren.«[36]

Daraus entwickelte sich der berühmte »Weimarer Methodenstreit«,[37] in dem vor dem Hintergrund konkreter neu aufgeworfener Fragen (Bindung des Gesetzgebers an den Gleichheitssatz; Rechtfertigung der Verfassungsgerichtsbarkeit;[38] Funktion der Grundrechte), fundamentale Grundvorstellungen über das Wesen des demokratischen Verfassungsstaates und die Methoden der Verfassungsinterpretation ausgefochten wurden. Vertreter rechtspositivistischer Ansichten, die, aufbauend auf entsprechenden Entwicklungen in anderen Wissenschaften,[39] das Recht aus sich heraus verstehen und explizit »nicht als Politiker, Ethiker oder Moralisten, Ökonomen oder Soziologen argumentieren«[40] wollten – prominenteste Stimme dieser Gruppe war der Wiener Rechtstheoretiker und Staatsrechtslehrer Hans Kelsen (»Reine Rechtslehre«) –, standen Auffassungen gegenüber, die sich ausdrücklich, wenngleich in unterschiedlicher Form, für die Integration außerrechtlicher Elemente bei der Auslegung und Anwendung des Rechts, gerade auch des Staatsrechts, aussprachen.[41] Sie wollten diese Elemente also offen, anstatt durch »methodische Hintertürchen«[42] integrieren: »Setzten die einen also auf eine strikte Trennung von Sein und Sollen, Recht und Moral, um eine rechtstheoretisch ›reine‹ Bearbeitung der Rechtsnormen zu ermöglichen, setzten die anderen gerade umgekehrt auf ›Werte‹, auf eine den einfachen Verfassungstext übersteigende ›eigentliche Verfassung‹ sowie auf engen Kontakt des Verfassungsrechts mit den Sozialwissenschaften.«[43] Mit gegenseitigen Vorwürfen hielt man sich in diesem »Methodenstreit«[44] nicht zurück:[45] Hermann Heller warf Kelsens Theorie vor, ein »blutleeres Gebilde« zu sein, eine »Rechtswissenschaft ohne Recht«, eine »Staatslehre ohne Staat« und ein »Normlogismus«, der »zwar nicht wertfrei, wohl aber wertlos sei«. Rudolf Smend war kaum weniger zurückhaltend, als er – wieder an Kelsen gerichtet – von einem »bewusst erreichten Nullpunkt« und einer »Sackgasse ohne Zweck und Ziel« sprach. Und tatsächlich bot Kelsens Rechtslehre wohl keine befriedigende Antwort »auf die vielen Orientierungsprobleme der Zeit«[46], auf die mit der Weimarer Verfassung eingetretene (politische) Unsicherheit. Die Heftigkeit der Auseinandersetzung hing aber zweifellos auch mit der Provokation zusammen, als die Hans Kelsens Vorstellungen für die etablierte Rechtswissenschaft erscheinen mussten. Kelsen sprach ihr aufgrund ihrer »Unreinheit« bereits die Wissenschaftlichkeit ab und begründete auch im Übrigen »nichts weniger als eine kopernikanische Wende im rechtswissenschaftlichen Denken«.[47] Gleichwohl, oder gerade deshalb, war diese Auseinandersetzung, diese Suche nach Orientierung auch für die weitere Staats- und Verfassungsrechtslehre bis in die heutige Zeit außerordentlich fruchtbar. Sie sollte mithin als Experimentierphase einer verunsicherten Staatsrechtslehre betrachtet und entsprechend bewertet werden. Einzelnen Akteuren allein deshalb kein Gehör mehr zu schenken, weil sie nach heutigen Maßstäben keine Demokraten waren, überzeugt insofern nicht (zumal das für die meisten gegolten haben dürfte): »Dies wird besonders deutlich an der Rolle Rudolf Smends, der in der Weimarer Republik sicher kein republikfreundlicher Autor gewesen war, dessen korporatistisches Verfassungsverständnis sich aber in der Bundesrepublik pluralistisch umdeuten oder weiterentwickeln ließ.«[48] Neben seiner Integrationslehre im Allgemeinen sollte vor allem seine Vorstellung von der in den Grundrechten zum Ausdruck kommenden Werteordnung die Rechtsprechung des jungen Bundesverfassungsgerichts maßgeblich prägen. So führte dieses im berühmten Lüth-Urteil aus dem Jahre 1958 aus:

> »Ebenso richtig ist aber, dass das Grundgesetz, das keine wertneutrale Ordnung sein will, in seinem Grundrechtsabschnitt auch eine objektive Wertordnung aufgerichtet hat und dass gerade hierin eine prinzipielle Verstärkung der Geltungskraft der Grundrechte zum Ausdruck kommt. Dieses Wertsystem, das seinen Mittelpunkt innerhalb der sozialen Gemeinschaft der sich frei entfaltenden menschlichen Persönlichkeit und ihrer Würde findet, muss als verfassungsrechtliche Grundentscheidung für alle Bereiche des Rechts gelten; Gesetzgebung, Verwaltung und Rechtsprechung empfangen von ihm Impulse. So beeinflusst es selbstverständlich auch das bürgerliche Recht; keine bürgerlich-rechtliche Vorschrift darf im Widerspruch zu ihm stehen, jede muss in seinem Geiste ausgelegt werden.«[49]

Dass die Grundrechte heute in sämtliche Bereiche des staatlichen und gesellschaftlichen Lebens ausstrahlen und damit zu einer Konstitutionalisierung der gesamten Rechtsordnung geführt haben, geht insofern maßgeblich auf diesen Göttinger Rechtsgelehrten zurück, der damit zugleich für die jedenfalls punktuelle Kontinuität der Staatslehre von Weimar zu Bonn und auch Berlin steht.[50] Wir werden darauf im letzten Kapitel zurückkommen.

13. Das NS-Regime

Die letzten Jahre der Weimarer Republik

Innerhalb nur weniger Monate gelang es den Nationalsozialisten, die Weimarer Reichsverfassung faktisch zu beerdigen. Als normative Begrenzung wirkte sie danach nicht mehr. Auch wenn sie formal nie aufgehoben wurde, spielte sie für das Wirken des Hitler-Regimes und die von ihm getroffenen Entscheidungen keine Rolle mehr. Die Terrorherrschaft ruhte auf anderen Prinzipien, die mit denen der Weimarer Verfassung als einer demokratischen Ordnung nichts mehr gemein hatten.

Trotzdem fällt es nicht leicht anzugeben, wann die Weimarer Republik und ihre Verfassungsordnung ihr formales Ende fanden.[1] Bei diesem Untergang handelte es sich um einen schleichenden Prozess, in dessen Verlauf die Republik und mit ihr die Verfassungsordnung Stück für Stück unterlaufen und begraben wurden. Auch wenn die Weimarer Republik von Beginn an mit ihren monarchistischen und antidemokratischen Gegnern zu kämpfen hatte, ginge es jedoch zu weit, diesen Verfallsprozess schon mit ihrer Gründung einsetzen zu lassen. Mit Friedrich Ebert und Walther Rathenau, später auch mit Gustav Stresemann agierten Persönlichkeiten, die die Republik auch zum Erfolg hätten führen können, wenn sie nicht so früh verstorben wären – *Rathenau* fiel im Jahr 1922 einem Attentat zum Opfer, *Ebert* starb drei Jahre später an einer verschleppten Blinddarmentzündung, *Stresemann* im Jahr 1929 an den Folgen eines Schlaganfalls. Die Weimarer Republik war bei ihrer Gründung nicht zum Scheitern verurteilt, ihre Verfassung nicht von vornherein dem Untergang geweiht, was mit dem Wissen über ihre weitere Entwicklung leicht übersehen werden kann. Ohnehin wurden mit dem Achtstundentag, dem Frauenwahlrecht und der Arbeitslosenversicherung bleibende Leistungen von diesem politischen System vollbracht.[2]

Die Wahl Hindenburgs zum Reichspräsidenten im Jahr 1925 – auch diese war nicht zwingend, im ersten Wahlgang war der Generalfeldmarschall a. D. nicht einmal angetreten[3] – markierte einen ersten bedeutenden Einschnitt für die Entwicklung der jungen Republik. Hindenburg war Repräsentant des alten Systems, stand für den (vermeintlichen) Glanz der Monarchie, hatte dem Deutschen Reich bei der Schlacht bei Tannenberg im Ersten Weltkrieg schon einmal nationalen Ruhm beschert und gab mit seinem militärischen Auftreten ein völlig anderes Bild ab als der deutlich jüngere Zivilist Ebert. Hinzu kam: Es war Hindenburg, der im Jahr 1919 die Dolchstoßlegende wider besseres Wissen öffentlich verbreitet und damit hoffähig gemacht hatte. Auf dieser erwiesenermaßen unzutreffenden Darstellung – auf die sich auch Hitler immer wieder berief – beruhte auch das berüchtigte Magdeburger Urteil, das Friedrich Ebert wenige Monate vor seinem Tod bescheinigte, in den revolutionären Unruhen des Jahres 1918 zumindest »im strafrechtlichen Sinne« Landesverrat begangen zu haben. Jedermann durfte den amtierenden Reichspräsidenten fortan entsprechend betiteln.

All das zusammengenommen aber hieß: »Für Demokraten hätte Paul von Beneckendorff und von Hindenburg 1925 keine Alternative zu Wilhelm Marx[4] sein dürfen!«[5] Dennoch wurde er von mehr als 14 Millionen Deutschen gewählt, vielleicht auch weil sie in ihm den »Mythos vom schlafenden Kaiser« erkannten, »der als Retter aus schwerer Not dereinst vom Kyffhäuser hinabsteigen werde«.[6] Was auch immer sie sich von einem solchen Ersatzkaiser erhofft haben mögen.

Die Wahl dieses »fleischgewordenen Kriegsdenkmals«[7] war jedenfalls eine Voraussetzung für den Verfall der Republik – Udo Di Fabio spricht von der »entscheidenden Weichenstellung«[8] –, dessen eigentlichen Beginn aber die Präsidialkabinette ab dem Jahr 1930 markieren. Hermann Müller war von 1928 bis 1930 der letzte Reichskanzler, der sich noch auf eine parlamentarische Mehrheit stützen konnte, wie es die Verfassung als Regelfall vorsah. Die drei letzten Kanzler der Republik – Heinrich Brüning, Franz von Papen und Kurt von Schleicher – standen hingegen Präsidialkabinetten vor. Sie hingen von Hindenburg und seinen monarchistischen Beratern (nicht zuletzt seinem Sohn Oskar von Hindenburg) ab und regierten durch auf Art. 48 WRV gestützte präsidiale Notverordnungen unter Umgehung des Parlaments. Der Kreis um Hindenburg hielt die Fäden dabei in der Hand, wie die Umstände um die Entlassung Brünings im Jahr 1932 belegen. Der alte Reichspräsident war »nicht nur ein Getriebener, der sich väterlich tapsig durch eine Zeit elementarer Probleme und entfesselter Leidenschaften bewegte«[9] – eine passive Rolle, die ihm später in Verklärung historischer Realitäten bisweilen zugewiesen wurde. Das Ziel des Kreises um Hindenburg, bei dem Kurt von Schleicher eine zentrale Rolle spielte, war die Überwindung der Verfassung mit Hilfe der Verfassung. Es ging ihnen um die Restauration der Monarchie oder wenigstens um die Errichtung eines entparlamentarisierten Systems.[10] Die Zukunft einer Verfassung ist düster, wenn selbst das Staatsoberhaupt sie nur als Mittel zum Zweck ansieht.

Das Jahr 1932 war denn auch das zentrale Krisen- und Verfallsjahr der Weimarer Republik. Es begann mit der Wiederwahl Hindenburgs im April. Tragischerweise sprach sich diesmal auch die Sozialdemokratie für ihn aus, weil er der einzige Kandidat zu sein schien, der einen Reichspräsidenten Adolf Hitler würde verhindern können. Horst Möller hielt dazu fest: »Wenn ein Präsident wie er [Hindenburg; Anm. A.T.] zur Hoffnung wurde, wie 1932, dann stand es schlecht, ja fast hoffnungslos um die Republik.« Zwar wurden SA und SS von Reichskanzler Brüning ebenfalls im April 1932 verboten. Das SA-Verbot hob Hindenburg aber schon zwei Monate später wieder auf, nachdem er zuvor erneut den Reichstag aufgelöst hatte. Am 20. Juli 1932 folgte mit dem »Preußenschlag« eine erhebliche Schwächung der föderalen Ordnung, die letzte Weimarer Koalitionsregierung in Preußen wurde durch die Reichsregierung abgesetzt. Formal wurde der preußischen Regierung unter Führung des sozialdemokratischen Ministerpräsidenten Otto Braun vorgeworfen, gegen revolutionäre, »linke« Unruhen nicht mit der notwendigen Härte vorgegangen zu sein. Weil Preußen seinen Pflichten nicht nachgekommen sei, übernahm Franz von Papen als Reichskommissar die preußische Regierung; durch eine weitere Verordnung wurden die Grundrechte massiv eingeschränkt. Vor allem aber hatte die Reichsregierung nun den Zugriff auf die größte Polizeimacht des Landes. Die preußische Regierung wehrte sich juristisch, das bereits im Oktober 1932 ergangene Urteil des Staatsgerichtshofs war aus verfassungsrechtlicher Sicht jedoch eine Enttäuschung. Zwar konnte die Reichsregierung ihr Vorgehen danach nicht auf Art. 48 Abs. 1 WRV stützen, insoweit bekam die Regierung Braun also Recht. Die Reichsexekution war nach Ansicht des Staatsgerichtshofs aber durch Art. 48 Abs. 2 WRV zur Wiederherstellung der Sicherheit und Ordnung und zur Verhinderung bürgerkriegsähnlicher Zustände gerechtfertigt. Allein die Vertretungsrechte im Reichsrat hätten der Landesregierung nicht entzogen werden dürfen:

> »Die Verordnung des Reichspräsidenten vom 20. Juli 1932 zur Wiederherstellung der öffentlichen Sicherheit und Ordnung im Gebiet des Landes Preußen ist mit der Reichsverfassung vereinbar, soweit sie den Reichskanzler zum Reichskommissar für das Land Preußen bestellt und ihn ermächtigt, preußischen Ministern vorübergehend Amtsbefugnisse zu entziehen und diese Befugnisse selbst zu übernehmen oder anderen Personen als Kommissaren des Reiches zu übertragen. Diese Ermächtigung durfte sich aber nicht darauf erstrecken, dem preußischen Staatsministerium und seinen Mitgliedern die Vertretung des Landes Preußen im Reichstag, im Reichsrat oder gegenüber anderen Ländern zu entziehen. Soweit den Anträgen hiernach nicht entsprochen wird, werden sie zurückgewiesen.«

Damit bestand die von Arnold Brecht vor dem Staatsgerichtshof vertretene preußische Regierung zwar formal weiter, die eigentliche Macht lag aber bei der von der Reichsregierung eingesetzten Kommissarsregierung unter Franz Bracht: »Brecht hat das Recht, Bracht hat die Macht«, hieß es alsbald auf den preußischen Straßen. Inwieweit die von Art. 48 Abs. 2 WRV geforderte Störung der öffentlichen Ordnung zum Zeitpunkt des Verordnungserlasses eigentlich vorlag, prüfte der Staatsgerichtshof dabei nicht; er folgte insoweit ohne weiteres dem Vortrag der Reichsregierung. In Wahrheit war die Regierung Braun keineswegs untätig geblieben, hatte die Lage vielmehr unter Kontrolle. Bürgerkriegsähnliche Zustände waren nicht gegeben und drohten auch nicht. Warum gerade die Übernahme der Regierungsgeschäfte durch die Reichsregierung daran etwas geändert hätte, blieb rätselhaft – es wäre die Aufgabe der Reichsregierung gewesen, die Landesregierung in ihren Bemühungen zu unterstützen. Der Sache nach legalisierte der Staatsgerichtshof damit nichts weniger als einen Staatsstreich der Reichsregierung, die das gewaltenteilende föderale Gefüge der Verfassung erschütterte – wo sollten fortan noch Grenzen des Notverordnungsrechts liegen? Den Nationalsozialisten war diese Situation bei ihrer Machtfestigung später sehr behilflich.

Im September 1932 sprach das Parlament der Regierung von Papen auch angesichts dieser Vorgänge das Misstrauen aus. Hindenburg reagierte wie gewohnt: Er löste den Reichstag auf, Papen blieb noch bis zu seinem Rücktritt im November 1932 im Amt. Mit einem funktionsfähigen parlamentarischen System hatte das nur noch wenig zu tun. Es folgte Kurt von Schleicher, der jedoch schon am 28. Januar 1933 zurücktrat, aber auf Bitten des Reichspräsidenten noch kommissarisch im Amt blieb. Am 30. Januar 1933 ernannte Hindenburg, trotz möglicher Alternativen, Adolf Hitler zum Reichskanzler.

Die Machtübernahme und die Folgen

Mit seiner Absicht, verfassungsrechtliche Grenzen zu sprengen und sich den Staat anzueignen, knüpfte Hitler insofern an Prozesse an, die schon zuvor eingesetzt hatten. Zu Beginn hielt er sich jedoch zurück und war bemüht, seinem Verhalten wenigstens so lange einen legalen Anstrich zu verleihen, bis er die Macht endgültig und umfassend in Händen hielt. Das sollte allerdings nicht allzu lange dauern.

Schon im Jahr 1930 hatte Hitler im Rahmen eines gegen andere Nationalsozialisten geführten Verfahrens wegen Hochverrats seinen berüchtigten »Legalitätseid« abgegeben und vorgetragen, dass er seine Ziele nur noch auf streng legalem Wege verfolgen wolle. Zwar spreche er bisweilen von »Revolution«, dabei meine er aber nicht den gewaltsamen Umsturz, sondern die »geistige Revolutionierung Deutschlands«. Rückblickend mag es überraschen:

Aber diese Beteuerungen Hitlers zeigten Wirkung und machten ihn im konservativ-reaktionären Lager hoffähig. Heinrich Triepel, ein Staatsrechtslehrer, der zum neuen Regime Distanz wahrte, indem er sich auf unverfängliche, unpolitische Themen konzentrierte, prägte für dieses Vorgehen im Jahr der Machtübernahme den paradoxen Begriff der »legalen Revolution«.

Auch nach seiner Ernennung zum Reichskanzler wahrte Adolf Hitler anfangs den Schein der Gesetzestreue und Zurückhaltung. Auch die Besetzung der ersten Reichsregierung stützte diesen Eindruck: Hitler stand einem Präsidialkabinett vor, dem neben ihm nur zwei weitere Nationalsozialisten angehörten: Frick als Innenminister und Göring als Minister ohne Geschäftsbereich. Allerdings war Göring zugleich preußischer Innenminister und hatte damit Zugriff auf die größte Polizeimacht des Landes – eine Folge des »Preußenschlags«. Im März 1933 folgte mit Goebbels als Propagandaminister ein dritter nationalsozialistischer Reichsminister, der seiner Aufgabe der geistigen Einwirkung auf die Nation noch in den letzten Wochen des Zweiten Weltkrieges mit kaum zu bremsendem Eifer nachkommen sollte.

Von anderen zentralen Akteuren wurde diese personelle Zusammensetzung fälschlicherweise als Ausdruck realer Machtverhältnisse bewertet. Zweifelhafte Berühmtheit hat die Aussage des vormaligen Reichskanzlers Franz von Papen erlangt: »In zwei Monaten haben wir Hitler in die Ecke gedrückt, dass er quietscht. Wir haben ihn uns engagiert.« Papen, der nun als Vizekanzler amtierte, wähnte sich als der mächtige Mann im Kabinett, das auch sonst personelle Kontinuitäten zu früheren Reichsregierungen aufwies. Hitler, so die Vorstellung, war ein Mann des Übergangs, nominell an der Spitze, in Wahrheit aber nicht mehr als die Marionette der bisherigen Kräfte einschließlich des Kreises um den vermeintlich greisen Reichspräsidenten (wie das schon bei Brüning der Fall gewesen war).[11] Diese Einschätzung sollte sich als einer der folgenschwersten Irrtümer der Menschheitsgeschichte entpuppen.

Schon unmittelbar nach seiner Ernennung löste Hitler gegen den Widerstand anderer Kabinettsmittglieder den Reichstag auf. Mit seiner Rücksichtnahme auf politische und sonstige Gegner war es nun schnell vorbei, es ging jetzt Schlag auf Schlag. Innerhalb nur eines Jahres wurde die bisherige politische Ordnung (bzw. was noch von ihr übrig war) hinweggefegt und durch die nationalsozialistische Terrorherrschaft ersetzt. Die meisten der unmittelbaren politischen Gegner sollten ihren Widerstand mit dem Leben bezahlen. Das war allerdings nur der Beginn eines historisch unvergleichlichen staatlichen Mordens, das mit Hitlers Ernennung zum Reichskanzler seinen Anfang nahm.

Bereits am 4. Februar 1933 erging die »Verordnung zum Schutze des Deutschen Volkes«, mit der das Versammlungsrecht und die Meinungsfreiheit massiv eingeschränkt wurden.[12] Sie stellte in der Folge vor allem ein Instrument dar, um gegen »Feinde des Volkes« vorzugehen. Dass Göring zugleich preußischer Innenminister war, machte das noch leichter. Die preußische Polizeimacht stand unter seiner Führung, am 22. Februar wurden 50.000 SA-Männer zu Hilfspolizisten ernannt: »Jetzt schlug der Preußenschlag seine Architekten.«[13]

Der Reichstagsbrand am 27. Februar 1933, dessen Hintergründe weiterhin nicht vollständig aufgeklärt sind, führte zu weiteren drastischen Maßnahmen gegen die Opposition und vor allem die Kommunisten. Grundrechte wurden ausgesetzt, ein Zustand, der bis zum Jahr 1945 formal bestehen blieb. Die entsprechende Verordnung wurde vornehmlich genutzt, um den Wahlkampf der anderen Parteien zu unterbinden. Dass juristische Grenzen keine Rolle mehr spielten, macht eine öffentliche (!) Aussage Hermann Görings vom 5. März 1933 deutlich: »Meine Maßnahmen werden nicht angekränkelt sein durch irgendeine Bürokratie. Hier habe ich keine Gerechtigkeit zu üben, hier habe ich nur zu vernichten und auszurotten, sonst nichts.« Allein bis Ende 1933 wurden etwa 100.000 Oppositionelle inhaftiert.

Einen vorläufigen Höhepunkt der »legalen Revolution« markierte das Ermächtigungsgesetz vom 24. März 1933, durch das der Reichstag die Gesetzgebungsbefugnisse auch formal weitgehend auf die Reichsregierung übertrug. Angesichts der etablierten Praxis, durch Notverordnungen zu regieren, war dies zwar für den Alltag der Deutschen kaum der Rede wert. Verfassungsrechtlich war damit aber die fundamentale Idee der Gewaltenteilung endgültig ausgehebelt. Von einer modernen Verfassungsordnung wird man ab diesem Zeitpunkt nicht mehr sprechen können. Heute stehen Art. 20 Abs. 2 S. 2 GG und Art. 79 Abs. 3 GG dem Erlass eines entsprechenden Gesetzes entgegen; sie erlauben auch eine entsprechende Änderung der Verfassung nicht. Allein: Dass auch die grundgesetzlichen Schranken keine Hürde darstellen, wenn der Wille zu ihrer Verteidigung bei den politischen Entscheidungsträgern und der Gesellschaft nicht vorhanden ist, habe ich ebenso erwähnt wie den Umstand, dass auch die Abstimmung im Reichstag aus der Perspektive der Weimarer Verfassung nicht rechtmäßig war. Von einer »legalen« Revolution zu sprechen ist also nicht nur eine Verniedlichung der schrecklichen Vorgänge, es ist verfassungsrechtlich schlicht falsch.

Inhaltlich erlaubte das Gesetz der Reichsregierung den Erlass von förmlichen Gesetzen. Diese »Gesetze« durften auch von der Verfassung abweichen, sofern nicht die Einrichtungen des Reichstags und des Reichsrats als solche berührt waren. Diese formalen Einschränkungen spielten aber bald keine Rolle mehr. Das Gesetz wurde noch zweimal verlängert, ab dem Jahr 1943 galt es per Führererlass auf unbegrenzte Zeit – der Schein der Legalität wurde aufrechterhalten, um der autoritären Herrschaftspraxis weiterhin »die Dignität des Rechts zu verleihen«.[14]

Es folgten die Gleichschaltung der Gesellschaft und ihrer Teilbereiche – sichtbar in der Abschaffung der Gewerkschaften und der Gründung der Deutschen Arbeitsfront im Mai 1933 sowie umfangreichen Bücherverbrennungen. Heinrich Heine sollte recht behalten: »Dort, wo man Bücher verbrennt, verbrennt man auch am Ende Menschen«.[15] Ebenfalls im Mai 1933 wurden unliebsame Parteien verboten, schon im Juli wurden die Mandate der SPD für unwirksam erklärt. Liberale und konservative Parteien wurden zwar nicht verboten, lösten sich aber aus freien Stücken auf (bei der Auflösung des katholischen Zentrums kam es zu einer zweifelhaften Mitwirkung der katholischen Kirche). Im Juli 1933 wurde schließlich auch gesetzlich festgehalten: »In Deutschland besteht als einzige politische Partei die Nationalsozialistische Deutsche Arbeiterpartei.« Man bedenke: Seit der Machtübernahme waren erst fünf Monate vergangen.

Die föderale Gliederung des Reiches war Hitler zwangsläufig ein Dorn im Auge, da seine bzw. die Macht der Reichsregierung mit ihr eingeschränkt wurden. Er machte sich daher schnell an die Auflösung der Länder. Es begann mit Preußen im Februar 1933, wo, gestützt auf Art. 48 Abs. 2 WRV und aufgrund einer vermeintlich von dort ausgehenden Staatswohlgefährdung, erneut ein Reichskommissar eingesetzt und der Landtag aufgelöst wurde. Dieses Vorgehen wiederholte sich bis zum 9. März in allen Ländern, im Januar 1934 erfolgte im »Gesetz über den Neuaufbau des Reichs« die formale Übertragung der Länderkompetenzen auf das Reich und die Abschaffung der Länder. Die Zentralisierung war abgeschlossen. Wenn während der Corona-Pandemie die unterschiedlichen Regelungen und der bundesstaatliche »Flickenteppich« moniert und damit auch die bestehende Gliederung der Bundesrepublik in Länder kritisiert wurden, überrascht diese Sehnsucht nach Einheitlichkeit vor diesem historischen Hintergrund umso mehr. Dass ein Bundesstaat auch ein Bollwerk gegen autoritäre Tendenzen sein kann, gerät dabei ebenso in Vergessenheit wie der Umstand, dass dieser »uneinheitliche« Bundesstaat die Corona-Pandemie weltweit wohl mit am erfolgreichsten bekämpft hat.

Zurück zum Jahr 1934: Von der Weimarer Verfassung war nicht mehr viel zu erkennen. Der Eindruck eines eher technischen und durch rechtliche Modifizierungen und Anpassungen herbeigeführten Macht- und Systemwechsels wäre freilich verfehlt. Schon in diesen ersten Monaten ging der Übergang mit grausamer Gewalt und zahlreichen Morden einher. Zu erwähnen sind insbesondere die Maßnahmen anlässlich des vermeintlichen Röhm-Putsches, mit dem Hitler sich der ihm in seinen Augen gefährlich werdenden SA entledigte. Unter dem Vorwand eines angeblich geplanten Aufstandes zogen zwischen dem 30. Juni und 2. Juli 1934 mordende Banden in Hitlers Auftrag durch die Städte und exekutierten nicht nur SA-Führer Röhm, sondern zahlreiche weitere SA-Figuren und politische Gegner. Auch Hitlers Vorgänger Kurt von Schleicher wurde (gemeinsam mit seiner Frau) ermordet. Der Begriff »legale Revolution« wirkt auch vor diesem Hintergrund verfehlt.

Formal wurden diese Taten später indes tatsächlich legalisiert und als »Staatsnotwehr« eingeordnet – allerdings nicht durch ein Gericht, sondern im »Gesetz über Maßnahmen der Staatsnotwehr«, das bereits am 3. Juli 1934 erging. Darin hieß es, dass die zur Niederschlagung hoch- und landesverräterischer Angriffe vollzogenen Maßnahmen als Staatsnotwehr rechtens sind. So einfach kann es sein.

Den Abschluss der Machtübernahme markierte der Tod Hindenburgs am 2. August 1934. Mit seinem Ableben trat das am Vortag verabschiedete »Gesetz über das Staatsoberhaupt des Deutschen Reiches« in Kraft, mit dem das Amt des Reichskanzlers und des Reichspräsidenten im Führer Adolf Hitler vereinigt wurden.

Dieser hielt jetzt die gesamte Macht in seiner Hand, die nationalsozialistische Terrorherrschaft war nicht mehr aufzuhalten. Die Weimarer Verfassung war endgültig zerstört.[16]

Das NS-Regime in der deutschen Staatsrechtslehre

Wie hat sich die Staatsrechtslehre zu all dem verhalten? Hat sie (wissenschaftlichen) Widerstand geleistet? Kam es zu einem Aufschrei, ähnlich dem der Göttinger Sieben im Jahr 1837, der ebenfalls durch die Auflösung der bestehenden Verfassungsordnung ausgelöst worden war? Die Antwort fällt ernüchternd aus. Wie kaum anders zu erwarten, waren auch die Staatsrechtslehrer damals nicht umfassend demokratisch. Der bedeutende jüdische Staatsrechtslehrer Hans Kelsen stellte schon im Jahr 1932 in seiner Schrift *Verteidigung der Demokratie* fest, »dass es sich in den Kreisen der Staatsrechtslehre heute beinahe von selbst versteht, von Demokratie nur mit verächtlichen Worten zu sprechen, gilt als modern, die Diktatur – direkt oder indirekt – als das Morgenrot einer neuen Zeit zu begrüßen«.[17]

Große Teile der deutschen Staatsrechtslehre hatten also von Anfang an Vorbehalte unterschiedlichster Art gegen die erste deutsche Demokratie und damit kein gesteigertes Bedürfnis, sich für diese politische Ordnung einzusetzen und ihre Abschaffung anzuprangern. Mit dieser Feststellung wird man der Staatsrechtslehre aber nicht pauschal eine nationalsozialistische Gesinnung unterstellen können. Ablehnung der Weimarer Verfassung und Unterstützung des Nationalsozialismus waren nicht dasselbe. Der Wechsel von der Monarchie zur demokratischen Republik hatte begründete staatstheoretische Unsicherheit aufkommen lassen, die sich unter anderem im Weimarer Methodenstreit spiegelte. Die meisten deutschen Staatsrechtslehrer waren insofern konservativ, manche auch monarchistisch. Aber sie pauschal zu Anhängern des Nationalsozialismus zu erklären, greift zu kurz. Hier wird man differenzieren müssen.[18]

Nach der Machtübernahme der Nationalsozialisten wurde einer ersten Gruppe von Staatsrechtslehrern die Entscheidung für oder gegen das neue Regime unmittelbar abgenommen: Sie wurden aus politischen Gründen oder ihrer jüdischen Herkunft wegen entlassen, emigrierten oder mussten fliehen. Im Jahr 1935 traf diese Entlassungswelle auch Gerhard Leibholz, der nach dem Krieg das Institut für Allgemeine Staatslehre und Politische Wissenschaften in Göttingen gründen und als späterer Richter am Bundesverfassungsgericht dessen Rechtsprechung zum Parteienrecht maßgeblich prägen sollte. Weitere Betroffene waren so bedeutende Persönlichkeiten und Juristen wie Hermann Heller, Hans Kelsen oder Walter Jellinek. Eine andere Gruppe Staatsrechtslehrer konnte zwar auch nach der Machtübernahme weiterwirken, wollte dem neuen Regime aber nicht unmittelbar dienen. Die entsprechenden Personen distanzierten sich meist indirekt, indem sie sich auf weniger politische Themen verlegten. Das betraf etwa Rudolf Smend oder Gerhard Anschütz, den Kommentator der Weimarer Reichsverfassung. Auch Heinrich Triepel gehörte zu dieser Gruppe.

Schließlich gab es aber eine dritte Gruppe, die sich teilweise nachgerade euphorisch zum neuen System bekannte und für dieses die staatstheoretischen Grundlagen legte (oder zu legen versuchte). An der Spitze dieser Gruppe stand gewiss Carl Schmitt, eine schillernde Figur, an der sich die Staatsrechtslehre (und daneben insbesondere auch die politische Theorie) bis heute und immer wieder abarbeitet.[19] Schmitt hatte die Weimarer Reichsregierung bereits im Prozess um den »Preußenschlag« vertreten[20] und avancierte in den ersten Jahren nach der Machtergreifung nachgerade zum »Hofjuristen« der Nationalsozialisten, bis er seinerseits in Ungnade fiel.[21] Aber auch Ernst Forsthoff, auf den das wirkmächtige Konzept der Daseinsvorsorge zurückgeht, stellte sich anfangs hinter das Regime. Von den jüngeren Staatsrechtslehrern sind Ernst Rudolf Huber, aber ebenso Theodor Maunz zu nennen. Beide spielten in der Nachkriegsgeschichte eine prominente Rolle: Huber verfasste ein mehrbändiges Werk zur Verfassungsgeschichte, Maunz wirkte an einem bis heute einflussreichen Grundrechtskommentar als Herausgeber mit. Der Kommentar trägt bis heute seinen Namen.

Einig war sich die nationalsozialistische Staatsrechtslehre in der Ablehnung des Bisherigen, des demokratischen Systems, der Weimarer Republik und seiner Verfassung. Horst Dreier spricht von einem vorherrschenden »Negativkonsens«.[22] Man war *anti*liberal, *anti*parlamentarisch, *anti*föderal und natürlich und besonders folgenreich und grauenvoll: *anti*semitisch. Letzteres war in der deutschen Staatsrechtslehre zuvor allenfalls ein Randphänomen gewesen. Jüdische Autoren sollten aber fortan, wenn man sie überhaupt zitierte, als jüdisch markiert werden. Das damit verfolgte Ziel war ein, in den Worten Carl Schmitts, »heilsamer Exorzismus«. Wenn man sich des Juden erwehre »kämpfe man für das Werk des Herrn«. Mit Wissenschaft hatte das nichts mehr zu tun. Dieser unverbindliche Vorschlag wurde zwar nicht flächendeckend umgesetzt, er wurde, wie Horst Dreier festhält, aber auch nicht völlig ignoriert.[23]

Mit dieser »Antihaltung« ließ sich die NS-Ordnung, die »Verfassung der NS-Zeit«, theoretisch nicht fassen. Der Sache nach fiel das »Dritte Reich« in die Zeit zurück, in der die Verfassung keine normative Grundnorm, sondern den faktischen Zustand eines Gemeinwesens bezeichnete. Das Hitler-Regime *war* also in einer Verfassung, *hatte* aber keine mehr. Ernst Forsthoff stellte bereits im Jahr 1935 fest, dass die Errichtung des Führerstaates die Verfassungsfrage erledigt habe.[24] Mit anderen Worten: Indem

Hitler umfassend und in all seiner Unstetheit, ohne jede für ihn gültige normative Begrenzung oder institutionelle Verlässlichkeit den Staat an sich gerissen hatte, hatte die Staatsrechtslehre nichts weniger als ihren Gegenstand verloren: den (konstituierten) Staat.

Hitler als oberster Repräsentant dieses »Staates« verlor sich in blindem und bisweilen konfusem Aktionismus, der von seinen Launen und anderen Zufälligkeiten abhing. Das Informelle dominierte, wie das auch für heutige autoritäre Regime typisch ist: »Informalismus heißt, autoritäre Regime operieren im Schatten der Verfassung, an Formen und Verfahren nicht gebunden, zwischen Gesetzesherrschaft und Willkür, immer auf Tuchfühlung mit dem Ausnahmezustand.«[25] Eine systematische Staats- und Verfassungslehre war so nicht zu machen, die Ordnungsstaatlichkeit, so drückte es später Sebastian Haffner aus, war zerstört worden.[26]

Dennoch gab es Versuche, eine gewisse Ordnung in das staatsrechtliche Chaos zu bringen und normative Leitprinzipien zu entwickeln, an denen man sich orientieren konnte. Diese Prinzipien waren aber nicht normativ fundiert und – soweit sie es im Einzelfall doch waren – vom Willen des »Führers« abhängig; sie konnten jederzeit verändert, abgeschafft oder ersetzt werden. Mit Horst Dreier wird man drei solcher »positiven« Prinzipien nennen können.[27]

Erstens: Das Konzept der Volksgemeinschaft oder auch der völkische Staat. Der Begriff der Volksgemeinschaft mutet harmlos an – was ist eine demokratische Ordnung anderes als die Gemeinschaft eines Volkes? Auch sie ruht auf einem Zusammengehörigkeitsnarrativ.[28] In Art. 20 Abs. 2 S. 1 GG heißt es noch heute: »Alle Staatsgewalt geht vom Volke aus.« Die Zugehörigkeit zum Volk wird im modernen Staat mit dem rechtlichen Status der Staatsangehörigkeit formalisiert, aber nicht als Notwendigkeit überwunden.[29] In der NS-Ideologie aber war die Volksgemeinschaft etwas anderes, und die formale Staatsangehörigkeit spielte dafür keine maßgebliche Rolle: Die Staatsangehörigkeit begründete für sich noch nicht die Mitgliedschaft in der relevanten Volksgemeinschaft, die vielmehr »rassisch« definiert und folglich Blutsgemeinschaft war. Es gab daher zugleich »Rassedeutsche« ohne formale deutsche Staatsangehörigkeit. Schon das führte zu einem Bedeutungsverlust des ordnenden Staates, hatte aber vor allem zwei Konsequenzen: Erstens wurden Grundrechte obsolet, denn der Einzelne ging ganz in der Volksgemeinschaft auf. Wozu bedurfte es eines Schutzraumes des Einzelnen vor »seiner« Volksgemeinschaft? Eine Argumentation, die später auch in der DDR und anderen sozialistischen bzw. autoritären Staaten wiederkehren sollte.[30] Carl Schmitt formulierte seine Ablehnung der Grundrechte deutlich: Diese »fesseln den Staat an Händen und Füßen, für sie ist nun kein Platz mehr«.[31] Die schlimmere Konsequenz aber war zweitens die Ausgrenzung alles »Volksfremden«, derjenigen Personen also, die nicht zur Volksgemeinschaft gehörten und niemals würden gehören können. Dazu zählten an erster Stelle die Juden – als »Rasse«, nicht als Religionsgemeinschaft und unabhängig von ihrer Staatsangehörigkeit. Ulrich Scheuner – ein Staatsrechtler, der sich mit dem Regime mehr als arrangierte – hielt fest, dass die völkische Grundlage des Reiches »notwendig die Absonderung der artfremden Elemente, insbesondere der Juden, aus dem deutschen Volkskörper«[32] erfordere. Im Verhältnis zu diesen Artfremden konnte es keine Gleichheit geben. Normative Differenzierungen zwischen diesen Gruppen waren nicht rechtfertigungsbedürftig, denn die Herstellung und Wahrung von Rassereinheit bildete, so Ernst Rudolf Huber, »das Grundgesetz der neuen völkischen Ordnung«.[33] Allgemeiner hält Günter Frankenberg fest: »Ethnische und politische ›Säuberungen‹, Deportationen, Massenmord exekutieren das Projekt der Gesellschaftshygiene, um Eindeutigkeit herzustellen und Ambivalenz auszulöschen.«[34] Auch das Strafrecht wurde vornehmlich zur Bewahrung der »homogenen Ordnung« instrumentalisiert.[35] Bei der Definition des Artfremden und seiner Isolation wirkte die deutsche Staatsrechtslehre eifrig mit – man denke an die Beteiligung bei der Formulierung und Kommentierung der Nürnberger Rassengesetze aus dem Jahre 1935 (Carl Schmitt bezeichnete diese ungeheuerlicherweise als »Verfassung der Freiheit«).[36] Zu den folgenden Stufen der Entmenschlichung, nämlich der Konzentration und schließlichen Deportation und Ermordung hingegen schwieg sie praktisch gänzlich.[37]

Zweitens: Der Bewegungsstaat. Die NSDAP wurde später zwar als öffentliche Körperschaft organisiert, sie war dem Staat aber nicht unter-, sondern gleich- oder nebengeordnet. Der Status der Partei als Bewegung blieb ständig im Fluss, ihre Entscheidungsorgane standen neben den staatlichen, Zuständigkeiten blieben diffus und waren einmal beim Staat, einmal beim Parteiorgan, einmal bei beiden angesiedelt, was eine unablässige Konkurrenzsituation und Koordinierungsnotwendigkeit nach sich zog (erneut ein dualistisches Arrangement, das sich in kommunistischen Regimen wie Nordkorea und China wiederfindet, zuvor aber auch in der DDR existierte). Carl Schmitt konnte diese Situation auch nur beschreiben, als er festhielt, dass Staat, Bewegung und Volk »unterschieden, aber nicht getrennt, verbunden, aber nicht verschmolzen«[38] seien. Für die Lösung konkreter Zuständigkeitsfragen – als einer, wenn nicht *der* zentralen Kategorie des öffentlichen Rechts – war das nicht weiterführend. Teilweise wurden die Probleme durch Personalunionen gemindert, doch war eine umfassende Lösung gar nicht angestrebt, die Komplexität wurde durch unmittelbar von Hitler eingerichtete Sonderbehörden und Institutionen sogar gesteigert.[39] Eine verbindliche Entscheidung konnte in den Konkurrenzkämpfen nur Hitler persönlich treffen: Auf seine Person liefen die Konflikte zu und solange er Entscheidungen traf, konnte das funktionieren. Im Laufe der Zeit aber folgte mit Horst Dreier »aus dem Nebeneinander von Staat und Partei ein Gegeneinander und schließlich ein allgemeines Durcheinander«.[40] Dass sich Hitler in der Endphase des Krieges halten konnte, lag an diesem »System«: »[N]icht trotz, sondern wegen der Rivalitäten blieb er bis zum Ende die ganz unbestrittene Letztentscheidungsinstanz.«[41] Ohne eine einzelne Person an der Spitze konnte es nicht bestehen. Das führt zum dritten Prinzip.

Drittens: Das Führerprinzip. Der Führer wurde in der nationalsozialistischen Staatsrechtslehre nicht nur als oberster Befehlsgeber angesehen, zwischen ihm und dem Volk bestand eine nachgerade symbiotische Einheit, in der der Führer den Willen des Volkes durch sein Handeln und Agieren unmittelbar zum Ausdruck brachte. Der Führer war direkter Vollstrecker des höheren Volkswillens – er *war* der Volkswille. Ernst Rudolf Huber formulierte es so: »Der Führer ist kein Organ des Staates im Sinne eines bloß ausführenden Handlungsträgers. Er ist vielmehr selbst der Träger des völkischen Gemeinwillens; in seinem Willen tritt der Volkswille in Erscheinung.«[42]

Die antipluralistische Haltung des Regimes wird hier deutlich, denn die Existenz eines einheitlichen Volkswillens setzt eine homogene und in jedem Aspekt übereinstimmende Nation voraus. »Die Imagination einer Gesellschaft, die mit sich buchstäblich im Reinen, weil von Interessengegensätzen und von ›Fremdvölkischen‹ gesäubert ist, kommt in offiziellen Verlautbarungen faschistischer Regime besonders drastisch zur Sprache.«[43] Jede Ausprägung des Individualismus, der Abweichung, des Nonkonformismus wurde abgelehnt und musste beseitigt werden. Das bedeutete zugleich: Eine Repräsentation des Volkes außerhalb dieser Ein-Mann-Repräsentation war prekär, weil sie den »reinen Volkswillen« durch Debatten nur verfälschen konnte. Das Parlament als »Quasselbude«, in dem Parteien ihre Ideen, Meinungen und Vorstellungen präsentieren und um Kompromisse ringen, war den regimetreuen Staatsrechtslehrern daher nicht nur suspekt, es war strenggenommen systemfremd. Maßgeblich waren die Person und der Wille des Führers. Da dieser den Willen des Volkes umsetzte, brauchte es weder Gewaltenteilung noch irgendeine andere Form der Begrenzung der Führergewalt. Selbst dort, wo sich das Volk gegen ihn wandte, eine Maßnahme in einer Abstimmung ablehnte, konnte sie dennoch durchgeführt werden, sofern der Führer das wünschte. Ernst Rudolf Huber hat das im Jahr 1937 folgendermaßen formuliert:

> »Der Führer vereinigt in sich alle hoheitliche Gewalt des Reiches; alle öffentliche Gewalt im Staat wie in der Bewegung leitet sich von der Führergewalt ab. Nicht von Staatsgewalt, sondern von Führergewalt müssen wir sprechen, wenn wir die politische Gewalt im völkischen Reich richtig bezeichnen wollen. Denn nicht der Staat als eine unpersönliche Einheit ist Träger der völkischen Gewalt, sondern diese ist dem Führer als Vollstrecker des völkischen Gemeinwillens gegeben. Die Führergewalt ist umfassend und total; sie vereinigt in sich alle Mittel der politischen Gestaltung; sie erstreckt sich auf alle Sachgebiete des völkischen Lebens. Die Führergewalt ist nicht durch Sicherungen und Kontrollen, durch autonome Schutzbereiche und wohlerworbene Einzelrechte gehemmt, sondern sie ist frei und unabhängig, ausschließlich und unbeschränkt.«[44]

Welch einen verfassungsgeschichtlichen Rückfall diese Zeilen eines einflussreichen Staatsrechtlehrers offenbaren: Gewaltenteilung, Grundrechte, Rechtsstaatlichkeit, Einhegung der Staatsgewalt – all die Errungenschaften der vorherigen 200 Jahre Verfassungsgeschichte – wurden mit einem Federstrich weggewischt. Stattdessen propagierte, ja pries Huber die Rückkehr in den Absolutismus. Es war allerdings ein Absolutismus, der seinen Terror mit den modernen Waffen und Kriegsgeräten des 20. Jahrhunderts nicht nur in Deutschland, sondern in der Welt verbreiten konnte – und das alsbald auch tat.

Diese drei Prinzipien prägten das NS-Regime, waren aber schon Beleg zerfallener Staatlichkeit. Als Ausdruck eines formalen Ordnungssystems kann ein Staat auf der Basis von Willkür und Konfusion nicht existieren. Man wird daher sagen müssen: Das Verfassungssystem des Deutschen Reiches brach nicht erst mit der umfassenden Niederlage, dem Sieg der Alliierten, dem Tag der Befreiung zusammen, nein, das NS-Reich hatte nie eine Verfassung im modernen Sinne, die noch hätte zusammenbrechen können. Dieser Staatszerfall wurde von einigen Staatsrechtslehrern auch analysiert und geordnet – allerdings meist von solchen, die ins Exil geflüchtet waren, auf die Zustände also von außen blickten.[45]

Der Fraenkel'sche Doppelstaat

Einer dieser Exilanten war Ernst Fraenkel, dessen Studie *Der Doppelstaat* im Jahr 1941 zunächst in den USA und im Jahr 1974 in Westdeutschland erschien. Der Doppelstaat bezeichnete bei Fraenkel nicht die Doppelung der Herrschaft durch Staat und Partei, woran man unter Berücksichtigung des skizzierten »Bewegungsprinzips« denken könnte. Es ging Fraenkel vielmehr um die Janusköpfigkeit des NS-Regimes, das für ihn aus *Maßnahmenstaat* einerseits und *Normenstaat* andererseits zusammengesetzt war. Er beschrieb diese Einteilung in seiner Studie folgendermaßen:

> »Unter Maßnahmenstaat verstehe ich das Herrschaftssystem der unbeschränkten Willkür und Gewalt, das durch keinerlei rechtliche Garantien eingeschränkt ist; unter Normenstaat

> verstehe ich das Regierungssystem, das mit weitergehenden Herrschaftsbefugnissen zwecks Aufrechterhaltung der Rechtsordnung ausgestattet ist, wie sie in Gesetzen, Gerichtsentscheidungen und Verwaltungsakten der Exekutive zum Ausdruck gelangt.«[46]

Diese Unterscheidung war nicht gleichbedeutend mit derjenigen von Recht und Unrecht, wenngleich hier eine beachtliche Übereinstimmung bestand: der Maßnahmenstaat als der rechtlose, willkürliche Staat, der Normenstaat hingegen der auf Normen beruhende, legale Staat. Der Maßnahmenstaat konnte den Normenstaat tatsächlich jederzeit überwinden oder verdrängen: Es war möglich und passierte auch, dass ein jüdischer Staatsbürger vor einem staatlichen Gericht freigesprochen wurde, um schon auf dem Nachhauseweg von der Gestapo inhaftiert und anschließend deportiert zu werden. In den Worten Horst Dreiers: »Der Normenstaat wird durch den Maßnahmenstaat konterkariert.«[47]

Darüber hinaus kam es zu einer Unterwerfung einzelner Institutionen des Normenstaates unter den Maßnahmenstaat. Beispiele fanden sich dort, wo mit Hilfe von Normen die gerichtliche Kontrolle eingeschränkt oder gar ausgeschlossen wurde und die Gerichte des Normenstaates diese Form der Fremdrestriktion akzeptierten. Bisweilen war eine solche Fremdrestriktion aber unnötig. Die Institutionen des Normenstaates begrenzten sich selbst und unterwarfen sich im Eifer vorauseilenden Gehorsams den Rationalitäten des Maßnahmenstaates, unterließen die vorgesehene rechtliche Kontrolle angesichts der politischen Bedeutung oder schenkten den Angaben politischer Instanzen ohne nähere Prüfung Glauben.[48] Ähnlich war bereits das Reichsgericht bei seiner Entscheidung zum »Preußenschlag« verfahren.

Schließlich instrumentalisierte der Maßnahmenstaat den Normenstaat teilweise bewusst für seine Zwecke, inkorporierte diesen also in sein eigenes System – etwa dort, wo scheinbar dem Recht verpflichtete Instanzen errichtet wurden, deren alleiniger Zweck es aber war, den politischen Willen der Führung zu vollstrecken. Prominentestes Beispiel war der Volksgerichtshof mit dem fürchterlichen Juristen Roland Freisler an der Spitze. Dieser Gerichtshof wie auch andere Sondergerichte waren daher dem Maßnahmen- und nicht dem Normenstaat zuzurechnen.

Der Maßnahmenstaat war dem Normenstaat also vollständig übergeordnet, konnte theoretisch jede Materie an sich reißen, wenn es politisch opportun schien: »Zweckmäßigkeit setzt sich je nach Lage der Dinge über normierte Grenzen von Zuständigkeitsbereichen und normierte Verfahrensweisen hinweg und unterläuft gerichtliche Kontrollen.«[49] Dennoch verblieb dem Normenstaat zu jeder Zeit ein Bereich, in dem er nach eigenen Rationalitäten operieren konnte. Gerichtsverfahren fanden statt, in denen das Recht den zentralen Entscheidungsmaßstab bildete und wo der siegreiche Kläger oder der freigesprochene Angeklagte auf den Schutz der Rechtsordnung vertrauen konnte.[50] Das betraf etwa das Arbeitsrecht, die Lauterkeit des Wettbewerbs oder die Gewerbefreiheit – allerdings natürlich, und der Logik des Maßnahmenstaates entsprechend, nur für solche Personen, die nicht als art- und gemeinschaftsfremd angesehen wurden. In diesem Bereich wurde rechtlich-dogmatisch argumentiert, die Entscheidungen sind bis heute zitierfähig (und werden auch zitiert). Allein: Ob eine Entscheidung Bestand haben würde, hing vom Maßnahmenstaat ab. Er konnte, wenn er wollte, den Bereich des Normenstaates frei formen. Dass es den Normenstaat überhaupt gab, beruhte auf einer jederzeit aufgebbaren Selbstbeschränkung des Maßnahmenstaates: Das Operieren des Normenstaats »lässt sich nur im Sinne einer Momentaufnahme für bestimmte Gebiete konstatieren, ohne dass das dauerhaft so bleiben müsste«.[51]

14. Die Entstehung und Entwicklung des Grundgesetzes bis zur Gegenwart

Zusammenbruch, Besatzung und der Weg zum Grundgesetz

Das nationalsozialistische »Verfassungssystem« brach mit der militärischen, politischen, vor allem aber moralischen Niederlage, der förmlichen Unterzeichnung der bedingungslosen Kapitulation am 7. Mai 1945 zunächst durch Jodl und am 8. Mai 1945 in Berlin-Karlshorst durch Keitel, Stumpff und von Friedeburg endgültig zusammen. In Wahrheit erfolgte der Zusammenbruch viel früher: Von einem modernen Verfassungssystem konnte man – wie gezeigt – nie wirklich sprechen. Hitler hatte sich bereits am 30. April 1945 das Leben genommen und schon zuvor war es mehr das Chaos, das regierte, ohne damit die unmenschlichen Gräueltaten zu relativieren, die in den letzten Kriegsmonaten noch mit erschreckender Gründlichkeit vollzogen wurden.

Verfassungsrechtlich gaben die Alliierten am 5. Juli 1945 die Berliner Erklärung ab, mit der sie die oberste Regierungsgewalt in Deutschland übernahmen. Deutschland annektieren wollten sie dabei ausdrücklich nicht. Das bisherige Deutsche Reich wurde vielmehr in Besatzungszonen aufgeteilt, zunächst in drei, bevor später auch Frankreich eine eigene Besatzungszone erhielt. Berlin wurde keiner Besatzungsmacht zugewiesen, sondern unterlag der gemeinsamen Besatzungshoheit der vier Siegermächte.

Nach überwiegender Ansicht ging Deutschland als Völkerrechtssubjekt durch diese Vorgänge nicht unter, wenngleich dies von einigen namhaften Vertretern – u.a. Hans Kelsen – so gesehen wurde. Insoweit stand in Frage, ob nach der umfassenden Übernahme der Regierungsgewalt durch die Alliierten noch von einer eigenständigen deutschen Staatsgewalt gesprochen werden konnte. Nach der bis heute herrschenden Drei-Elemente-Lehre des »Klassiker[s] der Allgemeinen Staatslehre«[1] Georg Jellinek stellt eine solche Staatsgewalt eines der konstituierenden Elemente von Staatlichkeit dar.[2] Die Alliierten gingen alsbald davon aus, dass ihre Besatzung lediglich zu einer zeitweisen Übernahme der Staatsgewalt, nicht aber zu deren Ersetzung geführt hatte. Auch andere Staaten betrachteten Deutschland als besetzt, aber nicht als untergegangen. Das Grundgesetz hat sich dieser Ansicht nach Auffassung des Bundesverfassungsgerichts angeschlossen. Im Zusammenhang mit dem Grundlagenvertrag aus dem Jahre 1972 stellte es fest: »Das Grundgesetz – nicht nur eine These der Völkerrechtslehre und der Staatsrechtslehre! – geht davon aus, dass das Deutsche Reich den Zusammenbruch von 1945 überdauert hat und weder mit der Kapitulation noch durch Ausübung fremder Staatsgewalt in Deutschland durch die alliierten Okkupationsmächte noch später untergegangen ist.«[3]

Dennoch war der Zusammenbruch ein totaler: gesellschaftlich, wirtschaftlich und politisch. Es musste daher darum gehen, in den Besatzungszonen das alltägliche Leben zu organisieren. Dies geschah besatzungsübergreifend im Alliierten Kontrollrat, der als oberstes Gesetzgebungs- und Exekutivorgan fungierte und erstmals am 30. Juli 1945 in Berlin, besetzt mit den vier Oberbefehlshabern, zusammentrat. Er entschied einstimmig, was angesichts des zunehmenden Ost-West-Konflikts von Beginn an Probleme bereitete. Die Vorstellungen über die Entwicklung Gesamtdeutschlands ließen sich schon bald nicht mehr zusammenbringen. In Berlin verließ die Sowjetunion in Juni 1948 die Institution, wenig später folgte die Berlin-Blockade, der die Alliierten mit der beeindruckenden »Luftbrücke« begegneten.

In den Besatzungszonen hatten die Oberbefehlshaber die Regierungsgewalt inne, wobei sich die Organisation unterschied – die amerikanische Zone wurde unter General Clay von Anfang an dezentraler als die britische regiert. Die französische Regierung war anfangs an einem schwachen Deutschland interessiert, weshalb es dort nur zu wenigen übergreifenden Vereinheitlichungen kam. Grundlegende Unterschiede offenbarten sich aber vor allem im Vergleich zur sowjetischen Besatzungszone, die schnell auf die Errichtung eines kommunistischen Staats- und Wirtschaftssystems vorbereitet wurde.

Zentrales und zunächst auch gemeinsames Ziel der Alliierten war die Demilitarisierung und Entnazifizierung der deutschen Gesellschaft. Nationalsozialistisches Recht sollte beseitigt werden, der zumindest symbolisch für deutschen Militarismus stehende Gliedstaat Preußen wurde im Jahr 1947 endgültig aufgelöst[4] – das kulturelle Erbe Preußens wird seit 1957 durch die Stiftung Preußischer Kulturbesitz verwaltet. Bereits im November 1945 begannen die Nürnberger Prozesse, in denen zahlreiche NS-Führer verurteilt wurden. Die Errichtung eines solchen auf völkerrechtlicher Grundlage beruhenden Internationalen Militärgerichtshofs war keine Selbstverständlichkeit und kann als erster und bedeutender Schritt zur Etablierung des internationalen Völkerstrafrechts angesehen werden.[5]

Mit der innerstaatlichen Aufarbeitung des NS-Regimes sollte es allerdings noch dauern, lange Zeit wollte die westdeutsche Gesellschaft einschließlich der politischen Eliten nichts von ihrer Mitschuld an den Gräueltaten und Verbrechen wissen. Erst unter Federführung des hessischen Generalstaatsanwalts Fritz Bauer kam es 1963 zu den ersten Auschwitz-Prozessen,[6] zwei Jahre zuvor hatte der Eichmann-Prozess vor dem Jerusalemer

Bezirksgericht die Erinnerung geweckt. Schließlich sollte auch die vierteilige und amerikanische (!) Serie *Holocaust – Die Geschichte der Familie Weiss*, die Anfang 1979 im bundesdeutschen Fernsehen ausgestrahlt wurde, einen Erinnerungs- und Auseinandersetzungsschub bewirken. Samuel Salzborn hat zuletzt dargelegt, dass diese Aufarbeitung jedoch vornehmlich auf die (politischen) Eliten Deutschlands begrenzt blieb und die Tiefenschichten der deutschen Gesellschaft bis heute nicht erreicht hat.[7] Die von den Alliierten durchgeführte Entnazifizierung, die im Kern auf einem schlichten Fragebogen[8] beruhte (»Persilschein«), wird man nur bedingt als erfolgreich bezeichnen können. Wie aber hätte man bei allein 7,5 Millionen ehemaligen Mitgliedern der NSDAP anders verfahren sollen?[9] Andererseits: »Aber was besagte die Mitgliedschaft in der NSDAP oder die Nicht-Mitgliedschaft über Schuld oder Unschuld des Einzelnen?«[10]

Anderes galt aber für die Wiederbelebung des politischen Lebens, das den Alliierten, jedenfalls den westlichen, von Beginn an ein Anliegen war. Schnell wurden Parteien wieder zugelassen, die kommunale Selbstverwaltung gefördert und die Länder neu gegründet. Sie erließen eigene Verfassungen – bereits Ende 1946 in der amerikanischen Besatzungszone, später auch in der französischen und der britischen Besatzungszone, wo sich der Prozess allerdings länger hinzog. Auch in der Sowjetzone wurden Länder mit Verfassungen etabliert, auch wenn diese nie die Bedeutung erlangen würden, die ihnen in den westlichen Zonen zukam.

Die »westlichen« Verfassungen errichteten sämtlich parlamentarische Regierungssysteme. Viele Elemente dieser Verfassungen fanden sich später auch im Grundgesetz wieder. Die hauptsächlich in deutsche Hände gelegte Ausarbeitung dieser Landesverfassungen leistete dadurch eine bedeutende Vorarbeit für die Entstehung des Grundgesetzes.

Dass es zur Gründung dieser zweiten deutschen Demokratie kommen würde, war in den ersten Nachkriegsjahren alles andere als ausgemacht. Anfangs ging man wie selbstverständlich von einer gesamtdeutschen Lösung aus, ohne zu wissen, wie diese aussehen würde. Die Organisation des Alltags und die Versorgung der Bevölkerung mit dem Lebensnotwendigen hatten Priorität. Es war die sich ab dem Jahr 1947 zuspitzende Lage im Ost-West-Konflikt, die zu den Plänen für die Errichtung eines westdeutschen Staates führte. Ökonomisch hatte sich die amerikanische schon im Jahr 1946 mit der britischen Zone zur »Bizone« vereinigt, ein Zusammenschluss, dem bis zum Jahr 1948 immer mehr Zuständigkeiten übertragen wurden. Im Jahr 1947 wurde der sogenannte Wirtschaftsrat errichtet, der für wesentliche Bereiche der Bizone die Gesetzgebungskompetenz erhielt. Die Bizone entwickelte sich zu einer Art Vorläufer der späteren Bundesrepublik, nachdem sich mit dem Deutschen Obergericht neben der Exekutiv- und Legislativgewalt auch eine judikative Gewalt etabliert hatte.

Diese Vorläuferrolle galt auch in personeller Hinsicht. Der spätere bundesdeutsche Wirtschaftsminister und Bundeskanzler Ludwig Erhard etwa leitete bereits die bizonale Verwaltung für Wirtschaft und war in diesem Zusammenhang für die erfolgreiche Währungsreform des Jahres 1948 zuständig. Zunehmend wurde auch die französische Besatzungszone in dieses System integriert, so dass der Ost-West-Konflikt organisatorisch immer sichtbarer wurde: Den drei faktisch vereinten und marktwirtschaftlich organisierten Westzonen stand die kommunistisch-planwirtschaftliche Sowjetzone gegenüber.

An eine konstruktive politische Zusammenarbeit der Alliierten war mittlerweile nicht mehr zu denken, von einer gemeinsam beschlossenen, einheitlichen Lösung für Gesamtdeutschland ganz zu schweigen. Als neu etablierte und gefestigte Weltmacht sahen die USA das Problem immer weniger in einer deutschen als in einer zukünftigen sowjetischen Bedrohung. Sie drängten darauf, die westdeutschen Zonen als Sicherheitspuffer gegen sowjetische Expansionsbestrebungen zu nutzen. Das ging nur mit einem starken und westlich integrierten Deutschland, auf dessen Gründung man sich der Sache nach daher auf der Londoner Sechs-Mächte-Konferenz im Jahr 1948 einigte. Die Sowjetunion war daran nicht beteiligt, neben den drei westlichen Siegermächten saßen die Benelux-Länder mit am Verhandlungstisch.

Die Sowjetunion reagierte auf diesen Plan und die diesen vorbereitende Währungsreform mit der Berlin-Blockade, die vom 24. Juni 1948 bis zum 12. Mai 1949 andauerte – der Zeit also, in der das Grundgesetz im Parlamentarischen Rat in Bonn ausgearbeitet und beraten wurde. Die Luftbrücke der Alliierten, durch die West-Berlin mit Lebensmitteln und anderen Notwendigkeiten versorgt wurde, legte einen bedeutenden Grundstein für das enge deutsch-amerikanische Nachkriegsverhältnis und festigte zugleich den Status Amerikas als Schutzmacht der freien westlichen Welt. Aus sowjetischer Sicht war die Blockade insofern nicht nur ein PR-Desaster. Nun war auch klar, dass die Umsetzung des Plans, ein starkes Westdeutschland als Puffer gegen die sowjetische Bedrohung zu errichten, nicht mehr aufzuhalten war.

Den formalen Auftrag zur Verfassungsgebung erhielten die Westdeutschen am 1. Juli 1948 in den drei Frankfurter Dokumenten. Im ersten Dokument hieß es:

> »Die Verfassungsgebende Versammlung wird eine demokratische Verfassung ausarbeiten, die für die beteiligten Länder eine Regierungsform des föderalistischen Typs schafft, die am besten geeignet ist, die gegenwärtig zerrissene deutsche Einheit schließlich wieder herzustellen, und die Rechte der beteiligten Länder schützt, eine angemessene Zentralinstanz schafft und Garantien der individuellen Rechte und Freiheiten enthält.«

Im zweiten Dokument wurde eine Änderung der Länderstruktur angedacht (zu der es letztlich nicht kommen sollte). Das dritte Dokument enthielt die Bestimmungen eines künftigen Besatzungsstatuts. Die volle Souveränität sollte dem zu gründenden westdeutschen Staat zunächst nicht zukommen – das geschah tatsächlich erst mit dem Zwei-plus-Vier-Vertrag, der im September 1990 unmittelbar vor der deutschen Wiedervereinigung unterzeichnet wurde.

Die Ministerpräsidenten der Länder, die über die Frankfurter Dokumente berieten, waren von dem alliierten Vorschlag, einen westdeutschen Staat zu gründen, anfangs nicht überzeugt. Sie hatten Sorge, damit die deutsche Teilung zu zementieren. Ein Weststaat würde gewiss zu einem Oststaat führen (so kam es dann auch). Sie setzten zumindest durch, dass die Verfassung nicht Verfassung, sondern Grundgesetz heißen sollte – eine Bezeichnung, die freilich an deutsche Rechtstraditionen anknüpfen konnte, da die grundlegenden Gesetze des Heiligen Römischen Reiches deutscher Nation entsprechend bezeichnet worden waren.[11] Das Grundgesetz sollte zudem weder von einer vom Volk gewählten verfassungsgebenden Versammlung erarbeitet noch durch eine Volksabstimmung ratifiziert werden, vielmehr durch Ländervertreter verfasst und durch Zustimmung der Landtage in Kraft treten.[12] Darauf konnten sich die Alliierten schließlich einlassen.

Die Versammlung der Ländervertreter, der Parlamentarische Rat,[13] tagte vom 1. September 1948 bis zum Mai 1949 in Bonn mit dem Ziel, eine vorläufige Verfassung für die westlichen Besatzungszonen zu erarbeiten. Von der Vorläufigkeit war am Ende allerdings nicht viel zu erkennen, was auch daran lag, dass der Herrenchiemseer Entwurf, auf dem der Parlamentarische Rat aufbaute, bereits ein umfassendes und keineswegs vorläufiges Verfassungsstatut darstellte. Von Vorläufigkeit wird man daher allein im Hinblick auf den angestrebten territorialen Anwendungsbereich sprechen können.

Der diesen »Entwurf« erarbeitende Herrenchiemseer Konvent tagte vom 10. bis 23. August 1948 und das Ergebnis war mehr als ein bloß unverbindliches Sachverständigengutachten, das ursprünglich angestrebt war. Es nahm zentrale Bestimmungen des späteren Grundgesetzes vorweg – nicht zuletzt die Institution des Bundesverfassungsgerichts –, die u. a. in den zehn unbestrittenen Hauptgedanken zum Ausdruck kamen, die die elf stimmberechtigten Mitglieder (Otto Suhr aus Berlin nahm ohne Stimmrecht teil) am Ende ihrer Sitzung präsentierten.

Der Parlamentarische Rat setzte sich aus 65 stimmberechtigten Mitgliedern zusammen, hinzu kamen fünf Beobachter aus Berlin sowie sieben Ersatzleute. SPD und CDU/CSU bildeten mit je 27 Mitgliedern die stärksten Fraktionen der stimmberechtigten Mitglieder. Vorsitzender des Rates wurde Konrad Adenauer von der CDU – Carlo Schmid von der SPD begnügte sich mit dem Vorsitz des Hauptausschusses, auch weil er glaubte, dass der Posten des Gesamtvorsitzenden eher repräsentative Funktion haben würde. Er sollte sich täuschen. Unter den 65 stimmberechtigten Mitgliedern waren vier Frauen: Helene Weber, Helene Wessel, Friederike Nadig und Elisabeth Selbert. Auf Elisabeth Selbert ging nicht zuletzt die Aufnahme des Art. 3 Abs. 2 GG zurück: Männer und Frauen sind gleichberechtigt. Noch wenige Jahre zuvor war ihr von ihrem ehemaligen Kasseler Anwaltskollegen Roland Freisler – dem späteren Präsidenten des Volksgerichtshofs – angedroht worden, sie liquidieren zu lassen.[14]

Der Parlamentarische Rat richtete neben dem Hauptausschuss acht weitere Ausschüsse ein, die effektiv zusammenarbeiteten und schnell Ergebnisse präsentierten. Die Alliierten wurden in jeder Phase beteiligt, ließen für die Beratungen aber erheblichen Spielraum. Von einem alliierten Diktat konnte keine Rede sein.

Den Alliierten ging es vornehmlich um die Wahrung der in den Frankfurter Dokumenten genannten Bedingungen, weniger um die Details, wenngleich es vielfältige informelle Gespräche und Kontakte gab. Das Grundgesetz wurde schließlich am 8. Mai 1949 und damit exakt vier Jahre nach Unterzeichnung der Kapitulation im Plenum des Parlamentarischen Rates angenommen – das Präsidium des Parlamentarischen Rates hatte diesen Termin bewusst gewählt.[15] Die Alliierten genehmigten es mit kleineren Vorbehalten am 12. Mai, es folgte die Ratifikation durch die deutschen Landesparlamente. Von den elf westlichen Ländern stimmte nur Bayern gegen das Grundgesetz – es war den bayerischen Abgeordneten nicht föderal genug. Der Bayerische Landtag beschloss allerdings zugleich eine Erklärung, nach der das Grundgesetz in Bayern gleichwohl Anwendung finden sollte. Am 23. Mai 1949 wurde das Grundgesetz vom Parlamentarischen Rat ausgefertigt, nach Art. 145 Abs. 2 GG trat es »mit Ablauf des Tages« in Kraft.[16] Die erste Wahl zum Bundestag fand am 14. August 1949 statt, am 7. September kam der erste Bundestag in Bonn, der vom Parlamentarischen Rat bestimmten (provisorischen) Bundeshauptstadt, zusammen. Am 20. September 1949 trat die erste Bundesregierung unter Bundeskanzler Konrad Adenauer ihr Amt an.

Gründung und Verfassung(en) der DDR

Die »staatsrechtliche Reaktion« in der sowjetischen Besatzungszone ließ nicht lange auf sich warten. Die Bestrebungen der westlichen Alliierten zur Gründung eines westlich integrierten Staatswesens waren dort zwangsläufig nicht unbemerkt geblieben. Schon im Jahr 1947 wurde daher ein »Deutscher Volkskongress für Einheit und gerechten Frieden« einberufen (nicht gewählt), der sich vor allem kritisch zur amerikanisch-britischen Besatzungspolitik äußerte. Am 17. und 18. März 1948 – dem 100. Jahrestag der Revolution von 1848 – schloss sich ein zweiter Volkskongress an, dem insgesamt 1.898 Delegierte angehörten, von denen 512 aus den westlichen Besatzungszonen stammten. Wie schon im ersten Volkskongress hatten die Vertreter der SED, die in der sowjetischen Besatzungszone durch die Zwangsvereinigung der dortigen KPD und SPD gegründet worden war, allerdings eine klare Mehrheit. Er wählte aus seiner Mitte den »Deutschen Volksrat«, eine Art Exekutivorgan, das zwischen den Tagungen des Volkskongresses tätig war und aus 300 stimmberechtigten Mitgliedern bestand. Weitere 100 Mitglieder wurden aus den westlichen Besatzungszonen kooptiert, womit die SED-Führung ihren gesamtdeutschen Anspruch zum Ausdruck brachte. Der Deutsche Volksrat richtete verschiedene Unterausschüsse ein, zu denen auch ein Verfassungsausschuss gehörte, dem die Aufgabe zukam, unter der Leitung von Otto Grotewohl eine Verfassung für eine gesamtdeutsche Republik auszuarbeiten.

Am 15. und 16. Mai 1949 fanden schließlich Wahlen für einen dritten Volkskongress statt, wobei der wahlberechtigten Bevölkerung allerdings nur die Möglichkeit eingeräumt wurde, die vorgegebene Kandidatenliste zu bestätigen oder abzulehnen. Von einer wirklichen Wahl wird man daher nicht sprechen können, zumal der Stimmzettel folgendermaßen formuliert war: »Ich bin für die Einheit Deutschlands und einen gerechten Friedensvertrag. Ich stimme darum für die nachstehende Kandidatenliste zum Dritten Deutschen Volkskongreß.« Der dritte Volkskongress trat am 29. Mai 1949 zusammen und bestätigte schon einen Tag später (bei einer Gegenstimme) die ihm vom Deutschen Volksrat vorgelegte Verfassung. Josef Stalin stimmte der Staatsgründung zu, am 7. Oktober 1949 erklärte sich der Deutsche Volksrat zur »Provisorischen Volkskammer der Deutschen Demokratischen Republik« und setzte die neue Verfassung in Kraft. Wilhelm Pieck wurde am 11. Oktober zum ersten Staatspräsidenten gewählt, die erste Regierung der Deutschen Demokratischen Republik (DDR) unter Führung Otto Grotewohls trat einen Tag später ihr Amt an. Zwar wurde die DDR von der Bundesrepublik lange nicht anerkannt. Faktisch aber ließ sich nicht leugnen, dass damit ein zweiter deutscher »Verfassungsstaat« errichtet worden war.[17]

Die erste DDR-Verfassung nahm Anleihen bei der Weimarer Verfassung und enthielt auch sonst die zentralen Bestandteile einer modernen Verfassung. Die DDR war danach eine unmittelbare demokratische Republik, die auf den deutschen Ländern aufgebaut war (Art. 1), alle Staatsgewalt ging nach Art. 3 Abs. 1 vom Volke aus. Die Länder waren grundsätzlich dafür zuständig, die Entscheidungen der Republik auszuführen, hatten eigene Verfassungen und waren an der Zentralgewalt über die Länderkammer[18] beteiligt (Art. 71 ff.). Das erweckte den Eindruck einer bundesstaatlichen Struktur, allerdings war die Zentralgewalt schon dem Verfassungstext nach dominierend, wenn es in Art. 1 Abs. 2 hieß, dass die Republik alle Angelegenheiten entscheidet, »die für den Bestand und die Entwicklung des deutschen Volkes in seiner Gesamtheit wesentlich sind«. Über diese Generalklausel konnte die Zentralgewalt mithin alle Entscheidungen an sich reißen. Die Länder spielten daher in der politischen Realität von Anfang an keine besondere Rolle und wurden bereits im Jahr 1952 per einfachem Gesetz (verfassungswidrig) aufgelöst; an ihre Stelle traten 15 unselbstständige Bezirke. Die Länderkammer bestand noch weitere sechs Jahre fort, bis sie im Jahr 1958 per Verfassungsänderung formal abgeschafft wurde. Ein ähnliches Schicksal erlitt die in den Artikeln 139 ff. vorgesehene kommunale Selbstverwaltung. Auch diese wurde alsbald beseitigt, es lief schnell auf eine umfassende Vereinheitlichung der Staatsgewalt im Sinne des von der Staatsführung propagierten »demokratischen Zentralismus« hinaus. Erneut zeigt sich, dass eine bundesstaatliche Gliederung mit autoritären Systemen nicht zusammengeht.

»Höchstes Organ« war dementsprechend nach Art. 50 von Anfang an die Volkskammer. Sie bestand aus 400 Mitgliedern, die in allgemeiner, gleicher, unmittelbarer und geheimer Wahl gewählt wurden (Art. 51 Abs. 2). Eine freie Wahl war verfassungsrechtlich (wie bereits in der Weimarer Verfassung) nicht vorgesehen, das Kriterium der Geheimheit wurde entgegen den Vorgaben der Verfassung zudem in der Praxis nicht gewährleistet. Die Volkskammer war das zentrale Gesetzgebungsorgan für sämtliche Bereiche des Staatswesens, explizite Gesetzgebungskompetenzen der Länder waren außerhalb der vagen Generalklausel des Art. 1 Abs. 2 nicht vorgesehen. Die Regelung, nach der sich die Volkskammer bei der Gesetzgebung auf die Aufstellung von Grundsätzen beschränken sollte, soweit hierdurch dem Bedürfnis nach einheitlicher Regelung Genüge getan wurde (Art. 111), spielte letztlich keine Rolle. Daneben oblag es der Volkskammer, nicht nur die Regierung zu bestätigen, zu überwachen und abzuberufen, vielmehr bestimmte sie nach Art. 63 Abs. 1 auch »die Grundsätze der Regierungspolitik und ihrer Durchführung«. Von einer wirklichen Gewaltenteilung wird man schon verfassungsrechtlich nicht sprechen können.

Die Regierung war in den Artikeln 91ff. normiert und bestand aus dem Ministerpräsidenten und den Ministern, war also kollegial organisiert. Nach Art. 92 Abs. 1 sollten alle Fraktionen, sofern sie mindestens 40 Mitglieder haben, im Verhältnis ihrer Stärke durch Minister oder Staatssekretäre in der Regierung vertreten sein. Der Konstruktion nach erinnert das an das schweizerische Direktorialsystem, wo die Regierung ebenfalls nach der sogenannten »Zauberformel« aus allen Fraktionen besetzt wird. Dadurch fehlte es schon verfassungstheoretisch an einer Opposition gegenüber der Regierung, worin zugleich die Idee einer geschlossenen, sogenannten »sozialistischen Menschengemeinschaft« erkennbar wurde: Wozu sollte es gegenüber einer einheitlichen Regierung des Volkes einer Opposition bedürfen?[19] Auch im Hinblick auf die Funktion der Grundrechte wirkte sich diese Vorstellung aus, wie wir sogleich sehen werden. In der Praxis spielte diese Regelung allerdings keine wirkliche Rolle, da die Wahl zur Volkskammer nach einer Einheitsliste und dem Blocksystem erfolgte und die Mandatsverteilung damit bereits (zugunsten der SED) vorbestimmt war. Dem Ministerpräsidenten kam nach Art. 98 zwar eine Richtlinienkompetenz zu, die er allerdings »nach Maßgabe der von der Volkskammer aufgestellten Grundsätze« auszuüben hatte.

Die Artikel 126 ff. behandelten die Rechtspflege. Danach wurde die ordentliche Gerichtsbarkeit durch den Obersten Gerichtshof der Republik und durch die Gerichte der Länder ausgeübt. Die RichterInnen waren unabhängig und nur der Verfassung und dem Gesetz unterworfen (Art. 127). Auch klassische strafrechtliche Prinzipien wurden (formal) gewährleistet: Kein Bürger durfte seinem gesetzlichen Richter entzogen werden (Art. 134), Strafen durften nur verhängt werden, wenn sie zur Zeit der Tat gesetzlich angedroht waren, und rückwirkende Strafgesetze waren ausgeschlossen (Art. 135). Nach Art. 138 genoss der Bürger Schutz gegen rechtswidrige Maßnahmen durch die Kontrolle der Volksvertretungen und durch die Verwaltungsgerichtsbarkeit. Allerdings wurden die Verwaltungsgerichte bereits im Jahr 1952 durch eine interne Anordnung des Innenministers (verfassungswidrig) aufgelöst. Rechtsschutz gegen exekutive Maßnahmen passte nicht in die Vorstellung einer Regierung, die für und mit den BürgerInnen agiert. Dementsprechend lehnten auch die ordentlichen Gerichte ab, diese Rechtsschutzlücke zu füllen und über Maßnahmen der Verwaltung zu entscheiden.[20] An die Stelle förmlichen Verwaltungsrechtsschutzes trat die in Art. 3 Abs. 4 (und Art. 103

der revidierten Verfassung von 1968) vorgesehene Möglichkeit der formlosen Eingabe bei der Volksvertretung.[21]

Die Vorstellung einer im Volk ruhenden Gewalteneinheit prägte auch das Verständnis der in Art. 6 ff. gewährleisteten »Rechte des Bürgers«. Sie wurden daher nicht zentral als Abwehrrechte interpretiert, die dem Einzelnen einen Freiraum von staatlichen Instanzen sichern.[22] »Die Grundrechte sollen keine ›Freiheit vom Staat‹, sondern eine ›Freiheit zum Staat‹ gewähren, die inhaltlich auf der ›Einsicht in die Notwendigkeiten der gesellschaftlichen Entwicklung‹ beruht.«[23] Den Hintergrund bildete die Marx'sche Vorstellung, wonach die Idee eines Dualismus zwischen Individuum und Gesellschaft »die eigentliche Bestimmung des Menschen als eines gesellschaftlichen Wesens, das sich erst in der und durch die Gesellschaft wirklich entfalten könne, verfehlen müsse«.[24] Dementsprechend bildeten die gesellschaftlichen Interessen die immanente Schranke sämtlicher Grundrechte, »ohne Rücksicht darauf, ob ein Grundrecht unter Verfassungs- oder Gesetzesvorbehalt oder vorbehaltlos gewährleistet«[25] war. Ähnlich hielt Erika Lieser-Triebnigg fest: »Die Verfassung der DDR setzt dagegen das gesamtgesellschaftliche Kollektiv in den Mittelpunkt. Der einzelne erlangt lediglich als Teil des Kollektivs Bedeutung und kann sich und die ihm in der Verfassung gewährten Grundrechte nur in diesem Rahmen verwirklichen.«[26] Der Gewährleistungsgehalt der Grundrechte stand damit letztlich im Belieben der Staatsführung. Eine Regelung wie Art. 1 Abs. 3 GG, der die Bindung aller drei Gewalten an die Grundrechte explizit festhält, suchte man deshalb ebenso vergeblich wie eine Verfassungsgerichtsbarkeit. Als besonders prekär erwies sich insbesondere die Gewährleistung der Meinungsfreiheit: Sie wurde zwar in Art. 9 gemeinsam mit der Versammlungsfreiheit normiert. Gleich zu Beginn des Abschnitts stellte Art. 6 Abs. 2 allerdings über die bereits beschriebenen gesellschaftlichen Grenzen sämtlicher Grundrechte fest: »Boykotthetze gegen demokratische Einrichtungen und Organisationen, Mordhetze gegen demokratische Politiker, Bekundung von Glaubens-, Rassen-, Völkerhaß, militaristische Propaganda sowie Kriegshetze und alle sonstigen Handlungen, die sich gegen die Gleichberechtigung richten, sind Verbrechen im Sinne des Strafgesetzbuches.« Diese Bestimmung machte es der Staatsführung leicht, gegen jede Form der Opposition verfassungsrechtlich legitimiert vorzugehen.

Die ursprüngliche Verfassung der DDR wurde zweimal grundlegend neu gefasst: in den Jahren 1968 und 1974 (die Verfassung von 1990 wird man lediglich als demokratische Verfassung des Übergangs ansehen können, die bereits im Wissen um die baldige Wiedervereinigung erlassen wurde und diese ermöglichen sollte).[27] Mit der Verfassung des Jahres 1968, der »sozialistischen Verfassung«, wurde die Verfassungslage zumindest partiell der politischen Realität angepasst, indem sowohl die sozialistische Grundlage als auch der Führungsanspruch der SED normiert wurden. Art. 1 Abs. 1 lautete fortan: »Die Deutsche Demokratische Republik ist ein sozialistischer Staat deutscher Nation. Sie ist die politische Organisation der Werktätigen in Stadt und Land, die gemeinsam unter Führung der Arbeiterklasse und ihrer marxistisch-leninistischen Partei den Sozialismus verwirklichen.« Die Staatsgewalt ging nun nicht mehr vom Volk aus, vielmehr wurde alle politische Macht von den Werktätigen ausgeübt; und auch wenn der Mensch formal im Mittelpunkt stand, galt es, das gesellschaftliche System des Sozialismus ständig zu vervollkommnen (Art. 2). Grundrechte waren in Art. 19 ff. normiert, an ihrer theoretischen Funktion hatte sich aber nichts geändert: Sie dienten den Interessen des Kollektivs und garantierten keine Freiheitsräume des Einzelnen. Gewährleistet wurde dementsprechend auch nicht die Gesetzlichkeit, sondern die »sozialistische Gesetzlichkeit« (Art. 19 Abs. 1). Die Verfassung von 1974 änderte erneut den

Art. 1 ab und enthielt weitere textliche Veränderungen, die jedoch die Substanz der Verfassung von 1968 unverändert ließen. Allerdings wurde das Ziel der Wiedervereinigung formal aufgegeben und stattdessen die besondere Beziehung zur Sowjetunion explizit betont.

In der Realität spielten die drei Verfassungen auf den ersten Blick nur eine untergeordnete Rolle. Die eigentliche Macht lag beim SED-Regime und damit neben oder besser hinter der Verfassung im Dunkeln. Hinzu kam der Einfluss der Sowjetunion. Vor allem die herrschaftsbegrenzende Funktion der Verfassung war defizitär – letztlich war der Einzelne der Willkür des Regimes ausgesetzt und hatte keine Möglichkeit, sich dagegen effektiv zur Wehr zu setzen. Dennoch wäre es verfehlt, die DDR-Verfassungen als bloße symbolische oder scheinbare Verfassungen zu schnell beiseite zu schieben. Sie mögen liberalen Funktionen nicht umfassend gerecht geworden sein, aber auch autoritäre Verfassungen haben Zwecke, wie zuletzt Günter Frankenberg richtigerweise betont hat. Es lohnt sich deshalb, sich mit ihnen zu beschäftigen: »Auch die Verfassungen autoritärer Regime wenden uns kein leicht lesbares Gesicht zu (wenn wir sie nicht als Fassaden abtun, sondern als Texte mit Zwecken, geschrieben für Adressat*innen, lesen).«[28] Solche besonderen und aus liberaler Perspektive vielleicht überraschenden (oder irritierenden) Zwecke wird man auch den DDR-Verfassungen nicht pauschal absprechen können. Immerhin begründeten sie Herrschaft, hatten gewiss auch eine Integrationsfunktion nach innen und dokumentierten nach außen das Selbstverständnis politischer Souveränität als Voraussetzung einer Anerkennung in der Staatengemeinschaft.[29] Mehr als 30 Jahre nach dem Beitritt der DDR zur Bundesrepublik können diese Fragen möglicherweise offener und befreit von ideologischer Verhärtung diskutiert werden.[30] Generell wird man sagen müssen: Das Forschungsfeld des autoritären Konstitutionalismus, das diese Verfassungen und diejenigen anderer autoritärer Regime als Verfassungen ernst nimmt, ist noch lange nicht abschließend bestellt.

Das Grundgesetz als demokratische Verfassung

Seit Ablauf des 23. Mai 1949 bildet das Grundgesetz die verfassungsrechtliche Grundlage der Bundesrepublik Deutschland: herrschaftsbegründend, umfassend und universal. Es gilt seit dem am 3. Oktober 1990 nach Art. 23 GG a.F. vollzogenen Beitritt auch für die fünf »neuen« Bundesländer auf dem Gebiet der ehemaligen DDR. Es erfüllt auch alle weiteren Verfassungsmerkmale des amerikanischen Konstitutionalismus: Die Bundesrepublik Deutschland ist ein vollwertiger demokratischer Verfassungsstaat. Der Umstand, dass es nicht durch eine Volksabstimmung angenommen wurde, steht der Legitimation des Grundgesetzes nicht entgegen.[31] Der Blick in die Verfassungsgeschichte hat gezeigt, dass Verfassungen auf verschiedene Arten ausgearbeitet werden und in Kraft treten können, dass umfassend demokratische Volksabstimmungen dazu aber eher nicht gehören. Auch demokratische Verfassungen kommen selten, wenn überhaupt, demokratisch zustande – schon an der demokratischen Legitimation des Herrenchiemseer Konvents, der einen beachtlichen Einfluss auf das Grundgesetz hatte, kann man mit guten Gründen zweifeln (nichts anderes gilt allerdings für den amerikanischen Verfassungskonvent). Hinzu kommen die Vorgaben der Alliierten – von völliger Selbstbestimmung des deutschen Volkes wird man nicht sprechen können. Auch das Grundgesetz hatte insofern seinen »autoritären Gründungsmoment«.[32] Indes: Verfassungen erhalten ihre Legitimation weniger durch ihr Erlassverfahren als durch Akzeptanz und Zeitablauf. Die tägliche Anerkennung der verkündeten Verfassung durch die Herrschaftsunterworfenen und die Achtung der Verfassung im politischen Prozess – vor allem bei der ersten friedlichen Machtübergabe an die bisherige Opposition – bilden die entscheidenden Faktoren für die Legitimation einer demokratischen Verfassung.[33]

Eine solche Legitimation wird man für das Grundgesetz daher spätestens mit der ersten sozialliberalen Koalitionsregierung ab dem Jahr 1969 nicht mehr bezweifeln können. Wenn die Entstehungsgeschichte des Grundgesetzes heute von so manchem sogenannten Reichsbürger herangezogen wird, um seine Legitimation anzuzweifeln, offenbart das vor allem eines: eine beachtliche Ahnungslosigkeit im Hinblick auf verfassungsgebende Prozesse. Auch das Verfahren der Wiedervereinigung war verfassungsrechtlich nicht zu beanstanden. Der ehemalige Art. 23 GG sah die Option eines Beitritts der DDR ausdrücklich vor. Ob es besser gewesen wäre, den in Art. 146 GG ebenfalls vorgesehenen Weg einer gesamtdeutschen Verfassungsneugebung zu gehen, ist hingegen eine politische und keine rechtliche Frage. Es hätte als Ausdruck einer »Neuordnung auf Augenhöhe« später aufgekommene Ressentiments (»Wessis«/»Ossis«) eventuell abschwächen können.

Das Grundgesetz macht mit seinen insgesamt 146 Artikeln schon zu Beginn klar, dass es sich nachgerade als Antithese zum nationalsozialistischen Terrorregime (keineswegs aber pauschal zur Weimarer Verfassung)[34] versteht: »Die Würde des Menschen ist unantastbar.« Diese »antitotalitäre Grundnorm«[35] leitet das Grundgesetz ein und steht am Anfang eines umfassenden Grundrechtskatalogs, der inhaltlich und sprachlich an die Weimarer Verfassung und an die Paulskirchenverfassung anknüpft. An der normativen Verbindlichkeit dieser Grundrechte für alle Staatsgewalten lässt das Grundgesetz keinen Zweifel mehr aufkommen. Art. 1 Abs. 3 GG stellt diese Bindung ausdrücklich fest: »Die nachfolgenden Grundrechte binden Gesetzgebung, vollziehende Gewalt und Rechtsprechung als unmittelbar geltendes Recht.«

Dass diese Grundrechte für das politische und gesellschaftliche Leben in der Bundesrepublik eine solch überragende Bedeutung entfalten sollten, war gleichwohl nicht selbstverständlich, geht vielmehr wesentlich auf das Wirken des Bundesverfassungsgerichts[36] zurück, das von den ihm eingeräumten Zuständigkeiten in »offensive[r] Art und Weise«[37] Gebrauch gemacht hat. In Anlehnung an die Vorstellungen des Göttinger Staatsrechtlers Rudolf Smend – wir haben ihn als einen der Protagonisten des Weimarer Methodenstreites kennengelernt – sah es in diesen Grundrechten alsbald den Ausdruck einer spezifischen Wertentscheidung, an der die gesamte Rechtsordnung zu messen sein sollte. Die entscheidende Passage aus dem Lüth-Urteil ist oben zitiert worden. Zusammen mit der »Elfes-Entscheidung«,[38] durch die das Bundesverfassungsgericht praktisch jedes staatliche Handeln einem grundrechtlichen Rechtfertigungserfordernis unterwarf,[39] führt dies zu einer – zuletzt häufiger gestützt auch auf den zur »Supernorm« transformierten Art. 1 Abs. 1 GG[40] – weltweit einzigartigen verfassungsrechtlichen Durchdringung des einfachen Rechts, einer »Konstitutionalisierung der Rechtsordnung«. In Deutschland ist es dadurch möglich, praktisch jede politische Streitfrage in eine verfassungsrechtliche umzucodieren. In anderen Verfassungsordnungen ist das anders, erklärt aber, warum das Bundesverfassungsgericht durch diese »Selbstermächtigung durch Verfassungskonkretisierung« im politischen Prozess eine so prominente Stellung einnimmt.[41] Denn für die Beantwortung von Verfassungsfragen ist das Bundesverfassungsgericht letztinstanzlich zuständig: »Nach einem Bonmot von Roman Herzog besteht das geltende deutsche Verfassungsrecht aus 146 Grundgesetzartikeln und über 100 Bänden mit Entscheidungen des Bundesverfassungsgerichts.«[42] Zuletzt hat das Bundesverfassungsgericht Anfang des Jahres 2020 klargestellt, dass die Grundrechte die deutschen Behörden auch außerhalb des deutschen Territoriums binden, und ihre (und seine eigene) Bedeutung damit noch einmal ausgeweitet.[43]

Diese Grundrechtsrechtsprechung hat in der Anfangszeit der jungen Bundesrepublik zur Stabilität der neuen politischen Ordnung beigetragen, wird mittlerweile allerdings auch kritisch gesehen. Denn der politische Entscheidungsraum wird dadurch stark eingeschränkt. Was in der Verfassung bereits (durch das Bundesverfassungsgericht) entschieden ist, kann außerhalb einer förmlichen Verfassungsänderung im Parlament nicht mehr diskutiert werden. In der Anfangszeit der Bundesrepublik mag das richtig gewesen sein – der Politik wurde nach den Erfahrungen der NS-Zeit mit einer gewissen Skepsis begegnet. In einer pluralistischen Welt tut eine moderne Verfassung aber gut daran, ausreichend politischen Diskursraum zu belassen, um allen politischen Strömungen die Chance zu geben, sich hinter ihr zu versammeln. Verfassungstheoretisch heißt das, nicht dem formalistischen Irrtum zu unterliegen: »Nämlich zu glauben, eine bestimmte Vorschrift bedinge ein bestimmtes Ergebnis oder eine bestimmte Schlussfolgerung – ›one right answer‹, wo doch die Teilnehmer*innen eines Verfassungsgesprächs *lege artis* sehr wohl andere Ergebnisse oder Folgerungen generieren können, die ebenfalls mit der genannten Vorschrift kompatibel sind.«[44]

Dieses »Gespräch« muss vornehmlich im Primärstreitraum der Demokratie – dem Parlament – und nicht im Gerichtssaal stattfinden. Andernfalls drohen Repräsentativitätsdefizite, die die Legitimität einer demokratischen Ordnung gefährden können: Als »postpolitische Juristokratie« bildet sie dann das Fundament populistischer, vermeintlich wahrhaft demokratischer Bewegungen.[45]

Damit einher geht eine doppelte Mahnung: erstens an das Bundesverfassungsgericht, den politischen Raum nicht noch weiter zu verrechtlichen[46] – ohne damit die großen Verdienste dieser Institution im Bereich der Grundrechte in Abrede stellen zu wollen. Zweitens richtet sie sich an die Verfassungsrechtswissenschaft, »dem Verfassungsgericht grundlegende Alternativentwürfe anzubieten, mit theoretischen Gegenentwürfen die Rechtsprechung zu relativieren«[47] und das Problem nicht durch eine Selbstreduktion auf einen von Bernhard Schlink prominent beklagten »Verfassungsgerichtspositivismus« zu verschärfen.[48] Dazu gehört auch, die historische Bedingtheit verfassungsgerichtlicher Entscheidungen stärker zu berücksichtigen und in der Dogmatik zu spiegeln, die mittlerweile mehr als 150 Rechtsprechungsbände also nicht als »dogmatisch ahistorische Blackbox« zu verstehen.[49] Das betont auch der Staatsrechtler Thorsten Kingreen: »Ein Anfang könnte damit gemacht werden, die Geschichte der Bundesrepublik Deutschland über Leitentscheidungen des Bundesverfassungsgerichts und der jeweils wegweisenden Literatur zu erschließen, sie jeweils in die real- und geistesgeschichtlichen Kontexte einzuordnen und die mit ihnen transportierten Argumentationsfiguren darauf zu überprüfen, ob sie zeitgebunden sind oder die Zeit mit guten Gründen überdauert haben.«[50] Verfassungsrechtswissenschaft ist in einer mehr als 70-jährigen politischen Ordnung mithin immer auch Verfassungsgeschichtswissenschaft.[51]

Die besondere Bedeutung, die der Parlamentarische Rat den Grundrechten und vor allem der Menschenwürde zukommen ließ, wird in der Ewigkeitsgarantie erkennbar, durch die selbst Verfassungsänderungen ausgeschlossen werden, die die Grundsätze der Artikel 1 und 20 GG modifizieren.[52] Dies ist das eindeutige Bekenntnis des Grundgesetzes, dass es für ein menschenverachtendes Unrechtsregime – welcher Art auch immer – nicht einmal als Scheinlegitimation zur Verfügung steht. Das gilt selbst dann, wenn sich eine überwältigende Mehrheit für einen solchen Weg aussprechen sollte. Mit dem Grundgesetz ist so etwas nicht zu machen. Andererseits darf der Inhalt dieser Ewigkeitsgarantie nicht zu ausufernd interpretiert werden, da die Verfassungsordnung dann zu versteinern und der politische Diskurs zu erlahmen droht. Dass das Bundesverfassungsgericht seine Entscheidungen zuletzt immer häufiger auch auf die Menschenwürde des Art. 1 Abs. 1 GG stützt, ist demokratietheoretisch insofern wenig glücklich und bisweilen eher Ausdruck institutioneller Machtausübung denn überzeugende Grundrechtsinterpretation.

Insgesamt ist es aber nicht falsch, die Bundesrepublik als geglückte Grundrechtsrepublik zu bezeichnen.[53] Zu den gewährten Freiheiten gehören (natürlich) auch politische Freiheiten – die Meinungs- und die Versammlungsfreiheit, aber auch die Parteigründungsfreiheit. Das Grundgesetz bekennt sich offen zu einer pluralistischen Gesellschaft, in der alle Meinungen ihren Platz haben, erwähnt die politischen Parteien erstmals im Art. 21 GG explizit und weist ihnen den Auftrag zu, an der politischen Willensbildung mitzuwirken. Es macht allerdings auch klar, wo die Grenze der Toleranz liegt: nämlich da, wo die Meinungen oder Parteien auf die Abschaffung der freiheitlich-demokratischen Grundordnung, mithin auf die Negierung der gleichen Freiheit aller abzielen. Dann können Meinungen untersagt und sogar Parteien verboten werden. Das Grundgesetz etabliert eine »wehrhafte Demokratie«. In der Anfangszeit der Bundesrepublik kam es zweimal zu einem Parteiverbot: Die Sozialistische Reichspartei (SRP), eine Nachfolgepartei der NSDAP, wurde im Jahr 1952, die KPD im Jahr 1956 verboten. Auch diese Möglichkeit wird man als eine Reaktion auf Weimar ansehen können, wo sich die Verfassungsordnung als gegen Antidemokraten allzu wehrlos erwiesen hatte. Das (zweite) NPD-Verbotsverfahren scheiterte im Jahr 2017 hingegen an der mangelnden Potenzialität der NPD – sie war mittlerweile schon so schwach, dass ein Verbot als unverhältnismäßig angesehen wurde.[54] Es tut einer gefestigten Demokratie gut, von der Möglichkeit des Parteiverbots zurückhaltend Gebrauch zu machen und auch die Gegner der Demokratie vornehmlich im Diskurs zu stellen. In der Anfangszeit aber kann ein Parteiverbot ein wirksames Instrument zur Stabilisierung einer jungen, noch eher ungefestigten demokratischen Ordnung sein.

In staatsorganisationsrechtlicher Sicht errichtet das Grundgesetz eine demokratische und soziale Republik und erklärt diese grundlegenden Staatsprinzipien nach Art. 79 III GG ebenfalls für unveränderlich. Man entschied sich gegen ein präsidentielles und erstmals für ein parlamentarisches Regierungssystem,[55] mit einer vom Parlament abhängigen Regierung, die allerdings nur durch ein konstruktives Misstrauensvotum gestürzt werden konnte.[56] Auch darin lag eine Lehre aus Weimarer Verhältnissen. Gleiches gilt für die Etablierung einer Sperrklausel im Wahlrecht, das zudem um personalisierte Elemente ergänzt wurde. Dem Bundespräsidenten – auch das parlamentarische System hat eine dualistische Exekutive – kommen heute dagegen vor allem integrative und repräsentative, aber nur selten aktiv politische Zuständigkeiten zu. Ganz eindeutig ist das Grundgesetz insoweit allerdings nicht. Vom Wortlaut der maßgeblichen Bestimmungen wäre es gedeckt gewesen, dem Präsidenten in der Staatspraxis eine stärkere politische Rolle zuzuweisen. Die Situation, wie wir sie heute kennen, wurde maßgeblich von den beiden ersten Amtsinhabern geprägt: Konrad Adenauer und Theodor Heuss. Das ist ein Befund, den wir bei unserem Blick in die Verfassungsgeschichte immer wieder bestätigen konnten: Verfassungsbestimmungen werden durch konkrete Personen und die mit diesen begründete Staatspraxis mit Leben gefüllt. Das institutionelle Verhältnis der einzelnen Organe zueinander ist nur selten abschließend und in jederlei Hinsicht normiert. Meist bestehen Interpretations- und Handlungsspielräume. In welcher Form diese genutzt werden, hängt von den Personen ab. Die ersten AmtsträgerInnen können dadurch Praktiken etablieren, die sich für die Zukunft als »normal« durchsetzen. Im Hinblick auf das Verhältnis Bundeskanzler zu Bundespräsident war dies der Fall – auch weil Adenauer als erster Bundeskanzler 14 Jahre amtierte. Dass heute bisweilen von einer »Kanzlerrepublik« gesprochen wird, geht auch auf diesen ehemaligen Kölner Oberbürgermeister zurück.

Das Grundgesetz realisiert eine vergleichsweise strenge repräsentative Demokratie, in der dem Bundestag[57] die zentrale politische Gestaltungsrolle zukommt. Durch das Bundesverfassungsgericht ist dieser in seiner Bedeutung zusätzlich gestärkt worden. Dass wir heute von der Bundeswehr als einer »Parlamentsarmee« sprechen, geht nicht unmittelbar auf das Grundgesetz, sondern auf Entscheidungen des Bundesverfassungsgerichts zurück. Auch im europäischen Integrationsprozess hat »Karlsruhe« das Parlament immer wieder auf dessen spezifische Rolle hingewiesen und angemahnt, von seiner »Integrationsverantwortung« Gebrauch zu machen. Volksabstimmungen sind auf Bundesebene nicht vorgesehen, was bisweilen als bewusste Reaktion auf Weimar wahrgenommen wird, tatsächlich aber andere Gründe gehabt haben dürfte. Sie könnten per Verfassungsänderung eingeführt werden, sinnvoll erschiene mir das aber aus verschiedenen Gründen nicht. Die britische Entscheidung zum »Brexit«[58] hat gezeigt, dass die Vermischung einer repräsentativen Demokratie mit direkt-demokratischen Elementen eine große Herausforderung für die Legitimität der politischen Ordnung darstellen kann.[59] Insofern scheint auf Bundesebene Zurückhaltung geboten.[60] Auf Landes- und auf kommunaler Ebene ist das allerdings anders.[61]

Die Erwähnung der Landesebene hat es verraten: Das Grundgesetz etabliert eine bundesstaatliche Ordnung, knüpft damit an verfassungsgeschichtlich weit zurückreichende Pfade an, erfüllte aber zugleich einen ausdrücklichen Wunsch der Alliierten. Ein Zentralstaat kam nach den Erfahrungen mit dem »Dritten Reich«

nicht in Betracht. Die Bundesländer haben eigene Verfassungen erlassen, deren Inhalt allerdings nach Art. 28 Abs. 1 GG gewissen Anforderungen genügen muss. In der politischen und gesellschaftlichen Debatte werden diese Verfassungen kaum wahrgenommen. Sie treten praktisch vollständig hinter dem Grundgesetz zurück. Auch sonst ist trotz der traditionellen Anknüpfung der föderalen Ordnung unklar, wie sich diese entwickeln wird, da sie in der Öffentlichkeit nur selten offensiv verteidigt wird. Die Erfahrungen mit der Coronakrise haben das bestätigt. Von Anfang an war der deutsche Bundesstaat Unitarisierungstendenzen ausgesetzt, die sich zuletzt beschleunigt haben. Statt klarer Zuständigkeitsverteilung zwischen Bund und Ländern finden sich immer mehr Kooperationen und Verflechtungen, die den Einfluss des Bundes im Bereich originärer Länderkompetenzen erhöhen, dadurch aber zugleich Verantwortlichkeiten verwischen. Zuletzt zeigte sich das bei umfangreichen Reformen des Grundgesetzes im Jahr 2018. Seitdem mischt der Bund nicht nur im Bildungsbereich stärker mit (Stichwort »Digitalpakt«), sondern hat über den allgemeinen Finanzausgleich auch einen gewachsenen Einfluss auf die Landespolitik. »Dass die Länder all diesen Änderungen zugestimmt haben, zeigt ein bemerkenswertes Desinteresse an langfristigen institutionellen Fragen zugunsten kurzfristigen Geldzuflusses von Seiten des Bundes«, bemerkt Christoph Möllers zu Recht.[62] Allerdings entspricht diese Entwicklung auch einer entsprechenden Erwartung auf Seiten der Bevölkerung, die sich nach »einheitlichen Lebensverhältnissen« sehnt – einen zu ausgeprägten »Wettbewerbsföderalismus« wünschen die Deutschen nicht. Darin offenbart sich allerdings eine erstaunliche Geschichtsvergessenheit. Föderale Strukturen sind nicht nur bürgernäher, sondern auch ein Schutzwall gegen autoritäre Entwicklungen. Ähnlich hält auch die Bundesverfassungsrichterin Ines Härtel fest: »Aber Forderungen nach allgemeiner zentraler Steuerung ›von oben‹ verkennen zumeist Wirksamkeit, Bedeutung und Möglichkeiten des deutschen Föderalismus.«[63]

Verfassungsänderungen, durch die auch solche föderalen Verschiebungen möglich sind, lassen sich unter dem Grundgesetz vergleichsweise einfach herbeiführen. Es bedarf dazu lediglich einer Zwei-Drittel-Mehrheit im Bundestag und Bundesrat, was in Zeiten großer Koalitionen keine hohe Hürde darstellt. Im internationalen Vergleich ist das Grundgesetz daher häufig geändert worden.[64] Die letzten Änderungen lassen schon sprachlich einen mangelnden Respekt gegenüber der demokratischen Grundordnung erkennen. Immer häufiger wird in den letzten Jahren versucht, politische Kompromisse oder Ideologien unmittelbar in der Verfassung zu verankern, um diese gegenüber künftigen einfachen Mehrheiten abzusichern, »so als würde die Einfügung in das Grundgesetz einen bestimmten Zustand einfach festhalten können«.[65] Die sogenannte »Schuldenbremse«, die im Jahr 2009 in das Grundgesetz aufgenommen wurde, bildet dafür ein prominentes Beispiel. Sonderlich demokratisch ist das nicht und ein Textvergleich der Ursprungs- mit der heutigen Fassung des Grundgesetzes bestätigt, dass dieses mittlerweile um das Doppelte angewachsen ist. Ob jede Änderung zwingend war, wird man bezweifeln müssen: »Die wesentliche Struktur und Identität des Grundgesetzes sind völlig intakt geblieben.«[66] Ohnehin fällt es meistens nicht schwer zu erkennen, welche Artikel jüngeren Datums sind: Es sind die langen Artikel, die mit komplexen Bandwurmsätzen technische Details auf der Ebene der Verfassung regeln[67] – Details, die gesetzgebungstechnisch, aber auch demokratietheoretisch auf die einfach-rechtliche Ebene gehörten, weil sie der Funktion der Verfassung als politischer Rahmenordnung widersprechen. »Allerdings«, so hält der große Staatsrechtler Horst Dreier resigniert fest, »ist man daran schon fast gewöhnt und hat im Grunde alle Hoffnung aufgegeben, der verfassungsändernde Gesetzgeber könne sich noch einmal zu einem großen Wurf aufschwingen, wie es ihn in der mittlerweile fast 70jährigen Geschichte unserer Verfassung durchaus gegeben hat.«[68] Auf diesen großen Wurf wartet man weiterhin vergeblich. Bis dahin wird man den verfassungsändernden Gesetzgeber zumindest an Dreiers Appell erinnern, »sich der Funktion und der Dignität der Verfassung (wieder stärker) bewusst zu werden. Mehr Respekt vor dem Grundgesetz tut not!«[69]

Es sind vielleicht dieser mangelnde Respekt der politischen Ebene gegenüber der Verfassung, das Herabwürdigen derselben zum Gegenstand ständiger politischer Debatten und die Nobilitierung alltäglicher politischer Kompromisse mit Verfassungsrang, die das Entstehen eines gesunden Verfassungspatriotismus[70] in Deutschland verhindert haben.[71] Außerhalb von Jubiläen wird das Grundgesetz in gesellschaftlichen Debatten nur selten thematisiert. Die besondere Betonung einzelner Artikel, vor allem des Art. 1 GG, bestätigt diesen Eindruck. Denn über den sonstigen Inhalt der Verfassung ist wenig bekannt, kaum jemand hat ein Exemplar des Grundgesetzes zu Hause oder weiß, was außerhalb der Grundrechte darin zu finden ist. »Das allgemeine Interesse am Grundgesetz bleibt gering, sein Identifikationswert für Minderheiten sehr beschränkt.«[72] Das muss nicht schlecht sein – die in den USA anzutreffende Sakralisierung der Verfassung muss, ja sollte kein Vorbild sein. Gleichwohl wünschte man sich bisweilen mehr Einsicht in die Bedeutung dieses Grundgesetzes für die Stabilität der heutigen demokratischen Ordnung. Diese Stabilität ist im weltweiten Vergleich keine Selbstverständlichkeit. Gerade in Krisenzeiten kann eine solche, im liberalen Staat selbstverständlich zulässige »emotionale Gleichgültigkeit«[73] zu einem Problem werden. Die Etablierung eines Verfassungsfeiertags am 23. Mai sowie eines (flexiblen) Wahlfeiertages könnte ein erster Schritt sein.[74]

Natürlich war es nicht das Grundgesetz allein, das diese Stabilität garantierte. Wir haben bei unserer Betrachtung der Weimarer

Republik gesehen, dass eine Verfassung gegen zu starke antidemokratische Kräfte vor allem in ökonomisch aufgewühlten Zeiten aus sich heraus nicht ankommen kann. Die Rahmenbedingungen und die politischen und sonstigen Eliten spielen gerade in der Anfangszeit einer politischen Ordnung eine bedeutende Rolle. Das erkannte schon Benjamin Franklin, als er im Jahr 1775 auf die Frage danach, was die amerikanische Verfassung errichtet habe, antwortete: »A republic, if you can keep it.«[75] Während der Präsidentschaft Donald Trumps, der verfassungsrechtlichen und sonstigen normativen Schranken wenig Respekt entgegenbrachte, wurde erkennbar, was der Mitverfasser der Unabhängigkeitserklärung damit zum Ausdruck bringen wollte: Ob die amerikanische Verfassungsordnung eine zweite Amtszeit Trumps überstanden hätte, ist tatsächlich eine offene, glücklicherweise aber rein theoretische Frage.

Insofern waren es auch die veränderten Umstände nach der totalen Kapitulation, das geschickte Vorgehen der Alliierten – gewiss auch durch den heraufziehenden Kalten Krieg motiviert –, die erste Generation der politischen Entscheidungsträger, die die Normen des Grundgesetzes mit demokratischem Leben füllten, und vor allem die positive wirtschaftliche Entwicklung, die zu dem demokratischen Erfolg entscheidend beigetragen haben. Hinzu kommt die in der neueren Geschichtsforschung zu Recht betonte demokratische Tradition, die die notwendige Grundierung für die neue Ordnung lieferte. Und dennoch: Das, was die Männer und Frauen des Parlamentarischen Rates im Bonner »Naturkundemuseum Alexander Koenig« im Jahr 1949 unter den Blicken der dort ausgestellten präparierten Giraffen erarbeiteten und in Kraft setzten, war angesichts der unmittelbaren deutschen Vorgeschichte gewiss auch ein Wunder. Und dieses Wunder hat schon mehr als siebzig Jahre gehalten.

Trotzdem kann und darf eine demokratische Ordnung niemals in selbstgefällige Genügsamkeit verfallen. Das Alter einer demokratischen Ordnung ist kein Indikator für ihre Zukunftsfähigkeit. Das zeigt sich in den USA, partiell auch in Großbritannien. Für jüngere Demokratien (Ungarn,[76] Polen) gilt das ohnehin. Demokratische Ordnungen bedürfen der steten Pflege.[77] Sie erhalten sich nicht von selbst, wie zuletzt auch Steven Levitsky und Daniel Ziblatt betont haben.[78] Horst Dreier formuliert es so: »Das bedeutet aber umgekehrt auch: wenn im freiheitlichen Verfassungsstaat alle frei sein sollen, dann müssen auch alle etwas dafür tun, dass das so bleibt.«[79]

Veränderte Umstände, aktuell die Bewältigung der Globalisierung und der Corona-Pandemie, stellen auch die demokratische Verfassungsordnung vor neue Herausforderungen. Im dritten Jahrzehnt des 21. Jahrhunderts sind wir in Deutschland gleichwohl weit entfernt von Weimarer Verhältnissen. Wir haben, wie Birte Förster es in einem Gespräch formuliert hat, eigene Probleme, die wir mit unseren heutigen Mitteln bewältigen müssen. Vor diesen Problemen dürfen wir die Augen nicht verschließen, wenn wir das Grundgesetz behalten und unter ihm leben wollen.

Dabei geht es auch um die Frage, wie wir uns die Zukunft des Grundgesetzes im Prozess der europäischen Integration vorstellen. Die Europäische Union, die das Grundgesetz in Art. 23 GG explizit anerkennt, ist eine Herausforderung für jede nationalstaatliche Verfassung. Diese nimmt für sich in Anspruch (wir haben das im zweiten Kapitel gesehen), die Staatsgewalt umfassend zu regeln. In den letzten Jahrzehnten wurden allerdings immer mehr Kompetenzen auf die Europäische Union übertragen. Welcher Hoheitsgewalt wir unter welchen Voraussetzungen ausgesetzt sind, lässt sich dem Grundgesetz damit nicht mehr abschließend entnehmen.[80]

Weil die Europäische Union nicht selbst über den Umfang ihrer Kompetenzen entscheidet, diese ihr vielmehr von den Mitgliedstaaten übertragen werden, hat sie nach unserem Verständnis zwar keine formelle Verfassung und ist auch noch kein Staat.

Ihr Einfluss auf das tägliche Leben ist gleichwohl beachtlich, zahlreiche Regelungen in Deutschland gehen direkt oder indirekt auf europäische Bestimmungen zurück. Im Grundsatz genießt ihr Recht Vorrang vor nationalem Recht.[81] Wie aber lässt sich die Europäische Union damit staats- und verfassungstheoretisch fassen? Und was heißt das für die nationale Verfassung? Inwieweit die deutsche Verfassung von einer Gesamtordnung zu einer europäischen Teilordnung geworden ist, war daher auch eines der Themen der Vereinigung der deutschen Staatsrechtslehrer bei ihrer Jahrestagung im Oktober 2015, dem sich Franz Mayer und Hans Michael Heinig in zwei Referaten widmeten.[82]

In Deutschland hat das Bundesverfassungsgericht den Staaten*ver*bund als neue staatstheoretische Kategorie eingeführt und damit die staats- und verfassungstheoretische Zwischenstellung der Europäischen Union zwischen losem Staatenbund und festem Bundesstaat sprachlich treffend erfasst.[83] Allein: Wie geht es weiter? Das Grundgesetz verpflichtet die Bundesrepublik ausweislich seiner Präambel dazu, als gleichberechtigtes Glied in einem vereinten Europa dem Frieden der Welt zu dienen. Es hat dadurch von Anfang an versucht, »auf eine innovative Art das Innen und das Außen neu zu verbinden«.[84] In welcher Form das zu geschehen hat, wie diese »offene Staatlichkeit« umgesetzt wird, ist verfassungsrechtlich nicht vorgegeben, sondern dem politischen Prozess überlassen. Verfassungstheoretische Neuerungen sind in Zeiten eines solchen »Verfassungspluralismus« nicht ausgeschlossen: »Es geht darum, für diese Wandlung in der internationalen Diskussion anschlussfähige Konzepte und skalierende Begriffe zu finden, die der veränderten Realität und der prozesshaften Entwicklung Rechnung tragen.«[85]

Rechtliche und politische Leitlinie für entsprechende Konzepte muss die Legitimität der politischen Ordnung(en) sein. Weder die Europäische Union noch der Nationalstaat, weder die Unionsverträge noch das Grundgesetz sind Selbstzweck, sondern müssen sich daran messen lassen, ob es ihnen gelingt, diese Legitimität zu erzeugen, also die Akzeptanz und das Vertrauen der Herrschaftsunterworfenen zu gewinnen, ohne die keine Herrschaftsordnung bestehen kann.[86]

An anderer Stelle habe ich mich gegen die Auflösung moderner Verfassungsstaatlichkeit in inter- und überstaatliche Organisationen und für den Erhalt des Grundgesetzes ausgesprochen.[87] Ich glaube, dass der demokratische Verfassungsstaat, das Ergebnis jahrhundertelanger Verfassungskämpfe, das grundsätzliche Organisationsmodell der Zukunft sein kann. Staatenübergreifende Herausforderungen wie Klimawandel, Migration oder die Corona-Pandemie wird dieser demokratische Verfassungsstaat allein natürlich nicht meistern können. Es geht heute um internationale Kooperation und Zusammenarbeit, mithin um einen international integrierten demokratischen Verfassungsstaat, der in wechselseitiger Bedingtheit zu inter- und supranationalen Institutionen steht. Damit unterliegt auch das historisch gewachsene Verfassungsverständnis vermutlich einem Wandel: »Neue Kooperations- und Verflechtungsformen brauchen neue Rechtsformen.«[88]

Innerhalb der Europäischen Union geht es damit aber nicht vorrangig um den möglichen Endzustand der Integration, die berühmte Finalitätsfrage. Vielmehr geht es ganz pragmatisch darum, jeder Ebene in diesem »dualistischen Herrschaftsmodell«[89] diejenigen Zuständigkeiten zuzuweisen, die sie sinnvoll wahrnehmen kann, um eine möglichst hohe Verbundlegitimität zu generieren. Wir neigen hingegen dazu, ambivalente Zustände vereindeutigen zu wollen,[90] und sehnen uns deswegen danach, auch der Europäischen Union alsbald einen klaren Status zuzuweisen: Staat oder Nicht-Staat. Tatsächlich gibt es viele Stimmen, die die Europäische Union »staatsanalog« organisieren wollen.[91] Die Zukunft der Europäischen Union und diejenige der integrierten Mitgliedstaaten mit ihren Verfassungen liegen aber möglicherweise – zumindest für einen gewissen Zeitraum – in ihrer staats- und verfassungstheoretischen Unbestimmtheit.[92] Eine solche (temporäre) Ambivalenz muss nicht als verfassungstheoretische Verfallsgeschichte interpretiert werden.[93] Verfassungen sind entgegen ihrem eigenen Anspruch stets nur »provisorische Ordnungen«.[94] Sich in Ruhe und ohne verfrühte Festlegungen Gedanken über den Übergang und eine denkbare neue Ordnung zu machen, kann deshalb nur richtig sein.

Warum sollte man sich festlegen müssen, wenn mit einer solchen Entscheidung Integrationsschritte oder auch -rückschritte verbunden wären, die die angestrebte Einigkeit zerstören? Was nützt eine Europäische Union, die zwar zum Staat wird, auf dem Weg dorthin aber die Hälfte ihrer Mitglieder verliert? Was wäre im Vergleich zum *Status quo* gewonnen? Und ist das Leben im funktionsfähigen demokratischen Verfassungsstaat, eingebettet in eine staatstheoretisch ambivalente Europäische Union, so schlecht? Diese Debatten gilt es nun zu führen.[95] Wer dabei moniert, dass es sich um »Elitendebatten« handelt, und das europäische Integrationsprojekt pauschal als Elitenprojekt diffamiert, hat sich mit der jüngeren Verfassungsgeschichte vermutlich nie ernsthaft beschäftigt. Verfassungs- und Demokratisierungsschübe wurden immer von Eliten getragen, die sie teilweise gegen den Willen großer Teile der Bevölkerung durchsetzten, die nachgerade ›zum Wählen getragen‹ bzw. mit Alkoholgeschenken dazu überredet werden mussten:[96] »Demokratie begann in aller Regel als Staatsaffäre, als ein bürokratisches Eliten- und Reformprojekt. Blutige Revolutionen waren nicht die Norm, sondern die Ausnahme.«[97] Was waren die USA und ihre Verfassung anderes als das Projekt einer sozio-ökonomischen Elite? »Wer Jacques Derrida und Walter Benjamin in die Abgründe des Mythischen nicht folgen mag und sich stattdessen an die Empirie hält, wird unschwer feststellen, dass Konstruktion und Beschluss von Verfassungen durchweg in der Hand von Eliten liegen.«[98] Reformen von oben waren mittelfristig auch meist erfolgreicher als revolutionäre Ausbrüche, und das gilt bis heute: »Politikwissenschaftliche Studien über jüngere Transformationsprozesse zeigen, dass gewaltförmige Wandlungsprozesse eher zu Diktaturen führen und friedfertige Reformen mehr Potenzial zur Demokratisierung aufweisen.«[99] Erkenntnisse der Verfassungsgeschichte können damit in vielfältiger Weise für aktuelle Debatten nützlich sein und zu einem besseren Verständnis der Gegenwart beitragen. Was der Zeithistoriker Magnus Brechtken für die Geschichte dargelegt hat, gilt auch für die *Verfassungs*geschichte: »Die Erinnerung an das Vergangene, die Sammlung verfügbarer Erkenntnisse, die Prüfung historischer Fakten, kurz: unser Erfahrungswissen und das Bewusstsein für die Ressourcen der Geschichte bilden jenes Potenzial, aus dem unser Verständnis für die Gegenwart möglich ist. Und auch die Orientierung für die Zukunft.«[100] Die Verfassungsgeschichte sollte in aufgewühlten verfassungspolitischen Zeiten deshalb nicht vernachlässigt werden.[101]

Ausblick

Demokratische Verfassungsstaaten stehen weltweit vor großen Herausforderungen. Populistische Strömungen gewinnen an Einfluss, nationale Narrative werden vermehrt bedient und selbst in manchen Mitgliedstaaten der Europäischen Union zeigen sich autoritäre Tendenzen:[102] »We live today in an age of democratic anxiety.«[103] Das ist allerdings noch kein Grund für fatalistische Untergangsstimmung. Das Zeitalter der Demokratien geht (noch) nicht zu Ende: »Keine Frage: Ein Ende der liberalen Demokratien ist möglich – aber unwahrscheinlich«, so Hedwig Richter.[104] Die deutsche Demokratie steht (auch in der Coronakrise) gut da, wenngleich sich (natürlich) Defizite aufzeigen lassen.[1] Allerdings gibt es in funktionsfähigen demokratischen Verfassungsstaaten keine Garantie dafür, dass dieser *Status quo* erhalten bleibt. Der Blick in die Verfassungsgeschichte lehrt, dass politische Systeme zwar den Anspruch erheben, langfristig zu bestehen, dass ihnen das aber nur selten gelungen ist. Die Verfassung der USA ist ein prominentes Beispiel, auch die britische »Verfassungsordnung« kann auf eine lange Tradition verweisen – allerdings nur, weil sie sich immer wieder evolutiv entwickelt hat. Sämtliche andere demokratische Verfassungsordnungen sind deutlich jüngeren Alters. Vor diesem (historischen) Hintergrund spricht wenig dafür, dass diese Errichtungs- und Verfallsgeschichte, das stete Auf und Ab, heute zu Ende ist. Warum auch? Die Staatenlandschaft ist in ständiger Bewegung, neue Staaten entstehen, andere Staaten gehen unter oder unterliegen grundlegenden politischen Reformen. Auch Revolutionen kommen immer wieder vor (sie führen allerdings – historisch erwartbar – nur selten zu stabileren Verhältnissen). Selbst in den USA ist nach der Präsidentschaft Donald Trumps nicht sicher, ob die Verfassungsordnung die zunehmende Polarisierung der Gesellschaft schadlos überstehen wird – schon einmal wurde das Land Mitte des 19. Jahrhunderts von internen Auseinandersetzungen beinahe zerrissen. In Großbritannien war es die Entscheidung für den Brexit,[2] die verfassungsrechtliche Probleme offenbart hat. Der verfassungsgeschichtliche Blick zurück mahnt, sich dieser Vergänglichkeit politischer Ordnungen[3] immer wieder zu vergewissern und nicht der Hybris zu unterliegen, dass die aktuelle Verfassungsordnung ohne weiteres bis in alle Ewigkeit bestehen wird. Ein Ende der Geschichte ist nicht in Sicht. Auch das Grundgesetz ist vergänglich. Und das demokratische Ende kommt nur selten mit einem lauten Knall, sondern schleichend und leise, oftmals gekleidet in viele für sich genommen verfassungskonforme Maßnahmen.[4]

Das Gute an einer funktionierenden demokratischen Verfassungsordnung ist, dass die BürgerInnen über ihre Geltung und ihre Zukunft (mit)entscheiden können. Das Grundgesetz kann noch lange den politischen Rahmen setzen, noch lange die politischen Spielregeln vorgeben, wenn und soweit es vom Volk getragen wird – aber eben auch nur *solange* es vom Volk getragen wird. Gleichgültigkeit und Desinteresse sind erlaubt, tun einer Demokratie als »fragiler Ordnung«[5] aber nicht gut: »Wenn wir vergessen, was die Grundlagen unserer Freiheit sind und wie sie erkämpft wurden, laufen wir Gefahr, sie zu verlieren.«[6] Ähnlich hält Adam Przeworski fest: »Wenn sich die Bürger also nicht von Anfang an gegen Handlungen der Regierung zur Wehr setzen, die in ihrer Summe die Demokratie untergraben werden, wird die Demokratie erodieren.«[7] Bisweilen hat man den Eindruck, dass vielen BürgerInnen das Glück jedoch nicht bewusst ist, das es bedeutet, in einer funktionsfähigen demokratischen Verfassungsordnung leben zu können. Wer die demokratisch beschlossenen und größtenteils verhältnismäßigen Corona-Beschränkungen und deren Durchsetzung mit autoritären Maßnahmen gleichsetzt, hat offenkundig keine Ahnung (mehr) davon, was das Leben in einer Diktatur bedeutet – der Blick nach Belarus könnte einen Eindruck vermitteln: Willkürliche Verhaftungen stehen hier ebenso auf der Tagesordnung wie andere gewaltsame Freiheitsunterdrückungen. In Russland werden Oppositionelle mit Nervengift zum Schweigen gebracht.[8] Das verfassungsrechtlich normierte Leben in demokratischer Freiheit und Gleichheit ist insofern weder historisch noch im internationalen Vergleich eine Selbstverständlichkeit, im Gegenteil. Die Beschäftigung mit der Verfassungsgeschichte kann einen Beitrag leisten, ein Bewusstsein für dieses Glück, aber auch für dessen Verletzlichkeit auszubilden und helfen sicherzustellen, dass die zukünftige Verfassungsgeschichte noch für lange Zeit eine demokratische bleiben kann. Dann aber gibt es keinen Grund für Pessimismus: »Die Zukunft ist offen, und vermutlich ist sie hell.«[9]

Anmerkungen

1. Die Zäsur der Neuzeit

1 Vgl. M. Brechtken, Der Wert der Geschichte. Zehn Lektionen für die Gegenwart, 2020, S. 12.

2 A. Przeworski, Krisen der Demokratie, 2020, S. 166.

3 F. J. Bauer, Das »lange« 19. Jahrhundert, [4]2017, S. 1. Siehe auch die Überlegungen bei R. J. Evans, Das Europäische Jahrhundert. Ein Kontinent im Umbruch 1815–1914, 2020, S. 9 ff.

4 Kritisch zum Anknüpfungspunkt der Neuzeit vor allem D. Willoweit/S. Schlinker, Deutsche Verfassungsgeschichte, [8]2019, § 1, Rn. 3 sowie § 3, Rn. 3. Ähnlich auch C. Waldhoff, Stand und Perspektiven der Verfassungsgeschichte aus Sicht der Rechtswissenschaft, in: Der Staat, Beiheft 18 (2009), S. 145 (169 ff.)

5 Ausführlich dazu A. Thiele, Der gefräßige Leviathan. Entstehung, Ausbreitung und Zukunft des modernen Staates, 2019.

6 C. Möllers, Verfassunggebende Gewalt – Verfassung – Konstitutionalisierung, in: A. v. Bogdandy/J. Bast, Europäisches Verfassungsrecht, [2]2009, S. 227 (227). Zum Verfassungsbegriff auch U. Volkmann, Grundzüge einer Verfassungslehre der Bundesrepublik Deutschland, 2013, S. 7 ff.

7 C. Gusy, Verfassungsgeschichte, in: Docupedia-Zeitgeschichte, 5.2.2020, S. 3.

8 C. Waldhoff, Stand und Perspektiven der Verfassungsgeschichte aus Sicht der Rechtswissenschaft, in: Der Staat, Beiheft 18 (2009), S. 145 (169 ff.); O. Lepsius, Braucht das Verfassungsrecht eine Theorie des Staates?, in: EuGRZ (2004), S. 370 (376 ff.). Siehe auch D. Willoweit/S. Schlinker, Deutsche Verfassungsgeschichte, [8]2019, § 1, Rn. 3 sowie § 3, Rn. 3.

9 C. Waldhoff, Stand und Perspektiven der Verfassungsgeschichte aus Sicht der Rechtswissenschaft, in: Der Staat, Beiheft 18 (2009), S. 145 (171).

10 Dazu umfassend auch C. Möllers, Staat als Argument, [2]2011.

11 H. Boldt, Verfassungsgeschichte und vergleichende Regierungslehre, in: Der Staat 24 (1985), S. 432 (443).

12 G. Balandier, Politische Anthropologie, 1976, S. 90.

13 G. Frankenberg, Autoritarismus. Verfassungstheoretische Perspektiven, 2020, S. 35.

14 C. Möllers, Freiheitsgrade, 2020, Rn. 163.

15 Teile des folgenden Abschnitts sind entnommen aus A. Thiele, Der gefräßige Leviathan, 2019, S. 16 ff.

16 Umfassend dazu B. Roeck, Der Morgen der Welt. Geschichte der Renaissance, [4]2018.

17 Wichtig ist hier: Die Zäsur der Neuzeit war keine plötzliche und wurde schon gar nicht von den Zeitgenossen als eine solche wahrgenommen. Auch insoweit handelt es sich also um eine nachträgliche und subjektive Einteilung. In jedem Fall darf nicht in Vergessenheit geraten, dass es sich um einen Jahrzehnte dauernden Prozess handelte.

18 Vgl. auch C. Taylor, Ein säkulares Zeitalter, 2009, S. 51 f.

19 Vgl. auch M. Maurer, Kleine Geschichte Englands, [5]2014, S. 79.

20 B. Roeck, Der Morgen der Welt, [4]2018, S. 382.

21 D. Willoweit, Reich und Staat, 2013, S. 60. Vgl. auch C. Taylor, Ein säkulares Zeitalter, 2009, S. 969: »Nicht nur zeigen die Menschen, sobald sie von Illusionen frei sind, die wahren Fakten der Welt auf, sondern sie legen auch die Grundwerte fest, nach denen sie sich im Leben richten.«

22 E. Friedell, Kulturgeschichte der Neuzeit, 2007, S. 284. Siehe auch T. Vesting, Staatstheorie, 2018, § 2, Rn. 60.

23 Noch für den Anfang des 18. Jahrhunderts stellt G. Schmidt, Wandel durch Vernunft. Deutsche Geschichte im 18. Jahrhundert, 2009, S. 30 fest: »Niemand stellte in Deutschland den christlichen Glauben ernsthaft in Frage – nicht einmal atheistische Denker oder areligiöse Herrscher.«

24 G. Schmidt, Wandel durch Vernunft. Deutsche Geschichte im 18. Jahrhundert, 2009, S. 9.

25 E. Friedell, Kulturgeschichte der Neuzeit, 2007, S. 124.

26 L. v. Ranke, Französische Geschichte vornehmlich im 16. und 17. Jahrhundert, Bd. I, 2012, S. 38.

27 R. C. v. Caenegem, A Historical Introduction to Western Constitutional Law, 2012, S. 72.

28 B. Roeck, Der Morgen der Welt, [4]2018, S. 1148 f.

29 Unpolitische Herrschaft dürfte es historisch praktisch nicht gegeben haben; vgl. A. Thiele, Allgemeine Staatslehre, 2020, S. 59 ff.

30 M. Brechtken, Der Wert der Geschichte. Zehn Lektionen für die Gegenwart, 2020, S. 21.

31 Vgl. R. Kühnl, Formen bürgerlicher Herrschaft, 1971, S. 14.

32 G. Schmidt, Wandel durch Vernunft. Deutsche Geschichte im 18. Jahrhundert, 2009, S. 10.

33 K. Luig, Samuel Pufendorf, Über die Pflicht des Menschen und des Bürgers, in: M. Brocker, Geschichte des politischen Denkens, 2007, S. 242 (255).

34 E. Friedell, Kulturgeschichte der Neuzeit, 2007, S. 636.

35 M. Brocker, John Locke, Zwei Abhandlungen über die Regierung, in: ders., Geschichte des politischen Denkens, 2007, S. 258 (258). Siehe auch W. Reinhard, Geschichte der Staatsgewalt, S. 118.

36 Die Idee, dass die Staatsgewalt letztlich dem Volk gehöre, findet sich sogar bereits in einer weniger bekannten Abhandlung des Johannes Althusius aus dem Jahre 1603 unter dem Titel Politica methodice digesta; vgl. D. Willoweit, Reich und Staat, 2013, S. 61.

37 Die Unterscheidung zwischen inneren und äußeren Bedingungen wurde zur damaligen Zeit allerdings noch nicht getroffen.

38 H.-G. Pott, Kurze Geschichte der europäischen Kultur, 2005, S. 56. Siehe auch P. Brandt, Grundlinien der sozialökonomischen, sozialkulturellen und gesellschaftspolitischen Entwicklung in Europa 1815–1847, in: W. Daum, Handbuch der europäischen Verfassungsgeschichte im 19. Jahrhundert, Band 2, 2012, S. 31 (32 f.).

39 Zu den kaum vorstellbaren Konsequenzen der Pest für die Bevölkerungsentwicklung in Europa siehe A. Weigl, Bevölkerungsgeschichte Europas, 2012, S. 49 ff.

40 R. Bendix, Könige oder Volk, Zweiter Teil, 1980, S. 18.

41 Vgl. A. Weigl, Bevölkerungsgeschichte Europas, 2012, S. 65.

42 M. Maurer, Kleine Geschichte Englands, 5. Aufl. 2014, S. 85.

43 Ebd., S. 159 f.

44 Vgl. S. E. Finer, The History of Government III, 1999, S. 1070.

45 Ebd., S. 1070.

46 Ebd., S. 1071.

47 R. Koselleck, Fortschritt und Beschleunigung. Zur Utopie der Aufklärung, in: Akademie der Künste Berlin, Der Traum der Vernunft, 1985, S. 75 (84).

48 H. Krüger, Allgemeine Staatslehre, [2]1966, S. 19.

49 Vgl. H.-G. Pott, Kurze Geschichte der europäischen Kultur, 2005, S. 57.

50 R. Koselleck, Fortschritt und Beschleunigung. Zur Utopie der Aufklärung, in: Akademie der Künste Berlin, Der Traum der Vernunft, 1985, S. 75 (82 f.)

51 Brockhaus der Gegenwart (1840), Artikel zum Wesen der Eisenbahnen, zitiert nach ebd., S. 75 (85).

52 G. Schmidt, Wandel durch Vernunft. Deutsche Geschichte im 18. Jahrhundert, 2009, S. 29.

53 R. Koselleck, Fortschritt und Beschleunigung. Zur Utopie der Aufklärung, in: Akademie der Künste Berlin, Der Traum der Vernunft, 1985, S. 75 (81).

54 B. Anderson, Die Erfindung der Nation, 2. Aufl. 1993, S. 30 ff.

55 Siehe auch E. Friedell, Kulturgeschichte der Neuzeit, 2007, S. 154: »Was ist eine Stadt? Man kann es eigentlich nur negativ definieren: Sie ist der schärfste Gegensatz des ›Landes‹.« Siehe auch F. Lenger, Metropolen der Moderne, 2013, S. 11 (Stadt der Vormoderne deutlich vom Land unterschieden).

56 Die Bedeutung der Stadt ist zuletzt aber noch einmal angestiegen, was mittlerweile zu der Frage führt, inwieweit den großen Metropolen nicht auch völkerrechtlich ein veränderter Status zugesprochen werden sollte. Vgl. dazu etwa H. Aust, Das Recht der globalen Stadt, 2017; A. Thiele, Allgemeine Staatslehre, 2020, S. 265 ff.; R. Hirschl, City, State: Constitutionalism and the Megacity, 2020.

57 Vgl. R. Bendix, Könige oder Volk, Zweiter Teil, 1980, S. 17 ff.

58 Vgl. P. Brandt, Grundlinien der sozialökonomischen, sozialkulturellen und gesellschaftspolitischen Entwicklung in Europa 1815–1847, in: W. Daum, Handbuch der europäischen Verfassungsgeschichte im 19. Jahrhundert, Bd. 2, 2012, S. 31 (33).

59 E. Friedell, Kulturgeschichte der Neuzeit, 2007, S. 155.

60 P. Crone, Die vorindustrielle Gesellschaft, 1992, S. 25.

61 M. Maurer, Kleine Geschichte Englands, [5]2014, S. 87. Siehe auch R. M. MacIver, The Modern State, 1926, S. 138.

62 Vgl. P. Crone, Die vorindustrielle Gesellschaft, 1992, S. 46.

63 Ebd., S. 198 ff.

64 H.-G. Pott, Kurze Geschichte der europäischen Kultur, 2005, S. 59. Vgl. auch F. Lenger, Metropolen der Moderne, 2013, S. 27.

65 Diese neue und seltsame Vorstellung von der Bedeutung des Goldes war für die Inka völlig unverständlich. Warum es Pizarro also vor allem auf ihr Gold abgesehen hatte, konnten sie sich nicht erschließen; vgl. N. Ferguson, The Ascent of Money, 2008, S. 21.

66 P. Crone, Die vorindustrielle Gesellschaft, 1992, S. 202.

67 H.-G. Pott, Kurze Geschichte der europäischen Kultur, 2005, S. 59.

68 E. Friedell, Kulturgeschichte der Neuzeit, 2007, S. 228.

69 P. Crone, Die vorindustrielle Gesellschaft, 1992, S. 203.

70 H.-G. Pott, Kurze Geschichte der europäischen Kultur, 2005, S. 59.

71 F. J. Bauer, Das »lange« 19. Jahrhundert, [4]2017, S. 50 ff.

72 V. Reinhardt, Die Medici, [5]2013, S. 17.

73 Ebd., S. 25 ff.

74 Vgl. auch ebd., S. 20: »Die Umsetzung von Reichtum in Einfluss, später Macht, ist somit das erste große Transformationsunterfangen der Familiengeschichte.«

75 E. Friedell, Kulturgeschichte der Neuzeit, 2007, S. 228.

76 J. K. Galbraith, A Short History of Financial Euphoria, 1990, S. 28 ff.: »Prices were extravagant; by 1636, a bulb of no previously apparent worth might be exchanged for ›a new carriage, two grey horses and a complete harness.‹«

77 Vgl. ebd., S. 33.

78 Vgl. dazu den Überblick bei N. Ferguson, The Ascent of Money, 2008, S. 138 ff. sowie J. K. Galbraith, A Short History of Financial Euphoria, 1990, S. 34 ff.

79 Siehe auch D. Willoweit/S. Schlinker, Deutsche Verfassungsgeschichte, [8]2019, § 2, Rn. 1: »Dieses Vorverständnis jeder Forschung, die sich mit einem abgeschlossenen Text auseinandersetzt, ist unausweislich.«

80 Ausführlich zu den einzelnen Merkmalen A. Thiele, Der gefräßige Leviathan, 2019, S. 44ff. Die folgenden Ausführungen sind partiell entnommen aus ders., Allgemeine Staatslehre, 2020, S. 42ff.

81 Vgl. auch M. Payandeh, Allgemeine Staatslehre, in: J. Krüper (Hrsg.), Grundlagen des Rechts, [3]2016, § 4, Rn. 4.

82 In diesem Sinne aber etwa E. Forsthoff, Der Staat der Industriegesellschaft, 1971, S. 11ff., und auf S. 158 hält er für die Bundesrepublik der 70er Jahre fest: »Von Souveränität im Sinne der höchsten und fortdauernden Gewalt zu sprechen wäre absurd.«

83 H. Dreier, Religionsverfassung in 70 Jahren Grundgesetz – Rückblick und Ausblick, in: JZ (2019), S. 1005 (1008), dort auch zur in der jüngeren Bundesrepublik noch sehr erfolgreichen, allerdings verfehlten Koordinationslehre.

84 Zum Begriff knapp A. Thiele, Der gefräßige Leviathan, 2019, S. 59f. Siehe auch H. Dreier, Säkularisierung und Sakralität, 2013, S. 12ff.

85 H. Dreier, Staat ohne Gott, 2018. Längere Rezension bei D. Rennert, Liberale Theorie, Republikanische Praxis?, in: Der Staat 58 (2019), S. 411ff.

86 Siehe auch M. Brechtken, Der Wert der Geschichte. Zehn Lektionen für die Gegenwart, 2020, S. 46ff.

87 Siehe auch S. Lessenich, Grenzen der Demokratie, 2019, S. 64.

88 Vgl. auch J. Habermas, Auch eine Geschichte der Philosophie, Bd. 2, 2019, S. 200 sowie B. Rüthers, Das Ungerechte an der Gerechtigkeit, [3]2009, S. 51.

89 G. Schmidt, Wandel durch Vernunft. Deutsche Geschichte im 18. Jahrhundert, 2009, S. 10.

90 Siehe auch A. Thiele, Der gefräßige Leviathan, 2019, S. 84f.; siehe auch R. Zimmermann, England und Deutschland: Unterschiedliche Rechtskulturen?, 2019, S. 29 und 37ff.

91 Diese Aussage geht auf Max Weber zurück.

92 In den Städten und Gemeinden fanden sich hingegen teilweise bereits Differenzierungen, vor allem im Bereich des Armenrechts.

93 Katholisch, lutherisch, reformiert.

94 Siehe auch N. Ullrich, Personale Bindungen im Wandel der Verfassungen, in: J. Münch/A. Thiele (Hrsg.), Verfassungsrecht im Widerstreit, 2019, S. 51 (68ff.). Zu dieser Entwicklung auch J. Paulmann, Globale Vorherrschaft und Fortschrittsglaube. Europa 1850–1914, 2019, S. 337ff.

95 B. Anderson, Die Erfindung der Nation, 1996. Siehe auch M. Brechtken, Der Wert der Geschichte. Zehn Lektionen für die Gegenwart, 2020, S. 124f.

96 Vgl. M. Brechtken, Der Wert der Geschichte. Zehn Lektionen für die Gegenwart, 2020, S. 123ff.

97 Vgl. D. Grimm, Verfassungsgeschichte 1776–1866, [4]2015, S. 11.

98 Ebd.› S. 11.

99 Dazu F. J. Bauer, Das »lange« 19. Jahrhundert, [4]2017, S. 7ff.

100 So insbesondere ebd., S. 50ff.; ahnlich K. Kröger, Grundrechtsentwicklung in Deutschland – von ihren Anfängen bis zur Gegenwart, 1998, S. 2, der von »Freiheit und Autonomie« spricht.

101 F. J. Bauer, Das »lange« 19. Jahrhundert, [4]2017, S. 51. Siehe auch G. Schmidt, Wandel durch Vernunft. Deutsche Geschichte im 18. Jahrhundert, 2009, S. 16f.

102 Dazu J. Paulmann, Globale Vorherrschaft und Fortschrittsglaube. Europa 1850–1914, 2019, S. 162ff.

103 H. Richter, Demokratie. Eine deutsche Affäre, 2020, S. 8.

104 J. Paulmann, Globale Vorherrschaft und Fortschrittsglaube. Europa 1850–1914, 2019, S. 164.

105 H. Richter, Demokratie. Eine deutsche Affäre, 2020, S. 13f.

106 Vgl. ebd., S. 284ff.

107 In Deutschland setzte ein einheitliches Bürgerliches Gesetzbuch zunächst die Reichseinigung voraus. Es trat schließlich am 1.1.1900 in Kraft.

108 M. Brechtken, Der Wert der Geschichte. Zehn Lektionen für die Gegenwart, 2020, S. 29.

109 Vgl. auch H. A. Winkler, Wie wir wurden, was wir sind. Eine kurze Geschichte der Deutschen, 2020, S. 31.

110 D. Allen, Politische Gleichheit, 2020, S. 21, 102f., 233f.

111 F. J. Bauer, Das »lange« 19. Jahrhundert, [4]2017, S. 55.

112 Gegenwärtig kennen lediglich drei Staaten keine geschriebene Verfassung im hier verstandenen Sinne: Großbritannien, Neuseeland und Israel.

113 Siehe auch J. Paulmann, Globale Vorherrschaft und Fortschrittsglaube. Europa 1850–1914, 2019, S. 297.

114 D. Willoweit/S. Schlinker, Deutsche Verfassungsgeschichte, [8]2019, § 3, Rn. 3; C. Waldhoff, Stand und Perspektiven der Verfassungsge-

schichte aus Sicht der Rechtswissenschaft, in: Der Staat, Beiheft 18 (2009), S. 145 (169ff.); O. Lepsius, Braucht das Verfassungsrecht eine Theorie des Staates?, in: EuGRZ (2004), S. 370 (376).

2. Zum Begriff der Verfassung

1 G. Frankenberg, Autoritarismus. Verfassungstheoretische Perspektiven, 2020, S. 39.

2 D. Grimm, Verfassungsgeschichte 1776–1866, [4]2015, S. 10.

3 Ähnlich für den Demokratiebegriff H. Richter, Demokratie. Eine deutsche Affäre, 2020, S. 11.

4 R. Kühnl, Formen bürgerlicher Herrschaft, 1971, S. 16.

5 M. Brechtken, Der Wert der Geschichte. Zehn Lektionen für die Gegenwart, 2020, S. 96.

6 R. Kühnl, Formen bürgerlicher Herrschaft, 1971, S. 15.

7 D. Grimm, Deutsche Verfassungsgeschichte, 1776–1866, [4]2015, S. 12.

8 Siehe dazu auch C. Möllers, Verfassunggebende Gewalt – Verfassung – Konstitutionalisierung, in: A. v. Bogdandy/J. Bast, Europäisches Verfassungsrecht, [2]2009, S. 227 (230ff.); H. Arendt, Über die Revolution, 1963, S. 183ff. sowie U. Volkmann, Grundzüge einer Verfassungslehre der Bundesrepublik Deutschland, 2013, S. 15f.

9 C. Möllers, Verfassunggebende Gewalt – Verfassung – Konstitutionalisierung, in: A. v. Bogdandy/J. Bast, Europäisches Verfassungsrecht, [2]2009, S. 227 (231).

10 Vgl. auch G. Frankenberg, Autoritarismus. Verfassungstheoretische Perspektiven, 2020, S. 37.

11 Zuletzt H. M. Heinig u.a., Why Constitution Matters – Verfassungsrechtswissenschaft in Zeiten der Corona-Krise, in: JZ (2020), S. 861 (862).

12 U. Volkmann, Grundzüge einer Verfassungslehre der Bundesrepublik Deutschland, 2013, S. 18.

13 D. Grimm, Deutsche Verfassungsgeschichte 1776–1866, [4]2015, S. 13.

14 G. Frankenberg, Autoritarismus. Verfassungstheoretische Perspektiven, 2020, S. 38.

15 Dazu auch A. Thiele, Verlustdemokratie, [2]2018, S. 1ff.

16 H. A. Winkler, Der lange Weg nach Westen, Bd. 1 und Bd. 2, 2000. Zuletzt ders., Wie wir wurden, was wir sind. Eine kurze Geschichte der Deutschen, 2020.

17 G. Schmidt, Wandel durch Vernunft. Deutsche Geschichte im 18. Jahrhundert, 2009, S. 58.
M. L. Anderson, Ein Demokratiedefizit? Das Deutsche Kaiserreich in vergleichender Perspektive, in: Geschichte und Gesellschaft 44 (2018), S. 367 ff.

18 Ebd., S. 367 (370).

19 Vgl. auch H. Richter, Demokratie. Eine deutsche Affäre, 2020, S. 278.

20 Siehe dazu ausführlich ebd. sowie zuvor bereits dies., Moderne Wahlen, 2018.

21 Siehe auch H. Richter, Demokratie. Eine deutsche Affäre, 2020, S. 257.

22 Ebd., S. 325.

23 Ein wirklich umfassend allgemeines Männer- und Frauenwahlrecht wurde dort erst 1928 eingeführt.

24 Dazu A. Thiele, Der Austritt aus der EU. Hintergründe und rechtliche Rahmenbedingungen des Brexit, in: EuR (2016), S. 281 ff.

25 Ausführlich zu den Gründen und den Funktionen solcher Verfassungen in autoritären Regimen G. Frankenberg, Autoritarismus – Verfassungstheoretische Perspektiven, 2020.

26 Ebd., S. 15.

27 M. L. Anderson, Ein Demokratiedefizit? Das Deutsche Kaiserreich in vergleichender Perspektive, in: Geschichte und Gesellschaft 44 (2018), S. 367 (397).

28 Überblick zu diesem aus deutscher Perspektive G. Schmidt, Wandel durch Vernunft. Deutsche Geschichte im 18. Jahrhundert, 2009, S. 161 ff. Ausführlich jetzt auch M. Füssel, Der Preis des Ruhms. Eine Weltgeschichte des Siebenjährigen Krieges, [2]2020.

29 Siehe dazu auch D. Jörke, Die Größe der Demokratie, 2019, S. 41 ff.

30 G. Frankenberg, Autoritarismus. Verfassungstheoretische Perspektiven, 2020, S. 81 f.

31 Zur britischen Entwicklung auch J. Leonhard, Die Grammatik der Gesellschaft: Perspektiven der Verfassungsgeschichten Frankreichs und Großbritanniens seit dem 19. Jahrhundert, in: Der Staat, Beiheft 18 (2009), S. 49 (61 ff.).

32 W. Frotscher/B. Pieroth, Verfassungsgeschichte, [18]2019, Rn. 448.

3. Die Amerikanische Revolution

1 Vgl. D. Grimm, Europäisches Naturrecht und Amerikanische Revolution, in: H. Coing, Jus Commune III, 1970, S. 120 (120).

2 D. Stasavage, The Decline and Rise of Democracy, 2020, S. 229.

3 Ebd., S. 225.

4 M. Zuckerman, The Social Context of Democracy in Massachusetts, in: William and Mary Quarterly 25 (1968), S. 523 (527).

5 C. L. Becker, The Declaration of Independence, 1958, S. 5.

6 Joey Chestnut hält den aktuellen Rekord. Im Jahr 2020 verschlang er 75 (!) Hotdogs in zehn Minuten.

7 Lesenswert dazu D. Allen, Our Declaration. A Reading of the Declaration of Independence in Defense of Equality, 2014.

8 Siehe auch E. Wolgast, Geschichte der Menschen- und Bürgerrechte, 2009, S. 45.

9 J. Paulmann, Globale Vorherrschaft und Fortschrittsglaube. Europa 1850–1914, 2019, S. 298: »Die Monarchie war die Form der politischen Verfassung im 19. Jahrhundert.«

10 Vgl. S. E. Finer, The History of Government III, 1999, S. 1485: »But thirdly: in arriving at this, the United States made no less than six governmental innovations, all of which have been taken up worldwide [...].«

11 Der folgende Abschnitt ist teilweise entnommen aus A. Thiele, Der gefräßige Leviathan, 2019, S. 236 ff.

12 Vgl. auch D. Howard, Die Grundlegung der amerikanischen Demokratie, 2001, S. 75 f., 284.

13 Vgl. auch F. Berber, Das Staatsideal im Wandel der Weltgeschichte, 1973, S. 261.

14 H. Dippel, Die Amerikanische Revolution, 1985, S. 92.

15 Vgl. M. Kriele, Einführung in die Staatslehre, [6]2003, S. 117. Siehe auch P. Pettit, Gerechte Freiheit, 2017, S. 41 f.

16 H. Wasser, Die Vereinigten Staaten von Amerika, 1980, S. 21 f.

17 Zur häufigen Gegenüberstellung dieser beiden Revolutionen auch D. Howard, Die Grundlegung der amerikanischen Demokratie, 2001, S. 11 ff.

18 H. Dippel, Die Amerikanische Revolution, 1985, S. 81 ff.

19 Ebd., S. 84.

20 Zur späteren radikalen Verfassung von Philadelphia knapp D. Howard, Die Grundlegung der amerikanischen Demokratie, 2001, S. 171 ff.

21 P. Manow, (Ent-)Demokratisierung der Demokratie, 2020, S. 36.

22 Zu diesen auch D. Howard, Die Grundlegung der amerikanischen Demokratie, 2001, S. 280 ff.

23 F. Berber, Das Staatsideal im Wandel der Geschichte, 1973, S. 267.

24 Vgl. P. Manow, (Ent-)Demokratisierung der Demokratie, 2020, S. 32 ff.

25 P. Brandt/M. Kirsch/A. Schlegelmilch/W. Daum, Einleitung, in: P. Brandt u. a., Handbuch der europäischen Verfassungsgeschichte im 19. Jahrhundert, Bd. 1, 2006, S. 7 (28).

26 Vgl. P. Manow, (Ent-)Demokratisierung der Demokratie, 2020, S. 57: »Der historische Aufstieg der repräsentativen Demokratie mündet offenbar gegenwärtig in eine Krise der Repräsentation.«

27 G. Frankenberg, Autoritarismus. Verfassungstheoretische Perspektiven, 2020, S. 111.

28 Insoweit siehe auch E. Wolgast, Geschichte der Menschen- und Bürgerrechte, 2009, S. 46 ff.

29 J. E. Cooke, Preface, in: The Federalist, 1961, S. ix.

30 Vgl. auch C. Sunstein, Interest Groups in American Public Law, in: Stanford Law Review 38 (1985), S. 29 (42).

31 The Federalist, Nr. 51 (James Madison).

32 Vgl. A. R. Amar, America's Constitution. A Biography, 2006, S. 6.

33 Die ursprüngliche Verfassung enthielt keinen Grundrechtskatalog. Allerdings fanden sich einzelne Justizgarantien, zudem ließ sich wohl aus dem Verbot von Adelstiteln indirekt die Geltung des Gleichheitssatzes ableiten, vgl. E. Wolgast, Geschichte der Menschen- und Bürgerrechte, 2009, S. 48.

34 Lesenswert A. R. Amar, America's Constitution. A Biography, 2006.

35 Ebd., S. 130.

36 Ebd., S. xi.

37 Man denke etwa an den »Muslim-Ban« des Präsidenten Donald Trump.

38 Zu dieser Kompetenz allgemein A. R. Amar, America's Constitution. A Biography, 2006, S. 185 ff.

39 Vgl. dazu L. Fisher, Presidential War Powers, 1995.

40 A. R. Amar, America's Constitution. A Biography, 2006, S. 8.

41 Das betont zutreffend auch D. Allen, Politische Gleichheit, 2020, S. 71: »Nicht zuletzt ist eine Welt ohne Herrschaft keine Welt ohne Hierarchie und auch keine Welt ohne Zwänge, vielmehr müssen Hierarchie und Zwänge, wie zum Beispiel Gesetze, legitim sein.« Insofern sollte man sich nicht davon täuschen lassen, dass Allen von Herrschaftslosigkeit spricht. Damit meint sie letztlich das Fehlen jeder Form der Fremdherrschaft, nicht aber die Nichtexistenz von Herrschaft per se.

42 C. Möllers, Freiheitsgrade. Elemente einer liberalen politischen Mechanik, 2020, Rn. 226.

43 A. Thiele, Verlustdemokratie, [2]2018, S. 35 ff.

44 Vgl. D. Allen, Politische Gleichheit, 2020, S. 21.

45 Vgl. auch E.-W. Böckenförde, Begriff und Probleme des Verfassungsstaates, in: ders., Staat, Nation, Europa, 1999, S. 127 (129).

46 Vgl. auch H. Richter, Demokratie. Eine deutsche Affäre, 2020, S. 137: »Man kann aber auch zur Kenntnis nehmen, dass jede funktionierende liberale Demokratie immer eine kontaminierte Mischform darstellt, ein ausgeprägtes System von checks and balances hat und bis heute eine ›mitigated democracy‹ ist, eine ›gemäßigte Demokratie‹, wie es in den USA hieß.« Zuletzt ist allerdings bestritten worden, ob dieses System in den USA heute noch funktioniert; vgl. E. A. Posner/A. Vermeule, Die entfesselte Exekutive, 2014 – eine Analyse, die eine heftige Debatte ausgelöst hat und ihrerseits auf viel Kritik gestoßen ist.

47 Dazu ausführlich A. Thiele, Allgemeine Staatslehre, 2020, S. 97 ff.

48 Dazu C. Sunstein, Impeachment. A Citizen's Guide, 2017. Knapp A. R. Amar, America's Constitution. A Biography, 2006, S. 198 ff.

49 E. A. Posner/A. Vermeule, Die entfesselte Exekutive. Die Krise des liberalen Legalismus, 2014. Schon in der Einführung zur deutschen Ausgabe wird das Ausmaß an Kritik deutlich, auf die dieses Buch gestoßen ist.

50 Siehe auch B. Ackerman, The New Separation of Powers, in: Harvard Law Review 113 (2000), S. 633 (638 ff.).

51 Vgl. auch J. Leonhard, Die Grammatik der Gesellschaft: Perspektiven der Verfassungsgeschichten Frankreichs und Großbritanniens seit dem 19. Jahrhundert, in: Der Staat, Beiheft 18 (2009), S. 49 (49): »Verfassungstraditionen als Teil der politischen Kultur erklären sich aus historischen Prozessen.«

52 J. Rancière, Der Hass der Demokratie, 2011, S. 80.

53 Zur Entwicklung siehe D. Ratcliffe, The Right to Vote and the Rise of Democracy, 1787–1828, in: Journal of the Early Republic 33 (2013), S. 219 ff.

54 H. Dreier, Gilt das Grundgesetz ewig?, 2009, S. 29.

55 Ausführlich dazu auch R. Albert, Constitutional Amendments, 2019.

56 Kritisch H. Dreier, Das Grundgesetz im Prozess seiner permanenten Veränderung: Ein Mahnruf zur Verfassungsentwicklung, in: L. Lüdicke, Deutschland in bester Verfassung. 70 Jahre Grundgesetz, 2020, S. 89 (98).

57 Vgl. auch ebd., S. 89 (94 ff.).

58 Zu dieser W. Heun, Die Geburt der Verfassungsgerichtsbarkeit – 200 Jahre Marbury v. Madison, in: ders., Verfassung und Verfassungsgerichtsbarkeit im Vergleich, 2014, S. 38 ff.

59 Vgl. dazu auch A. R. Amar, America's Constitution. A Biography, 2006, S. 231 ff.

60 The Federalist, Nr. 78 (Alexander Hamilton).

61 Zu Frankreich siehe sogleich im vierten Kapitel.

62 Dazu W. Heun, Original Intent und Wille des historischen Verfassungsgebers, in: ders., Verfassung und Verfassungsgerichtsbarkeit im Vergleich, 2014, S. 213 ff.

63 Siehe zuletzt H. M. Heinig u. a., Why Constitution Matters – Verfassungsrechtswissenschaft in Zeiten der Corona-Krise, in: JZ (2020), S. 861 (862): »Zum einen ist das Grundgesetz im Unterschied zu solchen Verfassungen wie der US-amerikanischen, die überwiegend nach ihrem Text oder den Vorstellungen der Gründergeneration ausgelegt werden, keine starre, sondern eine in hohem Maße dynamische, sich an den Wandel der gesellschaftlichen Realitäten, aber auch den Wandel der gesellschaftlichen Wertvorstellungen anpassende Verfassung [...].«

64 W. Heun, Die Struktur des deutschen Konstitutionalismus des 19. Jahrhunderts im verfassungsgeschichtlichen Vergleich, in: ders., Verfassung und Verfassungsgerichtsbarkeit im Vergleich, 2014, S. 19 (20 ff.).

65 A. R. Amar, America's Constitution. A Biography, 2006, S. 10.

66 G. Frankenberg, Autoritarismus. Verfassungstheoretische Perspektiven, 2020, S. 108 ff.

4. Die Französische Revolution

1 M. Stolleis, Konstitution und Intervention, 2001, S. 23.

2 C. L. Becker, The Declaration of Independence, 1958, S. 30.

3 Siehe dazu auch A. Fahrmeir, Revolutionen und Reformen. Europa 1789–1850, 2010, S. 7 ff.

4 G. Schmidt, Wandel durch Vernunft. Deutsche Geschichte im 18. Jahrhundert, 2009, S. 25; M. Stolleis, Konstitution und Intervention, 2001, S. 20.

5 A. Fahrmeir, Revolutionen und Reformen. Europa 1789–1850, 2010, S. 13.

6 Ebd., S. 15 f.

7 Vgl. für Deutschland G. Schmidt, Wandel durch Vernunft. Deutsche Geschichte im 18. Jahrhundert, 2009, S. 291 ff.

8 Ebd., S. 32.

9 Ebd., S. 31.

10 Dazu M. Stolleis, Konstitution und Intervention, 2001, S. 20 f.

11 Zur Gliederung der deutschen Gesellschaft zu Beginn des 18. Jahrhunderts G. Schmidt, Wandel durch Vernunft. Deutsche Geschichte im 18. Jahrhundert, 2009, S. 32 ff.

12 M. Stolleis, Konstitution und Intervention, 2001, S. 21.

13 G. Schmidt, Wandel durch Vernunft. Deutsche Geschichte im 18. Jahrhundert, 2009, S. 296.

14 Ebd., S. 31.

15 Ebd., S. 291.

16 Ebd., S. 292.

17 M. Stolleis, Konstitution und Intervention, 2001, S. 21.

18 Insbesondere das marktwirtschaftliche Prinzip der Leistungsfähigkeit versagt hier in vielen Bereichen. Dazu auch C. Neuhäuser, Reichtum als moralisches Problem, 2018.

19 Zu smithianischen Revolution B. Ziegler, Geschichte des ökonomischen Denkens, ^{2}2008, S. 56 ff.

20 Vgl. H. Richter, Demokratie. Eine deutsche Affäre, 2020, S. 51 ff.

21 J. Paulmann, Globale Vorherrschaft und Fortschrittsglaube. Europa 1850–1914, 2019, S. 161.

22 E.-W. Böckenförde, Die sozialen und politischen Ordnungsideen der Französischen Revolution, in: ders., Staat, Nation, Europa, 1999, S. 11 (15 f.).
23 M. Stolleis, Konstitution und Intervention, 2001, S. 23.
24 Wer in der ehemaligen DDR sozialisiert wurde, dürfte davon ohnehin mehr als eine Ahnung haben.
25 Vgl. ebd., S. 27.
26 Ebd., S. 28 f.
27 Vgl. dazu H.-U. Thamer, Die Französische Revolution, ^{5}2019, S. 76 ff.
28 Vgl. D. Grimm, Deutsche Verfassungsgeschichte 1776–1866, ^{4}2015, S. 19 ff.
29 C. Zwierlein, Politische Theorie und Herrschaft in der Frühen Neuzeit, 2020, S. 163.
30 D. Grimm, Deutsche Verfassungsgeschichte 1776–1866, ^{4}2015, S. 20.
31 A. Fahrmeir, Revolutionen und Reformen. Europa 1789–1850, 2010, S. 39.
32 Ebd.› S. 42 ff.
33 Vgl. auch G. Frankenberg, Autoritarismus. Verfassungstheoretische Perspektiven, 2020, S. 36.
34 Dazu A. Thiele, Der gefräßige Leviathan, 2019, S. 214 ff.
35 C. Schönberger, Das Parlament im Anstaltsstaat, 1997, S. 9.
36 M. Stolleis, Konstitution und Intervention, 2001, S. 24.
37 Zu dieser E. Wolgast, Geschichte der Menschen- und Bürgerrechte, 2009, S. 53 ff.
38 A. Fahrmeir, Revolutionen und Reformen. Europa 1789–1850, 2010, S. 53.
39 Vgl. auch D. Langewiesche, Recht und Revolution, in: C. Starck, Recht und Willkür, 2012, S. 27 (42): »Im 19. Jahrhundert blieb das Entréebillet für den Eintritt in den Klub der Nationalstaaten Europas die Monarchie.«
40 Ausführlich zu dieser M. Gauchet, Die Erklärung der Menschenrechte. Die Debatte um die bürgerlichen Freiheiten 1789, 1991.
41 Vgl. R. Kühnl, Formen bürgerlicher Herrschaft, 1971, S. 31 f.
42 B. Förster, 1919. Ein Kontinent erfindet sich neu, 2018, S. 18.
43 M. Brechtken, Der Wert der Geschichte. Zehn Lektionen für die Gegenwart, 2020, S. 65.
44 C. Nonn, Das 19. und 20. Jahrhundert, ^{4}2020, S. 112.

45 Ebd., S. 113.

46 Vgl. J. Leonhard, Die Grammatik der Gesellschaft: Perspektiven der Verfassungsgeschichten Frankreichs und Großbritanniens seit dem 19. Jahrhundert, in: Der Staat, Beiheft 18 (2009), S. 49 (53).

47 Zu diesen A. Thiele, Allgemeine Staatslehre, 2020, S. 166 ff.

48 Vgl. auch J. Paulmann, Globale Vorherrschaft und Fortschrittsglaube. Europa 1850–1914, 2019, S. 346 ff. Zur heutigen Bedeutung A. Assmann, Die Wiedererfindung der Nation, 2020.

49 Siehe auch A. Thiele, Der gefräßige Leviathan, 2019, S. 254 ff.

50 Der Sache nach wie hier J. Paulmann, Globale Vorherrschaft und Fortschrittsglaube. Europa 1850–1914, 2019, S. 337, der allerdings von Ausgrenzung spricht.

51 Dazu auch M. Brechtken, Der Wert der Geschichte. Zehn Lektionen für die Gegenwart, 2020, S. 123 ff.

52 E.-W. Böckenförde, Die Nation – Identität in Differenz, in: ders., Staat, Nation, Europa, 1999, S. 34 (41).

53 G. Frankenberg, Autoritarismus. Verfassungstheoretische Perspektiven, 2020, S. 33.

54 A. Thiele, Allgemeine Staatslehre, S. 282 ff. sowie ausführlich A. Thiele, Der gefräßige Leviathan, 2019, S. 285 ff. Kritisch zu diesem Konzept A. Assmann, Die Wiedererfindung der Nation, 2020, S. 34 ff.

55 H. Richter, Demokratie. Eine deutsche Affäre, 2020, S. 27.

56 K. Kröger, Grundrechtsentwicklung in Deutschland – von ihren Anfängen bis zur Gegenwart, 1998, S. 10.

57 C. Möllers, Freiheitsgrade. Elemente einer liberalen politischen Mechanik, 2020, Rn. 53.

5. Großbritannien und die Situation in Deutschland am Ende des 18. Jahrhunderts

1 Teile des folgenden Abschnitts entstammen aus A. Thiele, Der gefräßige Leviathan, 2019, S. 53 ff.

2 In diese Richtung jedoch H. Heller, Staatslehre, [2]1961, S. 129.

3 M. Maurer, Kleine Geschichte Englands, [5]2014, S. 39.

4 Ebd., S. 80.

5 Ebd., S. 45.

6 Sie war also nicht universal und schon deshalb keine Verfassung im hier verstandenen Sinne. Darüber hinaus war sie aber auch nicht herrschaftsbegründend und umfassend.

7 M. Maurer, Kleine Geschichte Englands, [5]2014, S. 101.

8 Vgl. auch H. Quaritsch, Staat und Souveränität, [2]2019, S. 397 sowie S. E. Finer, The History of Government III, 1999, S. 1070.

9 P. Crone, Die vorindustrielle Gesellschaft, 1992, S. 176: »In China freilich schuf der Staat ein flächendeckendes System von Gerichten, die jedoch nur als letzte Anrufungsinstanz gedacht waren; man erwartete von anständigen Untertanen, dass sie ihre Streitfälle vor Familienoberhäuptern, Standesherren, Gilden und ähnlichem regelten.«

10 Dazu auch S. E. Finer, The History of Government III, 1999, S. 1307 f. sowie H. Boldt, Deutsche Verfassungsgeschichte, Bd. 1, [3]1994, S. 194.

11 M. Kriele, Einführung in die Staatslehre, [6]2003, S. 76.

12 Vgl. auch A. Benz, Der moderne Staat, 2001, S. 49, der gar von einer »absolutistischen Phase« spricht, was zu weit gehen dürfte. Siehe auch R. C. v. Caenegem, A Historical Introduction to Western Constitutional Law, 2012, S. 104: »Non-Compliance with his policy frequently meant death, and even the expression of politically incorrect opinions was a capital offence.«

13 R. C. v. Caenegem, A Historical Introduction to Western Constitutional Law, 2012, S. 107.

14 Vgl. auch M. Kriele, Einführung in die Staatslehre, [6]2003, S. 76: »Wenngleich England in der ersten Hälfte des 17. Jahrhunderts keine geschriebene Verfassung besaß, so war der Staat doch rechtlich verfasst. Die Staatsgewalt war auf König, Oberhaus, Unterhaus und Richterschaft verteilt.« Siehe auch A. Benz, Der moderne Staat, 2001, S. 49; T. Vesting, Staatstheorie, 2018, § 2, Rn. 60 sowie S. E. Finer, The History of Government III, 1999, S. 1308.

15 S. E. Finer, The History of Government III, 1999, S. 1335.

16 Vgl. auch C. Möllers, Verfassunggebende Gewalt – Verfassung – Konstitutionalisierung, in: A. v. Bogdandy/J. Bast, Europäisches Verfassungsrecht, [2]2009, S. 227 (237).

17 Siehe auch A. Thiele, Allgemeine Staatslehre, 2020, S. 65 ff.

18 Vgl. auch A. Zamoyski, Phantome des Terrors, 2019, S. 39.

19 G. Schmidt, Wandel durch Vernunft. Deutsche Geschichte im 18. Jahrhundert, 2009, S. 57 ff.

20 Siehe etwa K. Herbers/H. Neuhaus, Das Heilige Römische Reich, 2010; B. Stollberg-Rilinger, Das Heilige Römische Reich Deutscher Nation: Vom Ende des Mittelalters bis 1806, [6]2018 sowie G. Schmidt, Geschichte des Alten Reiches, 1999 sowie – knapp – R. Zippelius, Kleine deutsche Verfassungsgeschichte, [7]2006, S. 23 ff. Siehe auch A. Buschmann, Heiliges Römisches Reich. Reich, Verfassung, Staat, in: Der Staat, Beiheft 16 (2006), S. 9 ff.

21 Vgl. H. A. Winkler, Wie wir wurden, was wir sind. Eine kurze Geschichte der Deutschen, 2020, S. 12 f.

22 G. Schmidt, Wandel durch Vernunft. Deutsche Geschichte im 18. Jahrhundert, 2009, S. 55.

23 D. Willoweit/S. Schlinker, Deutsche Verfassungsgeschichte, [8]2019, § 24, Rn. 12.

24 G. Schmidt, Wandel durch Vernunft. Deutsche Geschichte im 18. Jahrhundert, 2009, S. 56.

25 M. Brechtken, Der Wert der Geschichte. Zehn Lektionen für die Gegenwart, 2020, S. 95.

26 R. Zippelius, Kleine deutsche Verfassungsgeschichte, [7]2006, S. 32. Siehe zu dieser Dynastie D. Pieper/J. Saltzwedel, Die Welt der Habsburger. Glanz und Tragik eines europäischen Herrscherhauses, 2011 sowie Pieter M. Judson, Habsburg. Geschichte eines Imperiums, [3]2019.

27 D. Willoweit/S. Schlinker, Deutsche Verfassungsgeschichte, [8]2019, § 24, Rn. 15.

28 Ab 1765 agierte Joseph II. bereits als Mitregent seiner Mutter.

29 S. Martus, Aufklärung. Das Deutsche 18. Jahrhundert, [2]2015, S. 466.

30 Ebd., S. 473 f.

31 Ebd., S. 469.

32 G. Schmidt, Geschichte des Alten Reiches, 1999, S. 307.

33 Vgl. E.-W. Böckenförde, Die Nation – Identität in Differenz, in: ders., Staat, Nation, Europa, 1999, S. 34 (45).

34 Dazu und zu den beiden weiteren knapp R. Zippelius, Kleine deutsche Verfassungsgeschichte, [7]2006, S. 81 ff.

35 D. Willoweit/S. Schlinker, Deutsche Verfassungsgeschichte, [8]2019, § 27, Rn. 4.

36 G. Schmidt, Geschichte des Alten Reiches, 1999, S. 330.

37 Ebd., S. 332.

38 Knapp H. A. Winkler, Wie wir wurden, was wir sind. Eine kurze Geschichte der Deutschen, 2020, S. 29.

39 G. Schmidt, Geschichte des Alten Reiches, 1999, S. 341.

40 D. Willoweit/S. Schlinker, Deutsche Verfassungsgeschichte, [8]2019, § 27, Rn. 10; G. Schmidt, Geschichte des Alten Reiches, 1999, S. 340 f.

41 Siehe dazu insgesamt D. Willoweit/S. Schlinker, Deutsche Verfassungsgeschichte, [8]2019, § 27, Rn. 8 ff.

42 G. Schmidt, Geschichte des Alten Reiches, 1999, S. 344 f.

43 Ebd., S. 345.

44 D. Willoweit/S. Schlinker, Deutsche Verfassungsgeschichte, [8]2019, § 27, Rn. 18.

45 H. A. Winkler, Wie wir wurden, was wir sind. Eine kurze Geschichte der Deutschen, 2020, S. 30.

46 G. Schmidt, Geschichte des Alten Reiches, 1999, S. 345.

47 R. J. Evans, Das Europäische Jahrhundert. Ein Kontinent im Umbruch 1815–1914, 2020, S. 43.

48 K. Kröger, Grundrechtsentwicklung in Deutschland – von ihren Anfängen bis zur Gegenwart, 1998, S. 11.

49 Ebd., S. 12.

50 Zu diesem R. J. Evans, Das Europäische Jahrhundert. Ein Kontinent im Umbruch 1815–1914, 2020, S. 50 ff.

51 Diese Zahl sollte sich bis 1866 noch einmal um fünf auf 34 reduzieren.

52 R. J. Evans, Das Europäische Jahrhundert. Ein Kontinent im Umbruch 1815–1914, 2020, S. 55.

53 S. Haffner, Von Bismarck zu Hitler, 2015, S. 27.

54 Ebd., S. 27.

55 Dazu im Überblick C. Möllers/L. Schneider, Demokratiesicherung in der Europäischen Union, 2018.

56 Zu Organisation, Aufbau und Funktionsweise der EZB nur A. Thiele, Die Europäische Zentralbank, 2019.

57 H. Boldt, Von der konstitutionellen Monarchie zur parlamentarischen Demokratie, in: Der Staat, Beiheft 10 (1993), S. 151 (154).

58 K. Kröger, Grundrechtsentwicklung in Deutschland – von ihren Anfängen bis zur Gegenwart, 1998, S. 13.

6. Die Staats- und Verwaltungsreformen in den deutschen Staaten

1 H. Richter, Demokratie. Eine deutsche Affäre, 2020, S. 31.

2 Ebd., S. 31

3 Ebd., S. 34.

4 H. A. Winkler, Wie wir wurden, was wir sind. Eine kurze Geschichte der Deutschen, 2020, S. 31.

5 B. Vogel, Preußische Reformen, 1807 bis 1820, 1987, S. 17.

6 Dazu C. Nonn, Das 19. und 20. Jahrhundert, [4]2020, S. 110 ff.

7 Vgl. auch G. Schmidt, Geschichte des Alten Reiches, 1999, S. 320.

8 H. Boldt, Deutsche Verfassungsgeschichte, Bd. 2, [2]1993, S. 60.

9 H. Richter, Demokratie. Eine deutsche Affäre, 2020, S. 34.

10 Ausführlich H. Boldt, Deutsche Verfassungsgeschichte, Bd. 2, [2]1993, S. 61 ff.

11 Siehe auch J. Paulmann, Globale Vorherrschaft und Fortschrittsglaube. Europa 1850–1914, 2019, S. 315 ff.

12 Dazu W. Heun, in: H. Dreier, Grundgesetz Kommentar, Bd. 2, [3]2015, Art. 54., Rn. 19.

13 Siehe dazu etwa §§ 88 ff. VwVfG.

14 H. Boldt, Verfassungsgeschichte, Bd. 2, [2]1993, S. 64.

15 Vgl. auch J. Paulmann, Globale Vorherrschaft und Fortschrittsglaube. Europa 1850–1914, 2019, S. 337.

16 Vgl. auch R. J. Evans, Das Europäische Jahrhundert. Ein Kontinent im Umbruch 1815–1914, 2020, S. 768 ff.

17 Vgl. J. Paulmann, Globale Vorherrschaft und Fortschrittsglaube. Europa 1850–1914, 2019, S. 311.

18 Knapp auch R. Zippelius, Kleine deutsche Verfassungsgeschichte, [7]2006, S. 88 ff.

19 H. Richter, Demokratie. Eine deutsche Affäre, 2020, S. 32.

20 E. R. Huber, Deutsche Verfassungsgeschichte seit 1789, Band I, 2. Aufl., Stuttgart 1967, S. 187.

21 Siehe auch W. Frotscher/B. Pieroth, Verfassungsgeschichte, Rn. 211 ff.

22 E. R. Huber, Deutsche Verfassungsgeschichte seit 1789, Band I, 2. Aufl., Stuttgart 1967, S. 196.

23 E. Ramin, Die Geschichte der Selbstverwaltungsidee seit dem Freiherrn vom Stein, 1972, S. 10. Siehe dazu auch J.-D. Kühne, Freiherr

vom Stein – berechtigtes Feiern seiner Selbstverwaltungs- und Autonomievorstellungen?, in: Der Staat, Beiheft 19 (2010), S. 181 ff.; ausführlich E. R. Huber, Deutsche Verfassungsgeschichte seit 1789, Band I, 2. Aufl., Stuttgart 1967, S. 172 ff.

24 R. J. Evans, Das Europäische Jahrhundert. Ein Kontinent im Umbruch 1815–1914, 2020, S. 51.

7. Die Verfassungsentwicklung im Vormärz und die Merkmale des deutschen Konstitutionalismus

1 Ausführlich dazu zuletzt A. Zamoyski, Phantome des Terrors, 2019.

2 R. J. Evans, Das Europäische Jahrhundert. Ein Kontinent im Umbruch 1815–1914, 2020, S. 67.

3 Ebd., S. 67.

4 A. Zamoyski, Phantome des Terrors, 2019, S. 30.

5 R. J. Evans, Das Europäische Jahrhundert. Ein Kontinent im Umbruch 1815–1914, 2020, S. 68.

6 Ausführlich A. Zamoyski, Phantome des Terrors, 2019, S. 231 ff.

7 Ebd., S. 231 f.

8 Ebd., S. 234.

9 R. J. Evans, Das Europäische Jahrhundert. Ein Kontinent im Umbruch 1815–1914, 2020, S. 69.

10 A. Zamoyski, Phantome des Terrors, 2019, S. 8. Siehe dazu auch H.-G. Haupt, Den Staat herausfordern. Attentate in Europa im späten 19. Jahrhundert, 2019, S. 79 ff.

11 Vgl. C. Schönberger, Das Parlament im Anstaltsstaat, 1997, S. 10.

12 Vgl. A. Zamoyski, Phantome des Terrors, 2019, S. 234.

13 M. Gessen, Autokratie überwinden, 2020, S. 153 (mit einer Analyse der USA unter Donald Trump).

14 R. J. Evans, Das Europäische Jahrhundert. Ein Kontinent im Umbruch 1815–1914, 2020, S. 82.

15 S. Haffner, Von Bismarck zu Hitler, 2015, S. 27.

16 R. J. Evans, Das Europäische Jahrhundert. Ein Kontinent im Umbruch 1815–1914, 2020, S. 110.

17 Ebd., S. 123 f.

18 Ebd., S. 124.

19 Ebd., S. 125.

20 Siehe auch J. Ipsen, Macht versus Recht. Der Hannoversche Verfassungskonflikt 1837–1840, 2017, S. 186 ff.

21 Ebd., S. 162.

22 In Erinnerung an diese Leistung wird diese erste Verbindung heute durch ein grünes Licht nachgestellt, das man nachts auf dem Alten Marktplatz in Göttingen bewundern kann. Es strahlt vom Kirchturm in der Innenstadt zur Sternenwarte, an der Carl Friedrich Gauß tätig war.

23 Siehe dazu auch F. E. Schnapp, 170 Jahre Protestation der Göttinger Sieben, Jura 2007, 823 ff.

24 Ausführlich dazu W. Heun, Die Struktur des deutschen Konstitutionalismus des 19. Jahrhunderts im verfassungsgeschichtlichen Vergleich, in: ders., Verfassung und Verfassungsgerichtsbarkeit im Vergleich, 2014, S. 19 ff.

25 J. Paulmann, Globale Vorherrschaft und Fortschrittsglaube. Europa 1850–1914, 2019, S. 299.

26 K. Kröger, Grundrechtsentwicklung in Deutschland – von ihren Anfängen bis zur Gegenwart, 1998, S. 14.

27 H. Boldt, Deutsche Verfassungsgeschichte, Bd. 2, [2]1993, S. 195.

28 Vgl. J. Paulmann, Globale Vorherrschaft und Fortschrittsglaube. Europa 1850–1914, 2019, S. 298.

29 Siehe zu den theoretischen Vorstellungen von Repräsentation seit dem Vormärz bis zum Kaiserreich C. Schönberger, Das Parlament im Anstaltsstaat, 1997, S. 9 ff.

30 H. Hofmann, Repräsentation. Studien zur Wort- und Begriffsgeschichte von der Antike bis ins 19. Jahrhundert, [2]1990, S. 437.

31 C. Schönberger, Das Parlament im Anstaltsstaat, 1997, S. 17.

32 Vgl. dazu auch A. Thiele, Verlustdemokratie, [2]2018, S. 61 ff.

33 H. Boldt, Deutsche Verfassungsgeschichte, Bd. 2, [2]1993, S. 194.

34 C. Schönberger, Das Parlament im Anstaltsstaat, 1997, S. 12.

35 Ebd., S. 12 f.

36 H. Boldt, Deutsche Verfassungsgeschichte, Bd. 2, [2]1993, S. 195.

37 C. Schönberger, Das Parlament im Anstaltsstaat, 1997, S. 405 ff.

38 K. Kröger, Grundrechtsentwicklung in Deutschland – von ihren Anfängen bis zur Gegenwart, 1998, S. 17.

39 C. Schönberger, Das Parlament im Anstaltsstaat, 1997, S. 13.
40 Ebd., S. 13.

8. Die Revolution von 1848 und die Paulskirchenverfassung

1 K. Kröger, Grundrechtsentwicklung in Deutschland – von ihren Anfängen bis zur Gegenwart, 1998, S. 20; M. Görtemaker, Geschichte Europas 1850–1918, 2002, S. 11 f.; knapp auch S. Korioth, Staatsrecht I, 2020, Rn. 22.
2 Vgl. R. J. Evans, Das Europäische Jahrhundert. Ein Kontinent im Umbruch 1815–1914, 2020, S. 173 f.
3 Vgl. auch H. Richter, Demokratie. Eine deutsche Affäre, 2020, S. 52 mit leicht abweichenden Zahlen.
4 R. J. Evans, Das Europäische Jahrhundert. Ein Kontinent im Umbruch 1815–1914, 2020, S. 173.
5 K. Kröger, Grundrechtsentwicklung in Deutschland – von ihren Anfängen bis zur Gegenwart, 1998, S. 21.
6 A. Fahrmeir, Revolutionen und Reformen. Europa 1789–1850, 2010, S. 247.
7 Ebd., S. 248.
8 R. J. Evans, Das Europäische Jahrhundert. Ein Kontinent im Umbruch 1815–1914, 2020, S. 184 f.
9 Erhellend H. Richter, Demokratie. Eine deutsche Affäre, 2020, S. 59 ff.
10 R. J. Evans, Das Europäische Jahrhundert. Ein Kontinent im Umbruch 1815–1914, 2020, S. 249.
11 Eine gewisse Ausnahme war Russland unter Zar Alexander I.
12 R. J. Evans, Das Europäische Jahrhundert. Ein Kontinent im Umbruch 1815–1914, 2020, S. 179.
13 A. Fahrmeir, Revolutionen und Reformen. Europa 1789–1850, 2010, S. 247.
14 R. J. Evans, Das Europäische Jahrhundert. Ein Kontinent im Umbruch 1815–1914, 2020, S. 180.
15 A. Fahrmeir, Revolutionen und Reformen. Europa 1789–1850, 2010, S. 247.

16 K. Kröger, Grundrechtsentwicklung in Deutschland – von ihren Anfängen bis zur Gegenwart, 1998, S. 20 f.

17 Zu den Legitimitätsvoraussetzungen siehe A. Thiele, Der gefräßige Leviathan, 2019, S. 302 ff. Knapp auch ders., Einführung, in: ders., Legitimität in unsicheren Zeiten, 2019, S. 1 ff.

18 A. Fahrmeir, Revolutionen und Reformen. Europa 1789–1850, 2010, S. 248.

19 Vgl. ebd., S. 252 f.

20 R. J. Evans, Das Europäische Jahrhundert. Ein Kontinent im Umbruch 1815–1914, 2020, S. 273.

21 A. Fahrmeir, Revolutionen und Reformen. Europa 1789–1850, 2010, S. 260.

22 Ebd., S. 257.

23 M. Görtemaker, Geschichte Europas 1850–1918, 2002, S. 15.

24 Ebd., S. 16.

25 K. Kröger, Grundrechtsentwicklung in Deutschland – von ihren Anfängen bis zur Gegenwart, 1998, S. 22.

26 Vgl. auch H. Richter, Demokratie. Eine deutsche Affäre, 2020, S. 92.

27 D. Langewiesche, Recht und Revolution, in: C. Starck, Recht und Willkür, 2012, S. 27 (35).

28 R. J. Evans, Das Europäische Jahrhundert. Ein Kontinent im Umbruch 1815–1914, 2020, S. 275.

29 Vgl. auch H. Richter, Demokratie. Eine deutsche Affäre, 2020, S. 89.

30 J.-D. Kühne, Die Reichsverfassung der Paulskirche. Vorbild und Verwirklichung im späteren Rechtsleben, 1985, S. 45 f.

31 R. J. Evans, Das Europäische Jahrhundert. Ein Kontinent im Umbruch 1815–1914, 2020, S. 286.

32 Ausführlich dazu W. Nitschke, Volkssouveränität oder Monarchisches Prinzip?, 1995.

33 H. Boldt, Deutsche Verfassungsgeschichte, Bd. 2, 1993, S. 148. Vgl. auch H. Richter, Demokratie. Eine deutsche Affäre, 2020, S. 90 f.

34 J.-D. Kühne, Die Reichsverfassung der Paulskirche. Vorbild und Verwirklichung im späteren Rechtsleben, 1985, S. 88 ff.

35 Vgl. ebd., S. 49.

36 Dazu auch K. Kröger, Grundrechtsentwicklung in Deutschland – von ihren Anfängen bis zur Gegenwart, 1998, S. 22 ff.

37 D. Langewiesche, Recht und Revolution, in: C. Starck, Recht und Willkür, 2012, S. 27 (36 f.).
38 H. Richter, Demokratie. Eine deutsche Affäre, 2020, S. 91.
39 J.-D. Kühne, Die Reichsverfassung der Paulskirche. Vorbild und Verwirklichung im späteren Rechtsleben, 1985, S. 30.
40 D. Grimm, Verfassungsgeschichte 1776–1866, [4]2015, S. 205 f.
41 C.-F. Menger, Deutsche Verfassungsgeschichte der Neuzeit, [7]1990, Rn. 276.
42 D. Langewiesche, Recht und Revolution, in: C. Starck, Recht und Willkür, 2012, S. 27 (38).
43 D. Grimm, Verfassungsgeschichte 1776–1866, [4]2015, S. 208.
44 Ebd., S. 209.
45 Vgl. auch A. Fahrmeir, Revolutionen und Reformen. Europa 1789–1850, 2010, S. 281.
46 Ebd., S. 282.
47 H. Boldt, Deutsche Verfassungsgeschichte, Bd. 2, 1993, S. 103.
48 Vgl. J.-D. Kühne, Die Reichsverfassung der Paulskirche. Vorbild und Verwirklichung im späteren Rechtsleben, 1985, S. 51.
49 S. Haffner, Von Bismarck zu Hitler, 2015, S. 33.
50 D. Grimm, Verfassungsgeschichte 1776–1866, [4]2015, S. 210.
51 Ebd., S. 211.
52 H. Boldt, Deutsche Verfassungsgeschichte, Bd. 2, 1993, S. 105.
53 C. Schmitt, Der Begriff des Politischen, 1932, S. 10.
54 Vgl. A. Voßkuhle, Die Renaissance der Allgemeinen Staatslehre im Zeitalter der Europäisierung und Internationalisierung, in: JuS (2004), S. 2 (3); A. Thiele, Allgemeine Staatslehre, 2020, S. 29.
55 H. Boldt, Deutsche Verfassungsgeschichte, Bd. 2, 1993, S. 106.

9. Reichsgründung und Reichsverfassung

1 Siehe auch A. Fahrmeir, Revolutionen und Reformen. Europa 1789–1850, 2010, S. 280 ff.
2 Dazu knapp U. Daniel, Postheroische Demokratiegeschichte, 2020, S. 95 f.
3 S. Levitsky/D. Ziblatt, How Democracies Die, 2018.

4 H. Boldt, Von der konstitutionellen Monarchie zur parlamentarischen Demokratie, in: Der Staat, Beiheft 10 (1993), S. 151 (162 f.).

5 R. J. Evans, Das Europäische Jahrhundert. Ein Kontinent im Umbruch 1815–1914, 2020, S. 361.

6 Ebd., S. 817.

7 Zitiert nach M. Görtemaker, Geschichte Europas 1850–1918, 2002, S. 59.

8 Knapp dazu auch V. Reinhardt, Geschichte Italiens, 1999, S. 58 ff.

9 V. Reinhardt, Geschichte Italiens, 1999, S. 83.

10 Ebd., S. 93.

11 M. Görtemaker, Geschichte Europas 1850–1918, 2002, S. 62.

12 V. Reinhardt, Geschichte Italiens, 1999, S. 101.

13 W. Altgeld/R. Lill, Kleine italienische Geschichte, 2004, S. 274.

14 P. Alter, Nationalismus, 1985, S. 12.

15 Vgl. auch R. J. Evans, Das Europäische Jahrhundert. Ein Kontinent im Umbruch 1815–1914, 2020, S. 257.

16 P. Alter, Nationalismus, 1985, S. 10.

17 Vgl. auch W. Altgeld/R. Lill, Kleine italienische Geschichte, 2004, S. 274 f.

18 Vgl. V. Reinhardt, Geschichte Italiens, 1999, S. 8 f.

19 Knapp zu diesem auch W. Altgeld/R. Lill, Kleine italienische Geschichte, 2004, S. 287 f.

20 R. J. Evans, Das Europäische Jahrhundert. Ein Kontinent im Umbruch 1815–1914, 2020, S. 258.

21 V. Reinhardt, Geschichte Italiens, 1999, S. 103.

22 Zu diesem auch knapp W. Altgeld/R. Lill, Kleine italienische Geschichte, 2004, S. 297 f.

23 V. Reinhardt, Geschichte Italiens, 1999, S. 101.

24 Ebd., S. 105.

25 W. Altgeld/R. Lill, Kleine italienische Geschichte, 2004, S. 310.

26 Ebd., S. 313.

27 V. Reinhardt, Geschichte Italiens, 1999, S. 107.

28 Vgl. H. Woller, Geschichte Italiens im 20. Jahrhundert, 2010, S. 224 ff.

29 Vgl. W. Altgeld/R. Lill, Kleine italienische Geschichte, 2004, S. 313 (Hervorhebung durch den Verf.).

30 Zum faschistischen Italien H. Woller, Geschichte Italiens im 20. Jahrhundert, 2010, S. 95 ff.

31 D. Willoweit/S. Schlinker, Deutsche Verfassungsgeschichte, ^{8}2019, § 32, Rn. 14.

32 Zur Verfassungsstruktur in Preußen A. G. Manca, Preußen, in: W. Daum, Handbuch der europäischen Verfassungsgeschichte, Band 3: 1848–1870, 2020, S. 883 (889 ff.).

33 Vgl. F. Stern, Gold und Eisen. Bismarck und sein Bankier Bleichröder, 2008, S. 50.

34 R. J. Evans, Das Europäische Jahrhundert. Ein Kontinent im Umbruch 1815–1914, 2020, S. 352.

35 F. Stern, Gold und Eisen. Bismarck und sein Bankier Bleichröder, 2008, S. 52.

36 Ebd., S. 53.

37 U. Daniel, Postheroische Demokratiegeschichte, 2020, S. 28.

38 F. Stern, Gold und Eisen. Bismarck und sein Bankier Bleichröder, 2008, S. 56.

39 Ebd., S. 63.

40 Vgl. M. Lemke, Demokratie im Ausnahmezustand. Wie Regierungen ihre Macht ausweiten, 2017, S. 15 ff. sowie G. Agamben, Ausnahmezustand. Homo Sacer II.1, 2004, S. 9. Siehe auch M. Gessen, Autokratie überwinden, 2020, S. 21 ff.

41 G. Frankenberg, Autoritarismus. Verfassungstheoretische Perspektiven, 2020, S. 119 ff. Siehe auch M. Lemke, Demokratie im Ausnahmezustand. Wie Regierungen ihre Macht ausweiten, 2017.

42 Allgemein zu den USA in dieser Hinsicht M. Gessen, Autokratie überwinden, 2020, S. 18 ff.

43 Dazu zuletzt umfassend A.-B. Kaiser, Ausnahmeverfassungsrecht, 2020.

44 Vgl. C. Möllers, Freiheitsgrade. Elemente einer liberalen politischen Mechanik, 2020, Rn. 229.

45 M. Lemke, Demokratie im Ausnahmezustand. Wie Regierungen ihre Macht ausweiten, 2017, S. 28. Siehe auch H. M. Heinig u. a., Why Constitution Matters – Verfassungsrechtswissenschaft in Zeiten der Corona-Krise, in: JZ (2020), S. 861 (861 f.).

46 C. Schmitt, Politische Theologie – Vier Kapitel zur Lehre von der Souveränität, 1922, S. 11. Zu Schmitt in diesem Zusammenhang auch M. Lemke, Demokratie im Ausnahmezustand. Wie Regierungen ihre Macht ausweiten, 2017, S. 94 ff.

47 F. Stern, Gold und Eisen. Bismarck und sein Bankier Bleichröder, 2008, S. 63.
48 Vgl. ebd., S. 64.
49 Dazu umfassend ebd., S. 69 ff.
50 Ebd., S. 95.
51 Ebd., S. 10.
52 S. Haffner, Von Bismarck zu Hitler, 2015, S. 40 f.
53 F. Stern, Gold und Eisen. Bismarck und sein Bankier Bleichröder, 2008, S. 146.
54 Vgl. ebd., S. 151.
55 R. J. Evans, Das Europäische Jahrhundert. Ein Kontinent im Umbruch 1815–1914, 2020, S. 360.
56 U. Daniel, Postheroische Demokratiegeschichte, 2020, S. 101. Dazu auch T. Bendikowski, 1870/71. Der Mythos von der deutschen Einheit, 2020, S. 60 ff.
57 M. Görtemaker, Geschichte Europas 1850–1918, 2002, S. 81.
58 Ebd., S. 81.
59 Vgl. S. Haffner, Von Bismarck zu Hitler, 2015, S. 41 ff.
60 Überblick zu den Vorgängen bei M. Epkenhans, Der Deutsch-Französische Krieg 1870/1871, 2020, S. 25 ff.
61 F. Stern, Gold und Eisen. Bismarck und sein Bankier Bleichröder, 2008, S. 196.
62 Zu den Hintergründen auch T. Bendikowski, 1870/71. Der Mythos von der deutschen Einheit, 2020, S. 96 ff.
63 M. Epkenhans, Der Deutsch-Französische Krieg 1870/1871, 2020, S. 27. Siehe auch die Überlegungen bei S. Haffner, Von Bismarck zu Hitler, 2015, S. 43 f.
64 H. Pölking/L. Sackarnd, Der Bruderkrieg 1870/1871, 2020.
65 F. Stern, Gold und Eisen. Bismarck und sein Bankier Bleichröder, 2008, S. 197.
66 M. Epkenhans, Die Reichsgründung 1870/71, 2020, S. 70 f.
67 M. Epkenhans, Der Deutsch-Französische Krieg 1870/1871, 2020, S. 79.
68 F. Stern, Gold und Eisen. Bismarck und sein Bankier Bleichröder, 2008, S. 217.
69 M. Epkenhans, Der Deutsch-Französische Krieg 1870/1871, 2020, S. 130.

70 R. J. Evans, Das Europäische Jahrhundert. Ein Kontinent im Umbruch 1815–1914, 2020, S. 370.
71 F. Stern, Gold und Eisen. Bismarck und sein Bankier Bleichröder, 2008, S. 198.
72 Vgl. S. Haffner, Von Bismarck zu Hitler, 2015, S. 62.
73 Ebd., S. 46.
74 M. Epkenhans, Die Reichsgründung 1870/71, 2020, S. 7.
75 Vgl. F. Stern, Gold und Eisen. Bismarck und sein Bankier Bleichröder, 2008, S. 218.
76 Vgl. U. Björner, Die Verfassungsgerichtsbarkeit im Norddeutschen Bund und Deutschen Reich (1867–1918), 2000, S. 31 f.
77 Vgl. auch S. Haffner, Von Bismarck zu Hitler, 2015, S. 40.
78 Vgl. auch R. J. Evans, Das Europäische Jahrhundert. Ein Kontinent im Umbruch 1815–1914, 2020, S. 813: »In der Praxis jedoch waren der Kaiser, der Reichskanzler und die Staatssekretäre für ein effektives Regierungshandeln in erheblichem Maße auf den Reichstag angewiesen.«
79 So aber noch H. Boldt, Von der konstitutionellen Monarchie zur parlamentarischen Demokratie, in: Der Staat, Beiheft 10 (1993), S. 151 (161 ff.). Auf S. 161 wird die Sonderweg-These ausdrücklich formuliert: »Deutschland trat damit in einen deutlichen Gegensatz zur Verfassungsentwicklung, wie wir sie sonst im Europa der Zeit, in Großbritannien, Frankreich oder Italien finden.« Dagegen jetzt überzeugend auch M. L. Anderson, Ein Demokratiedefizit? Das Deutsche Kaiserreich in vergleichender Perspektive, in: Geschichte und Gesellschaft 44 (2018), S. 367 ff.
80 H. Richter, Demokratie. Eine deutsche Affäre, 2020, S. 135.
81 Insgesamt U. Daniel, Postheroische Demokratiegeschichte, 2020.
82 H. Richter, Demokratie. Eine deutsche Affäre, 2020, S. 134.
83 Vgl. K. Kröger, Grundrechtsentwicklung in Deutschland – von ihren Anfängen bis zur Gegenwart, 1998, S. 39 ff.
84 H. Richter, Demokratie. Eine deutsche Affäre, 2020, S. 135.
85 Dass das Deutsche Reich einen eher »staatenbündlerischen als bundesstaatlichen Charakter« hatte, wie Sebastian Haffner meint (S. Haffner, Von Bismarck zu Hitler, 2015, S. 46), wird man verfassungstheoretisch nicht zustimmen können.
86 H. Boldt, Deutsche Verfassungsgeschichte, Bd. 2, 1993, S. 172.

87 H. Richter, Demokratie. Eine deutsche Affäre, 2020, S. 135.

88 Ebd., S. 135.

89 Ebd., S. 134.

90 Zur Organisation des Reichstags siehe N. Ullrich, Gesetzgebungsverfahren und Reichstag in der Bismarck-Zeit, 1996, S. 23 ff.

91 U. Daniel, Postheroische Demokratiegeschichte, 2020, S. 37 f.

92 H. Richter, Demokratie. Eine deutsche Affäre, 2020, S. 136.

93 Dazu auch N. Ullrich, Gesetzgebungsverfahren und Reichstag in der Bismarck-Zeit, 1996, S. 28 ff.

94 Ausführlich dazu E. R. Huber, Deutsche Verfassungsgeschichte seit 1789, Band III, [3]1988, S. 973 ff.

95 Vgl. H. Wißmann, Das richterliche Prüfungsrecht im Reichskonstitutionalismus und Republik – Wegmarke der Verfassungsgerichtsbarkeit, in: Der Staat, Beiheft 22 (2014), S. 253 (259 f.).

96 Ebd., S. 253 (261).

97 Vgl. auch U. Björner, Die Verfassungsgerichtsbarkeit im Norddeutschen Bund und Deutschen Reich (1867–1918), 2000, S. 170: »Diese Verfahrensweise förderte die Entwicklung einer unabhängigen gerichtlichen Instanz für Verfassungsstreitigkeiten und trug dazu bei, dass heute dem Bundesverfassungsgericht unbestritten die Rolle des ›Hüters der Verfassung‹ zukommt.«

98 C.-F. Menger, Deutsche Verfassungsgeschichte, [7]1990, Rn. 293.

99 W. Frotscher/B. Pieroth, Verfassungsgeschichte, [18]2019, Rn. 448.

100 Siehe auch N. Ullrich, Gesetzgebungsverfahren und Reichstag in der Bismarck-Zeit, 1996, S. 17 ff.

101 F. Stern, Gold und Eisen. Bismarck und sein Bankier Bleichröder, 2008, S. 236.

102 H. v. Sybel, in: J. Heyderhoff, Deutscher Liberalismus im Zeitalter Bismarcks. Eine politische Briefsammlung, Bd. I, 1970 (1925), S. 494.

103 F. Stern, Gold und Eisen. Bismarck und sein Bankier Bleichröder, 2008, S. 237.

104 Dazu auch T. Bendikowski, 1870/71. Der Mythos von der deutschen Einheit, 2020.

105 M. Epkenhans, Die Reichsgründung 1870/1871, 2020, S. 75.

10. Staatsgründungen in anderen Weltregionen

1 S. E. Finer, The History of Government III, 1999, S. 1407.
2 Vgl. ebd., S. 1428.
3 W. Reinhard, Geschichte der Staatsgewalt, 1999, S. 449 f.
4 Vgl. dazu auch R. J. Evans, Das Europäische Jahrhundert. Ein Kontinent im Umbruch 1815–1914, 2020, S. 93 ff.
5 W. Reinhard, Die Unterwerfung der Welt, 2016, S. 549.
6 Ebd., S. 364.
7 J. Osterhammel/J. C. Jansen, Kolonialismus, [8]2017, S. 14.
8 W. Reinhard, Geschichte der Staatsgewalt, [3]2003, S. 487.
9 P. M. Huf, Die Entwicklung des bundesstaatlichen Systems in Brasilien, 1991, S. 41.
10 Zu dieser ersten Verfassung siehe ebd., S. 42 ff.
11 W. Reinhard, Geschichte der Staatsgewalt, 1999, S. 488. Dazu auch P. M. Huf, Die Entwicklung des bundesstaatlichen Systems in Brasilien, 1991, S. 54 ff.
12 M. v. Creveld, Aufstieg und Untergang des Staates, 1999, S. 340 f.
13 Ebd., S. 347.
14 G. Frankenberg, Autoritarismus – Verfassungstheoretische Perspektiven, 2020, S. 26.
15 Art. 5 der Verfassung von 1801, zitiert nach ebd., S. 26.

11. Verfassungsentwicklung im Deutschen Kaiserreich

1 S. Haffner, Von Bismarck zu Hitler, 2015, S. 51.
2 R. J. Evans, Das Europäische Jahrhundert. Ein Kontinent im Umbruch 1815–1914, 2020, S. 813.
3 S. Haffner, Von Bismarck zu Hitler, 2015, S. 54.
4 M. L. Anderson, Ein Demokratiedefizit? Das Deutsche Kaiserreich in vergleichender Perspektive, in: Geschichte und Gesellschaft 44 (2018), S. 367 (380 ff.).
5 Vgl. R. J. Evans, Das Europäische Jahrhundert. Ein Kontinent im Umbruch 1815–1914, 2020, S. 813 f.
6 S. Haffner, Von Bismarck zu Hitler, 2015, S. 55.

7 Zu diesen knapp H.-G. Haupt, Den Staat herausfordern. Attentate in Europa im späten 19. Jahrhundert, 2019, S. 30 ff.

8 R. J. Evans, Das Europäische Jahrhundert. Ein Kontinent im Umbruch 1815–1914, 2020, S. 816.

9 S. Haffner, Von Bismarck zu Hitler, 2015, S. 58.

10 R. J. Evans, Das Europäische Jahrhundert. Ein Kontinent im Umbruch 1815–1914, 2020, S. 746.

11 H. Richter, Demokratie. Eine deutsche Affäre, 2020, S. 141.

12 F. Stern, Gold und Eisen. Bismarck und sein Bankier Bleichröder, 2008, S. 568 f.

13 Siehe dazu auch J. Paulmann, Globale Vorherrschaft und Fortschrittsglaube. Europa 1850–1914, 2019, S. 328 ff.

14 Zu den Hintergründen W. Speitkamp, Deutsche Kolonialgeschichte, ^{3}2014, S. 13 ff.

15 S. Haffner, Von Bismarck zu Hitler, 2015, S. 91.

16 Ebd., S. 70.

17 Siehe auch R. J. Evans, Das europäische Jahrhundert. Ein Kontinent im Umbruch 1815–1914, 2020, S. 883 ff.

18 W. Reinhard, Die Unterwerfung der Welt, 2016, S. 949.

19 R. Tetzlaff, Afrika, 2018, S. 80.

20 F. Hanschmann, Die Suspendierung des Konstitutionalismus im Herz der Finsternis. Recht, Rechtswissenschaft und koloniale Expansion des Deutschen Reiches, in: KJ 45 (2012), S. 144 (147 ff.).

21 Zu weitgehend aber wohl W. Reinhard, Die Unterwerfung der Welt, 2016, S. 965, der in diesen Aufständen keinerlei Vorläufer der späteren Dekolonisation sehen will.

22 C. Marx, Geschichte Afrikas, 2004, S. 147 ff.

23 F. Ansprenger, Politische Geschichte Afrikas, 1999, S. 18.

24 W. Reinhard, Die Unterwerfung der Welt, 2016, S. 967.

25 Zu den Aufständen gegen die deutsche Herrschaft W. Speitkamp, Deutsche Kolonialgeschichte, ^{3}2014, S. 123 ff.

26 H. Richter, Demokratie. Eine deutsche Affäre, 2020, S. 164. Siehe auch C. C. Gatzka, Das Parlament als umstrittener Ort der deutschen Demokratiegeschichte, in: APuZ (2020), Nr. 38, S. 4 (7).

27 F. Hanschmann, Die Suspendierung des Konstitutionalismus im Herz der Finsternis. Recht, Rechtswissenschaft und koloniale Expansion des Deutschen Reiches, in: KJ 45 (2012), S. 144 (151).

28 W. Speitkamp, Deutsche Kolonialgeschichte, [3]2014, S. 187.
29 Allgemein zum Gesetzgebungsverfahren N. Ullrich, Gesetzgebungsverfahren und Reichstag in der Bismarck-Zeit, 1996, S. 101 ff.
30 Überblick zur Entwicklung der Parteien in Deutschland E. Towfigh/J. Keesen, in: Bonner Kommentar zum Grundgesetz, Art. 21, Rn. 61 ff. (Stand: Juli 2020).
31 Vgl. H. Richter, Demokratie. Eine deutsche Affäre, 2020, S. 263.
32 F. Stern, Gold und Eisen. Bismarck und sein Bankier Bleichröder, 2008, S. 604.
33 R. J. Evans, Das Europäische Jahrhundert. Ein Kontinent im Umbruch 1815–1914, 2020, S. 819.
34 F. Stern, Gold und Eisen. Bismarck und sein Bankier Bleichröder, 2008, S. 605.
35 Dazu nur R. J. Evans, Das Europäische Jahrhundert. Ein Kontinent im Umbruch 1815–1914, 2020, S. 820 f.
36 Vgl. S. Haffner, Von Bismarck zu Hitler, 2015, S. 83 ff.
37 R. J. Evans, Das Europäische Jahrhundert. Ein Kontinent im Umbruch 1815–1914, 2020, S. 823.
38 C. Clark, Die Schlafwandler. Wie Europa in den Ersten Weltkrieg zog, 2013.
39 Vgl. auch S. Haffner, Von Bismarck zu Hitler, 2015, S. 113 ff. sowie ausführlich, H. Münkler, Der Große Krieg, 2013, S. 25 ff. Siehe auch knapp M. L. Anderson, Ein Demokratiedefizit? Das Deutsche Kaiserreich in vergleichender Perspektive, in: Geschichte und Gesellschaft 44 (2018), S. 367 (395 ff.).
40 Dazu umfassend H. Münkler, Der Große Krieg, 2013.
41 S. Haffner, Von Bismarck zu Hitler, 2015, S. 152.
42 Zur historischen Bewertung dieser Vorgänge D. Süß, 1918 – Deutungen der Revolution im Wandel, in: A. Koch/M. Kubiciel/M. Löhnig, Strafrecht zwischen Novemberrevolution und Weimarer Republik, 2020, S. 1 ff.

12. Die Weimarer Republik und die Weimarer Reichsverfassung

1 H. Möller, Die Weimarer Republik. Demokratie in der Krise, 2018, S. 28.

2 Dazu umfassend H. Dreier, Kirche ohne König. Das Ende des landesherrlichen Kirchenregiments (»Bündnis von Thron und Altar«) 1918/19 unter besonderer Berücksichtigung Preußens und Württembergs, 2020.

3 K. D. Erdmann, Die Weimarer Republik, 1973, S. 154. Siehe auch H. Dreier, Recht und Willkür, in: C. Starck, Recht und Willkür, 2012, S. 1 (9).

4 K. D. Erdmann, Die Weimarer Republik, 1973, S. 159 f.

5 G. Anschütz, Die Verfassung des Deutschen Reiches vom 11. August 1919, [14]1933, Einleitung, S. 14.

6 H. Dreier, Die deutsche Revolution 1918/19 als Festtag der Nation?, in: M. Jestaedt/S. L. Paulson, Horst Dreier. Staatsrecht in Demokratie und Diktatur, 2016, S. 1 (15).

7 Ebd., S. 1 (19).

8 T. Mergel, Parlamentarische Kultur in der Weimarer Republik, [3]2012.

9 B. Förster, 1919. Ein Kontinent erfindet sich neu, 2018, S. 105.

10 Ausführlich C. Gusy, Die Weimarer Reichsverfassung, 1997.

11 Zur Bedeutung der WRV aus strafrechtlicher Sicht S. Großmann, Die Weimarer Reichsverfassung und das Strafrecht, in: A. Koch/M. Kubiciel/M. Löhnig, Strafrecht zwischen Novemberrevolution und Weimarer Republik, 2020, S. 37 ff.

12 Vgl. C. Gusy, Die Weimarer Reichsverfassung, 1997, S. 465.

13 Ebd., S. 466.

14 Siehe dazu H. Dreier, Kirche ohne König. Das Ende des landesherrlichen Kirchenregiments (»Bündnis von Thron und Altar«) 1918/19 unter besonderer Berücksichtigung Preußens und Württembergs, 2020.

15 H. Möller, Die Weimarer Republik. Demokratie in der Krise, 2018, S. 261 ff.

16 Ebd., S. 266.

17 Ebd., S. 280.

18 Ebd., S. 11.

19 Allgemein zu dieser staatsrechtlichen Debatte K. Kröger, Grundrechtsentwicklung in Deutschland – von ihren Anfängen bis zur Gegenwart, 1998, S. 53 ff.

20 H. Dreier, Verfassungsgerichtsbarkeit in der Weimarer Republik, in: M. Jestaedt/S. L. Paulson, Horst Dreier. Staatsrecht in Demokratie und Diktatur, 2016, S. 59 (122).

21 Dazu knapp K. Kröger, Grundrechtsentwicklung in Deutschland – von ihren Anfängen bis zur Gegenwart, 1998, S. 57 f.

22 C. Möllers, Das Grundgesetz, [2]2019, S. 15.

23 S. Salzborn, Kollektive Unschuld. Die Abwehr der Shoah im deutschen Erinnern, 2020.

24 U. Di Fabio, Die Weimarer Verfassung. Aufbruch und Scheitern, 2018, S. 7.

25 A. Przeworski, Krisen der Demokratie, 2020, S. 96. Przeworski bezieht sich hier neben Weimar auf die Vorgänge in Chile zwischen 1970 und 1973.

26 Siehe auch ebd., S. 255.

27 H. Dreier, Die drei gängigsten Irrtümer über die Weimarer Reichsverfassung, in: M. Jestaedt/S. L. Paulson, Horst Dreier. Staatsrecht in Demokratie und Diktatur, 2016, S. 49 ff.

28 »Klassisch« verfehlt insoweit K. Niclauß, Das Grundgesetz, 2009, S. 36: Der Rechtekatalog war »nicht nur unsystematisch, sondern auch unverbindlich«.

29 H. Dreier, Grundrechtsrepublik Weimar, in: ders./C. Waldhoff, Das Wagnis der Demokratie. Eine Anatomie der Weimarer Reichsverfassung, 2019, S. 175 ff.

30 Umfassende Analyse bei O. Jung, Direkte Demokratie in der Weimarer Republik, 1989.

31 Unzutreffend insoweit zuletzt A. Przeworski, Krisen der Demokratie, 2020, S. 63.

32 C. Möllers, Der vermisste Leviathan, [3]2016, S. 16.

33 Vgl. auch B. Zabel, Autoritäres Strafrechtsdenken und die Krise der Demokratie, in: A. Koch/M. Kubiciel/M. Löhnig, Strafrecht zwischen Novemberrevolution und Weimarer Republik, 2020, S. 255 (259).

34 C. Möllers, Der vermisste Leviathan, [3]2016, S. 24.

35 Zur Rolle Carl Schmitts im Methodenstreit auch V. Neumann, Carl Schmitt als Jurist, 2015, S. 11 ff.

36 C. Möllers, Der vermisste Leviathan, [3]2016, S. 24f.

37 Dazu umfassend M. Gangl (Hrsg.), Die Weimarer Staatsrechtsdebatte, 2011.

38 Dazu zuletzt D. Grimm, Recht oder Politik? Die Kelsen-Schmitt-Kontroverse zur Verfassungsgerichtsbarkeit und die heutige Lage, 2020.

39 Vgl. M. Stolleis, Öffentliches Recht in Deutschland, 2014, S. 91.

40 Ebd., S. 91.

41 J. Kersten, Georg Jellinek und die klassische Staatslehre, 2000, S. 7 spricht von einem »Auseinanderbrechen der jungen Weimarer Staatsrechtslehre in faktizitäts- beziehungsweise normativitätsradikalisierende Positionen.«

42 M. Stolleis, Öffentliches Recht in Deutschland, 2014, S. 90.

43 Ebd., S. 96.

44 Überblick zu diesem bei ebd., S. 96ff.

45 Nachweise der folgenden Zitate bei M. Jestaedt, Einführung, in: H. Kelsen, Reine Rechtslehre (1934), 2008, S. XIIf.

46 M. Stolleis, Öffentliches Recht in Deutschland, 2014, S. 95.

47 M. Jestaedt, Einführung, in H. Kelsen, Reine Rechtslehre (1934), 2008, S. XVII. Siehe auch M. Stolleis, Öffentliches Recht in Deutschland, 2014, S. 101.

48 C. Möllers, Der vermisste Leviathan, [3]2016, S. 26.

49 BVerfGE 7, 198 (205).

50 Siehe auch J. Kersten, Georg Jellinek und die klassische Staatslehre, 2000, S. 9ff., der vermutet, dass »sich die Koordinaten des staatsrechtlichen Denkens seit dem deutschen Kaiserreich jedenfalls nicht wesentlich verschoben haben können.« Heute dürfte sich das zumindest partiell verändert haben, wenngleich sich die die deutsche Staatslehre lange prägende etatistische Position weiterhin großer Beliebtheit erfreut.

13. Das NS-Regime

1 Siehe auch D. Lehnert, Die Weimarer Republik, [2]2009, S. 10f.

2 Ebd., S. 9.

3 Erster und zweiter Wahlgang waren insofern personell nicht miteinander verknüpft, was man gewiss als problematisch ansehen muss, vgl. U. Di Fabio, Die Weimarer Verfassung. Aufbruch und Scheitern, 2018, S. 254.

4 Wilhelm Marx war der Kandidat der Weimarer Koalition für das Reichspräsidentenamt und früherer Reichskanzler.

5 H. Möller, Die Weimarer Republik. Demokratie in der Krise, 2018, S. 93.

6 D. Lehnert, Die Weimarer Republik, ^{2}2009, S. 152.

7 Ebd., S. 152.

8 U. Di Fabio, Die Weimarer Verfassung. Aufbruch und Scheitern, 2018, S. 102.

9 Ebd., S. 254.

10 Vgl. S. Haffner, Von Bismarck zu Hitler, 2015, S. 212 ff.

11 Vgl. auch A. Przeworski, Krisen der Demokratie, 2020, S. 64.

12 Allgemein zur Grundrechtsentwicklung unter den Nationalsozialisten K. Kröger, Grundrechtsentwicklung in Deutschland – von ihren Anfängen bis zur Gegenwart, 1998, S. 69 ff.

13 U. Di Fabio, Die Weimarer Verfassung. Aufbruch und Scheitern, 2018, S. 241.

14 G. Frankenberg, Autoritarismus. Verfassungstheoretische Perspektiven, 2020, S. 17.

15 Heine bezog sich hier nicht auf die Verbrennungen im Zusammenhang mit dem Wartburgfest des Jahres 1817, sondern auf die Verbrennung des Korans durch die spanische Inquisition bei der Eroberung Granadas im Jahr 1499; vgl. R. J. Evans, Das Europäische Jahrhundert. Ein Kontinent im Umbruch 1815–1914, 2020, S. 68.

16 Siehe auch U. Di Fabio, Die Weimarer Verfassung. Aufbruch und Scheitern, 2018, S. 13.

17 H. Kelsen, Verteidigung der Demokratie, in: ders., Demokratie und Sozialismus. Ausgewählte Aufsätze, 1967, S. 60 (61).

18 Dazu umfassend H. Dreier, Die deutsche Staatsrechtslehre in der Zeit des Nationalsozialismus, in: M. Jestaedt/S. L. Paulson, Horst Dreier. Staatsrecht in Demokratie und Diktatur, 2016, S. 185 ff.

19 Zu Schmitt etwa V. Neumann, Carl Schmitt als Jurist, 2015. Zu seiner Rolle als Strafrechtler M. Polzin, Carl Schmitt als Strafrechtler,

in: A. Koch/M. Kubiciel/M. Löhnig, Strafrecht zwischen Novemberrevolution und Weimarer Republik, 2020, S. 217 ff.

20 Vgl. V. Neumann, Carl Schmitt als Jurist, 2015, S. 272 ff.

21 Im Jahr 1936 kamen Zweifel an Schmitts nationalsozialistischer Gesinnung auf, ihm wurde Opportunismus vorgeworfen, was zu seiner Entmachtung führte. Er blieb aber bis 1945 Mitglied der NSDAP.

22 H. Dreier, Die deutsche Staatsrechtslehre in der Zeit des Nationalsozialismus, in: M. Jestaedt/S. L. Paulson, Horst Dreier. Staatsrecht in Demokratie und Diktatur, 2016, S. 185 (201).

23 Ebd., S. 185 (208).

24 E. Forsthoff, Das neue Gesicht der Verwaltung und die Verwaltungsrechtswissenschaft, in: Deutsches Recht (1935), S. 331 (331).

25 G. Frankenberg, Autoritarismus – Verfassungstheoretische Perspektiven, 2020, S. 17.

26 S. Haffner, Anmerkungen zu Hitler, 1997, S. 185.

27 H. Dreier, Die deutsche Staatsrechtslehre in der Zeit des Nationalsozialismus, in: M. Jestaedt/S. L. Paulson, Horst Dreier: Staatsrecht in Demokratie und Diktatur, 2016, S. 185 (209 ff.).

28 Vgl. dazu A. Thiele, Der gefräßige Leviathan, 2019, S. 254 ff.

29 Umfassend dazu F. Weber, Staatsangehörigkeit und Status, 2018.

30 Vgl. auch G. Frankenberg, Autoritarismus. Verfassungstheoretische Perspektiven, 2020, S. 44 zur Bedeutung von Grundrechten in autoritären Verfassungen.

31 C. Schmitt, Staat, Bewegung, Volk. Die Dreigliederung der politischen Einheit, 1933, S. 32, 37.

32 U. Scheuner, Der Gleichheitsgedanke in der völkischen Verfassungsordnung, in: ZgS 99 (1939), S. 245 (267).

33 E. R. Huber, Verfassungsrecht des Großdeutschen Reiches, ^{2}1939, S. 369.

34 G. Frankenberg, Autoritarismus. Verfassungstheoretische Perspektiven, 2020, S. 72 f.

35 B. Zabel, Autoritäres Strafrechtsdenken und die Krise der Demokratie, in: A. Koch/M. Kubiciel/M. Löhnig, Strafrecht zwischen Novemberrevolution und Weimarer Republik, 2020, S. 255 (278 f.).

36 C. Schmitt, Die Verfassung der Freiheit, in: Deutsche Juristen-Zeitung (1935), Sp. 1133 ff. Siehe auch R. Mehring, Carl Schmitts Schrift

»Die Lage der europäischen Rechtswissenschaft«, in: ZaöRV 77 (2017), S. 853 (861).

37 H. Dreier, Die deutsche Staatsrechtslehre in der Zeit des Nationalsozialismus, in: M. Jestaedt/S. L. Paulson, Horst Dreier: Staatsrecht in Demokratie und Diktatur, 2016, S. 185 (217).

38 C. Schmitt, Staat, Bewegung, Volk. Die Dreigliederung der politischen Einheit, 1933, S. 21.

39 H. Dreier, Die deutsche Staatsrechtslehre in der Zeit des Nationalsozialismus, in: M. Jestaedt/S. L. Paulson, Horst Dreier: Staatsrecht in Demokratie und Diktatur, 2016, S. 185 (222).

40 Ebd., S. 185 (223).

41 Ebd., S. 185 (224).

42 E. R. Huber, Verfassungsrecht des Großdeutschen Reiches, [2]1939, S. 230.

43 G. Frankenberg, Autoritarismus. Verfassungstheoretische Perspektiven, 2020, S. 74.

44 E. R. Huber, Verfassungsrecht des Großdeutschen Reiches, [2]1939, S. 230.

45 H. Dreier, Die deutsche Staatsrechtslehre in der Zeit des Nationalsozialismus, in: M. Jestaedt/S. L. Paulson, Horst Dreier: Staatsrecht in Demokratie und Diktatur, 2016, S. 185 (239).

46 E. Fraenkel, Der Doppelstaat, [3]2012, S. 49.

47 H. Dreier, Was ist doppelt am »Doppelstaat«?, in: M. Jestaedt/S. L. Paulson, Horst Dreier: Staatsrecht in Demokratie und Diktatur, 2016, S. 345 (354).

48 Ebd., S. 345 (360 ff.).

49 G. Frankenberg, Autoritarismus. Verfassungstheoretische Perspektiven, 2020, S. 117.

50 S. Haffner, Von Bismarck zu Hitler, 2015, S. 249.

51 H. Dreier, Was ist doppelt am »Doppelstaat«?, in: M. Jestaedt/S. L. Paulson, Horst Dreier: Staatsrecht in Demokratie und Diktatur, 2016, S. 345 (367).

14. Die Entstehung und Entwicklung des Grundgesetzes bis zur Gegenwart

1 J. Kersten, Georg Jellinek und die klassische Staatslehre, 2000, S. 1.

2 Vgl. dazu A. Thiele, Allgemeine Staatslehre, 2020, S. 47 f.

3 BVerfGE 36, 1 (15 f.). Kritisch S. Haffner, Von Bismarck zu Hitler, 2015, S. 305 ff.

4 Zur Geschichte Preußens C. Clark, Preußen, Aufstieg und Niedergang 1600–1947, 2008.

5 K. Ambos, Internationales Strafrecht, [5]2019, § 6, Rn. 2.

6 Zu Fritz Bauer siehe R. Steinke, Fritz Bauer oder Auschwitz vor Gericht, 2015.

7 S. Salzborn, Kollektive Unschuld. Die Abwehr der Shoah im deutschen Erinnern, 2020.

8 Siehe dazu auch den autobiographischen Roman von E. v. Salomon, Der Fragebogen, 1951.

9 Vgl. auch H. Richter, Demokratie. Eine deutsche Affäre, 2020, S. 268.

10 C. Bommarius, Das Grundgesetz. Eine Biographie, 2009, S. 39.

11 Siehe auch W. Heun, Die Verfassungsordnung der Bundesrepublik Deutschland, 2012, S. 1, 11 f.

12 Überblick zu den historischen Prozessen bei W. Heun, Die Verfassungsordnung der Bundesrepublik Deutschland, 2012, S. 11 ff.

13 Dazu M. F. Feldkamp, Der Parlamentarische Rat 1948–1949. Die Entstehung des Grundgesetzes, 2019.

14 C. Bommarius, Das Grundgesetz. Eine Biographie, 2009, S. 25 f.

15 K. Niclauß, Das Grundgesetz, 2009, S. 11.

16 Diese etwas seltsame Formulierung hat zu einem juristischen »Streit« geführt, wann genau das Grundgesetz in Kraft getreten ist: Am 23.5.1949 um 24 Uhr oder am 24.5.1949 um 0 Uhr. Die Auswirkungen dieser Streitfrage halten sich allerdings in Grenzen.

17 Einen umfassenden Überblick über die verfassungsrechtliche Entwicklung der DDR findet sich bei F. R. Dietze, Die Verfassung der DDR. Zur verfassungsgeschichtlichen Entwicklung der Deutschen Demokratischen Republik von 1949–1990, 2018.

18 Zu dieser umfassend C. Thiem, Die Länderkammer der Deutschen Demokratischen Republik, 2011.

19 Vgl. auch F. R. Dietze, Die Verfassung der DDR. Zur verfassungsgeschichtlichen Entwicklung der Deutschen Demokratischen Republik von 1949–1990, 2018, S. 133.

20 G. Brunner, Einführung in das Recht der DDR, ²1979, S. 93.

21 Dazu W. Bernet, Verwaltungsrecht, in: U.-J. Heuer, Die Rechtsordnung der DDR. Anspruch und Wirklichkeit, 1995, S. 395 (415 ff.).

22 Etwas stärker die Abwehrkomponente betonend hingegen F. R. Dietze, Die Verfassung der DDR. Zur verfassungsgeschichtlichen Entwicklung der Deutschen Demokratischen Republik von 1949–1990, 2018, S. 116.

23 G. Brunner, Einführung in das Recht der DDR, ²1979, S. 87.

24 H. Roggemann, Die DDR-Verfassungen. Einführung in das Verfassungsrecht der DDR, ⁴1989, S. 262.

25 G. Brunner, Einführung in das Recht der DDR, ²1979, S. 88.

26 E. Lieser-Triebnigg, Recht in der DDR. Einführung und Dokumentation, 1985, S. 9.

27 Vgl. F. R. Dietze, Die Verfassung der DDR. Zur verfassungsgeschichtlichen Entwicklung der Deutschen Demokratischen Republik von 1949–1990, 2018, S. 22.

28 G. Frankenberg, Autoritarismus. Verfassungstheoretische Perspektiven, 2020, S. 19.

29 Vgl. ebd., S. 320 ff. zu den Zwecken autoritärer Verfassungen.

30 Erneut sei hingewiesen auf F. R. Dietze, Die Verfassung der DDR. Zur verfassungsgeschichtlichen Entwicklung der Deutschen Demokratischen Republik von 1949–1990, 2018.

31 C. Möllers, Das Grundgesetz, ²2019, S. 35 ff.

32 G. Frankenberg, Autoritarismus. Verfassungstheoretische Perspektiven, 2020, S. 108.

33 Siehe auch W. Heun, Die Verfassungsordnung der Bundesrepublik Deutschland, 2012, S. 14.

34 U. Di Fabio, Bonn ist nicht Weimar, in: H. M. Heinig/F. Schorkopf, 70 Jahre Grundgesetz. In welcher Verfassung ist die Bundesrepublik?, S. 13 (13). Vgl. auch C. Waldhoff, Folgen – Lehren – Rezeptionen: Zum Nachleben des Verfassungswerks von Weimar, in: H. Dreier/C. Waldhoff (Hrsg.), Das Wagnis der Demokratie. Eine Anatomie der Weimarer Reichsverfassung, 2019, S. 289 ff. Zu weitgehend insoweit J. Ipsen, Der Staat der Mitte. Verfassungsgeschichte der Bundesrepu-

blik Deutschland, 2009, S. 4 (»Gegengründung«) sowie K. Niclauß, Das Grundgesetz, 2009, S. 7.

35 M. Baldus, Erst antitotalitäre Grundnorm, nun rätselhafte Supernorm, in: H. M. Heinig/F. Schorkopf, 70 Jahre Grundgesetz. In welcher Verfassung ist die Bundesrepublik?, 2019, S. 47 ff.

36 Überblick zu diesem bei W. Heun, Die Verfassungsordnung der Bundesrepublik Deutschland, 2012, S. 195 ff.

37 U. Volkmann, Grundzüge einer Verfassungslehre der Bundesrepublik Deutschland, 2013, S. 170.

38 BVerfGE 6, 32 ff.

39 Siehe dazu auch C. Möllers, Legalität, Legitimität und Legitimation des Bundesverfassungsgerichts, in: M. Jestaedt u. a., Das entgrenzte Gericht, 2011, S. 281 (367 ff.).

40 M. Baldus, Erst antitotalitäre Grundnorm, nun rätselhafte Supernorm, in: H. M. Heinig/F. Schorkopf, 70 Jahre Grundgesetz. In welcher Verfassung ist die Bundesrepublik?, 2019, S. 47 (51 ff.).

41 U. Volkmann, Grundzüge einer Verfassungslehre der Bundesrepublik Deutschland, 2013, S. 173.

42 C. Waldhoff, Stand und Perspektiven der Verfassungsgeschichte aus Sicht der Rechtswissenschaft, in: Der Staat, Beiheft 18 (2009), S. 145 (152 f.).

43 BVerfG, Urteil v. 19.5.2020, 1 BvR 2835/17. Dazu auch H. P. Aust, Auslandsaufklärung durch den Bundesnachrichtendienst, in: DÖV (2020), S. 715 ff.

44 G. Frankenberg, Autoritarismus. Verfassungstheoretische Perspektiven, 2020, S. 54.

45 P. Manow, (Ent-)Demokratisierung der Demokratie, 2020, S. 15 und passim. Umfassend auch R. Hirschl, Towards Juristocracy: The Origins and Consequences of the New Constitutionalism, 2007.

46 Siehe auch W. Heun, Die Verfassungsordnung der Bundesrepublik Deutschland, 2012, S. 270; C. Möllers, Das Grundgesetz, ^{2}2019, S. 124 f.; J. Ipsen, Der Staat der Mitte. Verfassungsgeschichte der Bundesrepublik Deutschland, 2009, S. 62.

47 C. Waldhoff, Stand und Perspektiven der Verfassungsgeschichte aus Sicht der Rechtswissenschaft, in: Der Staat, Beiheft 18 (2009), S. 145 (154).

48 B. Schlink, Die Entthronung der Staatsrechtswissenschaft durch die Verfassungsgerichtsbarkeit, in: Der Staat 28 (1989), S. 161 ff.

49 Vgl. dazu auch O. Lepsius, Kontextualisierung als Aufgabe der Rechtswissenschaft, in: JZ (2019), S. 991 ff.

50 T. Kingreen, Das gute alte Grundgesetz und wir Nachkonstitutionellen, in: Der Staat 59 (2020), S. 195 (225).

51 Siehe auch C. Stahn, Öffnung im Umgang mit dem eigenen judikativen Erbe?, in: EuGRZ 2020, 524 ff., der das Problem am Spannungsverhältnis zwischen gerichtlicher Pfadabhängigkeit einerseits und dogmatischer Kontextualität andererseits entfaltet.

52 Achtung: Es heißt in Art. 79 Abs. 3 GG »und« nicht »bis«.

53 U. Volkmann, Grundzüge einer Verfassungslehre der Bundesrepublik Deutschland, 2013, S. 219 hält fest, dass das Grundgesetz von den BürgerInnen wesentlich als »Grundrechtsverfassung« wahrgenommen werde.

54 BVerfGE 144, 20 ff.

55 Dazu auch F. Meinel, Die Verfassungstheorie des Grundgesetzes und die Verfassungsgeschichte der Bundesrepublik, in: H. M. Heinig/F. Schorkopf, 70 Jahre Grundgesetz. In welcher Verfassung ist die Bundesrepublik?, 2019, S. 177 ff. Ausführlich auch ders., Vertrauensfrage. Zur Krise des heutigen Parlamentarismus, 2019.

56 Zu den unterschiedlichen demokratischen Regierungsformen nur A. Thiele, Allgemeine Staatslehre, 2020, S. 97 ff.

57 Zu dessen Architektur N. Galetti, Der Bundestag im Reichstag, in: J. Schwanholz/P. Theiner (Hrsg.), Die politische Architektur deutscher Parlamente, 2020, S. 425 ff. In dem Band finden sich entsprechende Analysen auch zu den weiteren deutschen Parlamenten.

58 Dazu nur A. Thiele, Der Austritt aus der EU. Hintergründe und rechtliche Rahmenbedingungen eines Brexit, in: EuR (2016), S. 281 ff.

59 Vgl. auch M. Brechtken, Der Wert der Geschichte. Zehn Lektionen für die Gegenwart, 2020, S. 115 f.

60 Für eine Ausweitung hingegen J. Ipsen, Der Staat der Mitte. Verfassungsgeschichte der Bundesrepublik Deutschland, 2009, S. 358 f.

61 Vgl. A. Thiele, Verlustdemokratie, ^{2}2018, S. 332 ff.

62 C. Möllers, Das Grundgesetz, ^{2}2019, S. 87.

63 I. Härtel, Digitale Staatskunst: Der Föderalismus als Laboratorium der digitalen Transformation, in: Jahrbuch des Föderalismus (2017), S. 199 (200).

64 H. Dreier, Das Grundgesetz im Prozess seiner permanenten Veränderung: Ein Mahnruf zur Verfassungsentwicklung, in: L. Lüdicke, Deutschland in bester Verfassung. 70 Jahre Grundgesetz, 2020, S. 89 (92 ff.).

65 C. Möllers, Das Grundgesetz, [2]2019, S. 124. Für eine Änderung des Art. 79 Abs. 2 daher H. Dreier, Das Grundgesetz im Prozess seiner permanenten Veränderung: Ein Mahnruf zur Verfassungsentwicklung, in: L. Lüdicke, Deutschland in bester Verfassung. 70 Jahre Grundgesetz, 2020, S. 89 (98).

66 W. Heun, Die Verfassungsordnung der Bundesrepublik Deutschland, 2012, S. 27.

67 Vgl. auch H. Dreier, Das Grundgesetz im Prozess seiner permanenten Veränderung: Ein Mahnruf zur Verfassungsentwicklung, in: L. Lüdicke, Deutschland in bester Verfassung. 70 Jahre Grundgesetz, 2020, S. 89 (94 ff.) mit einigen Beispielen.

68 H. Dreier, Vorwort, in: ders., Grundgesetz Bd. III, [3]2018, S. VII.

69 H. Dreier, Das Grundgesetz im Prozess seiner permanenten Veränderung: Ein Mahnruf zur Verfassungsentwicklung, in: L. Lüdicke, Deutschland in bester Verfassung. 70 Jahre Grundgesetz, 2020, S. 89 (98).

70 Zu diesem auf Dolf Sternberger und sodann Jürgen Habermas zurückgehenden Konzept nur J.-W. Müller, Verfassungspatriotismus, 2010. Wie ein solcher im denationalisierten demokratischen Verfassungsstaat aussehen könnte, siehe A. Thiele, Der gefräßige Leviathan, 2019, S. 290 ff. Insgesamt (zu) skeptisch gegenüber diesem Konzept J. Ipsen, Der Staat der Mitte. Verfassungsgeschichte der Bundesrepublik Deutschland, 2009, S. 354 f. Zuletzt auch D. Thym, Verfassungspatriotismus in der Einwanderungsgesellschaft, AöR 145 (2020), S. 40 ff.

71 C. Möllers, Das Grundgesetz, [2]2019, S. 122.

72 Ebd., S. 122.

73 Ebd., S. 122.

74 Dafür bereits A. Thiele, Verlustdemokratie, [2]2018, S. 320 ff.

75 Vgl. T. van Rahden, Demokratie. Eine gefährdete Lebensform, 2019, S. 11.

76 Zur Verfassungsentwicklung in Ungarn knapp G. Frankenberg, Autoritarismus. Verfassungstheoretische Perspektiven, 2020, S. 31 ff.

77 Siehe auch M. Brechtken, Der Wert der Geschichte. Zehn Lektionen für die Gegenwart, 2020, S. 121.

78 S. Levitsky/D. Ziblatt, How Democracies Die, 2018.

79 H. Dreier, Der freiheitliche Verfassungsstaat als riskante Ordnung, in: ders., Idee und Gestalt des freiheitlichen Verfassungsstaates, 2014, S. 459 (492).

80 Vgl. auch J. Ipsen, Der Staat der Mitte. Verfassungsgeschichte der Bundesrepublik Deutschland, 2009, S. 359 f.

81 Siehe dazu zur Einführung A. Thiele, Europarecht, [17]2021 sowie F. Schorkopf, Der Europäische Weg, [3]2020.

82 F. C. Mayer und H. M. Heinig, Verfassung im Nationalstaat: Von der Gesamtordnung zur europäischen Teilordnung?, in: VVDStRL 75 (2016), S. 7 ff., 65 ff.

83 Siehe auch F. Schorkopf, Der Europäische Weg, [3]2020, S. 221 f.

84 U. Di Fabio, Die Weimarer Verfassung. Aufbruch und Scheitern, 2018, S. 7. Siehe auch C. Möllers, Das Grundgesetz, [2]2019, S. 115 ff.; J. Ipsen, Der Staat der Mitte. Verfassungsgeschichte der Bundesrepublik Deutschland, 2009, S. 353.

85 F. C. Mayer, Verfassung im Nationalstaat: Von der Gesamtordnung zur europäischen Teilordnung?, in: VVDStRL 75 (2016), S. 7 (58).

86 Zu den Legitimitätsvoraussetzungen demokratischer Ordnungen knapp A. Thiele, Allgemeine Staatslehre, 2020, S. 85 ff.

87 A. Thiele, Verlustdemokratie, [2]2018, S. 18 ff.

88 C. Gusy, Verfassungsgeschichte, in: Docupedia-Zeitgeschichte, 5.2.2020, S. 21. Siehe auch H. Richter, Demokratie. Eine deutsche Affäre, 2020, S. 313 f.

89 A. Thiele, Verlustdemokratie, [2]2018, S. 21 ff.

90 Dazu zuletzt T. Bauer, Die Vereindeutigung der Welt, 2018.

91 Zur Debatte um die Gestalt der Europäischen Union nur F. Schorkopf, Der Europäische Weg, [3]2020, S. 219 ff.

92 Siehe auch F. C. Mayer, Verfassung im Nationalstaat: Von der Gesamtordnung zur europäischen Teilordnung?, in: VVDStRL 75 (2016), S. 7 (58): »Diesen Befund zu leugnen führt ebenso wenig weiter, wie die

Beschränkung auf binäre Gegenüberstellungen wie Gesamtordnung-Teilordnung, Staat-Nichtstaat, souverän-nicht souverän.«

93 Vgl. H. M. Heinig, Verfassung im Nationalstaat: Von der Gesamtordnung zur europäischen Teilordnung?, in: VVDStRL 75 (2016), S. 65 (70 ff.).

94 C. Möllers, Das Grundgesetz, [2]2019, S. 21.

95 Vgl. etwa C. Hillgruber, Perspektiven der künftigen Rechtsform Europas, in: Der Staat, Beiheft 16 (2006), S. 257 ff.; A. Wirsching, Demokratie und Globalisierung. Europa seit 1989, 2015, S. 221 ff.; D. Grimm, Europa ja – aber welches?, 2016; U. Guérot, Wie hältst Du's mit Europa?, 2019: F. Schorkopf, Der Europäische Weg, [3]2020, S. 219 ff.; A. Grimmel (Hrsg.), Die neue Europäische Union, 2020.

96 Siehe auch H. Richter, Das Desinteresse an politischen Wahlen: Preußen und die USA im 19. Jahrhundert, in: T. Jung, Zwischen Handeln und Nichthandeln. Unterlassungspraktiken in der europäischen Moderne, 2019, S. 43 ff.

97 H. Richter, Demokratie. Eine deutsche Affäre, 2020, S. 34.

98 G. Frankenberg, Autoritarismus. Verfassungstheoretische Perspektiven, 2020, S. 109.

99 H. Richter, Demokratie. Eine deutsche Affäre, 2020, S. 12.

100 M. Brechtken, Der Wert der Geschichte. Zehn Lektionen für die Gegenwart, 2020. S. 12.

101 Generell zu Sinn und Zweck der Verfassungsgeschichte C. Waldhoff, Stand und Perspektiven der Verfassungsgeschichte aus Sicht der Rechtswissenschaft, in: Der Staat, Beiheft 18 (2009), S. 145 ff.

102 G. Frankenberg, Autoritarismus – Verfassungstheoretische Perspektiven, 2020, S. 10 ff.; I. Lorey, Demokratie im Präsens, 2020, S. 7 ff. Siehe dazu auch A. Thiele, Verlustdemokratie, [2]2018, S. 1 ff. Speziell zur EU auch C. Möllers/L. Schneider, Demokratiesicherung in der Europäischen Union, 2018. Siehe auch P. Manow, (Ent-)Demokratisierung der Demokratie, 2020, S. 15.

103 D. Stasavage, The Decline and Rise of Democracy, 2020, S. 296.

104 H. Richter, Demokratie. Eine deutsche Affäre, 2020, S. 324.

Ausblick

1 Umfassende Analyse bei A. Thiele, Verlustdemokratie, ^{2}2018.

2 Dazu knapp A. Thiele, Der Austritt aus der EU. Hintergründe und rechtliche Rahmenbedingungen eines »Brexit«, in: EuR (2016), S. 281 ff.

3 Vgl. auch C. Möllers, Freiheitsgrade. Elemente einer liberalen politischen Mechanik, 2020, Rn. 299.

4 Vgl. A. Przeworski, Krisen der Demokratie, 2020, S. 202 ff.

5 Vgl. T. van Rahden, Demokratie. Eine gefährdete Lebensform, 2019, S. 10.

6 M. Brechtken, Der Wert der Geschichte. Zehn Lektionen für die Gegenwart, 2020, S. 252.

7 A. Przeworski, Krisen der Demokratie, 2020, S. 214.

8 Allerdings sind auch autoritäre Systeme ablösbar, haben also keinen dauerhaften Bestand; vgl. G. Frankenberg, Autoritarismus. Verfassungstheoretische Perspektiven, 2020, S. 343: »Autoritarismus hat kein Verfallsdatum, allerdings auch keine Haltbarkeitsgarantie.«

9 H. Richter, Demokratie. Eine deutsche Affäre, 2020, S. 326.

Literatur

Ackerman, Bruce: The New Separation of Powers, in: Harvard Law Review 113 (2000), S. 633 ff.

Agamben, Giorgio: Ausnahmezustand (Homo sacer, Bd. II.1), Frankfurt am Main 2004.

Albert, Richard: Constitutional Amendments. Making, Breaking, and Changing Constitutions, New York 2019.

Allen, Danielle: Politische Gleichheit, Berlin 2020.

Allen, Danielle: Our Declaration. A Reading of the Declaration of Independence in Defense of Equality, New York 2014.

Alter, Peter: Nationalismus, Berlin (West) 1985.

Altgeld, Wolfgang/Lill, Rudolf: Kleine italienische Geschichte, Stuttgart 2004.

Amar, Akhil Reed: America's Constitution. A Biography, New York 2006.

Ambos, Kai: Internationales Strafrecht. Strafanwendungsrecht, Völkerstrafrecht, Europäisches Strafrecht, Rechtshilfe, München [5]2018.

Anderson, Benedict R.: Die Erfindung der Nation. Zur Karriere eines folgenreichen Konzepts, Frankfurt am Main [2]1993.

Anderson, Margaret Lavinia: Ein Demokratiedefizit? Das Deutsche Kaiserreich in vergleichender Perspektive, in: Geschichte und Gesellschaft 44 (2018), S. 367 ff.

Anschütz, Gerhard: Die Verfassung des Deutschen Reiches vom 11. August 1919. Ein Kommentar für Wissenschaft und Praxis, Berlin [14]1933.

Ansprenger, Franz: Geschichte Afrikas, München [4]2010.

Assmann, Aleida: Die Wiedererfindung der Nation. Warum wir sie fürchten und warum wir sie brauchen, München 2020.

Aust, Helmut P.: Auslandsaufklärung durch den Bundesnachrichtendienst, in: DÖV (2020), 715 ff.

Aust, Helmut P.: Das Recht der globalen Stadt. Grenzüberschreitende Dimensionen kommunaler Selbstverwaltung, Tübingen 2017.

Balandier, Georges: Politische Anthropologie, München 1976.

Baldus, Manfred: Erst antitotalitäre Grundnorm, nun rätselhafte Supernorm. Artikel 1 Absatz 1 GG, in: Heinig, Hans M./Schorkopf, Frank (Hrsg.), 70 Jahre Grundgesetz. In welcher Verfassung ist die Bundesrepublik?, Göttingen 2019, S. 47 ff.

Bauer, Franz J.: Das »lange« 19. Jahrhundert (1789–1917). Profil einer Epoche, Ditzingen [4]2017.

Becker, Carl L.: The Declaration of Independence. A Study in the History of Political Ideas, New York 1958,

Bendikowski, Tillmann: 1870/71: Der Mythos von der deutschen Einheit, München 2020.

Bendix, Reinhard: Könige oder Volk. Machtausübung und Herrschaftsmandat, Bd. 2, Berlin (West) 1980.

Benz, Arthur: Der moderne Staat. Grundlagen der politologischen Analyse, München [2]2008.

Berber, Friedrich: Das Staatsideal im Wandel der Weltgeschichte, München [2]1978.

Bernet, Wolfgang: Verwaltungsrecht, in: Heuer, Uwe-Jens (Hrsg.), Die Rechtsordnung der DDR. Anspruch und Wirklichkeit, Baden-Baden 1995, S. 395 ff.

Björner, Ulf: Die Verfassungsgerichtsbarkeit im Norddeutschen Bund und Deutschen Reich (1867–1918). Eine rechtshistorische Untersuchung über Gerichtsbarkeit im Spannungsfeld von Politik und Recht innerhalb der von Bismarck geschaffenen deutschen Bundesstaaten, Frankfurt am Main 2000.

Böckenförde, Ernst-Wolfgang: Begriff und Probleme des Verfassungsstaates, in: ders. (Hrsg.), Staat, Nation, Europa: Studien zur Staatslehre, Verfassungstheorie und Rechtsphilosophie, Frankfurt am Main [2]2000, S. 127 ff.

Böckenförde, Ernst-Wolfgang: Die Nation – Identität in Differenz, in: ders. (Hrsg.), Staat, Nation, Europa: Studien zur Staatslehre, Verfassungstheorie und Rechtsphilosophie, Frankfurt am Main [2]2000, S. 34 ff.

Böckenförde, Ernst-Wolfgang: Die sozialen und politischen Ordnungsideen der Französischen Revolution, in: ders. (Hrsg.), Staat, Nation, Europa: Studien zur Staatslehre, Verfassungstheorie und Rechtsphilosophie, Frankfurt am Main [2]2000, S. 11 ff.

Boldt, Hans: Deutsche Verfassungsgeschichte, Bd. 1: Von den Anfängen bis zum Ende des älteren deutschen Reiches 1806, München [3]1994.

Boldt, Hans: Von der konstitutionellen Monarchie zur parlamentarischen Demokratie, in: Der Staat, Beiheft 10 (1993), S. 151 ff.

Boldt, Hans: Deutsche Verfassungsgeschichte, Bd. 2: Von 1806 bis zur Gegenwart, München [2]1993.

Boldt, Hans: Verfassungsgeschichte und vergleichende Regierungslehre, in: Der Staat 24 (1985), S. 432 ff.

Bommarius, Christian: Das Grundgesetz. Eine Biographie, Berlin 2009.

Brandt, Peter: Grundlinien der sozialökonomischen, sozialkulturellen und gesellschaftspolitischen Entwicklung in Europa 1815–1847, in: Daum, Werner (Hrsg.), Handbuch der europäischen Verfassungsgeschichte im 19. Jahrhundert. Institutionen und Rechtspraxis im gesellschaftlichen Wandel, Bd. 2: 1815–1847, unter Mitwirkung von Peter Brandt, Martin Kirsch und Arthur Schlegelmilch, Bonn 2012, S. 31 ff.

Brandt, Peter/Kirsch, Martin/Schlegelmilch, Arthur/Daum, Werner: Einleitung, in: Brandt, Peter/Kirsch, Martin/Schlegelmilch, Arthur (Hrsg.), Handbuch der europäischen Verfassungsgeschichte im 19. Jahrhundert. Institutionen und Rechtspraxis im gesellschaftlichen Wandel, Bd. 1: Um 1800, unter redaktioneller Mitwirkung von Werner Daum, Bonn 2006, S. 7 ff.

Brechtken, Magnus: Der Wert der Geschichte. Zehn Lektionen für die Gegenwart, München 2020.

Brocker, Manfred: John Locke. Zwei Abhandlungen über die Regierung (1690), in: ders. (Hrsg.), Geschichte des politischen Denkens, Berlin 2006, S. 258 ff.

Brunner, Georg: Einführung in das Recht der DDR, München ²1979.

Buschmann, Arno: Heiliges Römisches Reich. Reich, Verfassung, Staat, in: Der Staat, Beiheft 16 (2006), S. 9 ff.

Caenegem, Raoul C. von: An Historical Introduction to Western Constitutional Law, Cambridge 1995.

Clark, Christopher M.: Die Schlafwandler. Wie Europa in den Ersten Weltkrieg zog, München ¹²2013.

Clark, Christopher M.: Preußen. Aufstieg und Niedergang 1600–1947, München ⁸2008.

Creveld, Martin L. van: Aufstieg und Untergang des Staates, München 1999.

Crone, Patricia: Die vorindustrielle Gesellschaft. Eine Strukturanalyse, München 1992.

Daniel, Ute: Postheroische Demokratiegeschichte, Hamburg 2020.

Di Fabio, Udo: Bonn ist nicht Weimar. Zweiter Aufbruch in die Kultur der Demokratie, in: Heinig, Hans M./Schorkopf, Frank (Hrsg.), 70 Jahre Grundgesetz. In welcher Verfassung ist die Bundesrepublik?, Göttingen 2019, S. 13 ff.

Di Fabio, Udo: Die Weimarer Verfassung. Aufbruch und Scheitern. Eine verfassungshistorische Analyse, München 2018.

Dietze, Frank Rainer: Die Verfassung der DDR. Zur verfassungsgeschichtlichen Entwicklung der Deutschen Demokratischen Republik von 1949–1990, Hamburg 2018.

Dippel, Horst: Die Amerikanische Revolution: 1763–1787, Frankfurt am Main 1985.

Dreier, Horst: Das Grundgesetz im Prozess seiner permanenten Veränderung: Ein Mahnruf zur Verfassungsentwicklung, in: Lüdicke, Lars (Hrsg.), Deutschland in bester Verfassung. 70 Jahre Grundgesetz, Berlin 2020, S. 89 ff.

Dreier, Horst: Kirche ohne König. Das Ende des landesherrlichen Kirchenregiments (»Bündnis von Thron und Altar«) 1918/19 unter besonderer Berücksichtigung Preußens und Württembergs, Tübingen 2020.

Dreier, Horst: Grundrechtsrepublik Weimar, in: ders./Waldhoff, Christian (Hrsg.), Das Wagnis der Demokratie. Eine Anatomie der Weimarer Reichsverfassung, München 2019, S. 175 ff.

Dreier, Horst: Religionsverfassung in 70 Jahren Grundgesetz – Rückblick und Ausblick, in: JZ (2019), S. 1005 ff.

Dreier, Horst: Staat ohne Gott. Religion in der säkularen Moderne, München 2018.

Dreier, Horst: Vorwort, in: ders. (Hrsg.), Grundgesetz. Kommentar, Bd. III: Art. 83–146, Tübingen ^{3}2018, S. VII ff.

Dreier, Horst: Die deutsche Revolution 1918/19 als Festtag der Nation? Von der (Un-)Möglichkeit eines republikanischen Feiertages in der Weimarer Republik, in: Jestaedt, Matthias/Paulson, Stanley L. (Hrsg.), Staatsrecht in Demokratie und Diktatur. Studien zur Weimarer Republik und zum Nationalsozialismus, Tübingen 2016, S. 1 ff.

Dreier, Horst: Die deutsche Staatsrechtslehre in der Zeit des Nationalsozialismus, in: Jestaedt, Matthias/Paulson, Stanley L. (Hrsg.), Staatsrecht in Demokratie und Diktatur. Studien zur Weimarer Republik und zum Nationalsozialismus, Tübingen 2016, S. 185 ff.

Dreier, Horst: Die drei gängigsten Irrtümer über die Weimarer Reichsverfassung, in: Jestaedt, Matthias/Paulson, Stanley L. (Hrsg.), Staatsrecht in Demokratie und Diktatur. Studien zur Weimarer Republik und zum Nationalsozialismus, Tübingen 2016, S. 49 ff.

Dreier, Horst: Verfassungsgerichtsbarkeit in der Weimarer Republik, in: Jestaedt, Matthias/Paulson, Stanley L. (Hrsg.), Staatsrecht in Demokratie und Diktatur. Studien zur Weimarer Republik und zum Nationalsozialismus, Tübingen 2016, S. 59 ff.

Dreier, Horst: Was ist doppelt am »Doppelstaat«?, in: Jestaedt, Matthias/Paulson, Stanley L. (Hrsg.), Staatsrecht in Demokratie und Diktatur. Studien zur Weimarer Republik und zum Nationalsozialismus, Tübingen 2016, S. 345 ff.

Dreier, Horst: Der freiheitliche Verfassungsstaat als riskante Ordnung, in: ders., Idee und Gestalt des freiheitlichen Verfassungsstaates, Tübingen 2014, S. 459 ff.

Dreier, Horst: Säkularisierung und Sakralität. Zum Selbstverständnis des modernen Verfassungsstaates, Tübingen 2013.

Dreier, Horst: Recht und Willkür, in: Starck, Christian (Hrsg.), Recht und Willkür, Tübingen 2012, S. 1 ff.

Dreier, Horst: Gilt das Grundgesetz ewig? Fünf Kapitel zum modernen Verfassungsstaat, München 2009.

Epkenhans, Michael: Der Deutsch-Französische Krieg 1870/71, Ditzingen 2020.

Epkenhans, Michael: Die Reichsgründung 1870/71, München 2020.

Erdmann, Karl Dietrich: Die Weimarer Republik, Stuttgart 1973.

Evans, Richard J.: Das europäische Jahrhundert. Ein Kontinent im Umbruch. 1815–1914, München 2018.

Fahrmeir, Andreas: Revolution und Reformen. Europa 1789–1850, München 2010.

Feldkamp, Michael F.: Der Parlamentarische Rat 1948–1949. Die Entstehung des Grundgesetzes, Göttingen 2019.

Ferguson, Niall: The Ascent of Money. A Financial History of the World, London 2008.

Ferguson, Niall: The History of Government from the Earliest Times, Bd. 3: Empires, Monarchies and the Modern State, Oxford 1997.

Fisher, Louis: Presidential War Powers, Lawrence 1995.

Förster, Birte: 1919. Ein Kontinent erfindet sich neu, Ditzingen 2018.

Forsthoff, Ernst: Der Staat der Industriegesellschaft. Dargestellt am Beispiel der Bundesrepublik Deutschland, München [2]1977.

Forsthoff, Ernst: Das neue Gesicht der Verwaltung und die Verwaltungsrechtswissenschaft, in: Deutsches Recht (1935), S. 331 ff.

Fraenkel, Ernst: Der Doppelstaat, Hamburg [3]2012.

Frankenberg, Günter: Autoritarismus. Verfassungstheoretische Perspektiven, Berlin 2020.

Friedell, Egon: Kulturgeschichte der Neuzeit. Die Krisis der europäischen Seele von der schwarzen Pest bis zum Ersten Weltkrieg, München [2]2008.

Frotscher, Werner/Pieroth, Bodo: Verfassungsgeschichte, München [18]2019.

Füssel, Marian: Der Preis des Ruhms. Eine Weltgeschichte des Siebenjährigen Krieges, München [2]2020.

Galbraith, John K.: A Short History of Financial Euphoria, New York 1994.

Galetti, Nino: Der Bundestag im Reichstag, in: Schwanholz, Julia/Theiner, Patrick (Hrsg.), Die politische Architektur deutscher Parlamente, Wiesbaden 2020, S. 425 ff.

Gangl, Manfred (Hrsg.): Die Weimarer Staatsrechtsdebatte. Diskurs- und Rezeptionsstrategien. Baden-Baden 2011.

Gatzka, Claudia C.: Das Parlament als umstrittener Ort der deutschen Demokratiegeschichte, APuZ (2020), B 38, S. 4 ff.

Gautschet, Marcel: Die Erklärung der Menschenrechte. Die Debatte um die bürgerlichen Freiheiten 1789, Reinbek bei Hamburg 1991.

Gessen, Masha: Autokratie überwinden, Berlin 2020.

Görtemaker, Manfred: Geschichte Europas 1850–1918, Stuttgart 2002.

Grimm, Dieter: Recht oder Politik? Die Kelsen-Schmitt-Kontroverse zur Verfassungsgerichtsbarkeit und die heutige Lage, Berlin 2020.

Grimm, Dieter: Europa ja – aber welches? Zur Verfassung der europäischen Demokratie, München 2016.

Grimm, Dieter: Deutsche Verfassungsgeschichte. 1776–1866. Vom Beginn des modernen Verfassungsstaats bis zur Auflösung des Deutschen Bundes, Frankfurt am Main [4]2015.

Grimm, Dieter: Europäisches Naturrecht und Amerikanische Revolution, in: Coing, Helmut (Hrsg.), Ius Commune III, Frankfurt am Main 1970, S. 120 ff.

Grimmel, Andreas (Hrsg.): Die neue Europäische Union. Zwischen Integration und Desintegration, Baden-Baden 2020.

Guérot, Ulrike: Wie hältst Du's mit Europa?, Göttingen 2019.

Gusy, Christoph: Verfassungsgeschichte, in: Docupedia-Zeitgeschichte, 5.2.2020.

Gusy, Christoph: Die Weimarer Reichsverfassung, Tübingen 1997.

Habermas, Jürgen: Auch eine Geschichte der Philosophie, Bd. 2: Vernünftige Freiheit. Spuren des Diskurses über Glauben und Wissen, Berlin 2019.

Haffner, Sebastian: Von Bismarck zu Hitler. Ein Rückblick, München 2015.

Haffner, Sebastian: Anmerkungen zu Hitler, Frankfurt am Main 1997.

Hanschmann, Felix: Die Suspendierung des Konstitutionalismus im Herz der Finsternis. Recht, Rechtswissenschaft und koloniale Expansion des Deutschen Reiches, in: Kritische Justiz (2012), S. 144 ff.

Härtel, Ines: Digitale Staatskunst: Der Föderalismus als Laboratorium der digitalen Transformation, in: Jahrbuch des Föderalismus (2017), S. 199 ff.

Haupt, Heinz-Gerhard: Den Staat herausfordern. Attentate in Europa im späten 19. Jahrhundert, Frankfurt am Main/New York 2019.

Herbers, Klaus/Neuhaus, Helmut: Das Heilige Römische Reich. Ein Überblick, Köln 2010.

Heinig, Hans M.: Verfassung im Nationalstaat. Von der Gesamtordnung zur europäischen Teilordnung?, in: VVDStRL 75 (2016), S. 65 ff.

Heinig, Hans M./Kingreen, Thorsten/Lepsius, Oliver/Möllers, Christoph/Volkmann, Uwe/Wißmann, Hinnerk: Why Constitution Matters – Verfassungsrechtswissenschaft in Zeiten der Corona-Krise, in: JZ (2020), S. 861 ff.

Heller, Hermann: Staatslehre, Tübingen ^{2}1961.

Heun, Werner: Art. 54, in: Dreier, Horst (Hrsg.), Grundgesetz. Kommentar, Bd. II: Art. 20–82, Tübingen ^{3}2015, S. 1447 ff.

Heun, Werner: Die Geburt der Verfassungsgerichtsbarkeit – 200 Jahre Marbury v. Madison, in: ders. (Hrsg.), Verfassung und Verfassungsgerichtsbarkeit im Vergleich, Tübingen 2014, S. 38 ff.

Heun, Werner: Die Struktur des deutschen Konstitutionalismus des 19. Jahrhunderts im verfassungsgeschichtlichen Vergleich, in: ders. (Hrsg.), Verfassung und Verfassungsgerichtsbarkeit im Vergleich, Tübingen 2014, S. 19 ff.

Heun, Werner: Original Intent und Wille des historischen Verfassungsgebers, in: ders. (Hrsg.), Verfassung und Verfassungsgerichtsbarkeit im Vergleich, Tübingen 2014, S. 213 ff.

Heun, Werner: Die Verfassungsordnung der Bundesrepublik Deutschland, Tübingen 2012.

Heyderhoff, Julius: Deutscher Liberalismus im Zeitalter Bismarcks. Eine politische Briefsammlung, Bd. I: Die Sturmjahre der preussisch-deutschen Einigung 1859–1870, Bonn 1970 (Originalausgabe 1925).

Hillgruber, Christian: Perspektiven der künftigen Rechtsform Europas, in: Der Staat, Beiheft 16 (2006), S. 257 ff.

Hirschl, Ran: City, State: Constitutionalism and the Megacity, Oxford 2020.

Hirschl, Ran: Towards Juristocracy. The Origins and Consequences of the New Constitutionalism, Cambridge/London 2007.

Hofman, Hasso: Repräsentation. Studien zur Wort- und Begriffsgeschichte von der Antike bis ins 19. Jahrhundert, Berlin (West) ²1990.

Howard, Dick: Die Grundlegung der amerikanischen Demokratie, Frankfurt am Main 2001.

Huber, Ernst Rudolf: Deutsche Verfassungsgeschichte seit 1789, Bd. I: Reform und Restauration, Stuttgart ²1967.

Huber, Ernst Rudolf: Deutsche Verfassungsgeschichte seit 1789, Bd. III: Bismarck und das Reich, Stuttgart ³1988.

Huber, Ernst Rudolf: Verfassungsrecht des Großdeutschen Reiches, Hamburg ²1939.

Huf, Peter M.: Die Entwicklung des bundesstaatlichen Systems in Brasilien, Frankfurt am Main 1991.

Ipsen, Jörn: Macht versus Recht. Der Hannoversche Verfassungskonflikt 1837–1840, München 2017.

Ipsen, Jörn: Der Staat der Mitte. Verfassungsgeschichte der Bundesrepublik Deutschland, München 2009.

Jestaedt, Matthias: Hans Kelsens Reine Rechtslehre. Eine Einführung, in: ders., Reine Rechtslehre. Einleitung in die rechtswis-

senschaftliche Problematik, Tübingen 2008 (Originalausgabe 1934), S. XI ff.
Jörke, Dirk: Die Größe der Demokratie. Über die räumliche Dimension von Herrschaft und Partizipation, Berlin 2019.
Judson, Pieter M.: Habsburg. Geschichte eines Imperiums, München [3]2019.
Jung, Otmar: Direkte Demokratie in der Weimarer Republik, Frankfurt a. M., 1989.
Kaiser, Anna-Bettina: Ausnahmeverfassungsrecht, Tübingen 2020.
Kelsen, Hans: Verteidigung der Demokratie, in: ders., Demokratie und Sozialismus. Ausgewählte Aufsätze, Wien 1967, S. 60 ff.
Kersten, Jens: Georg Jellinek und die klassische Staatslehre, Tübingen 2000.
Kingreen, Thorsten: Das gute alte Grundgesetz und wir Nachkonstitutionellen, in: Der Staat 59 (2020), S. 195 ff.
Korioth, Stefan: Staatsrecht I. Staatsorganisationsrecht unter Berücksichtigung europäischer und internationaler Bezüge, Stuttgart [5]2020.
Koselleck, Reinhart: Fortschritt und Beschleunigung. Zur Utopie der Aufklärung, in: Der Traum der Vernunft. Vom Elend der Aufklärung. Eine Veranstaltungsreihe der Akademie der Künste, Berlin (West) 1985, S. 75 ff.
Kriele, Martin: Einführung in die Staatslehre. Die geschichtlichen Legitimitätsgrundlagen des demokratischen Verfassungsstaates, Stuttgart [6]2003.
Kröger, Klaus: Grundrechtsentwicklung in Deutschland. Von ihren Anfängen bis zur Gegenwart, Tübingen 1998.
Krüger, Herbert: Allgemeine Staatslehre, Stuttgart [2]1966.
Kühne, Jörg-Detlef: Freiherr vom Stein – berechtigtes Feiern seiner Selbstverwaltungs- und Autonomievorstellungen?, in: Der Staat, Beiheft 19 (2010), 181 ff.
Kühne, Jörg-Detlef: Die Reichsverfassung der Paulskirche. Vorbild und Verwirklichung im späteren Rechtsleben, München 1985.
Kühnl, Reinhard: Formen bürgerlicher Herrschaft, Reinbek bei Hamburg 1971.

Langewiesche, Dieter: Recht und Revolution, in: Starck, Christian (Hrsg.), Recht und Willkür, Tübingen 2012, S. 27 ff.

Lehnert, Detlef: Die Weimarer Republik, Stuttgart ²2009.

Lemke, Matthias: Demokratie im Ausnahmezustand. Wie Regierungen ihre Macht ausweiten, Frankfurt am Main 2017.

Lenger, Friedrich: Metropolen der Moderne. Eine europäische Stadtgeschichte seit 1850, München ²2014.

Leonhard, Jörn: Die Grammatik der Gesellschaft: Perspektiven der Verfassungsgeschichten Frankreichs und Großbritanniens seit dem 19. Jahrhundert, in: Der Staat, Beiheft 18 (2009), S. 49 ff.

Lepsius, Oliver: Kontextualisierung als Aufgabe der Rechtswissenschaft, in: JZ (2019), S. 991 ff.

Lepsius, Oliver: Braucht das Verfassungsrecht eine Theorie des Staates?, in: EuGRZ (2004), S. 370 ff.

Lessenich, Stephan: Grenzen der Demokratie. Teilhabe als Verteilungsproblem, Ditzingen 2019.

Levitsky, Steven/Ziblatt, Daniel: How Democracies Die, New York 2018.

Lieser-Triebnigg, Erika: Recht in der DDR. Einführung und Dokumentation, Köln 1985.

Lorey, Isabell: Demokratie im Präsens. Eine Theorie der politischen Gegenwart, Berlin 2020.

Luig, Klaus: Samuel Pufendorf. Über die Pflicht des Menschen und des Bürgers, in: Brocker, Manfred (Hrsg.), Geschichte des politischen Denkens. Ein Handbuch, Berlin 2007, S. 242 ff.

Manca, Anna Gianna: Preußen, in: Daum, Werner (Hrsg.), Handbuch der europäischen Verfassungsgeschichte im 19. Jahrhundert. Institutionen und Rechtspraxis im gesellschaftlichen Wandel, Bd. 3: 1848–1870, unter Mitwirkung von Peter Brandt, Martin Kirsch und Arthur Schlegelmilch, Bonn 2020, S. 883 ff.

Manow, Philip: (Ent-)Demokratisierung der Demokratie, Berlin 2020.

Martus, Steffen: Aufklärung. Das deutsche 18. Jahrhundert – ein Epochenbild, Berlin ²2015.

Marx, Christoph: Geschichte Afrikas. Von 1800 bis zur Gegenwart, Paderborn 2004.

Maurer, Michael: Kleine Geschichte Englands, Ditzingen 2007.

Mayer, Franz C.: Verfassung im Nationalstaat. Von der Gesamtordnung zur europäischen Teilordnung?, in: VVDStRL 75 (2016), S. 7 ff.

Mehring, Reinhard: Carl Schmitts Schrift »Die Lage der europäischen Rechtswissenschaft«, in: ZaöRV 77 (2017), S. 853 ff.

Meinel, Florian: Die Verfassungstheorie des Grundgesetzes und die Verfassungsgeschichte der Bundesrepublik, in: Heinig, Hans M./Schorkopf, Frank (Hrsg.), 70 Jahre Grundgesetz. In welcher Verfassung ist die Bundesrepublik?, Göttingen 2019, S. 177 ff.

Meinel, Florian: Vertrauensfrage. Zur Krise des heutigen Parlamentarismus, München 2019.

Menger, Christian-Friedrich: Deutsche Verfassungsgeschichte der Neuzeit: eine Einführung in die Grundlagen, Heidelberg [7]1990.

Mergel, Thomas: Parlamentarische Kultur in der Weimarer Republik. Politische Kommunikation, symbolische Politik und Öffentlichkeit im Reichstag, Düsseldorf [3]2012.

Möller, Horst: Die Weimarer Republik. Demokratie in der Krise, München 2018.

Möllers, Christoph: Freiheitsgrade. Elemente einer liberalen politischen Mechanik, Berlin 2020.

Möllers, Christoph: Das Grundgesetz. Geschichte und Inhalt, München [2]2019.

Möllers, Christoph: Der vermisste Leviathan. Staatstheorie in der Bundesrepublik, Frankfurt am Main [3]2016.

Möllers, Christoph: Legalität, Legitimität und Legitimation des Bundesverfassungsgerichts, in: Jestaedt, Matthias/Lepsius, Oliver/Möllers, Christoph/Schönberger, Christoph (Hrsg.), Das entgrenzte Gericht. Eine kritische Bilanz nach sechzig Jahren Bundesverfassungsgericht, Berlin 2011, S. 281 ff.

Möllers, Christoph: Staat als Argument, Tübingen [2]2011.

Möllers, Christoph: Verfassunggebende Gewalt – Verfassung – Konstitutionalisierung, in: Bogdandy, Armin von/Bast, Jürgen (Hrsg.), Europäisches Verfassungsrecht, Berlin ^{2}2009, S. 227 ff.

Möllers, Christoph/Schneider, Linda: Demokratiesicherung in der Europäischen Union. Studie zu einem Dilemma, Bonn 2018.

Müller, Jan-Werner: Was ist Populismus? Ein Essay, Berlin ^{2}2016.

Müller, Jan-Werner: Verfassungspatriotismus, Berlin 2010.

Münkler, Herfried: Der Große Krieg. Die Welt 1914 bis 1918, Berlin ^{3}2013.

Neuhäuser, Christian: Reichtum als moralisches Problem, Berlin 2018.

Neumann, Volker: Carl Schmitt als Jurist, Tübingen 2015.

Niclauß, Karlheinz: Das Grundgesetz. Eine kleine Einführung, Stuttgart 2009.

Nitschke, Wolf: Volkssouveränität oder Monarchisches Prinzip? Die Frage des Staatsaufbaus in den Debatten der preußischen Nationalversammlung, Frankfurt a. M. 1995.

Nonn, Christoph: Das 19. und 20. Jahrhundert, Paderborn u. a. ^{4}2020.

Osterhammel, Jürgen/Hansen, Jan C.: Kolonialismus: Geschichte, Formen, Folgen, München ^{8}2017.

Paulmann, Johannes: Globale Vorherrschaft und Fortschrittsglaube. Europa 1850–1914, München 2019.

Payandeh, Mehrdad: Allgemeine Staatslehre, in: Krüper, Julian (Hrsg.), Grundlagen des Rechts, Baden-Baden ^{3}2017, S. 91 ff.

Pettit, Philip: Gerechte Freiheit. Ein moralischer Kompass für eine komplexe Welt, Berlin 2017.

Pieper, Dietmar/Saltzwedel, Johannes: Die Welt der Habsburger. Glanz und Tragik eines europäischen Herrscherhauses, München 2011.

Pölking, Hermann/Sackarnd, Linn: Der Bruderkrieg 1870/1871. Deutsche und Franzosen, Freiburg im Breisgau, 2020.

Polzin, Monika: Carl Schmitt als Strafrechtler, in: Koch, Arnd/Kubiciel, Michael/Löhnig, Martin (Hrsg.), Strafrecht zwischen Novemberrevolution und Weimarer Republik, Tübingen 2020, S. 217 ff.

Posner, Eric A./Vermeule, Adrian: Die entfesselte Exekutive. Die Krise des liberalen Legalismus, Berlin 2014.

Pott, Hans-Georg: Kurze Geschichte der europäischen Kultur, Paderborn 2005.

Przeworski, Adam: Krisen der Demokratie, Berlin 2020.

Quaritsch, Helmut: Staat und Souveränität, Königstein (Taunus) 1970.

Rahden, Till van: Demokratie. Eine gefährdete Lebensform, Frankfurt am Main 2019.

Ramin, Eberhard: Die Geschichte der Selbstverwaltungsidee seit dem Freiherrn vom Stein, Münster 1972.

Rancière, Jacques: Der Hass der Demokratie, Berlin [3]2016.

Ranke, Leopold von: Französische Geschichte vornehmlich im 16. und 17. Jahrhundert, Bd. 4, Berlin 2012.

Ratcliffe, Donald: The Right to Vote and the Rise of Democracy, 1787–1828, in: Journal of the Early Republic 33 (2013), 219 ff.

Reinhard, Wolfgang: Die Unterwerfung der Welt. Globalgeschichte der europäischen Expansion 1415–2015, München 2016.

Reinhard, Wolfgang: Geschichte der Staatsgewalt. Eine vergleichende Verfassungsgeschichte Europas von den Anfängen bis zur Gegenwart, München [3]2003.

Reinhardt, Volker: Die Medici. Florenz im Zeitalter der Renaissance, München [5]2013.

Reinhardt, Volker: Geschichte Italiens, München 1999.

Rennert, Dominik: Liberale Theorie, Republikanische Praxis. Was das deutsche Religionsverfassungsrecht legitimiert, in: Der Staat 58 (2019), 411 ff.

Richter, Hedwig: Demokratie. Eine deutsche Affäre. Vom 18. Jahrhundert bis zur Gegenwart, München 2020.

Richter, Hedwig: Das Desinteresse an politischen Wahlen: Preußen und die USA im 19. Jahrhundert, in: Jung, Theo (Hrsg.), Zwischen Handeln und Nichthandeln. Unterlassungspraktiken in der europäischen Moderne, Frankfurt am Main/New York 2019, S. 43 ff.

Roeck, Bernd: Der Morgen der Welt. Geschichte der Renaissance, München [4]2018.

Roggemann, Herwig: Die DDR-Verfassungen. Einführung in das Verfassungsrecht der DDR. Grundlagen und neuere Entwicklung, Berlin (West) [4]1989.

Rüthers, Bernd: Das Ungerechte an der Gerechtigkeit. Fehldeutungen eines Begriffs, Tübingen [3]2009.

Salomon, Ernst von: Der Fragebogen, Hamburg 1951.

Salzborn, Samuel: Kollektive Unschuld. Die Abwehr der Shoah im deutschen Erinnern, Leipzig 2020.

Scheuner, Ulrich: Der Gleichheitsgedanke in der völkischen Verfassungsordnung, in: ZgS 99 (1939), S. 245 ff.

Schlink, Bernhard: Die Entthronung der Staatsrechtswissenschaft durch die Verfassungsgerichtsbarkeit, in: Der Staat 28 (1989), S. 161 ff.

Schmidt, Georg: Wandel durch Vernunft. Deutsche Geschichte im 18. Jahrhundert, München 2009.

Schmidt, Georg: Geschichte des alten Reiches. Staat und Nation in der Frühen Neuzeit. 1495–1806, München 1999.

Schmitt, Carl: Die Verfassung der Freiheit, in: Deutsche Juristen-Zeitung (1935), Sp. 1133.

Schmitt, Carl: Staat, Bewegung, Volk. Die Dreigliederung der politischen Einheit, Hamburg 1933.

Schmitt, Carl: Begriff des Politischen. Text von 1932 mit einem Vorwort und drei Corollarien, Berlin 1932.

Schmitt, Carl: Politische Theologie. Vier Kapitel zur Lehre von der Souveränität, Berlin 1922.

Schnapp, Friedrich E.: 170 Jahre Protestation der Göttinger Sieben, in: Jura (2007), 823 ff.

Schönberger, Christoph: Das Parlament im Anstaltsstaat. Zur Theorie parlamentarischer Repräsentation in der Staatsrechtslehre des Kaiserreichs (1871–1918), Frankfurt am Main 1997.

Schorkopf, Frank: Der Europäische Weg, Tübingen [3]2020.

Schwanholz, Julia/Theiner, Patrick (Hrsg.), Die politische Architektur deutscher Parlamente. Wiesbaden 2020.

Speitkamp, Winfried: Deutsche Kolonialgeschichte, Ditzingen [3]2014.
Stahn, Carsten: Öffnung im Umgang mit dem eigenen judikativen Erbe? 150 Bände BVerfGE, das Phänomen der Pfadabhängigkeit und Vergessen II als Chance, in: EuGRZ (2020), 524ff.
Stasavage, David: The Decline and Rise of Democracy. A Global History from Antiquity to today, Princeton 2020.
Steinke, Ronen: Fritz Bauer oder Auschwitz vor Gericht, München 2015.
Stern, Fritz: Gold und Eisen. Bismarck und sein Bankier Bleichröder, München 2008.
Stollberg-Rilinger, Barbara: Das Heilige Römische Reich Deutscher Nation. Vom Ende des Mittelalters bis 1806, München [6]2018.
Stolleis, Michael: Öffentliches Recht in Deutschland. Eine Einführung in seine Geschichte, München 2014.
Stolleis, Michael: Konstitution und Intervention. Studien zur Geschichte des öffentlichen Rechts im 19. Jahrhundert, Frankfurt am Main 2001.
Süß, Dietmar: 1918 – Deutungen der Revolution im historischen Wandel, in: Koch, Arnd/Kubiciel, Michael/Löhnig. Martin (Hrsg.), Strafrecht zwischen Novemberrevolution und Weimarer Republik, Tübingen 2020, S. 1f.
Sunstein, Cass R.: Impeachment. A Citizen's Guide, Cambridge 2017.
Sunstein, Cass R.: Interest Groups in American Public Law, in: Stanford Law Review 38 (1985), 29ff.
Taylor, Charles: Ein säkulares Zeitalter, Berlin 2009.
Tetzlaff, Rainer: Afrika. Eine Einführung in Geschichte, Politik und Gesellschaft, Wiesbaden 2018.
Thamer, Hans-Ulrich: Die Französische Revolution, München [5]2019.
Thiele, Alexander: Europarecht, Altenberge [17]2021.
Thiele, Alexander: Allgemeine Staatslehre. Begriff, Möglichkeit, Fragen im 21. Jahrhundert, Tübingen 2020.
Thiele, Alexander: Der gefräßige Leviathan. Entstehung, Ausbreitung und Zukunft des modernen Staates, Tübingen 2019.
Thiele, Alexander: Die Europäische Zentralbank, Tübingen 2019.

Thiele, Alexander: (Hrsg.), Legitimität in unsicheren Zeiten. Der demokratische Verfassungsstaat in der Krise?, Tübingen 2019.

Thiele, Alexander: Verlustdemokratie, Tübingen ²2018.

Thiele, Alexander: Der Austritt aus der EU. Hintergründe und rechtliche Rahmenbedingungen eines »Brexit«, in: EuR (2016), S. 281 ff.

Thiem, Christian: Die Länderkammer der Deutschen Demokratischen Republik (1949–1958). Eine verfassungsgeschichtliche Darstellung von der Entstehung bis zur Auflösung, Berlin 2011.

Thym, Daniel: Verfassungspatriotismus in der Einwanderungsgesellschaft. Über die gesellschaftliche Breitenwirkung des Verfassungsrechts und kulturelle Parteinahme unter dem Grundgesetz, AöR 145 (2020), S. 40 ff.

Towfigh, Emanuel/Keesen, Jan: Art. 21. Teil II. Historische Bezüge, in: Kahl, Wolfgang/Waldhoff, Christian/Walter, Christian (Hrsg.), Bonner Kommentar zum Grundgesetz, Bd. VIII: Art. 20a–27, Stand: Juli 2020, S. 53 ff.

Ullrich, Norbert: Personale Bindungen im Wandel der Verfassungen, in: Münch, Joachim/Thiele, Alexander (Hrsg.), Verfassungsrecht im Widerstreit, Tübingen 2019, S. 51 ff.

Vesting, Thomas: Staatstheorie. Ein Studienbuch, München 2018.

Vogel, Barbara: Preußische Reformen, 1807 bis 1820, Bodenheim 1987.

Volkmann, Uwe: Grundzüge einer Verfassungslehre der Bundesrepublik Deutschland, Tübingen 2013.

Voßkuhle, Andreas: Die Renaissance der »Allgemeinen Staatslehre« im Zeitalter der Europäisierung und Internationalisierung, in: JuS (2004), S. 2 ff.

Waldhoff, Christian: Folgen – Lehren – Rezeptionen: Zum Nachleben des Verfassungswerks von Weimar, in: Dreier, Horst/Waldhoff, Christian (Hrsg.), Das Wagnis der Demokratie. Eine Anatomie der Weimarer Reichsverfassung, Bonn 2019, S. 289 ff.

Waldhoff, Christian: Stand und Perspektiven der Verfassungsgeschichte in Deutschland aus Sicht der Rechtswissenschaft, in: Der Staat, Beiheft 18 (2009), S. 145 ff.

Wasser, Hartmut: Die Vereinigten Staaten von Amerika. Porträt einer Weltmacht, Frankfurt am Main ²1984.

Weber, Ferdinand: Staatsangehörigkeit und Status. Statik und Dynamik politischer Gemeinschaftsbildung, Tübingen 2018.

Weigl, Andreas: Bevölkerungsgeschichte Europas. Von den Anfängen bis in die Gegenwart, Wien 2012.

Willoweit, Dietmar: Reich und Staat. Eine deutsche Verfassungsgeschichte, München 2013.

Willoweit, Dietmar/Schlinker, Steffen: Deutsche Verfassungsgeschichte. Vom Frankenreich bis zur Wiedervereinigung Deutschlands. Ein Studienbuch, München ⁸2019.

Winkler, Heinrich August: Wie wir wurden, was wir sind. Eine kurze Geschichte der Deutschen, München 2020.

Winkler, Heinrich August: Der lange Weg nach Westen, Bd. 1: Deutsche Geschichte vom Ende des Alten Reiches bis zum Untergang der Weimarer Republik, München 2000.

Winkler, Heinrich August: Der lange Weg nach Westen, Bd. 2: Deutsche Geschichte vom »Dritten Reich« bis zur Wiedervereinigung, München 2000.

Wirsching, Andreas: Demokratie und Globalisierung. Europa seit 1989, München 2015.

Wißmann, Hinnerk: Das richterliche Prüfungsrecht im Reichskonstitutionalismus und Republik – Wegmarke der Verfassungsgerichtsbarkeit, in: Der Staat, Beiheft 22 (2014), S. 253 ff.

Wolgast, Eike: Geschichte der Menschen- und Bürgerrechte, Stuttgart 2009.

Woller, Hans: Geschichte Italiens im 20. Jahrhundert, München 2010.

Zabel, Benno: Autoritäres Strafrechtsdenken und die Krise der Demokratie. Über Wissenschaft, Politik und Ideologie in der Weimarer Republik, in: Koch, Arnd/Kubiciel, Michael/Löhnig, Martin (Hrsg.), Strafrecht zwischen Novemberrevolution und Weimarer Republik, Tübingen 2020, S. 255 ff.

Zamoyski, Adam: Phantome des Terrors. Die Angst vor der Revolution und die Unterdrückung der Freiheit 1789–1848, München 2019.

Ziegler, Bernd: Geschichte des ökonomischen Denkens. Paradigmenwechsel in der Volkswirtschaftslehre, München [2]2008.

Zimmermann, Reinhard: England und Deutschland: Unterschiedliche Rechtskulturen?, Göttingen 2019.

Zippelius, Reinhold: Kleine deutsche Verfassungsgeschichte. Vom frühen Mittelalter bis zur Gegenwart, München [7]2006.

Zuckerman, Michael: The Social Context of Democracy in Massachusetts, in: William and Mary Quarterly 25 (1968), S. 523 ff.

Zwierlein, Cornel: Politische Theorie und Herrschaft in der Frühen Neuzeit, Göttingen 2020.

Sach- und Personenregister